红绿　蓝
红绿黄

图 2-23 斯特鲁普测验题例（正文第 80 页）

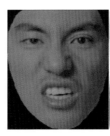

（1）快乐

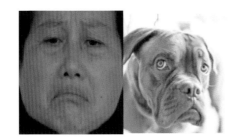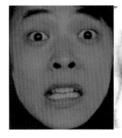

（2）愤怒

（3）悲伤

（4）恐惧

图 6-1　人和动物共有的基本情绪示例（正文第 231 页）

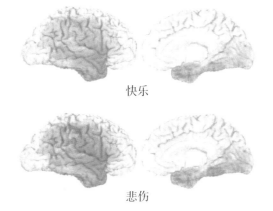

快乐

悲伤

图 6-6　情绪与大脑的关系图（正文第 236 页）

关羽红脸：象征忠义、耿直　　曹操白脸：象征奸诈、多疑

图 7-1　京剧脸谱与人格（正文第 271 页）

图 7-7 儿童在看到成人对玩具进行攻击之后，也很快学会了攻击行为（正文第 296 页）

图 9-3 沙盘治疗室和沙盘作品（正文第 355 页）

图 9-4 轻松室（正文第 355 页）

▲基于教师资格考试的
心理学

华东师范大学心理学编写组／编著

华东师范大学出版社

·上海·

图书在版编目（CIP）数据

基于教师资格考试的心理学 / 华东师范大学心理学
编写组编著. — 上海：华东师范大学出版社，2018
ISBN 978-7-5675-7451-9

Ⅰ.①基… Ⅱ.①华… Ⅲ.①教育心理学—资格考试
—教材 Ⅳ.①G44

中国版本图书馆CIP数据核字(2018)第019834号

基于教师资格考试的心理学

编　　著　华东师范大学心理学编写组
策划组稿　李恒平
项目编辑　师　文
特约审读　高教与职教分社
责任校对　邱红穗
装帧设计　俞　越　卢晓红

出版发行　华东师范大学出版社
社　　址　上海市中山北路3663号　邮编 200062
网　　址　www.ecnupress.com.cn
电　　话　021－60821666　　行政传真 021－62572105
客服电话　021－62865537　　门市（邮购）电话 021－62869887
地　　址　上海市中山北路3663号华东师范大学校内先锋路口
网　　店　http://hdsdcbs.tmall.com/

印 刷 者　浙江临安曙光印务有限公司
开　　本　787毫米×1092毫米　1/16
印　　张　24.75
插　　页　1
字　　数　535千字
版　　次　2018年5月第1版
印　　次　2025年1月第13次
书　　号　ISBN 978-7-5675-7451-9/G·10930
定　　价　49.90元

出 版 人　王　焰

（如发现本版图书有印订质量问题,请寄回本社客服中心调换或电话021-62865537联系）

心理学是现代社会广泛讨论的主题之一。心理学目前在中国蓬勃发展，很多人都会对心理学的知识表现出浓厚的兴趣。有人重视它是因为认识到它与我们的生活质量相关，比如说人际关系、亲子关系、家庭情感、压力管理和自我提升等。其实生活中无论是衣食住行，还是为人处世，都离不开心理学，人们都可以从心理学的知识宝库中有所收获。

但是，跟没有学过心理学的朋友谈心理学，有的人马上就说，"心理学不是心理测试嘛"。还有人说心理学就是教会自己要从容看待问题，譬如微信、微博、豆瓣上的心灵鸡汤："人生充满了起起落落，你不可能一直站在顶峰，也不可能一直处在低谷。"有关心理学的误解还有很多：心理学不过是心理医生咨询或治疗；心理学就是"读心术"和"攻心术"；心理学只是"幸福学"或"成功学"，等等。

心理学是什么？

本书试图简要勾勒出其大致轮廓，除了普通心理学的简要框架外，本书也特别关注心理学与教育相关的内容。因为心理学是教师资格考试中的一个重要内容。从学科角度来说，心理学主要研究人的心理活动及其规律。该学科为教师思考教育活动，提供了一个比较系统的思考体系，这包括一系列研究与实验、理论与方法、思维与实践等。这个体系与我们对教育的感性认识，异同共见；这使得教师在学习与运用心理学时会产生似是而非、一知半解的感觉，有时甚至会产生混淆与冲突。那么，作为未来的教师为什么要学心理学？如何来学？怎样用好本书？

学会思考，回答现实

我们常不经意间被生活中的一些教育话题吸引。比如，总有朋友在旁说起：自己孩子或所带学生每天都要学到很晚，课业多且难；课外时间也多在补课，业余时间少，其学习兴趣也减退。我国基础教育改革一直在探索：着力解决中小学生课外负担重、"择校热"、"大班额"等突出问题。这些与心理学又有什么关系呢？

教育现实，应综合思维。作为家长或教师，他们大多受过高等教育，不少也学过教育学和心理学，怎么会在自己的学生或孩子的教育上没有办法了呢？这里存在一个认识偏见，即我们对现实场景所发生的教育现象，相关理解大多存在绝对化倾向。就拿课内外学业负担重这一问题来说，责难于教师和学校的，大有人在：在课堂中，教师为何还要布置这么多作业？学生做这么难的作业，学了之后究竟有什么用处？连小学生学习都要这么辛苦，为什么呢？为什么有那么多课外辅导班，就不能在学校里都做好吗？等等。

而作为教师，此时就需要深入思考。学生学业负担重，不仅仅是形式上的题目多、作业多，还有他们在认知上的负担和心理上的感受。同样内容和数量的课业，有的学生由于心理承受力低或基础差会感到任务重，而有的学生会由于心理承受能力高或基础好而自觉还可以应对。课外辅导班的大量存在，也不仅仅是一些学生需要开点"小灶"，更多的是大多数家长都有一颗"望子成龙"、"望女成凤"的心。要知道，题目的多少、难易以及辅导班的违规，这些都好控制，但是学生的心理感受与学习能力，父母的心理期许和教育期望，则不是一个行政命令或者一个规章制度，就可以解决的。因此，对现实教育问题，很多时候要摒弃单一化的思维，需要综合心理、社会、文化等多方面因素来思考。

现实之间，需学会反思。 前不久又看到一则令人痛心的新闻：学生××上课玩手机，老师通知其父母到学校把手机收回。傍晚，××父母到学校对其进行了教育。之后，××上完晚自习返回寝室，次日凌晨，××被发现于宿舍楼前坠亡。这样的报道每年相当多。在痛恨手机对学生影响之大的同时，我们可能会怀疑学校和老师的处理方式是否得当。但是，有没有进一步来想：为什么这个学生在学校里要玩手机？手机收回与这个学生的不幸事件，有必然联系吗？父母和老师的教育又是如何影响这件事情的？

在现实的教育现象之间，我们更多是情感思维，缺乏理性思考：令人痛心的事情，为什么会接二连三地发生？简单地归结于教育失败是不够的。我们应该反思：孩子为什么会做出这样的决定，是一时冲动，还是在他们头脑中存在已久的想法？如果是一时冲动，则要考虑人格或个性上是否存在某些缺陷；如果是存在已久的想法，则要想想学生在认识、观念乃至信仰上是否出了问题；无论何种情形，我们教师可能没有关注到，或者是教师意识到了但没有采用相应的方法和措施。教师和家长在思考方式和措施方法上的空白，使得此类悲剧不可避免且不断发生：可能是手机事情来触发，也可能是其他事情来触发；可能发生在此处学生身上，也可能发生在另处学生身上。

目前现实，要顾往瞻前。 说到底，教师学习心理学，就是要将目光从各种教条式的概念、观点和理论，拉回到当下现实中发生的各种教育活动以及对这些活动的科学阐释中。例如，人是如何来感知与认识周围环境的？这些感知与认识为何存在差异？然后又是如何决策和回应的？为什么存在不同，应如何改善……

有时，当下的现实是过往所造成的，这就需要对教育现象进行各类原因性的分析。例如，如今这么多孩子有拖延症，这是为什么呢？问题是当前发生的，但是离不开过往的各种事情：也许，孩子过去就是这样的习惯，做事情没有步骤，即使过了期限，也没有受到批评和指责；之前事情做错了，失败了，也没关系，自然会有其他人来完成；以前都有各种合作与协作，大家一起成功了也就成功了，缺了自己那份也影响不大；或者，周围大多数人都这样，也不觉得这是个问题；等等。教师要学会关注过往，全方位地收集各类资料，如个人生活史、社会习惯、交际圈、生活场景等，在甄别、理解、推理、判断、选择的基础上，更好理解当前事情发生的缘由。

更多时候，要面向未来。 党的二十大报告中指出，中国将坚定实施科教兴国战略，始终把教育摆在优先发展的战略位置，不断扩大投入，努力发展全民教育、终身教育，建设学习型社会，以发展学习能力，促进终身学习的学习型社会的建设。人不可能总生活在过去和现在，所以要跟随未来社会的发展而不断学习新知识，发展新能力。比如，如何提高学习能力？在纸媒阅读时代，注意、记忆、想象等一类能力比较重要；在屏幕交互时代，收集、选择、应激等一类能力则需要得到发展。互联网飞速发展，面对面交流沟通是少了，但人与人之间的联系更加紧密了；线上线下的多人或群体活动，及时、便利，且无处不在；此时，群体意识与合作能力就必须得到发展。随着人工智能的发展，许多个人

或社会任务可能由智能化机器来完成。看似,人的诸多能力会退化,但是,作为生物个体的人,其创造性和自控性在未来社会中则会显得越来越重要。要知道,一个小小的动作或行为,就会在未来社会中引起非常严重的破坏。由此,一些新的能力要得到发展,如对智能行为进行计划、选择和决策的能力,人的自我控制和反思的能力等。

专业引领,回应现实

心理学的分支学科很多,如普通心理学、发展心理学、教育心理学、人格心理学、社会心理学、健康心理学,还有新近发展的认知神经科学。人们面对诸多分支学科的教材时,不知从何下手,拿到一本,就看一本;初看,都有意思;次看,困惑于众多专业术语;再看,就被各种理论彻底搞晕;至于与自己的课堂、学校如何联系起来,则更是一个相当难的任务。

不同专业视角。对教师来说,心理学各分支学科关注的现实只有一类,那就是各种教育活动,如学习、教学、课堂、测评等。对这类现实的关注,可以有不同的视角和思考方式,这大致可以分为两条线索。

一是偏"描述性"的现实阐释。例如,普通心理学从"如何认识世界"这一角度,关注人在认识过程中的注意、记忆、想象、创造等;发展心理学从"认识是如何发展"这一角度,关注儿童青少年的思维、情绪、社会性、道德等内容及其影响因素;同时,还关注人与人交往过程中所形成的气质、性格、能力、态度等,并进行综合性(包括先天和后天)的理论阐述。

另一线索是偏"处方式"的理论解释,或者说意欲达到这样目标的理论尝试。这主要有教育心理学,关注"如何进行学习",其根本目标是提供一系列促进有效学习和教学的理论、方法和措施。为了达到这个目标,则要了解学习的一般规律(如动作反应建立、信息加工、知识建构、文化参与等)和特殊规律(知识、技能、策略、元认知等);提出一些针对具体内容(如语文、数学、历史、政治、物理、化学等)的有效学习方法和步骤,以及相应的教学方式和技术等。类似的,健康心理学则关注"如何心理健康",要对人的心理问题、障碍乃至疾病,提供一些有用的咨询活动与方法,以及进一步的临床治疗;在此目的指引下,则需要了解人的心理健康内容(如与学生有关的多动症、拖延症、抑郁症、自闭症、成瘾)及其特征。

整合不同视角。在面对众多观点或理论时,我们常会采用"整合"这个术语,以期达到对某个活动的一致性阐释或解释。多数情况下,公说公有理婆说婆有理,整合就变成"大杂烩"。为什么会这样呢?至少有两方面原因。一是胡乱整合。本来两个理论所针对的教育现象,就不是同一回事情,硬要整合。例如,"动机"这个术语,在知识学习理论框架下,针对的是学习动力,有关于一件事情的启动、维持和变化;同样是这一术语,在态度(观察)学习理论框架下,则是一件事件在关注、认识和执行后,所产生的引起下一活动的倾向。在这两个理论框架下,"动机"的形成和作用是不一样的。究其根源,就在于两个理论针对的是不同的教育现象,一个是知识学习,一个是态度学习。二是整合目的不明。不同的人在关注同一现象时,常常会有不同的观点。这就引发出观点的评价和采择:哪个观点好呢?接受哪个观点呢?以学习发展障碍为例,有个学生数学总是学不好,从小学到初中一直如此。从发展心理学角度,可能会考察该学生的思维发展,其认知仍然停留在某个阶段;或者,该学生天生数学能力欠缺,而其他方面又比较好。从教育心理学角度,则可能会强调该学生的已有知识基础薄弱,在数学解题技能的某个环节存有问题;或者,教学方法不当,学生机械学习,不能举一反三,等等。教师对这些分析全盘接受,看似面面俱到,但实践操作上则很难处理,从哪着手呢? 从哪处开始呢? 会不会顾此失彼? 实际上,这样的顾虑是多余的。从一处开始,条条道路通罗马:教师要么向学生提供基础性知识,要么对其进行认知思维的训练,要么改进练习方式,等等。不要忘记,理论整合的目的是什么? 不是止步于形成一个更好的理论,而是对教育现实有更好应答方式、方法和措施。

理论及其场景。要解决一个教育现实问题,采用合适的心理学理论是一个可取的路径。这是因为,这个理论至少在过去得到不同程度的验证;否则,这只是一个猜测或者空想。以加德纳的多元智力理论为例,该理论认为人的智力表现在不同方面,有人擅长语言与交流,有人擅长动作和运动,有人擅长观察与内省,等等;这些看法并非凭空提出,而是依赖于一定的实证证据:大脑不同区域与认知能力的对应关系,智力测验分数的不同表现,儿童青少年成长过程中的表现差异,等等。即使是心理学领域受到较多科学性指责的弗洛伊德人格理论(意识、前意识、潜意识),也是有一定的临床观察和经验作为证据的,有相当的现实证据来支持。必须指出的是,心理学理论及其表述,往往要求有理有据,尤其是基于科学规范得出的理论;这是此学科的理论与其他人文学科中的区别。

理论之所以起作用,是因为其提供的解释方式与现实有密切关联。由此引出这样的认识:当场景发生变化时,解决路径是否还有效? 以两难问题为例,学生在遇到自己利益与他人利益冲突的时候,是采用何种倾向呢? 在欧美社会,由于价值多元化,学者不大重视倾向于哪一种,更多关注做出这个倾向的判断过程。例如,该判断是依据社会习俗(如法律、制度、规范等),还是依据自己的认识取向(自我、关系人等),甚至是依据个人情绪? 这就是心理学中比较有名的科尔伯格道德发展理论之所以提出的逻辑缘由。但是,从欧美到中国,两难问题处理的"场景"发生了变化。我们不仅要关注导致不同倾向的道德判断过程,更要关注判断结果,即倾向是什么? 倾向对社会的意义是什么?

立足考纲,回归现实

通过研读教师资格考试大纲(中学和小学),可以发现,其中一个核心词是"学生心理"。在《教育知识与能力》(中学)考试大纲中,考试目标就明确教师要:"掌握中学生学习心理发展的特点和规律,能指导学生进行有效的学习"和"理解中学生生理、心理的特性和差异性,掌握心理辅导的基本方法"。在具体的考试内容模块与要求上,列出"中学生学习心理"、"中学生发展心理"和"中学生心理辅导"三个部分,其试卷结构分值比例18%、9%、8%。与此类似,在《教育知识与能力》(小学)考试大纲中,考试目标就明确教师具备对:"2.学生指导的知识和能力。具有小学生身心发展、思想品德发展、医疗、保健、传染病预防和意外伤害事故等方面的相关知识,能够运用这些知识有针对性地设计并实施小学教育的有关活动"。在具体的考试内容模块与要求上,列出"学生指导",试卷结构分值比例约15%。上述目标和内容,直接与"学生心理"有关系。我们还不能忽略,大纲中有相当一部分目标与内容,是需要以"学生心理"为基础来理解的。例如,在大纲(中学)里的学生德育和班级管理内容和大纲(小学)里的管理班级、教学设计和教学实施内容,无不与心理学的知识和理论(即教学心理和教师心理)有关系。因此,可以这样说,大纲中至少一半的内容,直接或间接地与心理学这一学科有关系。

在教师资格考试中,教师为什么要学习这么多的心理学知识呢? 与其说是学习心理学知识,不如说是学习心理学中的科学思维,即对教育活动进行基于证据的解读方式及其相应思维过程。我们先回到教育活动中的一些不变话题,如人是如何学习的? 学生的个性与情绪是如何发展的? 如何进行有效学习? 如何帮助有问题的学生? 等等。对这些问题,各个教师会有自己的答案。这就引出这样的思考:哪个答案是对的? 或者,我们可以倾向认可哪个答案? 显然,个性化的答案或者基于个人感性认识的答案,其对大多数教师的参考意义较弱。那么,具有普遍参考意义的答案是什么呢? 这样的答案,心理学或许可以提供。这是因为,心理学的理论和观点,大多在不同情境中被证实过,更重要的是,在这一求证过程中,有非常严密的理论思考、实验设计、数据统计、逻辑分析等环节;这些环节,使得心理学对教育活动能进行较为合理的解读,为教育问题提供较为正确的答案。

一旦明确了教育活动与心理学理论的这种关系(现象—解释)后,教师就能明白考纲中为何涉及如此多的心理学知识,如记忆理论、认知发展理论、心理学流派等;它们都是对教育现象的一类解释;这些解释存在于特定的教育情境中,如个体的先天禀赋、学生的发展水平、知识的掌握程度、教师的入职年龄、所处区域的社会经济发展状况等。这些解释,没有绝对意义的正确,只有相对正确的说法。教师在面对林林总总的各种理论(解释)时,要不忘初心:理论源于实践,终归还是要回到实践,为实践服务的。抓住"教育活动"这一"牛鼻子",或采用这个理论,或采用那个理论,这在不同情境中,都是可行的。实际上,还有很多的心理学知识或理论,并未在目前的考纲中列出。但是,它们与考纲内容一起,构成了完整的心理学知识体系,这些内容,会在本书中有所体现。总之,对教师而言,心理学就是一种对教育活动进行多层次、多水平、多角度的解释体系。

当然,考纲中也存在部分较为陈旧的内容,新思想、新理论和新的教育心理实践没有及时得到反映,以及知识的逻辑性不强等许多问题,因此需要源自考纲,又要超越考纲。

有鉴于此,我们在编写这本教材时,确立了两个原则:一是服务于教师的资格考试,二是呈现较为完整的心理学知识体系。在内容上,我们将教师资格考试大纲所涉及的目标、内容,与心理学逻辑体系中所要求的内容进行了有机整合。与前述的大纲核心词"学生心理"一致,本章包括四篇内容:学生如何认识世界、学生如何有效学习、学生心理如何发展、学生心理健康与咨询。这样既满足了教师形成心理学知识结构的需求,也兼顾了顺利应对教师资格考试的要求。为增强教材的可读性,我们在形式上也做了美化处理,如每一章都设置了学习目标、关键词、本章框架、案例、专栏等内容,也加入了许多表格和图片。每章都设有二维码,提供近几年与心理学有关的教师资格考试真题,本书参编人员精心设计的模拟题和思考题,以及与本章内容相关的视频资料,这将为读者提供便利。我们还将和广大的一线教师一起共建教学资源包,如心理学故事、心理学案例、课程配套课件等。

本书的作者分别是:胡谊(第一章和第五章与叶群合撰,第六和第七章与蒙恬合撰),郝宁(第二章和第四章与卢克龙合撰,第三章与滕静合撰),张亚(第八、九章),胡银莹、宋蓓(各章思考题,二维码内容提供与制作等)。

由于时间较紧,且对如何兼顾心理学体系和考纲要求缺乏经验,本教材一定存在许多不足之处。在使用之后,我们会调研和总结出版修订版本。真诚欢迎各位读者及时反馈,以促进我们总结情况、不断完善。

胡　谊

2023 年 4 月于华东师范大学

在具体的教学实施中,可结合学校的实际学分和课时安排,编制个性化的课程纲要。以36课时(18次课,每次2课时)为例,我们提供了一份参考性的进度安排、学习目标(对应大纲里内容模块,但不限于此)和实施建议(包括理论讲解和实践活动)。

进度/课时	内 容	学 习 目 标 (对应大纲里内容模块)	实 施 建 议
1/2	第一章 心理概述	中学、小学大纲里与心理有关的各个模块(略)。	理论讲解: 1. 对人类活动的心理学解读。 2. 心理学对教师的意义。 实践活动: 分享各自教育活动与经验。
2/2 3/2	第二章 心理过程	中学"学习心理"模块: 1. 了解感觉的特性;理解知觉的特性。 2. 了解注意的分类,掌握注意的品质及影响因素;了解记忆的分类,掌握遗忘的规律和原因,应用记忆规律促进中学生的有效学习。 3. 了解思维的种类和创造性思维的特征,理解皮亚杰认知发展阶段论和影响问题解决的因素。(与第五章共用) 小学"学生指导"模块: 5. 掌握指导小学生学习的主要方法。	理论讲解: 1. 基本的心理过程。 2. 有效学习的方法。 3. 高效解决问题的过程。 实践活动: 1. 课堂录像观摩(记忆)。 2. 课堂讨论(创造性)。
4/2 5/2	第三章 心理与学习活动	中学"学习心理"模块: 4. 了解学习动机的功能,理解动机理论,掌握激发与培养中学生学习动机的方法。 5. 了解学习迁移的分类,理解形式训练说、共同要素说、概括化理论、关系转换理论、认知结构迁移理论,掌握有效促进学习迁移的措施。 6. 了解学习策略的分类,掌握认知策略、元认知策略和资源管理策略。 小学"学生指导"模块: 7. 能够根据小学生学习规律和个体差异,有针对性地指导学生学习。	理论讲解: 1. 动机与兴趣的心理。 2. 有效学习迁移与策略。 实践活动: 1. 分小组活动(兴趣激发)。 2. 合作学习活动(策略使用)。
6/2 7/2	第四章 学习理论	中学"学习心理"模块: 7. 理解并运用行为主义、认知学说、人本主义、建构主义等学习理论促进教学。	理论讲解: 1. 各理论的内容。 2. 各理论的联系与区别。 实践活动: 基于不同理论的教学设计。

进度/课时	内容	学 习 目 标 （对应大纲里内容模块）	实 施 建 议
8/2 9/2	第五章 认知与智力的发展	中学"发展心理"模块： 1. 掌握中学生认知发展的理论、特点与规律。 "学习心理"模块： 3. 了解思维的种类和创造性思维的特征，理解皮亚杰认知发展阶段论和影响问题解决的因素。（与第二章共用） 小学"学生指导"模块： 1. 了解小学生身心发展的一般规律和特点。 2. 了解小学生的认知特点以及学习兴趣培养、良好学习习惯养成的一般方法。（与第六章共用）	理论讲解： 1. 认知发展理论。 2. 智力的理论。 实践活动： 1. 智力测验活动。 2. 学习风格测试活动。
10/2 11/2	第六章 情绪与情感的发展	中学"发展心理"模块： 2. 了解情绪的分类，理解情绪理论，能应用情绪理论分析中学生常见的情绪问题。 3. 掌握中学生的情绪特点，正确认识中学生的情绪，主要包括情绪表现的两极性、情绪的种类等。 4. 掌握中学生良好情绪的标准、培养方法，指导中学生进行有效的情绪调节。 小学"学生指导"模块： 2. 了解小学生的认知特点以及学习兴趣培养、良好学习习惯养成的一般方法。（与第五章共用）	理论讲解： 1. 情绪的理论。 2. 中小学生情绪的特征。 实践活动： 1. 心理学录像观摩。 2. 微表情识别活动。
12/2 13/2	第七章 人格与社会心理的发展	中学"发展心理"模块： 5. 理解人格的特征，掌握人格的结构，并根据学生的个体差异塑造良好人格。 6. 了解弗洛伊德的人格发展理论及埃里克森的社会性发展阶段理论，理解影响人格发展的因素。 7. 了解中学生身心发展的特点，掌握性心理的特点，指导中学生正确处理异性交往。 小学"学生指导"模块： 3. 了解小学生思想品德发展的基本规律和特点。	理论讲解： 1. 人格理论。 2. 中小学生的社会化过程。 实践活动： 1. 心理自我剖析活动。 2. 同伴合作游戏。
14/2 15/2	第八章 心理健康	中学"心理辅导"模块： 1. 了解心理健康的标准，熟悉中学生常见的心理健康问题，包括抑郁症、恐惧症、焦虑症、强迫症、网络成瘾等。 小学"学生指导"模块： 4. 了解小学生医疗、保健、传染病预防和意外伤害事故的相关知识。	理论讲解： 1. 心理健康的含义。 2. 常见心理问题。 实践活动： 1. 心理自我剖析活动。 2. 案例分析与讲解。

续　表

进度/课时	内　容	学 习 目 标 （对应大纲里内容模块）	实 施 建 议
16/2 17/2	第九章 心理咨询	中学"心理辅导"模块： 2. 理解心理辅导的主要方法，包括强化法、系统脱敏法、认知疗法、来访者中心疗法、理性—情绪疗法等。 小学"学生指导"模块： 6. 掌握小学生德育、美育和心理辅导的基本策略和方法。 8. 能够遵循小学生身心发展规律，有针对性地开展德育、美育和心理辅导工作，促进小学生全面、协调发展。	理论讲解： 1. 心理辅导的方法。 2. 学校心理辅导工作。 实践活动： 1. 个案心理讲解。 2. 团体心理辅导。
18/2	考试		参考教师资格考试的试题，编制试卷。

【二维码】

扫一扫二维码，带你进入丰富多彩的视听世界，获得精彩的视频资源和文字资料。

【学习目标】

说明本章学习所要达到的基本目标，帮助你明确学习重点。

【关键词】

说明本章写作脉络的重要词语，帮助你更快掌握本章基本概念。

【本章框架】

厘清本章内容的逻辑关系，呈现知识导图，帮助你有效把握各章内容。

【专栏】

提供与所述内容相关的拓展性知识，包括相关理论知识在情境中的实际运用和最新的前沿动态等，帮助你拓宽理论知识的视野。

【表格和图片】

表格可以帮助你简明扼要地把握关键知识点，图片可以增强你对理论知识形象性的认知，它们能更好地帮你理解内容。

【案例】

帮助你更好地理解相关心理学知识，实现理论与实践的完美结合。

【知识延伸】

根据每章内容，呈现1—3个与章节内容相关的视频资料。扫一扫二维码，拓宽你的学习视野。

【心理学家介绍】

根据每章具体内容，穿插24位心理学家的介绍（包含图片、生平及其代表作等），带你深入了解心理学大师的风采。

【在线案例】

结合第八、九章心理健康和心理咨询等内容，精心制作心理情景剧。扫一扫二维码，观看案例故事。

【思考题及答案、同步练习题及答案】

结合每章具体内容：设置情境性思考题，促进学生理论联系实际地分析问题；提供本章与心理学有关的教师资格考试真题及练习题。为你提供自我检查与复习的便利，帮助你巩固与深化知识。

二维码
视频索引

目录

第一编

学生如何认知世界

第一章

心理概述

· ·

学习目标

1. 掌握教育活动中的心理现象；

2. 了解心理学的学科发展历史；

3. 了解几个重要的心理学流派；

4. 掌握心理活动的基因和遗传基础；

5. 理解大脑活动与心理活动的关系；

6. 了解认知神经科学对教育心理学的影响；

7. 掌握心理学对学生、学习和教学等现象的探索；

8. 结合自己的经验,阐述心理学与教师的关系。

关键词

心理学：一门解释人的心理活动与现象的理论体系。

认知神经科学：旨在阐明心理活动的脑基础，意欲揭示心理与脑的关系。该领域研究具有高度的跨学科性和学科交叉性，在人类知觉、注意、记忆、语言、思维、情绪、动机、意识等的脑机制上取得了不少进展。

遗传：依赖于人的染色体上的基因。人类的绝大多数行为并不由单个基因决定，更多是环境因素和多种基因相互作用的结果。

神经元：即神经细胞，由胞体、树突、轴突、髓鞘和突触五部分组成。神经元是神经系统结构和功能的基本单位。在接受到外界信息刺激时，神经元以电流脉冲及神经递质传递的方式来表达各种信号。

中枢神经系统：由脑和脊髓构成，具有传递、储存和加工信息，产生各种心理活动的功能，并全面控制着人的行为。

外周神经系统：是从脊髓和脑延伸出去而遍布全身的神经网络。它由长长的轴突和树突组成，包括了除脑和脊髓外的神经系统的所有部分。

大脑：主要由中央核、边缘系统和大脑皮层构成。中央核控制人的一些基本功能，如呼吸、吃喝、睡觉等活动；边缘系统是由杏仁核、海马、穹隆等组成的一种环状神经系统，与动机、情绪状态和记忆过程有关；大脑皮层是人类与动物之间的主要区别所在，负责人类特有的高级认知功能，如思考、评价和判断。

教育心理学：从认知和行为两方面研究学习过程，解释个体学习者在智力、认知发展、情感、动机、自我调适、自我认知及其在学习中所扮演的角色等方面的差异，是心理科学的分支学科。教育心理学研究者对学生活动的探索，主要涉及三大范畴：学习心理、心理发展和心理辅导。

心理研究方法：在心理学学科范畴内开展教育研究，其主要任务有二：一是通过研究来回答教学实践中的问题；二是将各种研究结果加以整合，形成能"完美"诠释"教"与"学"之间关系的整体理论。为完成这两个任务，心理学家主要采用四种研究方式：描述性研究、相关研究、实验研究和建立教学理论。

本章结构

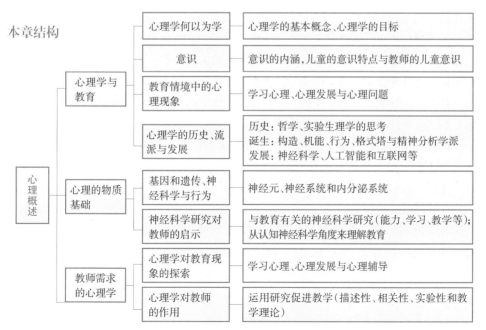

心理学是一门古老而又年轻的学科。有关"知识"、"观念"、"心灵"、"意识"、"欲望"和"人性"等，一直是哲学、文学、教育学、艺术、生物学、物理学和医学等共同关心的话题。心理学在学科诞生之前，主要是哲学层面的思考；在学科发展历程中，形成了许多理论流派，对心理现象存有各自解释；如今，又呈现出互补的发展方向。

人的心理活动有赖于自身的机体。从物质层面来理解机体功能表现，已成为心理学的一个发展趋势，对教育理论产生日益重要的影响。在这个层面的理解，可以是基因调控，也可以是神经系统，尤其是大脑皮层的结构（如脑白质和脑灰质）和活动（如脑激活、脑功能网络）。这些理解有助于丰富对教育现象的各类解释，如高效学习原因、心理健康发展、有效教育干预等。

对教师而言，学习心理学不仅有助于形成一套理性而规范的思维体系，而且有助于以此来科学观察种种教育现象，如学生的学习心理、心理发展和心理健康等；这一影响还体现在教师专业发展上，即学习不同教育研究方法（如观察法、实验法、测量法、教育干预法等），促使自己从新教师快速向专家教师转变。

第一节   心理学与教育

人们经常会有这样的问题，诸如，人的感觉是怎么工作的？人怎么能识别各种事物？人怎么能记住各种经验？人是怎样理解语言，又是怎样组织和表达语言的？人是如何在信息加工的基础上进行问题解决和决策的？所谓人那么有"个性"是怎么回事？人的情绪和"脾气"又是怎么回事？人的所有行为都是有动机的吗？人的意识是怎么形成的？有什么成分？怎么测量？对人的生活和工作的成功有什么意义……这些问题不胜枚举[①]。

心理学所涉及的方面渗透于各个领域。例如，人在独处和在群体中的行为为什么不一样？人在社会环境中的行为为什么会千差万别？受哪些因素影响？这些是社会心理学所关注的。人的这些心理与行为是怎么随着年龄增长而发展的？其中哪些受环境影响，哪些由先天遗传决定？这些是发展心理学要探讨的。在这些心理与行为的发展中教育起什么作用？如何更有效地利用这些规律促进和改善人的发展？人们怎样才能更有效地学习和记忆？这些是教育心理学研究的。人在工作中和家庭中的行为为什么不一样？工作是为了什么？领导是怎么起作用的？怎样使员工更努力地工作？这些是组织管理心理学要研究的。今天的工业设计如何使人更舒适更有效？从仪器仪表到工作环境怎样设计才能使人的疲劳或伤害减到最小，效率达到最高？这些是工程心理学、劳动心理学关心的话题。人所不断发展积累的心理与行为会如何影响人的经济行为？不同的人投资决策会有什么不同？人的感知、态度、情感、认知以及人际互动如何影响他们的消费行为？广告是怎么起作用的？这些是经济心理学感兴趣的。人在地球和在太空中的行为为什么不一样？失重情况下人的心理和行为会有哪些变化？这些是航空航天心理学最关切的。运动员是怎么选拔和培养的？他们在比赛的瞬间如何承受各种压力？成绩波动是怎么回事？

---

① 理查德·格里格，菲利普·津巴多.心理学与生活(第16版)[M].王垒，等译.北京：人民邮电出版社，2013：上述及下文提出的问题具体参见这本书译者王垒所写的前言。

运动成绩在多大程度上受心理因素的影响？这些影响是可控制的吗？这些是体育心理学所研究的。人的美感是哪里来的？审美活动有哪些心理特征？艺术创造是天才的特权？普通人如何能培养艺术家的气质和才干？这些是艺术心理学的领域……

由此可见，心理学的内涵十分广博，它的研究涉及人类的心理现象、行为和心智功能等各个方面。它既是一门理论学科，也是一门应用学科，一般来说包括基础心理学与应用心理学两大领域。我们也把心理学看成一门交叉学科和基础学科。心理学要研究心理现象的物质本体及心理的神经生物学基础——心理学的研究目标和手段与自然科学大体相同，因而具有自然科学的性质。

在教育情境中，存在形形色色的学生行为和教师活动。这是众多心理学概念及理论之所以提出的原因。从教师角度来讲，他们比较想要了解：心理学要关注哪些现象？对这些现象的发生和原因会有哪些理论解释？这些理论的出发点和视角，又是什么？等等。

一、心理学何以为"学"

（一）心理学的基本概念

心理学家使用科学的实证方法来验证他们的理论。心理学的研究方法已经相当科学化了，当然研究方法的科学化并不说明某一门学问就是科学。科学方法（scientific method）是一个客观的检验过程，该过程的核心是实证研究，包括一组用来分析和解决问题的有序步骤。心理学的科学性要求心理学结论建立在依据科学方法原则收集到的证据基础之上。

心理学（psychology）是关于个体的行为及心智过程的科学研究。

行为（behavior）是有机体适应环境的方式。行为就是行动。心理学的研究主题主要是人类和其他动物物种的可观察行为。微笑、哭泣、奔跑、攻击、交谈以及触摸，这些都是你所能观察到的行为的常见例子。心理学家探索在既定的行为情境和更广泛的社会或文化环境中从事什么，以及如何行事。

心理学分析的对象往往是个体——一个新生婴儿，一名青少年运动员，一个正在适应宿舍生活的大学生，一位面临中年转行的男士，或者一位因丈夫患阿尔茨海默氏病正逐渐恶化而面临压力的女士。但是，研究对象也可能是一个正在学习用符号进行交流的黑猩猩，一只走迷宫的白鼠，或是一只对危险信号做出反应的海兔。个体既可能在其自然栖息地也可能在实验室的控制条件下接受研究。

心理学的许多研究者也认识到，不理解心智过程，即人类的心理活动，就无法理解人类行为。许多人类活动是在个体内部发生的——思考、计划、归因、创造以及做梦。很多心理学家相信，心智过程代表了心理学探索的最重要的方面。心理学研究者们已经设计了许多巧妙的方法来研究心理事件和过程，从而得以揭示这些隐秘的体验。

这些关注点的结合阐释了作为独特领域的心理学。在社会科学中，心理学家主要关注个体的行为，社会学家则研究人们在群体或组织中的行为，而人类学家关注不同文化中行为的广泛背景。即便如此，心理学家们也汲取其他学者们的见识。心理学家们与生物科学的研究者特别是研究行为的大脑过程和生物化学基础的研究者们有着许多共同的研究兴趣。心理学作为新兴的认知科学领域的一部分，针对人类的心智活动如何与计算机科学、人工智能和应用数学的研究和理论相关联，心理学家提出了许多问题。作为一种健康科学,心理学与医学、教育、法律和环境研究都有联系,它寻求提升每个个体和集体的幸福感[①]。心理学也与哲学、文学、语言学、艺术和戏剧等人文社会科学紧密联系,并为它们提供有价值的启迪。

（二）心理学的目标

理查德·格里格和菲利普·津巴多认为心理学基础研究的目的是描述、解释、预测和控制行为、提高人类生活的质量。

1. 描述发生的事情

描述的首要任务是对行为进行精确的观察并记录行为数据(behavioral data)。行为数据是关于机体的行为和行为发生时环境的观察报告。选择一个适宜的分析水平,真实客观地收集数据。

2. 解释发生的事情

解释是看到所描述事情和现象背后的规律和本质。通常大多数行为是受到一些因素的共同影响,行为的这些内部决定因素叫作机体变量(organismic variables),也称秉性变量(dispositional variables)。对行为的外部影响是环境变量(environmental variables)或情境变量(situational variables)。

3. 预测将要发生的事情

心理学中的预测是对一个特定的行为将要发生的可能性和一种特定的关系将被发现的可能性的陈述。一个科学的预测要足够精确地加以叙述,然后根据证据来检验其获得支持还是被否决;通常还要指出是什么样的机制把那些事件与特定的预测物联系起来。因果预测则说明在什么样的条件下行为将会改变。

4. 控制发生的事情

对许多心理学家来说,控制是最核心的、最具挑战性的目标。控制意味着使行为发生或不发生——引发它、维持它、中止它;并且影响它的形式、强度或发生率。这一点在教育情境中表现得尤为突出,受心理学的启发,我们可以把有效教学界定为引起、维持学习者的学习兴趣的过程。

二、意识

有一种观点说科学世界有三大未解之谜:物质及宇宙的起源、生命的起源和意识（及智力）的起源。心理学则是一门探索意识起源的科学。意识本身也充满了神秘,比如,麻醉师可以使病人失去部分或全部意识,但是常规的麻药剂量下却无法预判极少数病患在手术中突然清醒带来血压或心跳急剧上升到危险水平的概率。又比如我们会做梦,甚至是白日梦,有时我们还会进入冥想状态或产生幻觉。

（一）意识的内涵

心理学研究人及其大脑与行为,心理学家因此希望将现象学的理解——事物如何看起来像是有意识的人,纳入到对心理和行为的理解之中。

意识与无意识

意识是人脑对外界和自身表象的觉察。广义上的意识包含哲学上蕴涵的内容,是

---

① 理查德·格里格,菲利普·津巴多.心理学与生活(第19版)[M].王垒,等译.北京:人民邮电出版社,2014.

赋予现实世界的心理现象的总括,是人所特有的对于客观世界的反映。需要强调的是,意识是心理学的一个奥秘,因为无法直接感知他人的心理,也因为头脑和身体之间的关系错综复杂。

人的心理活动可以按有意识和无意识分类。有意识比较容易理解,比如,有意识地去看、去听、去注意、去思考、去想象,这是人们在学习、生活中无时无刻不存在的心理活动。人还有一种无意识的心理活动。比如,你到一个陌生的城市会去记住沿途的一些标志性的东西,如商店、招牌、十字路口的样子等情况。用不了多久你会发现即使你没有刻意去认路,你的两条腿仿佛长上了眼睛似的,到了该拐弯时便拐弯,不知不觉就到了学校。这就是一种无意识的心理活动。无意识是一个活跃的系统,包含终身隐藏的记忆,人最深层的本能和欲望,以及人在控制这些力量时的内心的斗争。弗洛伊德充分认识到无意识的心理现象(这些内容在后面将会详细叙述),其后,精神分析学派对无意识现象进行了深入的研究。

意识具有四个基本属性:意向性、统一性、选择性和短暂性。首先,意识总是关于某件事情的;其次,意识是整合所有感觉器官的所有信息使其成为一个连贯的整体的;第三,意识在这种整合中会决定要哪些信息,排除哪些信息;第四,意识是短暂的,变化的。因此,意识的水平也可以被理解为具有不同的层次:最小意识、全意识及自我意识。最小意识是一种低级的感觉意识与反应。全意识是自我能知道并报告出心理状态的意识水平。全意识包括对自己的某种自我意识。自我意识是一种特定水平的意识,在这种意识水平里自我作为一个对象吸引了人们的注意。

走　神

专栏1-1①

是的,走神。理想的情况下,不会走神那么多,以至于不能完成这个段落。但是,随着时间的推移它确实会游移不定,不仅改变原来的主题,而且有时还会"开小差"。你一定有过这样的阅读经验,突然意识到你甚至还没有加工你所阅读的内容。即使你的眼睛费力地瞄着那些印刷的字,在某一刻你开始想其他的事情——只有到了后来,你才发现自己走神了,也许在想我在哪里?或者,我为什么要到这个房间来?

走神或"独立于刺激的思考"最常发生在我们从事重复性的要求不高的任务时。这种情况经常发生。最近的一项研究表明,在我们的日常活动中,无论我们在做什么,我们近一半(45.9%)的时间都在走神。事实上,在记录的每个活动中至少30%的时间会发生走神。本研究发现,虽然思想经常走神,但是人们在走神时会比他们在思考当下正在做的事情时明显更不高兴。

新的研究表明,走神可以帮助创造性地解决问题。一个真实的例子是,据说爱因斯坦想到的一些最伟大的突破,不是当他坐在他办公桌边时,而是在散步时。

了解走神与不高兴之间的关系可能会使你感觉……不高兴。但在阅读这

① D·夏克特,等.心理学(第三版)[M].傅小兰,等译.上海:华东师范大学出版社,2017:245.

个部分的结尾前,请不要走神离开!事实证明,走神可能也有它的好处。几千年来,世界上一些最伟大的思想家注意到,他们最重要的突破来自做白日梦或者走神时。例如,据说,爱因斯坦是在散步时(而不是坐在他的办公桌旁),在他的相对论上取得重大突破。新的研究表明,走神可能确实有助于促进我们创造性地解决问题。在最近的一项研究中,研究人员检验了这个想法,他们让被试完成一个创造性的问题解决的测试,要求被试对一些日常用品(例如砖、羽毛)想出尽可能多的用途,之前和之后都从事一个高要求或要求不高的任务。作者假设并发现,进行要求不高的任务时,会促进高水平的走神(确实是这样),并相应地提高其先前测试的成绩(确实是这样),但不是新测试的成绩(再次正确)。这些结果表明,让我们的心灵徜徉,一直保持活跃,可以提高我们创造性思考和解决难题的能力。

(二)儿童的意识特点与教师的儿童意识

儿童逐渐认识到他们与别人是分离的时候,他们开始获得主观的自我意识。当他们把他们的意识转向自己的时候,他们开始获得客观的自我意识。认识到儿童意识的独特性是对未来教师的一个基本要求[①]。

儿童意识是对儿童这一处在特殊年龄阶段的人的独特性及其价值的体悟与认识,是对成人中心主义文化的反抗和对作为弱势群体的儿童的关怀与呵护,它主要表现为对童年价值的肯定、对儿童生存状况的关注和对儿童基本权益的维护。

"儿童本位"是儿童意识的基本立场。通俗地说,儿童意识就是将儿童看作人类的财富,理解并尊重儿童的特点和需求,并依此建立起优先保障儿童利益的行为准则,它是一种超越种族、国界、年龄、身份等界限的人类共识。

儿童意识一般包含四层意思:

即要意识到儿童对人类发展的重要价值;要意识到儿童身心发育的特殊性,尊重并理解他们与成人的差别以及他们各自的差异;要意识到儿童的兴趣与需求,并以此作为安排其生活的主要依据;要意识到发展是儿童的重要权利,成人有义务创造并提供能够促进儿童身心健康发展的条件。

儿童是作为一个整体的人参与学习活动的,而非只限于认知参与。掌握"儿童的意识"的复杂性以及彼此之间的差异性,可以更好地理解儿童。儿童的学习活动并非单一的和线性的,而是丰富的和复杂的,涵盖了不同的学习形态。

因此,学习心理学,学会关注个体,尤其是理解儿童普遍心理特征和作为个体的特点与差异,是学习这门课程的核心所在。

三、教育情境中的心理现象

(一)学生是如何学习的

对于案例1-1中小雪自己的陈述,教师会怎么想呢? 是不是我们经常会为某些学

---

① 这里的儿童指学界所常指的0—18岁的范围。

案例 1-1

初三(4)班正在开学习经验交流会。在一片热烈掌声中,被同学们称为"小神童"的小雪神采奕奕地走上讲台。

"大家都说我聪明,其实不然,我和大家一样,学习靠的是不断的复习和练习,没有学习秘诀,只有熟能生巧。我的学习方法和大家大部分相同,只是有些地方稍稍不一样而已。"

她顿了顿,接着说:"就拿英语来说,大家每天都会在早读课上背单词、背课文,学哪一课,就背哪一课;但是一下课,就把什么都忘记了;考试时,还要加班加点,复习以前的全部内容。"

"很多同学都很奇怪,我用来背诵单词、课文的时间,可能比大家都要少,为什么我能记住所学的内容,并且不容易忘记;考试前也不用费很多精力复习,就能取得好成绩?"

"其实,我的方法很简单,只有四个字:及时复习。就拿英语来说,在一节课快要结束时,我会用几分钟的时间大致总结本课内容,做到基本上理解老师上课所讲内容。晚上睡觉前,我会用大约5—10分钟的时间,背诵当天学过的单词或课文;第二天早上,我会再用5—10分钟的时间,试图回忆并背诵这些内容。这两个10分钟并不很长,但通过它,我已经完全掌握了所学的新东西。到晨读时,我会进一步复习,直到滚瓜烂熟。两三天之后、一星期之后、三星期之后,每次我都会再次复习这些内容。同学们可能会很吃惊,复习这么多次,需要用多少时间?!其实,每次复习只用几分钟,学习起来就轻松。就这样,重复次数多了,自然就不会忘记了。"

生学习效率低下而苦恼?让我们来分析其中的可能原因,先来看这样一个实验:两组学生学习一段课文,甲组在学完不久后进行一次复习,乙组不复习。过了一段时间,让他们回忆课文内容,猜猜看,哪一组学生的成绩会更好?正如我们所预料,一天后,甲组保持98%,乙组保持56%;一周后,甲组保持83%,乙组保持33%。这些数据结果能说明什么?除了复习有用这一说法,对如何安排复习,又有何启示呢?

每个人都会遗忘,它会伴随我们一生。学习需要记忆,遗忘是学习的天敌;如何避免遗忘?最基本的答案就是:复习,重复所学内容。但是,如何重复才更有效,并且不浪费精力呢?看看心理学家是如何给出答案的。德国的心理学家艾宾浩斯(Hermann Ebbinghaus)曾经做过一个实验;在这个实验中,他利用无意义音节序列,如CEG或DAX,而不是像DOG那样有意义的字词做材料;同时,他用自己做被试;派给自己的任务是通过机械复述来记忆数目不等的音节序列。在一系列实验后,他得出了著名的遗忘曲线,表明了一条规律:遗忘进程是不均衡的,在记忆的最初时间,遗忘很快,以后逐渐缓慢,到了一定时间,几乎就不再遗忘了,也就是说,遗忘的进程特征是"先快后慢"。这条曲线被称为艾宾浩斯遗忘曲线(详见第二章)。

反观现实,很多学生平时不复习,临考前开夜车,加班加点。考试时仓促填塞的知识,如果不通过进一步的学习进行巩固,并随后进行充分复习,这些知识是会很快被学生遗忘的。之后,他们需要再一次应用这些知识时,则可能还需要再加班加点。

为什么那么多人不愿意复习,而一味地追求新知识?这可能是复习旧知识会使人感到枯燥。这就好比咀嚼已经吃过的馒头,没有味道。有人说:"好马不吃回头草,爱吃前面的嫩草。"其实不然,复习就是"温故而知新";"温故"是形式,"知新"才是最终目的;要在温习已学的知识中,发掘新意。当然,达到"知新"不仅仅靠机械重复、简单记忆;每次重复应有不同的角度、不同的重点,这样才会有不同的感觉和体会,才会获得更深的认识。知识的学习就是在这种不断重复中得到巩固和升华的。总之,要根据自己的实际情况,做到及时复习。

(二)儿童的心理是如何发展的

再来看看案例1-2。为什么会这样呢?王老师的教学有问题吗?我们把这个案例放到心理学的相关理论体系下来看看。例如,这些学生处于何种认知发展阶段?教师的教学方法是否适合学生当前的学习能力状况?在语言上,学生是如何理解王老师课堂中的讲话内容?在师生互动上,教师和学生有何问题?

案例 1-2[①]

在科学课上,王老师正在教五年级学生有关视力的课程内容。她给学生看了人眼各个部分的图解:晶体状、角膜、视网膜等等。然后,她向学生解释说,因为阳光或其他光源从这些物体上反射后进入眼睛,所以人们能看见物体。为了阐明这一点,她给学生看了右侧这幅图:

"你们都知道我们的眼睛是怎样工作的吗?"她问道。学生点头表示知道。

第二天,王老师给其学生呈现了下图左侧这幅图。

她让学生画出光是怎样传播的,以便我们能看见树。大多数学生画出的线条像下图右侧呈现的这幅图。

显然,这些学生并没有真正理解王老师所教的内容。

---

① J·E·奥姆罗德.教育心理学(第四版)[M].彭运石,等译.西安:陕西师范大学出版社,2006:66.

那就来看看不同心理学观点对这个案例的可能分析。从皮亚杰（Jean Piaget）的观点看，学生可能把新的信息同化进了关于"我们如何看某物"的已有知识中，因而错误地理解了王老师的原意。从维果茨基的观点看，学习任务可能超出了学生的最近发展区，或者王老师没有提供足够的支持信息以帮助学生理解她所呈现的信息。从信息加工的观点看，学生可能没有准确地加工王老师所说的内容。比如，他们在上课的过程中没有集中注意力，或者他们没有准确地对材料进行理解。虽然王老师问学生是否理解了她的教学插图时，学生点了点头，但是，低年龄阶段的学生在准确地评估他们自己对知识的掌握时会面临困难，这反映了学生在元认知方面的不足。

所以，教师通过学习心理学知识，可以确定儿童大约在什么年龄段，能够完成什么行为，以及以某种方式进行思维；这可以帮助我们预估处于某个特定年龄阶段的儿童的能力发展状况；进而，围绕这种预估，我们可以设计相应的课堂活动和教学策略。应当注意的是，教师不能只凭年龄，就得出结论说一个学生能做什么，不能做什么。发展并非总是以永恒不变的速度进行，它受到遗传和环境的共同影响。比如，学步的儿童在长达数月的时间里，只能用有限的词汇和一个字的"句子"讲话。不过，大约在他们的第二个生日的某个时候，语言发展就会发生质的飞跃。在几个星期内，他们的词汇量迅速增加且使用的句子会越来越长。

（三）需要关注学生的哪些异常心理问题

> 小A，女，初三学生，住校。在初一、初二年级时，小A成绩一直不错，很受老师喜欢，和同学相处也很好。和她同时进入中学的男同学小明，小学时一直和她同班，且两家住得很近；上中学后，两人关系不错，接触较多，经常周末一块回家，一块返校，互相帮助。但升入初三年级后，小明渐渐疏远小A，这使小A很失落，很苦恼，总也想不通哪里做错了，为什么他要这样对待她。小A开始寝食不安，学习无兴趣、成绩明显下降，甚至怀疑同学们都在嘲笑她，看不起她。这种自卑和内疚，使她不再与同学交往，对自己也失去了信心，对个人的前途很悲观。

案例 1-3[①]

看到案例1-3，我们可能马上想到的是早恋。什么是早恋？在面对学生早恋时，教师可以做什么？早恋是青春期学生在心理上对异性的需要和依赖的一种表现；处理不好，会对学生学习和生活产生较大影响。在上述案例中，小A可能表现出一种抑郁，这可能是由于情感困惑、情感挫折所导致的。青春期的中学生往往把同学情谊和男女感情混同起来，或单相思、苦恼烦躁；或浪费时间，荒废学业。一方面他们性早熟，希望获得异性的好感；另一方面，他们的心理又不够成熟，不能正确认识感情。所以，对这类学生要及时给予指导和帮助，否则，轻者会产生自卑、羞耻、怨恨或不满情绪；重者会变得思维迟钝、记忆衰退、注意力难以集中，懒于读书学习，对什么都不感兴趣，甚至丧失

---

① 贾佳.中学生常见的心理问题及案例分析［J］.宁夏教育，2009：7-8.

理智,做出令自己后悔的事情。

中学生正处在人生发展的一个特殊阶段。在这一时期,从生理上来说,他们正处于青春发育期,从心理或思想上来说,还处于尚未成熟的成长期,正是由于他们身心发展的不平衡,会很容易产生这样或那样的心理问题。所以,中学生的心理问题应引起社会、学校、家庭的重视并齐抓共管,共同抓好心理健康教育,使学生健康成长,成为家庭里的好孩子,学校里的好学生,社会上的好公民,成为真正的有用之才(详见第六、八章)。

四、心理学的历史、流派与发展

上述三个典型的教育案例,都可以用心理学的理论来分析并提供一些切实可行的建议。何为心理学? 归根结底,心理学就是一类理论体系,用来解释与人有关的各种心理活动(行为的、生理的、认知的等)。

(一)对心理活动的早期解释

1. 哲学层面的早期思考

心理学的历史可以追溯到古希腊时期。亚里士多德(Aristotle,公元前384—前322)的著作《论灵魂》是历史上第一部论述各种心理现象的著作。他把心理功能分为认知功能(如感觉、意像、记忆、思维等)和动求功能(如情感、欲望、意志、动作等)。现代心理学的诞生和发展,则有两个重要的历史渊源,这就是唯理论(rationalism)和经验论(emperilism)。

唯理论的代表是17世纪法国哲学家笛卡儿(Rene Descartes,1596—1650)。笛卡儿相信理性的真实性,认为只有理性才是真理的唯一尺度。他认为某些心理现象如感知觉、想象、情绪,都离不开身体的活动。他用反射(reflex)概念解释动物的简单行为和人的无意识行为。笛卡儿把心理现象一分为二,一个方面依赖于身体组织,另一个方面独立于身体组织之外。笛卡儿还相信"天赋观念",即人的某些观念不是由经验产生,而是人的先天组织所赋予的。

经验论起源于英国哲学家霍布斯(Thomas Hobbs,1588—1679)和洛克(John Locke,1632—1704)。在洛克看来,人的心灵最初像一张白纸,一切知识和观念都是后天从经验中获得的。他把经验分成外部经验(感觉)与内部经验(反省)。该哲学思考演变到18世纪,形成联想主义(associationism)思潮。该思潮把联想的原则看成是全部心理活动的解释原则。人的复杂观念是由简单观念借助联想而形成的。例如,砖头的观念借助联想而形成了墙的观念;泥灰的观念借助联想而形成了地面的观念;玻璃、木条的观念借助联想而形成了窗户的观念。而墙壁、地面和窗户的观念借助联想而形成了房屋的观念等。人的心理大厦就是由观念按上述原则建构起来的。

唯理论与经验论的斗争一直持续至今,并表现在现代心理学各种理论派别的斗争中,如遗传决定论和环境决定论的争论。同样,联想主义对现代学习、记忆和思维的理论也产生了深远的影响。巴甫洛夫的条件反射学说、华生的行为主义,都直接受到了联想主义的影响。20世纪80年代中期产生的新连接主义(neoconnectionism)也和联想主义有着密切的关系。

2. 实验生理学的影响

现代心理学的实验方法直接来源于实验生理学。生理学特别是神经系统生理学和感官生理学的发展，对心理学走上独立道路产生了重要影响。例如，在青蛙的运动神经上测量了神经的传导速度，这为心理学中反应时测量方法奠定了基础。从尸体解剖中发现严重的失语症与左侧额叶部分组织的病变有关，从而确定了语言运动区（布洛卡区）的位置。大脑皮层存在基本机能界线：中央沟前负责运动，中央沟后负责感觉。而用电刺激法研究大脑功能，发现动物的运动性行为是由大脑额叶的某些区域来支配的。上述研究不仅加深了人们对心理活动的物质基础的认识，而且在实验方法上也为研究感知觉、语言、动作等问题奠定了基础。

（二）心理学的学科诞生与流派

1879年，德国心理学家冯特（Wilhelm Wundt）在莱比锡大学创建了第一个心理学实验室，开始了对心理现象进行系统的实验室研究。在心理学史上，这个实验室的建立被看成是心理学脱离哲学的怀抱、走上独立发展道路的标志。19世纪末到20世纪二三十年代，是心理学派别林立的时期。

1. 构造主义

构造主义（structuralism）的奠基人是冯特，代表人物为铁钦纳（E. Titchener, 1867—1927）。这个学派主张，心理学应该研究人们的直接经验，即意识；并把人的经验分为感觉、意象和激情状态这三种元素。感觉是知觉的元素，意象是观念的元素，而激情是情绪的元素。所有复杂的心理现象，被认为都是由这些元素所构成的。在研究方法上，构造主义强调内省方法。这就是说，如要了解人们的直接经验，就要依靠个体对自己经验的观察和描述。比如，一面色彩鲜艳的小旗或一句写在卡片上的话，让被试用他们自己的话尽可能详尽地描述当时的感知和体验；然后，研究者分析被试的报告，尽力去理解隐含其中的心理结构。

01. 冯特

冯特（Wilhelm Wundt, 1832—1920），德国著名心理学家、哲学家、心理学发展史上的开创性人物。他被公认为是实验心理学和认知心理学的创始人、构造主义心理学的奠基人。冯特认为心理学可以通过实验的方法进行研究，他将内省实验法引入了心理学研究，并据此提出了情感三维说。1879年，冯特在莱比锡大学建立了世界上第一个真正意义上的心理学实验室。该实验室的建立是心理学史上的一个里程碑，标志着心理科学的诞生。冯特的主要著作有《感官知觉理论文集》（1858—1862）、《人类与动物心理学论稿》（1863）、《人体生理学教程》（1865）、《生理心理学原理》（1873—1874）、《心理学大纲》（1896）、《民族心理学》（1919）等。

2. 机能主义

机能主义（functionalism）的创始人是美国心理学家詹姆斯（Willian James），其代表人物有杜威（John Deway）和安吉尔（James Angell）等人。机能心理学也主张研究意识，但他们不把意识看成个别心理元素的集合，而是看成川流不息的过程。在他们看来，意识是个人的、永远变化的、连续的和有选择性的。意识的作用就是使有机体适应环境。与构造主义强调意识的构成成分相比，机能主义则强调意识的作用与功能。以思维为例，构造主义关心思维及其内容，而机能主义则关心思维在人类适应行为中的作用。机能主义的这一特点，推动了心理学面向实际生活的发展，如心理学在教育领域的应用。

3. 行为主义

1913年，美国心理学家华生（John Watson）发表了《从一个行为主义者眼光

02. 詹姆斯

詹姆斯（William James，1842—1910），美国本土的第一位心理学家，同时也是教育学家、实用主义的倡导者，美国机能主义心理学派创始人之一，美国最早的实验心理学家之一，美国心理学会的创始人之一。詹姆斯的实用主义心理学对后来的美国心理学特别是机能主义心理学的发展产生了重要影响。他的关于意识的功用、意识流等主张成为后来美国机能心理学的基本信条。其情绪理论由于提出了生理变化是情绪过程不可缺少的因素，从而推动了情绪生理机制的实验研究。詹姆斯曾于1894年和1904年两度当选该会主席，1906年当选国家科学院院士。詹姆斯的主要著作有《心理学原理》（1890—1891）、《心理学简编》（1892）、《对教师讲心理学》（1899）、《宗教经验之种种》（1901—1902）等。

03. 华生

华生（John Broadus Watson，1878—1958）是美国心理学家，行为主义心理学的创始人。1915年当选为美国心理学会主席。主要研究领域包括行为主义心理学理论和实践、情绪条件作用和动物心理学。华生行为主义心理学的主要观点是：第一，心理学的对象不是意识而是行为；第二，心理学的任务在于预测和控制行为；第三，心理学的研究方法应该是客观的方法而不是内省法；第四，个体的行为不是先天遗传的，而是后天环境决定的。因此，他在使心理学客观化方面发挥了巨大的作用，对美国心理学产生了重大影响。华生的主要著作有：《行为：比较心理学导论》（1914）、《行为主义心理学》（1919）、《行为主义的方法》（1928）等。

中所看的心理学》，宣告了行为主义的诞生。行为主义的代表人物还有桑代克（Edward L.Thorndike）和斯金纳（B.F.Skinner）等人（详见第四章）。

　　行为主义（behaviorism）有两个重要特点：反对研究意识，主张心理学研究行为；反对内省，主张用实验方法。在华生看来，意识是看不见、摸不着的，因而，无法对它进行客观的研究。心理学的研究对象不应该是意识，而应该是可以观察的事件，即行为。华生曾经说过，在一本心理学中"永远不使用意识、心理状态、心理内容、意志、意象以及诸如此类的名称，是完全可能的……它可以用刺激和反应的字眼，用习惯的形成、习惯的整合以及诸如此类的字眼来加以实现"。华生认为，行为是刺激—反应的结果。通过改变环境的方法就可以充分地认识行为；一旦控制了人所处的环境，想得到任何一种行为都是可能的。行为主义研究可以观察的行为，这对心理学走上客观研究的道路有积极的作用。但是由于它的主张过于极端，不研究心理的内部结构和过程，否定意识研究的重要性，因而限制了心理学的健康发展。

　　4. 格式塔心理学

　　在美国出现行为主义的同时，德国也涌现出另一个心理学派别——格式塔心理学（Gestalt psychology）。格式塔心理学的创始人有韦特海默（Max Wertheimer）、柯勒（Wolfgang Kohler）和科夫卡（Kurt Koffka）。格式塔心理学和行为主义都批判构造主义和机能主义，但在一系列基本问题上，两派又有截然不同的主张。

　　格式塔（Gestalt）在德文中意味着"整体"，它代表了这个学派的基本主张和宗旨。格式塔心理学反对把意识分析为元素，而强调将心理作为一个整体、一种组织的意义，这是和构造主义和行为主义大相径庭的。格式塔心理学认为，整体不能还原为各个部分、各种元素的总和；部分相加不等于全体；整体先于部分而存在，并且制约着部分的性质和意义（详见第二章）。例如，一首乐曲包含许多音符，但它不是各个音符的简单结合，因为一些相同的音符可以组成不同的乐曲，甚至可能成为噪声。因此，分析个别音符的性质，并不能了解整个乐曲的特点。格式塔心理学很重视心理学实验，在知觉、学习、思维等方面开展了大量的研究。

5. 精神分析学派

精神分析学派是由奥地利精神病医生弗洛伊德（Sigmund Freud）创立的一个学派。其理论主要来源于治疗精神病的临床经验。如果说构造主义、机能主义和格式塔心理学重视意识经验的研究，行为主义重视正常行为的分析，那么精神分析学派则重视异常行为的分析，并且强调心理学应该研究潜意识现象。

精神分析（psychoanalysis）学说认为，人类的一切个体的和社会的行为，都根源于其心灵深处的某种欲望或动机，特别是性欲的冲动。欲望以潜意识的形式支配人，并且表现在人的正常和异常的行为中。欲望或动机受到压抑，是导致神经病的重要原因。所谓精神分析是指一种临床技术，它通过释梦和自由联想等手段，发现病人潜在的动机，使精神得以宣泄（catharsis），从而达到治疗疾病的目的。比如，自由联想是一种不给予任何思想限制或指引的联想。精神分析者让患者在身心都处于放松的情况下，进入一种自由联想的状态，即脑子里出现什么就说什么，不给患者的思路提供任何有意识的引导；但是，患者必须如实报告自己所想到的一切。精神分析者对患者报告的内容进行分析和解释，直到双方都认为找到患者发病的最初原因为止。自由联想法为构建精神分析理论奠定了基础。（详见第七章和第九章）

精神分析学派重视动机的研究和潜意识现象的研究。但是，他们过分强调潜意识的作用，并且把它与意识的作用对立起来；他们的早期理论具有泛性欲主义的特点，把性欲夸大为支配人类一切行为的动机。

总之，在心理学发展早期，各个学派在研究对象、研究领域和方法以及对心理现象的理解等方面都存在着尖锐分歧。之所以会有如此多的分歧，一个可能的解释是：由于某些新的事实的发现，这些事实在旧的理论体系中不能得到正确的解释，因而产生了对新的理论的需要。这就导致了新的思潮和新的学派的产生。所以，每个新学派都从一个侧面丰富和发展了对心理活动和现象的解释。在这个意义上，学派纷争是一件好事，对心理学的发展起了积极的作用。

04. 韦特海默

韦特海默（Max Wertheimer, 1880—1943），德国心理学家，格式塔心理学创始人之一。他早期学习法律和哲学，后转学心理学，在屈尔佩的指导下获得哲学博士学位。然后长期执教并从事心理研究。他通过对似动现象的知觉研究，提出了完形主义的观点。同时，他主张从直观上把握心理现象，并把整体结构的动态属性看作是心理学的本质，认为应从整体到部分地理解心理现象。他还研究了神经活动和知觉的关系。韦特海默的主要著作有《似动现象的实验研究》（1912）、《创造性思维》（1945）等。

05. 弗洛伊德

弗洛伊德（Sigmund Freud, 1856—1939），奥地利精神病医生、心理学家、精神分析学派创始人。1873年进入维也纳大学医学院学习，1881年获医学博士学位并开始在维也纳综合医院担任医师，从事脑解剖和病理学研究。1895年，弗洛伊德正式提出精神分析的概念。这些临床经验为他将来对潜意识以及精神抑制机制的深刻理解和精神分析学的提出奠定了基础。1897年，弗洛伊德创立了具有深远影响的自我分析法，认为心理障碍是由于性紧张累积而引起的。1919—1939年，弗洛伊德发展了他的人格理论。弗洛伊德的主要著作有《梦的解析》（1900）、《性学三论》（1905）、《图腾与禁忌》（1913）、《精神分析引论》（1917）等。

	心理学流派	代表人物	时　间	观　点	关键词
表1-1 心理学 五大流派	构造主义	冯特/铁钦纳	19世纪中叶	研究意识的结构,认为意识的内容是可以分解为基本的要素的,把心理分解成这些基本要素后,再逐一找出它们之间的关系和规律,就可以达到理解心理实质的目的。	元素内省
	机能主义	詹姆斯/杜威	19世纪末20世纪初	研究意识的功能和目的。提出了意识流的概念:意识是连续的,像水流一样。	意识流
	行为主义	华生	20世纪初	否认心理、意识,强调行为,认为人的行为都是由外部环境决定的。	刺激—反应
	格式塔	韦特海默/柯勒/科夫卡	20世纪初	研究意识体验,"整体大于部分之和"。人对事物的认识具有整体性,心理和意识不等于感觉元素的机械总和。	完形
	精神分析	弗洛伊德	19世纪末20世纪初	重视对人类异常行为的分析,研究潜意识现象。潜意识的个人心理冲突,正是发生心理障碍的原因,精神分析就是要试图用各种方法发现和揭示病人在意识中存在的问题。	潜意识

（三）心理学的新进展

1. 与认知神经科学的关系

认知神经科学（cognitive neuroscience）是当今心理学研究的一个重要方向。认知神经科学旨在阐明心理活动的脑基础,意欲揭示心理与脑的关系。该领域研究具有高度的跨学科性、交叉性,在关于人类知觉、注意、记忆、语言、思维、情绪、动机、意识等的脑机制上取得了不少进展。

认知神经科学研究对心理科学的发展产生了重要的影响[①]。首先,该领域研究体现对心理学发展的一种整合。认知神经科学继承了心理学中实验设计的精细化特征,将传统的生理心理学、心理生理学、神经心理学、认知心理学成功地整合在一个新的研究范式下。这呼应了库恩（T. S. Kuhn）的"范式"理论,即一个处于前范式阶段的学科要成为一门规范科学（normal science）,资料的收集与积累将是一个不可缺少的过程。人是一个由生物的（生理的）、心理的和社会的不同层次特征组成的整体,未来心理学如果要建立一个能够解释人的活动的理论体系,就不能将有关心理与脑的研究排除

① 刘昌. 认知神经科学:其特点及对心理科学的影响［J］.心理科学,2003,26（6）: 1106-1107.

在外。

其次,认知神经科学正改变着心理学的发展方向,尤其在研究范式、研究技术和研究内容上。第一,实验研究范式的进一步发展,使对人的意识过程与无意识过程的探讨成为可能;第二,无损伤性技术(脑电、近红外、磁共振、经颅磁刺激等)的发展和成熟使研究人脑的认知功能成为可能,逐渐摆脱了以动物的研究结果来说明人类的尴尬局面;第三,范式与技术的结合促使人们更深入地研究人的心理活动的脑机制,如工作记忆、社会认知等。

2. 与人工智能研究的关系

人工智能与现代认知心理学,这两者好像是一对孪生兄妹,互相促进。前一研究推动了人们深入了解各种心理过程,后一研究对智能技术的目标实现,以及与人的互动方式等方面的研究起到了推动的作用。人工智能科学的奠基人,既是计算机科学家也是心理学家,如纽威尔(A. Newell)和西蒙(H. A. Simon)。

人之所以有智能行为,是因为头脑中有大量知识。人所有的智能活动,包括理解、识别、解决问题,甚至于学习能力,归根结底都要依靠知识。例如,学生要有一定的知识基础,才能理解教师在课堂中讲授的内容;学生要掌握一定的学科知识(如公式、定理等),才能去解决那些复杂的问题(如数学、物理等)。借用这种思路,人工智能的研究者认为,要使机器具有人的智能行为,应促使其具备知识。所以,人工智能研究中关于知识有三大中心问题,即知识表征(如知识的性质和结构)、知识利用(如知识的形成与积累)和知识获取(如学习)。实际上,关于知识的研究,进一步涉及记忆结构和过程,思维模式与特征,语言产生与表达,等等。

从事人工智能研究,其途径主要有两种:一是仿生学,力图建立生理学模型,直接模拟动物及人的感官、脑的结构和功能;二是心理学,要使机器具有人的智能,最好的办法是先了解人,然后模拟人。在后一途径中,研究者搜集和考察人在各种情境下解决问题时的言语报告和行为表现,进行分析、比较和整理,以理解解决问题时的计划、步骤、策略和推理等思维活动;在规律总结的基础上,提出心理学模型,然后进行模拟,使机器表现出智能行为。

3. 与互联网发展的关系[①]

互联网作为一个巨大的信息库,在现实生活中扮演着越来越重要的角色。从互联网中检索信息,就是一个信息处理的认知过程。互联网的自组织性,正逐渐改变人的思维模式或心理状态,如快速信息更新下的记忆与决策。这引起了众多心理学家的关注,并逐渐成了心理学中新的研究课题。许多心理学家采用量的研究方法(心理测量法、现场实验)或质的研究方法(访谈法、个案研究、文献综述),从不同的角度对互联网与人的心理行为之间的关系进行了广泛而深入的探索性研究,并取得了一些研究成果。如从认知、行为、情绪情感和自我意识等角度,探究互联网与人的心理行为之间的关系等。

---

① 李宏利,雷雳,王争艳,张雷.互联网对人的心理影响[J].心理学动态,2001,9(4):376.

第二节　心理的物质基础

人的心理活动是有物质基础的。在生物学视角下来观察教育活动,主要涉及基因表达与遗传的关系,神经活动(尤其是大脑)与心理的关系。这一视角的观察,有助于教师进一步理解学习和教学活动的实质。

一、基因与遗传

人类生存的基本特征之一是可变性。从某种程度上来说,这是由复杂的基因组和遗传机制决定的。人类存在两种不同类型的遗传。第一种遗传是人类每一位成员所拥有的遗传信息的总和,这被称为基因库(gene pool)。人的绝大多数遗传信息是相同的,如运动行为模式(直立行走)、头围和身体结构(包括头、躯干、四肢的比例)。第二种遗传是指由特定的祖先血统传递下来的特征。像头发颜色、肤色、血型、身高等,都是由上一代传递给下一代的。假如所有的信息都存在于基因组中,那么个体间的差异仅占所有DNA的0.1%。每个新生命的遗传信息既与人类这一物种有关,也与其特定的家族遗传有关。

遗传依赖于基因,后者存在于人的染色体(chromosomes)上。染色体由DNA(脱氧核糖核酸)组成,DNA则是由更小的分子连接而成的一个细长的、梯状的化学结构。绝大多数单个基因(genes)由DNA片段构成,DNA片段负责复制蛋白质的编码并占据染色体中的特定位置。一种普遍的错误观念认为,单个基因可以使人表现出某种特定的特质,如好交际、聪明或易犯罪等。实际上,人类的绝大多数行为并不是由单个基因所决定的。只有像亨廷顿舞蹈症这种罕见的疾病,才有一个简单的传播模式。在这个模式中,特定基因的突变导致了这种疾病的发生。所以,大多数行为并没有一个清晰的遗传模式,而通常是环境因素和多种基因相互作用的结果。在儿童的每一对染色体中,其中一个是来自父亲,另一个是来自母亲。从图1-1中可以看出,每对染色体的大小不同。有22对染色体在形状和大小上是相似的,并由相同的基因组成。只有第23对

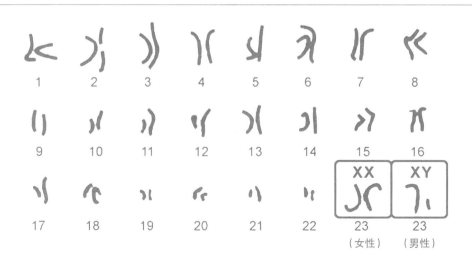

图 1-1

男性/女性的
23对染色体

染色体在形状和大小上存在着明显不同。女性有两个XX染色体,男性则有一个X染色体和一个Y染色体。用X和Y表示是因为这些染色体在形状和大小上不同(X染色体比Y染色体更长,见图1-1最后一对染色体)。X染色体和Y染色体中的基因是完全不同的。

　　研究表明,遗传对个体的差异性所起的作用,要比环境和经验的作用大。差异性是基于遗传机制之上的。每对夫妻都有可能生出遗传上完全不同的孩子。遗传决定个体差异主要表现在个体的发展速度、个体特质和异常发展三个方面。

专栏1-2

基因与智力的关系[1]

　　关于基因与智力的关系,基于不同的证据会有不同的说法。例如:

　　基因影响智力微乎其微。2007年英国伦敦国王学院精神病学研究院的行为遗传学教授罗伯特·普洛敏等人对7 000名7岁儿童进行智力测试,包括语言和非语言测试,同时提取这些孩子的基因进行检测。结果发现,6种与智力相关的基因有一些差异,因此这些基因可能在决定智力差异方面起到了作用。但是,这些基因的单独作用或影响却几乎无法探测到,因为这6种基因联合起来也只决定了个体智力差异的1%。2014年,由荷兰鹿特丹伊拉斯姆斯大学应用经济学系的艾思科等人组成的国际协作团体在《美国科学院院刊》上发表一篇基因变体与认知能力(智力)关系的文章,有这样一个结论:人类的智力与基因可能没有关系,或者说基因对人的智力的影响微乎其微。因此,有人认为,要想找到普遍的基因变体来解释与人们智商分数、受教育水平以及其他行为特征有关的变异,还需要研究100多万人的基因组。目前在大量人口中,尚未证实智力是由基因变体决定的。有许多基因会影响人们的智力,只是每个基因对智力的影响都非常小。

　　基因影响语言智力。有研究的确发现,智力的某些内容,会通过遗传来获得。例如,一个与人类语言能力有关的基因——叉头框p2基因(Foxp2),这是英国牛津大学威康信托人类遗传学中心的安东尼·摩纳科和西蒙·费希尔研究团队在2001年发现的。Foxp2基因是在一个被称为KE的家族中发现的。这个家族三代人有24名成员,其中一半人无法自主控制嘴唇和舌头的运动,发音和说话极其困难。而且,他们也存在阅读理解障碍,不能正确拼写词语,难以组织好句子,弄不懂语法规则,因而很难理解别人说话和进行阅读。与此同时,这个基因异常也导致人的智力低下。

　　智力低下与基因有很大关系。基因与智力的关系是一个硬币的两面,基因既与智力高有关,也与智力低有关。英国剑桥大学医学院的雷蒙德和韦尔科姆基金会桑格研究所的塔佩等人发现,一个称为ZDHHC9的基因如果完全失去功能,就会使儿童产生智力障碍和发育严重迟缓。研究人员之前并未发

[1] 王晓冰.基因与智力的关系[J].百科知识,2004:22.

现这个基因失活与智力缺陷有关,但是在一项大型国际研究中研究人员对X染色体上的所有基因进行系统性观察时,发现该基因失活导致智力低下。研究人员对至少有2个男孩发生智力缺陷的250个家庭收集基因样品,以寻找在X染色体上与智力缺陷有关的基因。这种智力缺陷只发生于男性,结果发现了ZDHHC9基因异常是导致男童智力低下的原因之一。反过来,这项研究也提示,如果ZDHHC9基因正常,则男孩的智力正常,说明ZDHHC9基因与智力有关。

当然,这些研究只是说明某些基因缺失或突变可能造成智力低下,并不能说明某些基因的存在会提高人的智商。正如所有人都认识到的一样,即便有决定和提升智力的基因,如Foxp2,也需要其他基因共同作用,以及需要后天的诸多因素共同作用。人类对基因与智力关系的认知还处在初级探索阶段,随着未来脑计划和基因组研究的深入,有望进一步解开基因与智力的关系之谜。

二、神经科学与行为

为揭示行为产生的生理机制,神经科学家进行了一系列有关人类身体生物结构及其功能的研究。涉及问题包括:神经元的生理结构及功能是怎样的? 神经元如何产生传递信息的神经信号以及信号在神经元之间是如何传递的? 神经信号和激素信号在信息传递中有何区别? 人脑的结构与功能如何影响行为? 人脑如何进行自我修复? 等等。

(一)神经元及其活动

神经元(neurons)即神经细胞,由细胞体、树突、轴突、髓鞘和突触五部分组成(如图1-2所示)。神经元是神经系统结构和功能的基本单位。细胞体是神经元最大的组成部分,用于协调信息加工任务并维持细胞存活。像蛋白质合成,产生能量以及新陈代谢等过程都发生在这里。细胞体包含一个细胞核,这里存储着染色体,包含DNA或决定你是谁的基因蓝本。细胞体外包围着多孔细胞膜,允许一些分子进出细胞。与人体中的其他细胞不同,神经元细胞膜有两种特殊的延伸方式使得它们之间可互相交流:树突和轴突。树突接收来自其他神经元的信息并将信息传递到细胞体。轴突向其神经元,肌肉或腺体传递信息。有些轴突很长,甚至可以从脊髓的底端延伸一米到大脚趾。在许多神经元中,轴突外层覆盖髓鞘,是一层绝缘的脂类物质。髓鞘由胶质细胞构成,它是神经系统中的支撑细胞。突触是一个神经元的轴突与另一个神经元的树突或胞体间汇合的区域。大脑的1千亿个神经元中有很多神经元都有几千个突触连接,所以大多成年人有100至500万亿的突触就不足为奇了。

神经元主要有三种:感觉神经元、运动神经元和中间神经元。每一种神经元都执行不同的功能,感觉神经元接收来自外界的信息并通过脊髓将信息传递给大脑。它们的树突上有特异化的末梢,因而能够接收光、声、触、味和嗅觉信号。例如,我们眼睛中的感觉神经元的末梢对光线敏感。运动神经元将来自脊髓的信息传递到肌肉产生动作。这些神经元常常有较长的轴突能够延伸至我们身体远端的肌肉。然而神经系统的大多数是由第三种神经元组成，即中间神经元，用于连接感觉神经元、运动神经元及其他中间神经元。一些中间神经元将感觉神经元的信息传进神经系统，另一些中间神经元将神经系统的信息传至运动神经元，还有一些中间神经元在神经系统中执行各种各样的信息加工任务。中间神经元在一些小的回路中协同来完成一些简单任务（如对感觉信号的定位）和一些更复杂的任务（如对熟悉面孔的再认）。

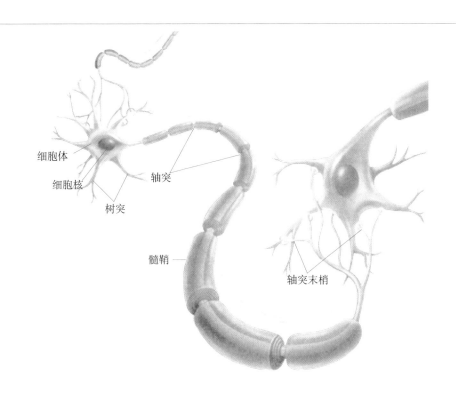

图 1-2

神经元

细胞体

细胞核

轴突

树突

髓鞘

轴突末梢

在接收到外界信息刺激时，神经元以电流脉冲及神经递质传递的方式来表达各种信号。例如，当我们的手指碰到火炉时，感受信息便经由上肢神经通路中髓鞘质包裹相对较厚的轴突，加速传送至大脑疼痛中枢，以迅速地做出反应；一旦髓鞘发生损坏，就会导致某些疾病，例如多发性硬化就是由于环绕轴突的髓鞘损坏，轴突被暴露出来，导致了脑与肌肉之间信息短路，因而出现行动不便、视物困难、肌肉损伤等症状。再如，神经递质可以传递兴奋性或抑制性信息到脑中某处的神经元；目前已发现的神经递质有一百多种，常见的有乙酰胆碱、谷氨酸、γ-氨基丁酸、多巴胺、5-羟色胺、内啡肽等；乙酰胆碱遍及整个神经系统，不仅为脑对运动的控制传递信号，而且参与了人的记忆活动（如不足，则导致阿尔兹海默症）。

表1-2	名　称	产　生　源	性　质	功　能
主要的 神经递质	乙酰胆碱	脑、脊髓、外周神经系统，特别是副交感神经系统中的一些器官	在脑与自主神经系统为兴奋性；其他各处为抑制性	肌肉运动，认知功能
	谷氨酸	脑、脊髓	兴奋性	记忆
	γ-氨基丁酸	脑、脊髓	抑制性	饮食、攻击、睡眠
	多巴胺	脑	抑制性或兴奋性	肌肉障碍、心理障碍、帕金森症
	5-羟色胺	脑、脊髓	抑制性	睡眠、饮食、情绪、疼痛、抑郁
	内啡肽	脑、脊髓	除海马之外均为抑制性	抑制疼痛、快乐感、食欲、安慰剂

（二）神经系统和内分泌系统

1. 中枢神经系统和外周神经系统

人类的神经系统（如图1-3所示）主要有两个分支：中枢神经系统和外周神经系统。中枢神经系统（central nervous system, CNS）由脑和脊髓构成，具有传递、储存和加工信息，产生各种心理活动的功能，并全面控制着人的行为。外周神经系统（peripheral nervous system）是从脊髓和脑延伸出去而遍布全身的。它由长长的轴突和树突组成，包括了除脑和脊髓外的神经系统的所有部分。外周神经系统又分为躯体神经系统和自主神经系统，两者都通过感觉器官、肌肉、腺体和其他器官与中枢神经系统联系。躯体神经系统（somatic nervous system）是控制随意运动的一类周围神经系统。如阅读时的眼动。而自主神经系统（autonomic nervous system）控制着维持我们生命的非随意运动的器官，如心脏、血管、腺体、肺等。例如阅读时的呼吸和消化机能均无需注意资源的参与。自主神经系统主要有两个分支，交感神经系统和副交感神经系统，每一个分支都对机体有不同的控制功能。交感神经系统（sympathetic nervous system）是一组让机体为遇到的有挑战性或威胁性情境作出行动准备的神经。举个例子，想象你正在一条暗黑的小巷中深夜独行，身后传来的脚步声让你很害怕。这时你的交感神经系统就要发挥作用了，它扩张你的瞳孔以接收更多的光，加快你的心跳和呼吸以制造更多的氧气供应给肌肉，输送更多的血液到大脑和肌肉，激活你的汗腺以使你的身体降温。为了保存能量，交感神经系统会抑制你的唾液分泌和肠蠕动、机体免疫反应及对痛觉和伤害的反应。这些瞬间发生的所有自动反应都是为了提高你成功逃跑的概率而做的准备。副交感神经系统（parasympathetic nervous system）帮助机体恢复到正常的平静状态。当远离潜在威胁物时，你的身体不再需要保持红色预警状态。这时副交感神经系统就会反转交感神经系统的作用，让机体恢复正常状态。副交感神经系统在功能上大致与交感神经系统相反。例如，副交感神经系统可以收缩瞳孔，降低心跳和呼吸频率，让血液流向消化系统并且减少汗腺的活动。

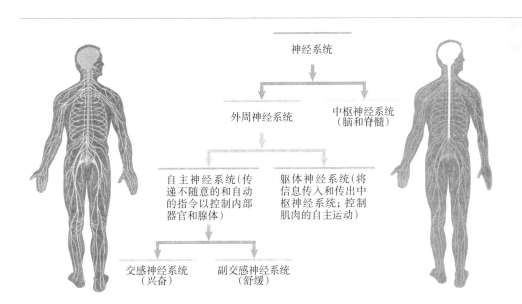

图 1-3

人类的神经系统

神经系统

外周神经系统　　中枢神经系统（脑和脊髓）

自主神经系统（传递不随意的和自动的指令以控制内部器官和腺体）　　躯体神经系统（将信息传入和传出中枢神经系统；控制肌肉的自主运动）

交感神经系统（兴奋）　　副交感神经系统（舒缓）

2. 大脑

人的大脑的主要部分是中央核（central core）、边缘系统（limbic system）和大脑皮层（cerebral cortex）。人脑的一些基本功能，如呼吸、吃喝、睡觉等活动，与其他动物一样，直接由脑内相对原始的部分控制，这就是中央核。中央核由延脑、脑桥、小脑、网状结构、丘脑和下丘脑组成。延脑与呼吸和心跳有关；脑桥与运动和睡眠有关；小脑与身体平衡有关；网状结构与警醒状态有关；丘脑与信息在大脑中的周转有关；下丘脑维持体内各种平衡（如饮食、自我保护和性）。

胼胝体　扣带回　穹窿　丘脑　海马回

顶叶

额叶

枕叶

隔区

颞叶　脑干　小脑

嗅球　杏仁核　海马

图 1-4

边缘系统

边缘系统位于中央核和大脑皮层的交界处（边缘），是一种由杏仁核、海马、穹窿组成的环状的神经系统（如图 1-4 所示）。边缘系统控制了与人类情绪和自我维持相关的多种基本机能，如饮食、攻击和繁殖等。例如，此系统受损，平时听话而温顺的动物可能会变得好斗而野蛮，而野蛮且难以制服的动物可能会变得温顺和驯服。边缘系统对学习和记忆也具有重要意义。如在癫痫症患者治疗中，为防止症状突然发作，患者的边缘系统部分被切除，手术后发现患者有时难以学习和记忆新信息。边缘系统与自我维持、学习、记忆和快感等重要身体机能有关。实际上，人类边缘系统的结构和机能与其他哺乳动物都相似，因此被称为"动物脑"。

大脑皮层是人类与动物之间的主要区别所在。大脑皮层是大脑的外层覆盖物，厚度约 2—3 毫米，密布褶皱，负责人类大脑约 80% 的功能，其中绝大部分是人类特有的高级认知功能。由于大脑皮层是较晚进化的，因而被称为"新脑"。它包括额叶、顶叶、颞叶和枕叶四个主要部分，统称为脑叶（lobes）（如图 1-5 所示）。从侧面看，额叶位于皮层

☞ 知识延伸

脑的功能与结构

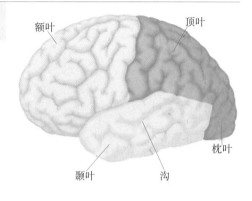

图 1-5

大脑皮层和脑叶

前面的中部,其后是顶叶。颞叶位于皮层下面的中部,其后是枕叶。这四部分在结构上由被称为沟的深槽分离开来。

枕叶位于大脑皮层的后部,它负责加工视觉信息。眼睛上的视觉感受器将信息传至丘脑,丘脑将这些信息传送到枕叶上的基本视觉区域,在这里刺激的简单特征——例如物体边缘的位置以及方向——就会被提取出来。这些特征在枕叶上会被进一步加工处理成为一个更为复杂的刺激"地图",从而使大脑理解所看到物体到底是什么。你可能可以想象得到,枕叶上的基本视觉皮层的损伤会导致部分或完全失明。虽然信息仍旧可以进入眼睛,眼睛还是完好无损的,但是缺少大脑皮层水平上信息的加工和解读,这些信息就和没有出现过一样没有区别。

顶叶位于枕叶的前面,负责的功能包括加工与触觉有关的信息。顶叶上含有的躯体感觉皮层是从大脑顶部延伸到两侧的长条形脑组织。在每个大脑半球内部,躯体感觉皮层表征了对侧躯体表面皮肤上的感觉。躯体感觉皮层的每一部分都与躯体的特定部位相对应。在躯体感觉皮层的正前方,额叶中有一个与躯体感觉皮层平行的长条形脑组织叫运动皮层。与躯体感觉皮层相似,运动皮层中的不同部分也对应着身体的不同部位。运动皮层指挥随意运动,并且将信息传至基底神经节、小脑和脊髓。运动皮层和躯体感觉皮层就像是大脑皮层接收和发送信息的区域,它们接收信息并且在一定情况下发出对应的指令。

颞叶位于两个大脑半球中较低的位置,它负责听觉和语言。颞叶中的初级听觉皮层和顶叶中的躯体感觉皮层,以及枕叶中的初级视觉区类似:基于不同频率的声音刺激,它会从耳朵接收到感觉信息。然后颞叶中的次级脑区将这些信息加工成有意义的单元,例如话语和词句。颞叶上还含有视觉联合皮质,可以解释视觉信息的含义,帮助我们识别环境中的一般物体。

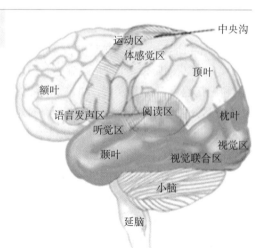

图 1-6

大脑皮层对应的功能区

额叶在额头之后,包含有专门负责运动、抽象思维、计划、记忆和判断的脑区。就像你刚刚读过的那样,额叶上有运动皮层,它的作用是将全身的运动肌肉协调起来。额叶上的其他区域负责协调思维过程,帮助我们处理信息,提取那些能帮助我们完成计划和进行人际沟通的记忆。简而言之,额叶让我们拥有不同于其他物种的思维、想象、计划和预见能力。

图1-6标记了不同脑叶部分对应的运动区、感觉区、联合区等功能

区。运动区(motor area)负责了身体大部分的自主运动。感觉区(sensory area)包括体觉区、视觉区、听觉区等三个区域,分别负责体内的感知,外界视觉信息或听觉信息的加工和处理。联合区(association areas)通常被认为是更高级的心理操作,如记忆、思维、言语的所属区。依据联合区在皮层上的分布和功能,可分成感觉联合区、运动联合区和前额联合区,分别负责感觉信息到知觉的整合,精细的运动和活动的协调,以及与动机、计划和注意有密切关系的控制。值得注意的是,人的行为通常受大脑内多个结构和区域交互作用影响。大脑也具有很强的适应能力。当人们某处脑区受损时,大脑内其他完好的区域有时能接管先前由损伤区负责的功能。

专栏1-3

大脑两半球的一侧化优势

初看,人的大脑的两半球非常相似,但实际上,两半球在结构和功能上,都有明显差异。从结构上说,大脑右半球略大和重于左半球,但左半球的灰质多于右半球;左右半球的颞叶具有明显不对称性;颞叶的不对称性是和丘脑的不对称性有关的;在各种神经递质的分布上,左右半球也是不平衡的。

从功能上说,大脑两半球是协同活动的。进入大脑任何一侧的信息,会迅速地经过胼胝体传达到另一侧,促使个体作出统一反应。近30年来,割裂大脑(split-brain)的研究提供了在切断胼胝体的情况下,分别对大脑两半球的功能进行研究的重要资料。切断胼胝体,是为了防止癫痫病的恶化,使病变不致由大脑的一侧蔓延到另一侧。由于胼胝体被切断,两半球的功能也被人为地分开了。每个半球只对来自身体对侧的刺激作出反应,并调节对侧身体的运动。这样,就有可能单独研究两个半球的不同功能。

经研究发现,手术后大脑两半球分割的病人,视力、听力和运动能力都正常,而命名、知觉物体的空间关系、理解语言的能力等都出现了选择性的障碍。如果将"铅笔"两个字分别投射在病人左、右眼视野内,铅在左(投射到右半球),笔在右(投射到左半球),那么病人能说出"笔",不能说出"铅"。如果把一支铅笔放在病人的左手上,他可以用动作表示铅笔的用途,但不能用语言描述它。如果把铅笔换到右手上,病人马上就能用言语做出报告。如果让病人根据积木的颜色来排列某种图形,那么他可以用左手而不能用右手完成任务。这些实验结果表明,两半球可能具有不同的功能,即左半球主要负责言语、阅读、书写、数学运算和逻辑推理等,右半球与知觉物体的空间关系、情绪、欣赏音乐和艺术等有关。

应该指出,大脑两半球功能的一侧化,并不绝对。近年研究发现,右半球在语言理解中,同样起重要作用;在加工复杂程度不同的句子时,右半球上与左半球经典的语言区对应的部位也得到激活,只是激活的强度低于左半球。

3. 内分泌系统

内分泌系统（endocrine system）是身体内的一种信息交流系统，是分泌激素（hormones）并经由至血液循环在全身传送信息的化学联络网。激素是信息传递中的一种介质，影响着身体功能或其他部分的生长。激素与神经递质的传导速度和方式大不相同。神经信息在1毫秒内即可被识别，而激素的联络则需数分钟才能完成。神经信息是通过神经元以特定的路线传送（像电话一端的声音信息通过电线传播一样），而激素在全身流动（像无线电波在某片区域内传播一样）。

内分泌系统的一个主要组成部分是脑垂体（pituitary gland）。它是人体最重要的一种内分泌腺，位于下丘脑附近并受其调节，主要分泌促生长激素、促性激素和催乳素等，能调节其他内分泌腺的激素分泌。脑垂体既是其他腺体的"工头"，同时自身又有着重要的功能。例如，脑垂体分泌的促生长激素异常会导致个体身材过高或过矮。而其他腺体所分泌的激素，可影响着情绪反应、性欲和能量水平。

专栏1-4

神经系统与内分泌系统共同作用的领域[①]

维持内环境稳态。稳态指内环境理化性质相对恒定的状态，是一种复杂的、由体内各种调节机制所维持的动态平衡。神经系统与内分泌系统的协调配合是调节、维持内环境稳态的重要因素。以机体水平衡中的饮水调节为例，渴感是口腔和咽黏膜的感觉神经以及下丘脑的一些细胞感受器来传递的，促进人增加饮水，这属于神经系统的作用；而抗利尿激素作用于肾脏，促进水重吸收，这是内分泌系统的功劳。

调节生物节律。机体内部的神经活动，受内源因素或环境因素的影响，时刻在波动着；由于神经系统的主导，体内的激素在分泌速度和血浆浓度上也随之波动。这种波动几乎影响所有生物机能。这两类生理活动的联合波动的规律，既是生物节律性（反映为生物钟、睡眠与觉醒等）的一个重要体现，又是生物节律性之所以存在的内在原因之一。例如，实验表明，腺垂体对生长激素的分泌活动，因时相不同而有所不同。人类的睡眠包括慢波睡眠和快波睡眠。在觉醒状态下，生长激素分泌较少；而进入慢波睡眠后，生长激素的分泌就明显增高；转入快波睡眠后，生长激素分泌又随之减少。

实现应激反应。应激反应是指机体遭受有害刺激时，体内多种激素的水平发生变化，以使机体抵抗力增强的反应。当机体遭受缺氧、创伤、手术、饥饿、疼痛、寒冷或精神紧张，焦虑不安等伤害性刺激时，神经系统便会促使腺垂体增加肾上腺激素的分泌，在此激素作用下，肾上腺增加糖皮质激素的分泌。另外，此时生长素、催产素、抗利尿激素、胰高血糖素及醛固醇等也可能增加，

[①] 张凌燕,温庆城,张志文.神经系统与内分泌系统的相互影响与协同作用[J].生物学通报,2006,41(7):24-25.

这些激素均能增强机体在不利状态下的抵抗力。

　　神经免疫调节。神经系统与内分泌系统的共同作用在机体免疫中非常突出。神经系统可以感受躯体的刺激，免疫系统可以感受肿瘤、病毒、毒素的刺激，两大系统的调节功能使机体在生理和病理条件下保持稳定。激素则作为两系统共同的介导物质将它们感受到的信息转化为机体的免疫反应。

　　总之，神经系统以神经冲动的形式传递信息，内分泌系统以激素的形式传递信息，在信息传递这个共同的基点上，神经系统和内分泌系统在结构上紧密相连，功能上相互作用，并结成一个神经—内分泌系统，共同控制、调节着机体的各种生理活动。

三、神经科学研究对教师的启示[①]

神经科学研究已经揭示出人的大脑与能力发展、学习过程、教学方法之间的关系，这有助于教师深入理解教育活动的物质基础，丰富已有教育理论并发展出新的教育观点，进而提出更为科学的学习指导与教学方法。

（一）与教育有关的神经科学研究

1. 关于能力

通过直接描述能力与大脑的联系，认知神经科学可以告诉教师各类能力的生理实质及其特性；以阅读为例，在字词水平上，至少可从形、音、义这三方面加以阐释。

第一，识记字形主要与认读字母表、拼写等活动有关。研究表明，通过神经成像技术，认读字母表这一加工过程，主要依赖于左半球；而字母加工或拼写加工与枕叶、颞叶和顶叶有关系；进一步说，枕叶—颞叶区域在加工视觉刺激、字形和拼写时最为活跃。例如，阅读技能水平越高，枕叶—颞叶区域活动越多；而在有发展性失语症儿童身上，该区域活动最少。

第二，语音意识主要指识别和掌握单词的发音。研究表明，语音加工似乎集中于颞叶—顶叶结合部，该区域是支持"字→音"解码的主要部位，同时，它也与拼写困难有关系。具体来说，某些明显表现出语音缺陷的失语症儿童，在判断不同字母是否有同样音律这类任务上（如［P，T］=yes；［R，K］=no），其颞叶—顶叶结合部的活动下降；而针对该缺陷的阅读补救措施，则可以提高大脑该部位的活动。此外，失语症儿童采用的补偿性策略，需要调用更多的右半球资源于阅读活动。

第三，理解字词意义主要涉及语法加工与句法加工，以及语义加工与词汇加工等。语法加工更多依赖左侧额叶，语义加工和词汇学习则激活大脑两半球的后侧区域；但是前一脑区比后一脑区，更容易受语言环境的影响。例如，如果一个人小时候没有接触过英语或后来才移民到英语国家，从而导致学习英语过晚，那么，他的句法加工能力的发展速度将减缓，或达不到正常人水平；另外，后学者的语法加工并不依赖左半球，而是更多使用双侧大脑。

尽管神经成像研究主要证实了一些由行为研究所揭示的阅读及其发展的结论，且集中于拼音文字（如英语）而非象形文字（如中文）；但是，该方面研究提供了一种区分不同认知理论的方法（例如，儿童的失语症是由于视觉原因还是言语原因）；同时，神经成像技术也提供一种途径，区分了发展性障碍研究中的异常与迟滞。例如，运用ERP技术对失语症儿童的研究表明，他们的语音系统是不成熟而非异常，其证据是：失语症儿童与更小年龄儿童在N1反应上有惊人相似，而比同岁组儿童有更大的N1振幅。

2. 关于学习

从信息加工角度，学习过程涉及注意、知觉、复述、编码和提取等环节；认知神经科学则为该过程提供更为直接而确凿的证据。首先，研究表明，大脑对信息的编码是多形式的。例如，从信息存贮来讲，视觉呈现主要激活枕叶区域，听觉呈现则激活左侧颞叶上部，而与语义加工有关的脑部位有两个，一是左侧额叶前部（该部位也与语言流畅性有关），二是额叶中部（该部位也与注意有关）。再如，从信息提取来讲，"说出图片名称"这一活动所激活的脑区域与涉及的图片类型有关，如动物类图片与工具类图片所激活的脑区域就明显不同。

其次，传统的实验室研究提出记忆是多系统的，而认知神经科学则明确证实了大脑具有五种典型的记忆系统：（1）程序记忆，与新纹状体有关，主要贮存简单动作和复杂技能；（2）知觉启动，与顶叶中部有关，负责如反复呈现后能快速识别等一类的内隐记忆活动；（3）短时记忆或工作记忆，与前叶和顶叶有关，贮存短时间内的信息；（4）语义记忆，与左侧颞叶后部有关，长期贮存与客体和事件有关的语义信息；（5）事件记忆，与大脑皮层前部（如额叶和顶叶）有关，贮存与个人经历有关的事件。

同时，认知神经科学研究还揭示了与学习效率有关的生理实质。例如，学习与睡眠时期的快速眼动（REM）阶段有关系（该阶段与做梦活动有关）。研究发现，在学习阶段脑部活动最为活跃的人，在REM时期的脑部活动也最为活跃；而未受训练的人，其脑部活动在睡眠时期较为平静。这表明，脑的某些部位（枕叶—前动区域）在睡眠时候会被重新激活。进一步实验发现，在接下来几天的后测任务上，具有较多脑部活动的人取得的成绩较好。所以，睡眠时期的REM阶段似乎提供了一种可能性：要么巩固记忆，要么遗忘无意义材料；其内在原因可能与记忆的生理机制有关，即突触传递增多，导致突触密度增加。

再如，人的情绪反应系统存在于大脑的淋巴系统结构，包括杏仁核和海马；该结构被称为情绪脑（emotional brain），并与额叶（负责推理和问题解决的主要区域）有紧密联系。当学习者感到压力或害怕时，情绪脑与大脑额叶区域的联系随之受损，因而导致学习效率低下。例如，一旦强烈激活杏仁核，个体将立即终止当前行为与思索，转而快速激发与生存有关的反应。上述发现可以解释课堂环境中一些现象，例如，焦虑或压力之所以会降低学生对学习任务的关注程度，是因为大脑存在上述这一自动化中止机制。

3. 关于教学

特定经验（如教育）会导致大脑特定部位发生变化，相反，大脑某区域活动的持续增强也与特定技能的习得有关；而神经成像技术可为探测这种变化提供一种直接手段。例如，运用脑电图技术，从脑地形图上来看专家在某个领域任务操作上特有的脑活动；再如，运用事件相关电位技术来剖析专家大脑特定区域的脑电波时相。

此类研究表明，熟练钢琴手（成人）在其听觉皮层上具有拓展化的表征，尤其在琴音方面。大脑皮层拓展程度与音乐家从事专业的年龄有关，但与音乐家的音高类型无关（绝对音高和相对音高）。与此类似，熟练小提琴手具有拓展的大脑皮层来表征其左指（左指在拉小提琴时最为重要）。显然，音乐专长能影响个体的感知系统，其程度依赖所涉及的乐器。这类工具—依赖的（use-dependent）功能性组织，同样在对盲人使用盲文的研究中发现。例如，熟练的盲文阅读者对触觉信息更为敏感，并将敏感拓展至所有手指上，而非仅是拇指。再如，出租车司机的大脑海马形状变大（海马被认为与空间表征有关系），而且与非出租车司机相比，他们大脑海马前侧更大。此外，海马的大小与出租车司机开车时间长短密切相关。

从上述研究结论出发，认知神经科学有助于提出各类科学而有效的教学方法。例如，早期诊断有特殊教育需要的儿童，监控和比较各类教育措施对学习的影响，深入理解学习活动中的个别差异，以及了解与不同学生相匹配的最优教学方法等。应当承认，目前认知神经科学还没有直接研究教学。尽管认知神经科学分析了教学中某些特性（如了解交谈对象的心理活动，推测他们的动机和情绪），也探讨了某类教育方案所导致的神经变化，但是，对有效教学所导致的心理过程与推理变化并没有深入分析。所以，不同的教学方法，或者教学过程中的不同特性，是否会导致特定的神经回路，这是一个需要深入研究的课题。

（二）从认知神经科学角度重新理解教育

1. 丰富已有教育观点

认知神经科学可以证实、丰富与修正教育的某些观点。首先，以早期教育为例，传统研究发现，有三种任务（即具体运算、语法意识、语音意识）的操作成绩，能预测阅读成绩的高低；通过神经成像技术，研究发现，上述三种任务都与大脑额叶有关系；这说明上述任务都体现了类似的阅读技能，从而在生理层面上证实了一些已有的看法。

其次，关于"数"的神经科学研究发现，不仅仅是一个脑区域来表征"数"：（1）"数"之间的比较，无论是阿拉伯数字，还是一系列数点或者数字词，都与两半球的顶叶内部有关；（2）"数"的言语知识，主要存在于语言系统，如简单算术题（3＋4，3×4）都熟记于心，以致是按照陈述性知识的方式来贮存；（3）"数"的复杂计算，似乎涉及视觉—空间区域，这预示着视觉心理表象在多位数运算中起重要作用；（4）"数"的手指计算，主要激活大脑顶叶—前动区域，这与成人的数字计算活动密切相关。

最后，以心理发展"关键期（critical periods）"为例，认知神经科学发现这种说法有点极端。研究表明，在个体发展早期，几乎所有认知潜能并不会都消失，例如，某些复杂认知加工的特性（如视觉深度知觉、语言的语法学习等），如果是由早期环境刺激剥夺所导致，那么个体仍有可能习得这些能力。再如，对语言学习而言，最好从小开始培养，但这并不意味着一个从成人期开始学习外语的人，就不能掌握该语言。因此，适应某类学习的发展期更应视为敏感期（sensitive periods）而非关键期。

应当注意，认知神经科学对心理学已有观点的证实、丰富和修正，仍需要予以严密分析与评估。比如多元智力说，其证据之一是大脑功能的多面性（multifaceted）和分布性（distributed），如不同能力分别与左右半球不同区域密切联系；但是，这种关联并没有排除其他可能性，如对盲人和移民至新语言环境的人来说，语言能力还与右半球有关系。更为重要的是，左右半脑不同区域的激活，并没有掩盖其间存在广泛联系的事实，即在任何认知活动上，两半球协调一起发挥作用。与此类似，"男性脑"与"女性脑"说法，同样需要予以批驳，即：所谓的性别脑更多指认知风格差异，而非生理差异。男性擅长理解机械系统，女性擅长人际交往与沟通，这些差异并没有说明两性大脑就有很大的不同。

2. 产生新的教育观点

从认知神经科学研究结论出发，可以形成一些新的教育心理学观点。例如，如何认识由认知心理学所引发的内隐学习（implicit learning）？在实验心理学中，内隐学习就意味着：在无需有意识关注所学内容的情形下，大脑中的学习就可能发生。应当指出，大多数内隐学习，都是运用知觉任务作为行为测量刺激；而几乎没有研究指出，可以通过内隐学习方式，来习得对学业成绩起重要作用的各类认知能力，如阅读与计算等。这是因为，这些能力更需要有意识学习与直接教学，这一点在某些认知神经科学研究中得到证实。

再如，如何认识动机？以动物为实验对象，认知神经科学家发现，与动机有关的脑区涉及两个功能：一是需求系统（wanting），渴望做某事；二是意愿系统（liking），做事时的主观满意度。但是，传统的动机理论并未做如此区分。因此，这一发现有助于教育心理学重新审视与学习有关的动机概念与观点。

需要注意，由认知神经科学所产生的新观点，要避免急于下结论的倾向。例如，有研究表明，从突触发生（synaptogenesis）角度，老鼠生活环境的刺激越丰富，就可能形成更多突触联系。因此有这样推论，如果从小给儿童提供丰富教育环境，那么会导致其大脑更聪明。仔细推敲该立论及其依据，发现明显缺乏逻辑。这是因为，人类学习远比动物学习复杂。人脑中产生较多突触联系，可能由于营养或环境等一类因素导致，并非就意味着在某领域学得更好，或者具有更大学习潜能。进一步说，相比较由变化环境刺激（如网络信息）所导致的突触联系，由同一环境刺激持续作用（如学科知识、职业发展）所导致的新突触联系（如前述经验的影响），对人类学习的意义更大。

第三节　教师需求的心理学

在心理学的发展历程中来看，研究者尤为关注教育情境中的心理现象，为此积累了不少心理学理论及观点。对这些知识的理解，将有助于教师更加科学地认识教育现象，并采用行之有效的教育方法和措施。

一、心理学对教育现象的探索

心理学中对教育现象的探索，主要在教育心理学这一分支。该学科的正式形成，其

标志是美国心理学家桑代克（E. L. Thorndike）的著作
《教育心理学》(1903)；该书后来发展成《教育心理学》
三大卷：《人的本性》(1913),《学习心理学》(1913),
《心智运作、疲劳、个体差异及其原因》(1914)。教育心
理学从认知和行为两方面研究学习过程，用以解释个
体学习者在智力、认知发展、情感、动机、自我调适、自
我认知及其在学习中所扮演的角色等方面的差异。从
该学科诞生至现在一百多年的发展历程中，教育心理
学研究者对学生学习现象的探索，主要涉及三大范畴：
学生学习心理、学生心理发展和学生心理辅导。

06. 桑代克

桑代克（E. L. Thorndike,
1874—1949）是美国心理
学家，动物心理学实验的
开创者，联结主义的建
立者，教育心理学体系
的创始人，被称为美国
教育心理学之父。桑代
克从研究动物的实验
中，领会到它们的学习
过程，从而提出联结主
义理论：刺激（S）—反
应（R）公式。他最著名
的迷箱实验通过观察猫
如何从迷箱中逃脱，总
结出三条学习定律：准
备律、效果律和练习律。
桑代克在心理学上的多
方面的贡献在机能主义
心理学与行为主义心理
学之间起了承上启下的
重要作用。他的主要
著作有《心理学纲要》
(1905)、《动物的智慧》
(1911)、《教育心理学》
(1913—1914)、《成人的
学习》(1928)、《人类的
学习》(1931)等。

（一）学生学习心理

在科学心理发展史上，自从1885年德国心理学家艾宾浩斯出版《论记忆》
一书之后，心理学家开始通过实验来研究学习。从20世纪初的学习行为主义
观到20世纪60年代兴起的学习认知观（主要指信息加工观），再到20世纪80年
代开始的社会认知观和建构主义观，学习心理的研究如雨后春笋，积累了庞大
的资料，形成了数十个可解释不同学习现象的研究派别。值得注意的是，学习
心理是教育心理学这一学科的基础研究领域，也是教育心理学发展至今研究力
量、研究成果和研究争议等投入或出现最多的一个领域。而通过追溯学习心理
的研究历程，可以发现，关于学习的研究主要围绕在学习的实质、学习的过程和
学习的条件这三个主题上（见第四章）。

在行为主义中，无论经典条件作用，还是操作条件作用，都采取在实验情境
中研究动物的学习现象这一思路，通过揭示动物学习过程中一些外在行为变
化，进而推断人类具有相同的学习现象或学习规律，据此提出一些教学方法或手段，如
强化与惩罚的运用、程序教学等。在行为主义者看来，学习就是联结或"刺激（S）—反
应（R）"联系，其过程就是获得这些联结或联系，其条件就是外界不断给予各种刺激或
反馈。

自20世纪60年代起，研究工作者一反过去半个世纪的研究思路，将目标确定为试
图理解和改进教学中的实际做法，同时又试图在此基础上提出自己的理论。心理学家
借鉴其他学科（如计算机科学）的一些观念，来推测个体在学习时头脑中发生的各种
变化，如信息加工论就解释了学习过程中个体对新信息感知、贮存、编码和提取等加
工，以及元认知与自我调节能力在人的复杂作业中的重要性。在这段时间内，教育心
理学还积累了一些描述学习心理过程的重要概念和规律，如概念形成或获得，具体领
域问题解决的特征及其规律，有效策略的使用，迁移的实质及其促进方法等。从认知
观出发，学习就是个体能力或倾向上的变化，其过程就是获得知识并运用知识来解决
一般领域或具体领域的问题，其条件就是学习者原有的知识基础、学习态度和学习方
法等。

至20世纪80年代，研究者开始关注在一定社会情境中的个体学习现象，即侧重
从社会认知角度来思考个体的学习过程，将学习者置于一定物理或社会情境之中。
从以"自然人"到以"社会人"为研究对象的这一视角转变，引发了在学与教的诸多

07. 艾宾浩斯

艾宾浩斯(Hermann Ebbinghaus, 1850—1909)德国心理学家。他创造无意义音节、完全记忆法和节省法对高级心理过程的记忆进行实验研究,并首次发现人类大脑对新事物保持与遗忘的规律,创造出"艾宾浩斯遗忘曲线",即人体大脑对新事物遗忘的循序渐进的直观描述,人们可以从遗忘曲线中掌握遗忘规律并加以利用,从而提升自我记忆能力。该曲线对人类记忆认知研究产生了重大影响。艾宾浩斯的主要著作有《论记忆》(1885)、《心理学原理》(1902)、《心理学概论》(1908)等。

方面发生的讨论。例如:知识的情境性(世界是否可知,特殊情境还是跨情境),学习的建构过程(同参与社会实践中的限定与给予相适应),教师的作用(激发积极的参与、提供学会参与社会实践探索及领悟的环境),课程设置(提供参与社会实践的课程),多种形式的测评(对参与实践能力的评定)等。按照学习的社会认知观和建构主义观,人类学习是一种具有社会特性的行为,其过程主要通过个体的建构活动,将外在知识内化为个体自己的知识,其条件既包括外界提供的学习情境(如各类学习材料、语言、媒介等),也包括学习者自己主动参与学习的意识,以及建构自己认知结构的内部活动等。

案例 1-4

学习的社会建构观:
在教师指导下,学生参与度逐渐增加

在互惠教学开始不久,教师引导小组中一名学生对段落的中心思想进行提问。所学课文内容是:"这只雌蜘蛛的配偶比她小多了,身体是暗棕色的,大部分时间他就坐在蜘蛛网的一边。"

小林:(没有问题)
教师:这个段落讲了什么?
小林:雌蜘蛛的配偶。他在……
教师:很好,继续说。
小林:雌蜘蛛的配偶比较小,他在……我该怎么说呢?
教师:别急,慢慢说。你对雌蜘蛛的配偶和他做了什么,有些疑问。
小林:他们大部分时间坐在那里做什么?
教师:问题应该这样来提:雌蜘蛛的配偶大部分时间在做什么? 现在,你再来复述一下这个问题。
小林:雌蜘蛛的配偶大部分时间在做什么?

随后学生逐渐开始承担教学的责任。下面这个例子就是12节课后,另一学生小敏在课上的表现。课文内容是:"另一种最古老的食盐生产方法是开采。早期的开采方式非常危险、困难,而现在有了专门的机器,开采工作变得更为容易和安全。"

小敏:用两个词语来形容早期的食盐开采。
小亮:危险和困难。
小敏:对了。这个段落是对过去的和现在的食盐开采进行了比较。

　　教师：好极了。

　　小敏：我有一个猜测。

　　教师：你说。

　　小敏：我想文章可能讲到了食盐是什么时候被发现的……嗯，还有它是由什么东西以及怎么做成的。

　　教师：好的。还有哪个同学愿意来做小老师吗？

（二）学生心理发展

　　对学生心理的研究，从发展角度来说主要关注这样一些问题：何为能力（或智力、素质、智慧）？人的能力如何发展（阶段的还是突变的）？教育与智慧发展的关系（教育先于发展还是发展先于教育）？智力与非智力因素的关系？人的道德从何而来，其发展阶段如何？人与人之间差异的表现及其原因？等等。

　　自20世纪20年代起，瑞士心理学家皮亚杰在认知发展领域，创立了"发生认识论"，通过认知结构、图式、同化、顺应等概念，解释了个体发展中经由自身需要与环境特征的交互作用历程逐渐得到的知识发展，并提出了随年龄的增长在认知结构发展上的四个质变时期，即"认知发展阶段论"。在同一时期，苏联心理学家维果斯基（L. S. Vygotsky）在《教育心理学》一书中，强调了教育与教学在儿童发展中的主导作用，提出了"文化发展论"、"内化说"、"最近发展区"等认知发展的观点，阐述了教育先于个体认知发展的教育思想（见第五章）。

　　在认知领域之外，心理学研究者还提出了一些非认知领域的发展问题。20世纪初，弗洛伊德的精神分析理论，就主要探讨人格结构与人格发展。20世纪50年代，美国心理学家埃里克森（E. H. Erikson）提出了心理社会发展的八阶段理论，阐述个体个性发展的社会化历程；皮亚杰和美国心理学家柯尔伯格（L. Kohlberg）也分别提出了个体道德发展的阶段论思想。而在国内，自20世纪80年代起，研究者也开始关注一些非认知领域中的个体心理特征及其发展，如非智力因素的组成、特点及其培养、学生情绪和情感的发展等（见第七章）。

　　在对学生所形成的能力实质及其发展的探索上，发展心理学领域的研究者集中关注智力的本质及其测量。在理论构想上，从20世纪初英国心理学家斯皮尔曼（C. E. Spearman）提出的"智力二因素理论"，到20世纪80年代美国心理学家加德纳（H. Gardner）提出的"多元智力理论"、斯腾伯格（R. J. Sternberg）提出的"智力三元理论"，体现了研究者对智力内涵理解的不断深入；在心理测验上，从20世纪初的比纳—西蒙量表，到之后可以系统测量各年龄阶段个体智力的韦克斯勒智力量表，反映出了智力测验工具的不断完善。

　　在对个体心理差异，特别是对一些特殊个体的心理特征的了解，心理学工作者已经进行了大量富有成效的工作。例如对不同认知风格、存有智力落后、学习障碍和躯体障碍等一类人的研究工作，就已经揭示出这类特殊人群的独特心理特征，并提出了一些帮助他们进行有效学习的教育方法或手段。

专栏1-5

APA以学生为中心教学的心理学原则

　　美国心理学协会(APA)(1993)曾公布一些"以学生为中心教学的心理学原则"。在这些教学原则下,围绕着学生的学习目标和内容,教师必须考虑学生的背景知识、认知与情感、发展特点以及他们所处的环境。

认知与元认知因素

原则	描述
1. 学习过程的本质	当学生有意识地从知识与经验中建构意义时,这对复杂学科的学习最为有效。
2. 学习过程的目标	成功的学习者在一定的支持和教学指导下,经过一段时间后能够创造出有意义的、连贯的知识表征。
3. 知识的建构	成功的学习者能够以有意义的方式将新知识与已有知识进行联系。
4. 策略性思维	成功的学习者能够创造并使用一系列思维与推理策略来达到复杂的学习目标。
5. 对思维的思维	一些用于选择和监控心理操作的高级技能会促进创造性与批判性思维的产生。
6. 学习的情境	学习受环境因素影响,其中包括文化、技术和教学过程。

动机和情感因素

原则	描述
7. 动机与情感对学习的影响	学习的内容与程度会受到学习者动机的影响。学习的动机则会受到个体情绪状态、信念、兴趣、目标和思维习惯等的影响。
8. 学习的内在动机	学习者的创造性、高级思维和本能的好奇心都会影响学习动机。当学习者认为学习任务具有新颖性和难度、和自己的兴趣有关,并且他们有个人的选择和控制权时,他们的内在动机就会被激发。
9. 动机对努力程度的影响	复杂知识和技能的获得,需要学习者付出更多努力并进行更多有指导的练习。在学习者没有学习动机时,如不严厉就想让他们努力,这几乎不可能。

发展与社会因素

原则	描述
10. 发展对学习的影响	在个体发展的不同阶段,学习的机会和限制也是不一样的。只有教师考虑了学习者在生理、智力、情感及社会领域等的不同发展水平时,学习才可能最有效。

续表

| 11. 社会对学习的影响 | 学习会受到社会互动、人际关系以及与他人交流的影响。 |

个 体 差 异

原　　则	描　　述
12. 学习中的个体差异	由于先前经验和遗传的原因，学习者在学习的策略、方法和能力各方面都会有差异。
13. 学习与差异	当学习者的语言、文化和社会背景等方面的差异都被考虑到时，学习是最有效的。
14. 标准与评估	设定难度适中并具有挑战性的标准，同时对学习者和学习过程进行评估（其中包括诊断、评估过程和结果），这些是整体学习过程的一部分。

（三）学生心理辅导

心理健康是一种良好的、持续的心理状态与过程。一个心理健康的学生，表现为具有生命的活力，积极的内心体验，良好的社会适应，能够有效地发挥个人的身心潜力以及作为社会一员的积极的社会功能。心理健康的标准包括：智力正常；情绪适中；意志品质健全；人格稳定协调；自我意识正确；人际关系和谐；社会适应良好以及心理特点符合年龄特征。对学生而言，常见的心理健康问题包括发展性心理问题和障碍性心理问题。发展性心理问题通常涉及自我概念发展问题，人际交往和学业发展问题；而障碍性心理问题通常涉及抑郁症、恐惧症、焦虑症、强迫症和网络成瘾等（见第八章）。

教师从事学校心理辅导活动，目标主要有：一是促使学生学会调适，包括调节与适应。二是促使学生寻求发展。学会调适是基本目标，以此为主要目标的心理辅导可称为调适性辅导；寻求发展是高级目标，以此为主要目标的心理辅导可称为发展性辅导。学校心理辅导的主要途径有：独立开设专门的心理健康课程；将心理辅导融于班级、团队活动之中；在学科教学中渗透心理辅导；个别辅导和团队辅导。

在心理学理论框架下，心理辅导的主要方法有：强化法，又称操作条件疗法，是应用强化手段增进某些适应行为，以减弱或消除某些不适应行为的方法；系统脱敏法，主要用于当事人在某一特定的情境下产生的超出一般紧张的焦虑或恐怖状态；认知疗法，根据认知过程影响情感和行为的理论假设，通过认知和行为技术来改变来访者的不良认知的一类心理治疗方法的总称；来访者中心疗法，由美国心理学家罗杰斯创立，是人本主义心理疗法的主要代表；理性—情绪治疗，由美国心理学家埃利斯创立，是认知心理治疗中的一种疗法，它也采用行为治疗的一些方法，故被称为一种认知行为治疗的方法（见第九章）。

专栏1-6

对情绪和行为障碍学生进行教育

对情绪和行为障碍学生的教育意义随他们表现出的障碍程度而异。例如，对轻度情绪和行为障碍的学生进行教育的目标是让他们趋于（接近）正常学生，而对于那些障碍严重的学生来说，教师和父母的目的是使学生在日常生活中能自理。

教师应着重帮助学生掌握识字技能，发展其阅读和数学技能，指导其人际交往和社会化，因为这些学生在书面和口头交流活动中需要非常具体的指导。他们在社会化技能方面也同样需要非常具体的指导，社会化技能的训练可以帮助他们学会在社会团体中举止得体、怎样与他人交往，并有利于将来形成良好的工作习惯，如合作、守时和持之以恒。

对具有人格问题的学生进行教育时必须为学生提供支持、安慰、保护，并要避免批评及对抗。许多情绪和行为障碍的学生都会表现出行为异常，教育应该帮助学生消除问题行为并习得合适的行为方式。教师在教学过程中必须形成一种学生期望的自我控制、一致的态度、行为及责任，不过对教师来说，要形成这些技能需花很长的时间。

总之，解决情绪和行为障碍学生的困难的方法还有很多。无论是家长、教师还是心理咨询师，采取什么方法来对情绪问题学生进行干预和教育，应该视学生的具体情况而定。随着教育理论的日益发展和治疗技术的不断进步，以及教育干预者实践经验的积累，势必会出现越来越多、行之有效的干预手段和方法。

二、心理学对教师的作用

心理学在其发展进程中，各种理论观点不断更替或变化，如今并存着各类有关于学习心理、发展心理和心理辅导的大大小小理论或方法。从应用角度来看，以学习、发展和辅导为内容的心理学，如何发挥其对教师的专业化发展或教师培训的直接作用？这主要在于以下两个方面：理论观念与研究方法。

（一）运用心理学观念来理解教育

心理学对教师的作用，不仅仅是心理学原理的简单应用，也不是发展心理学、学习心理学和差异心理学等几门与教育有关的心理学分支学科的简单组合。教师要深入理解学习与教学中的一些现象及其实质，这涉及知识（或能力）观、学习观和教学观这三方面。

首先，关于知识（或能力），心理学解释了人类获得的知识的类型及其特点，特别是已初步揭示了学生在各学科领域的不同能力的实质。例如，对于一般能力与特殊能力之间的关系，该学科已给出一些较为明确的答案：从知识类型的角度，不是一般策略或方法（弱方法）而是具体领域的技能或策略，确保个体成功解题；从各领域专长的实质和发展来看，决定专家成为专家的不是那些通用于任何领域的思维能力、记忆能力和想象能力等，而是专家在自己领域内获得的独特知识结构、技能操作以及解题策略等。

其次，关于学习，心理学工作者越来越倾向于认为，应侧重研究现实情境而非实验室情境中的学习现象,将知识(或能力)学习视为一个有机整体而非单个学习的组合,除了关注学习所导致的外在行为变化外,还应关注个体在学习中的内在认知结构的变化,以及学习的社会文化属性。心理学已归纳出人类学习过程中的一些规律。例如,知识在头脑中的编码质量,直接影响个体提取该知识;"学会如何学习"的内在认知机制,在于元认知、自我调节、反思等能力的形成;在问题解决过程中,除了解题方法或策略外,问题表征的质量也是成功解题的一个关键因素;一种学习之所以对另一种学习产生影响,是在于它们之间存在共同的学习成分(或原理)。

最后,关于教学或辅导,现有的心理学研究结论是:几乎不存在通用于各领域的一般理论,更多的是只适合于某一类知识(或能力)、某些学生、某个情境的特殊理论。心理学已总结出一些促进个体学习的教学或辅导原则。例如,对于简单、低级的学习问题或障碍,可以采用学习行为理论中强化或惩罚手段;对于高级、复杂的学习问题或障碍,可以采用学习认知观中一些促进理解和自我调节的方法;对于具有较强社会性质的学习,可以采用学习的人本主义或社会文化观中的课堂管理技巧、认知师徒法、合作学习和教学对话等。

人本主义的课堂管理技巧

专栏1-7

从人本主义心理学的视角,教师可运用如下一些课堂管理的技巧。

1. 听我说

教师从"我"的角度出发,客观、真实、具体地描述什么样的行为引起了问题,该行为对教师的伤害及教师自己内心的感受。语气上不带责备和批评。

例如,三个学生在课堂上说小话。教师说:"如果别人像你们这样也说话,我会感到很不安和担心,因为今天的学习任务很困难。"

2. 转移焦点

如果"听我说"的技巧引起学生的攻击性反应,教师就应倾听和理解学生的观点和处境,并重新引导学生。

例如,上面情景中教师表达了自己的不安,而学生却带有情绪地说:"现在这个课对我来说并不重要。"这时教师可以说:"听起来好像现在正发生很多事情,我能帮助你什么吗?"

3. 积极倾听

教师应接纳学生的价值观,不要快速给出建议、解决方式或者批评、责备。

例如:

学生:这本书太无聊了,我们为什么还要读?

老师:你很不安,觉得这是一本没有价值的书。

学生:是啊!我觉得它没有价值。实际上我不知道它是什么,我读不懂!

老师:它难懂,这使你很苦恼。

学生:你能不能给予我一些提示,使我更容易理解一点?

另外,可用双赢法来提高学生的自我管理能力。其主要步骤是:

(1)定义问题。用非常清晰具体的词汇定义师生要达到的目标;

（2）提出可能的解决方法。教师根据学生的不良行为，组织集体讨论，提出可行的解决方案；

（3）评估和选择某种解决方法。在产生一系列可能的方法之后，评估出最优的解决方法；

（4）实施所选择的解决方法。

（5）回顾和评估。监控解决方法的进展情况，回顾整个过程。

（二）运用研究来理解和促进教学

在心理学学科范畴内开展教育研究，其主要任务有二：一是通过研究来回答教学实践中的问题；二是将各种研究结果加以整合，形成能"完美"诠释"教"与"学"之间关系的整体理论。为完成这两个任务，心理学家主要采用四种研究方式：描述性研究、相关研究、实验研究和建立教学理论。

1. 描述性研究

描述性研究是要详述某个或几个课堂教学中的特定事件，分析其中的规律或原因。一般来说，描述性研究所得出的报告包括调查结果、师生会见时的反应、真实课堂对话的例子或者对教学活动的记录等。在描述性研究中，有一种方法是人种学，是从人类学中借鉴过来的。人种学的方法涉及研究自然发生的事件和一个小组的活动情况，并试图理解这些事件对参与到其中的人的影响。例如，教师对课堂活动进行细致入微的观察，并且结合先前获得的信息，来分析和综合考虑这些观察内容。

在一些描述性研究中，教师会仔细分析班级的教学录像，从中确定重复出现的学生行为和学习现象；而在其他研究中，教师进行"参与性观察"，他们会和班级或学校一起工作，从学生角度来理解这些行为；另外，教师也可使用个案研究，深入调查诸如学生如何学习特定材料、新的教学方法或技术如何影响学生学习等。

2. 相关研究

描述研究的结果通常包括相关报告，会使用相关系数来表明两个事件之间相互联系的方向与强度。就联系方向而言，正相关系数表明这两个因素会同时增加或同时降低。例如，学习时间与学习成绩之间是正相关，这表明学习时间越长，学习成绩越好。负相关系数意味着一个因素的增加与另一个因素的降低相联系。例如，贪玩时间与学习成绩之间便是负相关。就联系强度而言，相关系数的取值范围是 -1.00 到 1.00。相关系数越接近 -1.00 或 1.00，相关程度就越高。例如，学习时间和学习成绩之间的相关大约是 0.50，学习成绩与所说语言的类型之间的相关大约是 0.00（完全没有相关）。

需要强调的是，相关并不意味着这两个因素之间存在着因果关系。学习时间与学习成绩之间存在相关，但学习时间的增加，并不能明显促进学习成绩；知道一个人的学习时间，只意味着可以对他的学习成绩进行大致估计。因此，教师在教育情境中确定相关系数的目的，就是从已有掌握的信息出发，预测课堂中的重要事件。

3. 实验研究

要真正研究学与教中的因果关系，可以运用第三类研究，即实验。在实验中，教师不是观察并描述某一现有情境,而是在情境中引入变化并记录结果。此时,要设计一些可以进行比较的被试组。在心理学研究中,"被试"这一术语通常指被研究的人,如学生,而不是像数学、语文这样的学科。为确保被试组同质(在各项条件上基本相同),教师可以将他们"随机"分配到各组。所谓"随机",就是每个被试进入任何一组的概率是相同的意思。

针对不同被试组中的一个或多个,教师可以改变情境的某一方面,以观察这种改变是否会引起预料中该组的可能结果。每个组的结果都被记录下来,然后进行比较。通常,教师会用统计方法来考察组间的差异是否显著。若差异在统计意义上非常显著,则说明该差异不可能是偶然发生的。在心理学中,有很多研究都是通过一些提问来确定因果关系的,例如:如果教师忽视那些未经许可便擅自离开座位的学生,却表扬那些坐在课桌前努力学习的学生(原因),那么,学生是否会花更多时间在课桌前学习呢(结果)?而通过分析课堂中的因果关系,教师可以提出一些学与教的心理学规律。

4.教学理论

一旦个体在某领域内的研究积累了大量资料,而且所有研究发现都指向相同结论时,就可以说已获得了一条原则。所谓原则,就是指两个或多个因素之间确定的联系。但是,揭示学与教的原则或规律是一个缓慢过程,极少有研究能够"一劳永逸"地解决某类问题。例如,由于对象(学生)非常复杂,研究所考察的内容只能是情境中有限的一些方面,甚至只是同一时间内的一些变量或者一两个班级的活动情况。

因此,为了形成对学与教这一复杂过程的科学理解,教师可以采用理论建模的方式。一般来说,科学理论是内在相互联系的概念的集合,可用于解释一系列数据并预测以后实验的结果。而在有大量确定的原则之后,教师就能对众多变量之间的联系,甚至整个联系系统作出解释。值得注意的是,虽然没有一种理论能够完美地解释并预测所有现象,但理论模型的价值在于,它是研究者解决问题的一种工具,并能预测何种因素在新情境中起作用。例如,心理学中各类理论对教师的意义在于,帮助他们比较完整地了解某一情境中的学与教的规律,逐步积累专业知识,对教学进行批判地思考,从而更快地成为所教学科的专家型教师。

成为专家教师的十六条心理法则

专栏1-8

新手水平(1—2年):明确定位

法则一:降低职业预期,将教师职业看作三百六十行中普通的一行;无所谓灿烂不灿烂,更谈不上是什么"人类灵魂的工程师"。

法则二:明确职业目标,"我应该成为怎样的教师";有理想的人,才能有学习和生活的动力,其生命才有意义。

法则三:坚守社会道德底线,持有良性道德判断标准,要知道,作为教书育人者,你就是学生眼中的"道德"的化身。

高级新手水平(3—4年):感悟学生

法则四:赞赏学生,肯定学生的特长与成功,如提出问题,正确解答,帮助他人,遵守规则,产生创意,等等。

法则五:不要低估差生,要知道所谓差生只是由于评价标准的差异所导致的,不要用言语去讥讽与嘲弄他们。

法则六:表达你的爱,如拾起学生掉在地上的橡皮,耐心回答学生的提问,常与学生个别谈心,甚至只是走道里对学生的一声问候。

法则七:让学生知道规则,坚持惩罚是教育不可缺少的组成部分,不要轻易放弃任何违规的学生,给予合理的教育,但不要将惩罚上升为体罚。

胜任水平(5年左右):促进效能

法则八:学会控制自己的情绪,尤其在面对让你厌恶的学生时,仍能面带微笑,暗示一切皆在你的掌握之中。

法则九:客观认识自己对学生的作用,要知道,优秀学生不是某个教师教出来的,而是其先天素质、个人努力和周围环境中众多因素一起作用的结果。

法则十:不断发现自己,做一个思考的老师,思想的火花无处不在,在凌晨或深夜中,在散步或休息中,在冥思或睡梦中,等等。

熟练水平(5年以上):开放心态

法则十一:学会幽默,这既放松了学生的心情,同时也让学生走近了你,但幽默不同于讥讽,更不是无聊的调笑,因为这样会导致学生"乐"而不学。

法则十二:做快乐的教师,找到让自己快乐的窗口和途径,冲刷掉自己的烦躁与郁闷;营造快乐的环境,快乐属于你,也属于学生。

法则十三:学会宽容,包括学生的无知与偏执,包括家长的偏爱与袒护,包括领导的误解与质疑,包括同事的嫉妒与中伤,要知道退一步海阔天空。

专家水平(至少10年左右):持之以恒

法则十四:承认衰老,哪怕曾经是最优秀的教师,都有不受学生欢迎的时候,因为时代的知识和技能在变,学生的思想和观念在变,教育的要求和目标也在变。

法则十五:需要不断学习,不要对新知识产生一种习惯性的拒绝,要与学生的知识和思想共同成长,如经常阅读报刊、浏览网络、重读经典等。

法则十六:这就是你终身的职业,是你生命中不可缺少的一部分,已经与你的灵魂融合在一起了。你就是教师,教师就是你!

参考文献

[1] 彭聃龄.普通心理学(修订本)[M].北京:北京师范大学出版社,2001.

[2] 林崇德.发展心理学(第二版)[M].北京:人民教育出版社,2014.

[3] 叶奕乾,等.普通心理学(第5版)[M].上海:华东师范大学出版社,2016.

[4] P·G·津巴多,等.普通心理学(第5版)[M].王佳艺,译.北京:中国人民大学出版社,2009.

[5] R·费尔德曼,等.心理学与我们[M].黄希庭,等译.北京:人民邮电出版社,2008.

[6] J·卡拉特.生物心理学(第十版)[M].苏彦捷,等译.北京:人民邮电出版社,2011.

［7］M·S·加扎尼加.认知神经科学:关于心智的生物学［M］.周晓林,等译.北京:中国轻工业出版社,2015.

［8］J·E·奥姆罗德.教育心理学(第四版)［M］.彭运石,等译.西安:陕西师范大学出版社,2006.

［9］B·M·纽曼,等.发展心理学(第八版)［M］.白学军,等译.西安:陕西师范大学出版社,2005.

［10］R·普洛闵,等.行为遗传学(第四版)［M］.温暖,等译.上海:华东师范大学出版社,2008.

［11］D·夏克特,等.心理学(第三版)［M］.傅小兰,等译.上海:华东师范大学出版社,2017.

［12］胡谊,郝宁.教育心理学——理论与实践的整合观［M］.上海:华东师范大学出版社,2009.

思考题

1.阅读下列故事,回答问题。

台湾作家林清玄在读高中二年级时,他的学业和操行都是学校的劣等,曾被记了两次大过、两次小过,被留校察看,甚至还被赶出了学校的学生宿舍。许多老师对他已经不抱什么希望了。但他的国文老师王雨苍却没有嫌弃他,常常把他带到家里吃饭,有事请假时,还让他给同学们上国文课。王老师告诉他:"我教了50年书,一眼就看出你是个能成大器的学生。"这句话让林清玄感动和震撼。为了不辜负老师的一片苦心,他从此发奋努力,决心做一个对社会有用的人。

请从教育与心理学的角度,谈谈这个故事对你的启发。

2.课堂上有位学生指出老师对某个问题的解释有错误,老师当时就恼怒起来:"某某同学,算你厉害,老师不如你,以后老师的课就由你来上好了!"全班同学随老师一起嘲笑这位学生,从此,这个学生在课堂再也没有主动发现问题和回答问题了。

请你从心理学角度,结合该实例,评析该老师的做法。

3.阅读下面的案例,回答相关问题。

扫一扫二维码

宋恬是一名新入职的中学老师。新学期,校长召开了全校教职工大会,在会上宣布,今年学校要求每一位教师都要进行教育、教学研究,每位教师都要申报课题,并由学校的特级教师组成的评审委员会进行评审,然后会公布研究的成果并进行评价,同时教师的教育、教学研究将作为晋升职称的一项标准。

获取思考题
答案要点

宋恬对此感到很头疼,她是教数学的,平时除了教学就是看一些有关教学方面的杂志和书籍,但却不知道要如何去进行教育、教学研究。

请根据心理学对教师的作用,帮宋恬出谋划策。

扫一扫二维码
获取教师资格考试
同步练习题及参考答案

第二章

心理过程

. . . .

学习目标

   1. 识别不同的感觉类别,描述感觉的特性;

   2. 识别不同的知觉类别,阐述知觉的特性;

   3. 理解感觉与知觉之间的区别;

   4. 阐述注意的不同类别和品质;

   5. 理解注意的影响因素,结合实际阐述如何形成良好的注意品质;

   6. 描述记忆的不同分类以及相应的含义;

   7. 分析遗忘的特点,并结合实际阐述如何有效保持记忆;

   8. 理解语言的特征,并分辨人类语言与动物沟通的区别;

   9. 阐述思维的不同类型及对应特点;

  10. 阐述创造性思维的不同阶段;

  11. 阐述问题解决的过程与不同策略。

关键词

绝对感觉阈限：指最小可觉察的刺激量，即刚能引起某种感觉的最小刺激量。

差别感觉阈限：指刚能引起差别感觉的两个刺激之间的最小差异量。

感觉适应：是刺激物持续作用于某一感受器，使感受性发生变化的现象。

感觉对比：指同一感受器接受不同的刺激而使感受性发生变化的现象。

感觉后象：在刺激停止作用后，感觉印象仍暂留一段时间的现象，叫作感觉后象（有时也称为感觉后效）。

联觉：也是感觉相互作用的一种体现，指由一种感受器官受到刺激而产生一种特定感觉的同时，又产生另一种不同的感觉现象。

感觉补偿：由于某种原因造成丧失一种感觉能力的人，他们的其他感觉能力会由于代偿而得到特殊的发展，这就是感觉补偿。

知觉：客观事物直接作用于感官不仅产生感觉，而且还会引起知觉，即在人脑中产生对该事物整体的反映或事物间简单关系的反映。

形状知觉：形状是物体的空间特性之一，人脑对于平面物体形状特征的反映，就是形状知觉。

深度知觉：指客观事物在三维空间中提供的信息，使人脑能够知觉物体的厚度和物体与我们的距离，也叫立体知觉。

知觉的恒常性：是指人的知觉条件在一定范围内变化时，被知觉的对象仍然保持相对不变的特性。

注意：人的心理活动对某一对象或活动的指向与集中就叫注意。

不随意注意：这是一种事先没有预定的目的，也无需意志努力，不由自主地对一定事物发生的注意。

随意注意：是指自觉的、有预定目的、必要时需要一定意志努力的注意。

随意后注意：这是指有预定目的，但不需要意志努力就能维持的注意。

记忆：指过去的经验通过识记、保持、再认和回忆的方式在人脑中的反映。人感知过的事物、思考过的问题、体验过的情感、练习过的动作等经验都可能在头脑里留下痕迹，以后还会再认和回忆出来，这都是记忆现象。

遗忘：识记过的内容在一定条件下不能或错误地恢复与提取都叫遗忘。

思维：是客观事物在人脑中概括和间接的反映。就其本质而言，思维是问题或情景的内部表征。它是借助言语实现的人的理性认识过程，它可以揭露事物的本质和规律。

创造性思维：是指面对问题情境时，个人在思维上能摆脱传统成规的束缚、习惯约束的心理活动过程。

问题解决：问题解决是指在不能仅凭既有知识、经验直接处理当前事物以达到目的的情境下，通过应用各种认知活动和技能发现问题性质并取得解决途径，从而达到预定目标的心理过程。

功能固着：指仅根据最惯常用途来认识一个目标的倾向。

本章结构

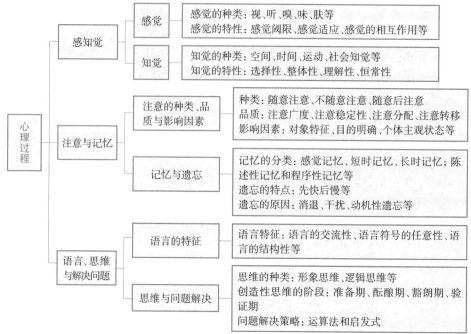

人的心理活动过程极其复杂、时刻变化并且难以琢磨。但心理学研究者还是能够对人的心理活动进行探究，发现其中蕴含的一些特点和规律，对个体的心理行为进行描述、解释、预测和控制。教师首先要对一些基本的心理活动过程进行理解，在此基础上，探索高层次、更为复杂的心理活动过程。

首先，个体只有感觉到了客观事物的刺激，才能产生相应的知觉。感觉、知觉是较为基础的心理过程，但它们有各自的种类及特点。一些更为复杂的心理过程，如语言、记忆、思维等，均建立在感觉、知觉信息的基础之上。了解感觉、知觉的种类及特点既有助于我们对感知觉的一般规律产生更深刻的理解，也为探究更高层次的心理过程打下基础。

其次，个体无时无刻不面对着海量信息的刺激，尤其是在这样一个信息爆炸的时代，只有在合适的时间，有指向性地将注意力集中于合适的信息，才能快速有效地接受和处理信息，完成目标任务。那么，怎样才能使注意过程更加有效、有目的性呢？这就需要我们对注意过程的不同种类、品质和影响因素有所了解。拥有优秀的注意品质，将有助于个体有效地进行语言的学习与加工；有助于个体对重要信息更快地识记与更准确和有效地回忆；也有助于提升个体思维活动的效率，促进问题解决。

最后，我们将介绍如语言、记忆、思维等一些高级心理过程的特点、规律以及影响因素。了解这些内容，有助于教师基于认知规律、基于学习者特点进行教学设计和有效教学，从而帮助学生更加高效地学习。

第一节 感 知 觉

感知觉是其他心理现象的基础。比如，面对一个苹果，你看到的是一个红色的、圆圆的物体,这就是感觉。而脑海里的知识经验将这个物体解释为苹果,你才有了看到一个苹果的知觉。

一、感觉及其特性

(一)感觉的含义

感觉是人脑对直接作用于感觉器官的客观事物的个别属性的反映。虽然人们在日常生活中很少有纯粹的感觉,但在特殊的情况下也能体验到它。例如,人们能感觉到物体的颜色和气味、机体的疼痛和饥渴等。感觉的产生需要作用于感觉器官的客观事物以及接受感受刺激的感官和形成感觉的神经系统。如果没有作用于感觉器官的当前事物,便不会产生任何感觉。记忆中再现的事物映象,幻觉中各种类似感觉的体验等都不是感觉。另外,感觉也离不开接受感受刺激的感官和形成感觉的神经系统,它受感觉系统生理状态的影响和制约。

感觉是一种最简单的心理现象。通过感觉,我们只能知道事物的个别属性,还不知道事物的意义,但一切较高级、较复杂的心理现象都是在感觉的基础上产生的。对于每一个正常的人来讲,没有感觉的生活是不可忍受的。在"感觉剥夺"实验中,研究者把志愿者关在恒温、密闭且隔音的暗室内。7天后,受试者出现感觉剥夺的病理心理现象,如错觉、幻觉,对外界刺激过于敏感,情绪不稳定,紧张焦虑,注意涣散,思维迟钝等(如图2-1所示)。

感觉的产生是分析器活动的结果。分析器是感受器传入神经和大脑皮层感觉中枢所组成的统一形态的机能结构整体。感受器是把外界刺激的物理能量转化为神经冲动的特殊结构。感觉的种类是根据分析器的特点以及它所反映的最适宜刺激物的不同而划分的,每一种感受器对某一特定的能量最为敏感,它负责将这种能量转换成神经冲动。客观事物千差万别,不同的属性作用于不同的感受器,再通过不同分析器的活动,便产生不同感觉。人体除通常说的视、听、嗅、味、肤五种感觉外,还有机体觉、平衡觉、动觉等(如表2-1所示)。

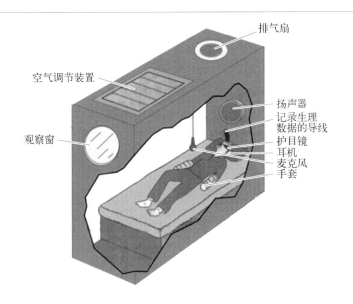

图 2-1

"感觉剥夺"实验图示(机体处于与外界环境刺激高度隔绝的状态)

专栏 2-1

压眼闪光[1]

感觉系统在完成信息的选择和分析之后，还要对信息进行编码。感觉编码（sensory coding）指将一些重要特征转换为可以被大脑理解的神经信息。下面我们通过一个实际体验来感受视觉编码的进行方式。请根据指示做一下：现在，请你闭上眼睛，把手指压在眼皮上，再稍微使一点劲，并轻轻地揉眼睛，这样保持大约30秒。

我们按照以上指示做后，可能会看到星星、方格和闪烁的颜色。这种现象称为压眼闪光（phosphene），是由于视网膜受到机械性刺激而引起的视感觉。这一现象产生的原因是，眼睛的感受细胞在正常情况下对光反应，但对压力也有一定的敏感性。眼睛将外界刺激（包括压力）编码为视觉特征，因此，我们感觉到的是光，而不是压力。

表 2-1

感觉分类表[2]

感觉的种类		适宜的刺激物	分析器				特征与作用
			感受器	传入神经	皮下中枢	皮层中枢	
外部感觉	视觉	波长为390—760纳米的光波	视网膜的棒体、锥体细胞	视神经	丘脑外侧膝状体	枕叶视区	主要外部感觉之一；远距离感觉；有感色、明暗等作用
	听觉	16—20000赫兹的声波	内耳耳蜗的科蒂氏器	听神经	四叠体的下丘脑内侧膝状体	颞叶听区	主要外部感觉之一；远距离感觉；能感觉音调高低、音响强弱与音色
	味觉	溶解于水的化学物质	舌与咽部的味蕾	舌前2/3经面神经；舌后1/3经舌咽神经；咽部经迷走神经	丘脑后腹核内侧	颞叶前皮层	与选择食物、增加食欲有关的化学性感觉
	嗅觉	有气味的挥发性物质	鼻腔上端嗅膜中的嗅细胞	嗅神经	梨状区、杏仁核、扣带回、海马回等	颞叶嗅区	较远距离感觉；能辨安危、侦探环境、挑选食物，具防御和自卫功能

[1] Dennis Coon.心理学导论——思想与行为的认识之路（第9版）[M].郑钢，等译.北京：中国轻工业出版社，2004：192.

[2] 程正方，高玉祥，郑日昌.心理学[M].北京：北京师范大学出版社，2009：42-43.

感觉的种类			适宜的刺激物	分 析 器				特征与作用
				感受器	传入神经	皮下中枢	皮层中枢	
外部感觉	肤觉	触	物体机械刺激	触点	脊神经触觉纤维	丘脑外侧核	中央后回	最古老的感觉现象；它有认知世界、调节体温、适应环境和防卫功能
		热	高于生理零度的温度	热点	脊神经热觉纤维	丘脑外侧核	中央后回	
		冷	低于生理零度的温度	冷点	脊神经冷觉纤维	丘脑外侧核	中央后回	
		痛	物体伤害刺激	痛点	脊神经痛觉纤维	丘脑外侧核	中央后回	
内部感觉	机体觉		内脏器官的活动变化	内脏器官壁上的游离神经末梢	植物性神经干、迷走神经、交感神经和盆神经	下丘脑内脏感觉中枢	额叶	具有周期性、不随意性；定位不明显；有保护和维持生存的作用
运动感觉	动觉		肌肉的伸展状态和关节角度	肌梭、腱梭、关节小体	脊髓后索	丘脑接替核	中央前回	是一切活动与言语的基础；对运作起监督、保证、协调作用
	平衡觉		人体位置变化（直线变速或旋转运动）	前庭器官	听神经前庭支	顶核、诸前庭核、上核等	颞叶听区之前的前外雪氏回	维持身体的平衡

（二）感觉的特性

1. 感受性与感觉阈限

（1）感受性。感受性是指人对刺激物的感觉能力。不同的人对同等强度刺激物的感觉能力是不一样的。感受性高的人能感觉到的刺激，不一定能被感受性低的人感觉到。例如，有经验的染色工人能辨别出几十种不同的黑色，而一般人则很难分辨。

（2）感觉阈限。检验感受性大小的基本指标称感觉阈限。感觉阈限是人感到某个刺激存在或刺激发生变化所需刺激强度的临界值。阈限又分为绝对感觉阈限和差别感觉阈限。

绝对感觉阈限指最小可觉察的刺激量，即刚能引起某种感觉的最小刺激量，其被察觉的机会是50%。绝对感受性是刚刚能够觉察出最小刺激量的感觉能力。绝对阈限与绝对感受性的大小成反比。绝对感觉阈限的值越低，即能引起感觉所需的刺激量越小，绝对感觉性就越高，对刺激就越敏感。早期心理学家通过研究总结得出了一般人的各种感觉的绝对感觉阈限（如表2-2所示）。

表2-2	感 觉 类 型	绝对感觉阈限
不同感觉的绝对感觉阈限	视　觉	夜晚晴朗时可看见50千米处的一缕烛光
	听　觉	安静环境中可于6米处听见手表秒针走动声
	味　觉	可尝出7.5升水中加入的1茶匙糖的甜味
	嗅　觉	可闻到在三居室中洒一滴香水的气味
	触　觉	蜜蜂翅膀从1厘米高处落在面颊上即有感觉

这些感觉系统的阈限既有上限也有下限。例如，对耳朵进行音高（包括高和低）测量，发现人最低可以听到20赫兹（Hz）的声音，最高可听到2万赫兹的声音，即人能听到从最低的管风琴的隆隆声到高频扬声器发出的短促的尖声。若人耳能听到20赫兹以下的声音，我们将能听到自己肌肉运动的声音。若如此，每当我们动一下自己的身体，我们将能听到身体发出的像摇破木船时的吱吱嘎嘎声。狗、猫、蝙蝠等动物可以听见高于2万赫兹的声音。例如，狗哨发出的是4万—5万赫兹的声音，超出了人的听觉范围。这就是为什么人听不见狗哨的声音，而狗却可以听到的原因。

专栏 2-2

绝对阈限的个体差异与阈下知觉[①]

绝对阈限是否存在个体差异？

人与人之间在感觉绝对阈限上是有差别的，并且，每个人的感觉阈限也会随时间而发生变化。刺激的类型、一个人神经系统的状态和出现"感觉错误"的代价都会导致阈限变化。情感因素同样也很重要，比如，不愉快的刺激会使识别阈限提高，这种对不良刺激的阻抗称为知觉防御（perceptual defense）。这一现象最初是在关于"脏字—好字"的知觉实验中发现的。当被试对速示器呈现的字词进行辨认时，对脏字所需的时间较长，而对中性字词所需的时间较短。

什么是阈下知觉？

任何低于正常意识阈限的知觉信息加工都属于阈下知觉（subliminal perception），例如，上面提到的情绪引起知觉阈限变化的现象就是一种阈下知觉现象。最近的一项研究对阈下知觉进行了实验。实验中，大学生们在屏幕上观看一个人的图片，在图片出现之前先呈现不同的阈下图像，其中有让看的人觉得舒服的图像（如可爱的小猫），也有使人觉得不舒服的图像（如一张生气的脸）。所有的情绪性图像呈现的时间都非常短，被试来不及辨认清楚，但大学生对目标人物图像的感觉却由此而发生了显著的变化。

[①] Dennis Coon，心理学导论——思想与行为的认识之路（第9版）[M].郑钢，等译.北京：中国轻工业出版社，2004：194.

差别感觉阈限是指刚能引起差别感觉的两个刺激之间的最小差异量。刺激物引起感觉后,刺激量的变化并不一定都能引起感觉上的变化。比如,在100克的重量上再增加1克,人可能感觉不到重量有所增加,但增加3克时,就能感觉到重量的变化了。觉察刺激之间微弱差别的能力称为差别感受性。它在生活中有重要意义,可以通过实践锻炼而提高。差别感受性越高的人,引起差别感觉所需要的刺激差别越小,即差别感觉阈限越低。

19世纪德国生理学家韦伯(E.H.Weber)发现,觉察刺激的微弱变化所需变化量与原有刺激之间的关系存在一定规律,这被称为韦伯定律。韦伯定律指出,在一个刺激能量上发现一个最小可觉察的感觉差异所需要的刺激变化量与原有刺激量的大小有固定的比例关系。这个固定比例用K表示,通常称为韦伯常数或韦伯比率。如果我们用R代表原来的刺激量,用ΔR代表刚能引起较强感觉的刺激增加量,用K代表一个常数,那么就可以用公式$K = \Delta R/R$来表示。当然,对于不同感觉来说,其韦伯比率是不一样的,即K值不同(如表2-3所示)。值得注意的是,韦伯定律虽然揭示了感觉的某些规律,但是它只适用于中等强度的刺激,刺激太弱或太强,其比值都会发生改变。

感 觉 类 型	韦 伯 比 率
音　高	1/333
重　量	1/50
响　度	1/10
味　觉	1/5

表2-3

感觉的最小韦伯比率(中等强度的刺激)

2. 感觉适应

感觉适应是刺激物持续作用于某一感受器,使感受性发生变化的现象。这种变化可以使感受性提高,也可以使感受性降低。通常,强刺激可以引起感受性降低,弱刺激可以引起感受性提高。此外,一个持续的刺激可引起感受性的下降。例如,当你从光亮处走进电影院时,起初感到伸手不见五指,要过一段时间才能慢慢看清周围的东西,这是视觉感受性提高的暗适应。反之,从暗处到光亮的地方,最初强光使人目眩,什么也看不见,但过一会儿视力就恢复正常了,这是视觉感受性降低的明适应。除了视觉适应外,还有嗅觉、味觉等其他感觉的适应。古语说"入芝兰之室,久而不闻其香;入鲍鱼之肆,久而不闻其臭",这是嗅觉的适应。值得注意的是,痛觉一般是很难适应的。适应现象具有很重要的生物学意义,使人能在变化万千的环境中,做出精确的反应。

3. 感觉后象

在刺激停止作用后,感觉印象仍暂留一段时间的现象叫作感觉后象(有时也称为感觉后效)。后象有正、负两类之分。正后象在性质上和原感觉的性质相同,负后象的性质则同原感觉的性质相反。比如,注视电灯一段时间后,关上灯,仍有一种灯似在那亮着的感觉印象,这是正后象。如果目不转睛地盯着一盏白色的荧光灯,然后把视线转向一堵白墙,会感到有一个黑色的灯的形象,这是负后象。感觉后象现象在生活中十分常见,电影、动画及闪烁的霓虹灯利用的都是视觉后象。后象的持续时间与原刺激作用的时间有关。刺激作用的时间越长,产生的后象持续时间越长,这是因为刺激的持续作用有时间上的累积效应。

4. 感觉的相互作用

感觉并不是孤立的,而是相互作用的,如感觉的对比。感觉对比是指同一感受器接受不同的刺激而使感受性发生变化的现象,可分为同时对比和继时对比。同时对比是指几个刺激同时作用于同一感受器而产生的对某种刺激物感受性的变化,比如同样的白色在黑色背景上比在灰色背景上显得更白;红绿两种颜色放在一起,红色更红,绿色更绿。继时对比是指几个刺激物先后作用于同一感受器而产生的对某种刺激物感受性的变化,比如吃过螃蟹再吃虾,就感觉不到虾的鲜味;吃了糖再吃药,就觉得药特别苦,而吃完药再吃糖就会觉得糖特别甜。刺激的性质相反而在空间或时间上接近,往往会产生非常突出的对比效应。

5. 联觉

联觉也是感觉相互作用的一种体现,指由一种感受器官受到刺激而产生一种特定感觉的同时,又产生另一种不同的感觉现象。比如,红、橙、黄色往往引起温暖感、接近感、沉重感;而绿、蓝、紫色,则往往引起凉爽感、深远感和轻快感。正因如此,在同样大小的房间里,如果墙壁、地板、家具等颜色不同,会使人产生大小、冷暖乃至兴奋、压抑等不同感觉。再比如,用小刀刮玻璃发出的声音会让人起鸡皮疙瘩;搬同样重的箱子会觉得浅色的轻一些,深色的重一些。

6. 感觉的补偿与发展

由于某种原因造成丧失一种感觉能力的人,他们的其他感觉能力会由于代偿而得到特殊的发展,这就是感觉补偿。残疾人的感受性补偿是惊人的,比如,聋哑人的视觉特别敏锐,他能够通过看别人说话时嘴唇开合变化的大小大致知道说了什么;盲人的听觉和触觉特别发达,能够辨别出不同人的脚步声,摸一下人民币上的盲文就知道是多少钱了。研究发现,先天耳聋者可能会发展一种"超级视觉",以弥补听力丧失的缺憾。研究人员认为,听觉正常时,听觉皮层和视觉皮层正常发育。当听力丧失,视觉皮层会比正常情况下有更好的发育,比如视觉皮层的扩张。大脑如同错综复杂的电网,为适应听力丧失的现实,大脑内部会发生"电线重接"(如图2-2所示)。这种补偿作用其实是经过长期不懈的练习获得的。感觉补偿的现象从另一个侧面说明,人的各种感觉能力都蕴藏着极大的发展潜力,经过专门训练可以不断发展和完善起来。例如,染料工人能区分出40多种不同的黑色,音乐教师能精确分辨微弱的音高偏差等。

图 2-2

大脑内部的
"电线重接"

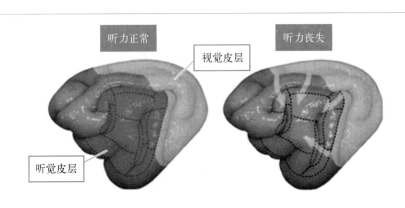

绝对音高加工的认知神经机制①

绝对音高(absolute pitch, AP)是一种比较罕见的音高加工能力,具有特殊的认知和神经机制。研究表明,具备绝对音高的音乐家进行音高命名时,工作记忆参与较少但涉及多个认知策略。功能神经成像研究发现,左侧额叶背侧后部和左侧颞叶对这类音乐家非常重要,而不完全具备此能力的音乐家的某些右侧脑区的参与则反映其增加的音高加工负荷和难度。结构神经成像研究发现,此类音乐家还具有特殊的灰质结构形态及白质连接。未来研究有待将AP能力进一步分为"具有相对音高能力"与"没有相对音高能力"两类并观察相应的认知神经机制,同时通过影像基因组学来探索基因多态性对AP能力的影响,以及有必要观察以声调语言为母语的音乐家进行音高加工的神经机制。

二、知觉及其特性

(一)知觉的含义

客观事物直接作用于感官不仅产生感觉,而且还会引起知觉,即在人脑中产生对该事物整体的反映或事物间简单关系的反映。例如,有某一物体,人用眼睛看有黄的颜色、弯圆条的形状;用手触摸其表皮柔软,光滑度一般;用鼻子嗅有清香的水果气味;用嘴尝是甜味……于是人脑便把这些属性综合起来,形成该事物整体的印象并知道它是"香蕉"。这种对香蕉的整体反映就是知觉。人的知觉过程包括觉察(即感受与发现事物存在,但还不知道它是什么)、分辨(即区别事物或属性的过程)、确认(明确知觉的对象并给它命名,进行解释并归于一定范畴的过程)。

感觉和知觉是紧密联系又有区别的心理过程。知觉是在感觉的基础上产生的,但不是感觉数量上的简单相加。根据认知心理学信息加工理论的观点,知觉是人脑以感觉信息为基础,借助自身知识经验,对信息进行加工并作出解释的过程。如果没有知识经验参加,就不可能有对客观事物整体形象的知觉。

除新生儿和婴儿外,正常成人身上,纯粹的感觉形式是少见的,多数是以感知的形式出现。像人们早晨出门感觉冷,实际是一种"天气冷"的感知觉。又如人模糊地感到某一物体的"黑色"是感觉,当他清晰地感到"钢笔是黑色的",就是一种简单关系的反映,已经是知觉的形式了。

知觉的种类有很多。单个分析器作用产生的知觉,可分视、嗅、味、触摸、运动与平衡知觉等。在简单知觉的基础上形成的复杂知觉,可分为空间知觉(包括形状知觉、深度知觉、大小知觉、方位知觉等)、时间知觉、运动知觉和社会知觉等。

---

① 侯建成,宋蓓,周加仙,孙长安,朱海东. 绝对音高加工的认知神经机制[J].心理科学进展,2017,(11): 1865-1876.

1. 空间知觉

人脑对于平面物体形状特征的反映，就是形状知觉。形状知觉是视觉、触觉、动觉协同活动的结果，是人类和动物共同具有的知觉能力。物体的形状是依靠多种感觉分析器来感知的。视网膜上的物体呈现的形象，观察物体时眼球、眼肌的运动，以及手触摸物体的轮廓，都向大脑提供物体的形状信息，经过皮层的分析与综合（整合），就能正确知觉物体的形状。对形的识别开始于对物体原始特征的分析与检测，它们包括点、线条、角度、朝向等。视觉系统对这些特征的分别检测是自动的，无需意识的努力。但是，将所检测到的特征捆绑整合为一个形状与图形，是需要意识的参与才能努力完成的。

在形状知觉中，视觉起主导作用，而对象的图形与轮廓具有重要意义。图形是事物在视野中的一个面积，而轮廓是图形面积与周围背景的一个封闭的分界线。只要抓住事物的主要轮廓，就能提供物体形状的足够信息。有时，物体的客观轮廓虽然不明显，或者说刺激本身无轮廓，而知觉经验帮助个体知觉到了"无中生有"的轮廓，这种轮廓被称为主观轮廓。如图2-3所示，尽管三角形线条并不闭合，但仍能被知觉为三角形。

图 2-3

主观轮廓
图形

深度知觉是指客观事物在三维空间中提供的信息，使人脑能够知觉物体的厚度和物体与我们的距离，也叫立体知觉。深度知觉是以视知觉为主，同时需要动觉的协同参与。深度知觉线索可以分为单眼深度线索和双眼深度线索。单眼深度线索是指用一只眼睛就能感知物体深度的线索，只能提供有限距离的信息。而双眼深度线索是指两只眼睛提供的深度与距离的信息。双眼深度线索既可提供距离，又可提供物体厚度的信息。

影响深度知觉判断的因素有很多，其中影响单眼线索的因素有：

图 2-4

物体的
重叠

（1）物体的重叠。这是指相互重叠的物体，个体会觉得显露的物体较近，觉得被遮挡的物体较远（如图2-4所示）。

（2）线条透视。这是指同样大小和宽窄的物体，大的、宽的显得近，小的、窄的显得远（如图2-5所示）。

（3）空气透视。这是指距离不同，空气的厚薄透明度也不同，远物显得纹理模糊，近物显得纹理清晰（如图2-6所示）。

（4）明暗和阴影。这是指物体距离光源的远近和感光角度不同，使其各部分产生了明暗差异。明亮的部分使人感觉近些，灰暗部分使人感觉远些。

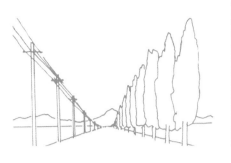

图 2-6

图 2-5　　线条透视

空气透视

（5）运动视差。这是指人在运动时（如：坐车、坐船等）观察远近不同的物体，因视角大小及角速度不同，显得近物移动快，远物移动慢（如图2-7所示）。

图 2-7

运动视差

（6）眼睛的调节。这是指睫状肌对水晶体的调节，水晶体曲率经常变化，从而保证视网膜获得清晰的物像。

（7）纹理梯度（结构级差）。根据物体在视网膜上纹理梯度的变化，把小而密的事物看成是比较远的，大而疏的物体看成是比较近的（如图2-8所示）。

另外，影响双眼线索的因素有：

（1）双眼视轴的辐合。辐合即指两眼视轴向注视对象合拢的现象。视轴辐合形成的角度对立体知觉有重要影响。人们注视远近不同的物体时，辐合角度也不同：看近物时，视轴内转，辐合角度大；看远物时，视轴外转，辐合角度变小；物体很远时（可视范围内），视轴逐渐趋向平行。控制视轴辐合角度的眼球运动引起的动觉刺激，也会向大脑提供判断物体远近的信息（如图2-9所示）。

（2）双眼视差。这是指立体图形或物体的左、右不同部位，在左、右眼视网膜的成像会存在差异。双眼视

图 2-8

纹理梯度

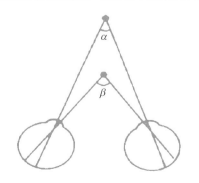

图 2-9

双眼视轴
幅合图

差提供了物体深度的信息,对产生立体知觉有重要的作用。双眼视差只对500米以内的物体知觉起作用(如图2-10所示)。

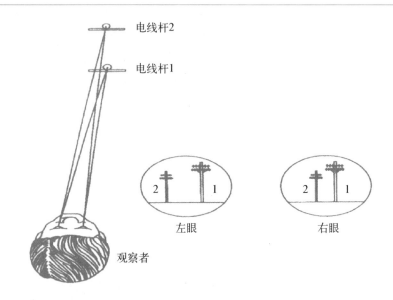

2. 时间知觉

时间知觉是对客观事物时间关系(即事物运动的速度、节奏、延续和顺序性)的反映,是一种以内脏机体感觉为主的复杂的知觉过程。在时间知觉中,听、视、触等分析器都参加,并起不同的作用。听觉能精确区别的时间间隔为1/100秒,触觉为1/40秒,而视觉只能判别1/10—1/20秒的颜色间隔。

时间知觉可以依据客观事物,参考标志通常有:

(1)自然界的周期性现象。例如,日出与日落、月亮的盈亏、海水潮汐的变化、星座的规律性移动、春夏秋冬的四季变化、植物和动物的生长周期等。

(2)人的活动及活动对象的变化。例如,人周期性的活动、作息和生活规律,人操纵驾驶车、船、机器的运转频率,人体自身的脉搏、呼吸、肌肉的节奏性运动等。

(3)人造计时工具。较长的时间用日历计算,较短的时间用钟、表计算;古代用"立竿看影",近代有点香、沙漏等方式计时;此外,数数活动也是计量时间长短的办法。

(4)有机体节律性行为和生理过程。人根据睡眠与觉醒,饱与饿,精力充沛与疲劳,新陈与代谢的规律等能准确判断时间。这种生物与生理节律性的变化,有的近似于昼夜规律,叫日生物钟,有的近似于月或周年规律,叫月或年生物钟。

时间知觉除受上述客观参照物影响外,还受个人知识经验、主观态度和情绪等心理因素的影响。

3. 运动知觉

运动知觉是人脑对物体空间位移的知觉。运动知觉依赖的条件有:(1)物体运动的速度(运动知觉的下阈为1—2度/秒;上阈为35度/秒)。(2)观察者与运动物体之间的距离,在同样速度时,近物显得快,远物显得慢。(3)观察者自身处在静止还是运动状态,也往往是运动知觉的参考系。表2-4列举了运动知觉的不同种类。

种类	定　　义	示　　例	表2-4
真动	实际运动的物体,连续刺激视网膜各点所产生的物体运动的知觉。真动时,物体运动的速度必须在阈限范围内,太快(如太阳光速)或太慢(如手表的时针)就觉察不到它们在运动	观看一场100米赛跑	运动知觉的不同种类
似动	两个静止之物,很快地(即间隔0.06秒)交替刺激视网膜上邻近部位所产生的物体在运动的知觉	霓虹灯	
诱动	静止的物体由于周围其他物体的运动,而看上去好像在运动的知觉	浮动中的太阳或月亮好像在云中穿行运动一样	
自动	人在暗室中注意一个静止的光点,过一段时间感到它像钟摆一样不停地游动	暗室中点着的香点	

4. 社会知觉

人们对"社会客体"的知觉过程称为社会知觉。所谓"社会客体"即指社会生活中的个人、社会团体及组织。我们可把社会知觉定义为主体对一定社会环境中有关个人、团体和组织特性的知觉。社会知觉的过程不仅需要个体依据社会经验对有关的信息、线索进行选择与识别,还需要分析、比较、归类、概括、判断、推理等思维活动的参与。

社会知觉是人们在社会行为与社会活动中逐渐产生、形成、发展的。社会知觉对人的社会行为有重要的影响:(1)认识社会有助于学会适应生存;(2)认识团队有助于学会竞争与合作,有助于学会关心他人和与人相处,协调人际关系,促进团队的发展,提高团队的效能;(3)认识自我,有助于学会生存、发展;(4)认识他人,有助于学会知人善任。

(二)知觉的基本特性

人对客观事物的知觉会受到主客观条件的影响,有其特殊的活动规律。知觉过程的心理规律可以归纳为知觉的四个基本特性。

1. 知觉的选择性

人知觉的客体不是孤立存在的,而是存在于一定的环境和背景之中。人的知觉既受知觉对象的影响,也受知觉环境与背景的影响,对象与背景的关系不同以及两者之间的转换,对知觉有很大的影响。因而知觉具有这样一种特性,即对优先知觉事物形成清晰的映象,而把其周围环境的事物当成陪衬和背景,形成模糊的感觉。这种把知觉的对象优先地从背景中区分出来的特性叫知觉的选择性。

影响知觉选择性的因素有主观和客观两个方面,从客观因素而言有:(1)对象和背景的差别性。对象和背景之间差别越大,越容易被优先选择。例如教师板书,用白色粉笔书写字迹最清楚。(2)刺激物的强度特性。在刺激阈限范围内,一般较强烈的刺激容易引起人们的知觉。比如,说话时语气加强、语音提高、字体的线条加粗等都有利于人的知觉。(3)知觉对象的活动性。活动的对象与静止的对象相比较,更容易被人所知觉。比如,电影、幻灯等活动教具都易被人们优先知觉。(4)刺激物的新颖性。教师抑扬顿挫的语言,新颖的教学内容和教学方式,突然的停顿与变化,也容易引起学生的注意与优先知觉。(5)刺激物的重复性。重复与持续出现的刺激可能因其新颖性下降而降低知觉的选择性,也可能因其强度与幅度上升而增加知觉的选择性。比如,黄金时段连续出现的广告往往会引起人们的特别关注与知觉。

从主观因素来看,对人的知觉选择性有重要影响的有:(1)目的任务的明确程度。通常目的任务越明确越具体,知觉的选择性越强。(2)已有知识经验的丰富程度。比如,外语水平高的人,在外文阅读与听力方面很容易发现其中的知识要点。(3)个人的需要和兴趣、爱好、价值观倾向影响。一般人们迫切需要、感兴趣和爱好的对象容易被选择与吸引。(4)心理定势,即受以往经验影响产生的心理活动的一种准备状态。(5)情绪状态(如:高兴与悲伤、平静与激情等),都会有利于或阻碍人们对知觉对象的选择。

2. 知觉的整体性

当客观事物的个别属性作用于人的感官时,人能够根据知识经验把它知觉为一个整体,这就是知觉的整体性。

在整体性知觉中,物体各部分所起的作用是不同的。一般来说,强的部分起的作用大,弱的部分起的作用小;强的成分往往会掩蔽弱的成分。例如,巴甫洛夫曾运用复合刺激物(即强声+弱光)形成条件反射,然后分别用强声和弱光单独刺激,结果强的声音刺激引起与复合刺激同样的反应,而弱光不起作用。但弱光在复合刺激中并不是不起作用,如果多次用强声单独作用,不伴随弱光,则已建立的条件反射就会很快消退。所以,在教学过程中,我们既要突出主要成分,但也不要忽视次要成分。

在整体知觉中,刺激物之间的关系起着重要作用。有时,刺激物的个别部分改变了,但各部分的关系不变,仍能保持整体的知觉。例如,一首乐曲由不同人演唱,用不同乐器演奏,仍被人们知觉为一首乐曲。各部分之间的关系改变,知觉的整体形象就会变化。例如,四条相等的直线,组成两两垂直的封闭图形,则是正方形;同样四条直线,组成互不垂直的封闭图形,就变成菱形了。可见,物体各部分的关系以及对关系的反映,是整体知觉的基础。

3. 知觉的理解性

人在知觉某一客观对象时,总是利用已有的知识经验去认识它,并用词语对它进行标记。这种感性阶段的理解就是知觉的理解性。例如,当不知道飞机的人看到飞机的泥塑时,他并不能看出这泥塑是什么;而知道飞机的人则很容易将这个泥塑知觉为飞机的泥塑。

知觉的理解是以知识经验为基础的,是人把对当前事物的直接感知,纳入已有的知识经验系统中去,从而把该事物看成某种熟悉的类别或确定的对象的过程。

图 2-11

点图斑

知觉的理解性的基本特征是用词语对事物进行标记。词语对人的知觉具有指导作用,可以帮助并加快人对事物的理解。比如有一张斑点图(如图2-11所示),如果用语言进行提示,提示词为"狗",人们就很容易将这张图理解为狗的正面图。

此外,个人的动机与期望,情绪与兴趣爱好以及定势等,对人的知觉理解都有重要的影响。

4. 知觉的恒常性

知觉的恒常性是指人的知觉条件在一定范围内变化时,被知觉的对象仍然保持相对不变的特性。知觉的恒常性主要表现为以下几类:

（1）大小恒常性。在知觉中，尽管客体投射在视网膜上的像的大小在改变，但人对这个客体大小的知觉保持不变。知觉的大小恒常性既来自天生，也来自经验。例如，当一个人从远处向我们走来时，他在我们视网膜上的视像随距离的不同而变化，但我们在知觉这个人大小时仍然是按照他实际的大小来感知的（如图2-12所示）。

图 2-12

大小恒常性

历史上有这样一位病人，他从一出生就失明。经历过一次手术后重获光明。开始，他只能判断熟悉情境中的距离。一天，医生发现他正要从医院病房的窗户上爬出去，以便更近地观看街上行驶的车辆。这是因为他不能从所见到的汽车大小判断距离，而人只有先熟悉了物体的外形后，才可能利用其大小来判断距离。一个非洲俾格米人从茂密的热带雨林走到广阔的非洲大平原，由于他以前从没有过如此远距离观察物体的经验，因此，当他第一次看见远处的一群水牛时，他认为那是一群昆虫。当他乘车靠近这些水牛时，他特别困惑并得出结论：他被巫师愚弄了，因为这些虫子居然在他眼前长成了大水牛。

（2）形状恒常性。当视角不同时，物体投射在视网膜上的视像会变形，尽管如此，我们对它的形状的知觉却保持不变，这一有趣的现象就是形状恒常性，即人对物体形状的知觉不受其视网膜形状改变的影响。例如，在看电影时，如果座位在前排或靠前的两侧，保持形状恒常性是困难的。但是，只要银幕上所有物体发生了类似的变形，大多数人能够在相当大程度上保持对形状的知觉恒常性。又如，当一扇门打开时，视网膜上的视像会变形，但我们仍将其知觉为长方形的门（如图2-13所示）。

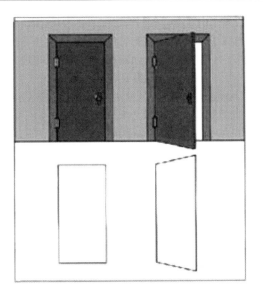

图 2-13

形状恒常性

（3）亮度恒常性。在光照条件改变时，客体的表面亮度保持不变，这就是亮度恒常性。例如，在室外明媚的阳光下，有一位身着灰色裙子和白色衬衫的人。突然，一片乌云遮住了太阳，白色的衬衫看上去可能变暗了。但是，它仍然呈现出亮白色，这是因为它仍然比附近别的物体反射出更大比例的光。

专栏2-4

知觉的组织性

一、图形与背景

最简单的组织就是把一些感觉信息组织成一个从背景里浮现出来的物体或图形。图形—背景组织（figure-ground organization）可能是一种天生的组织能力，因为这是白内障病人恢复视力后最先出现的知觉能力。

可逆图形（reversible figure）是图形和背景可以相互转换的双关图案（如图2-14、图2-15所示）。在图2-14中，我们要么看见的是在深色背景上的花瓶图形，要么看见的是在浅色背景上的两个人脸的侧面影像，这两种知觉发生的可能性是同等的。当从一种模式变换到另一种时，人就会清楚地领会图形—背景组织的意义。

图2-14　图形—背景可逆图（1）　　　　图2-15　图形—背景可逆图（2）

二、格式塔原则

格式塔心理学家对图形的组织问题做过系统的研究。他们得出的结论是，只要人一开始"看"，就会有很多因素促使人按照以下原则进行知觉。

（1）邻近原则（nearness）。在空间上彼此接近的刺激物更容易被知觉为一个整体。例如，如果三个人站得很近，而第四个人站在3米外，邻近的三人会被视为组内者，而远处的那个人则被视为组外者。

（2）相似性原则（similarity）。有句成语说"物以类聚"。那些在大小、形状、颜色或形式上相似的刺激物更容易被知觉为一个整体（如图2-16所示）。例如，如果两个乐队并肩前进，而制服颜色不同，人们会自然地将他们视为两个小组，而不是一个大组。

（3）连续性原则（continuation或continuity）。如图2-17所示，一般人总是将它看成是一条直线与一条曲线多次相交会而成；没有人会将其看成是多个不连接的弧形与一横线构成。由此可知,知觉上的连续法则所指的"连续",未必指事实上的连续,而是指心理上的连续。

(4)闭合原则(closure):闭合指人努力将一个图形知觉为一个连续的完整形状的倾向(如图2-18所示)。

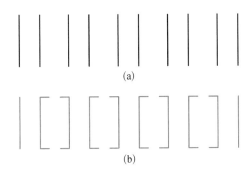

图2-16　相似性原则

图2-17　连续性原则

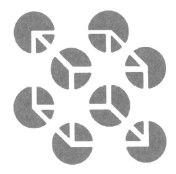

图2-18　闭合原则

(5)接近原则(contiguity)。接近指在时间和空间上的相接、连续或相邻。两个事物间在时空上的连续或相邻,可以造成人对二者间因果关系的知觉。例如有一名教师在课堂上用一只手敲自己的头,同时用另一只手在学生看不见的地方敲木桌子,敲击桌子发出的声音和他用手敲头的动作完全吻合,这就使学生们产生了一种"不可怀疑"的知觉——他的头是木头做的。

(6)同域原则(common region)。这是心理学家新近提出的一种知觉组织的原则。处于同一地带或同一区域的刺激物更容易被视为一组。同域原则可以解释,为什么人们总是习惯于根据国家、地区或地理位置来划分人群。

第二节　注意与记忆

人在同一时刻不能对周围很多的客观事物进行感知,而只能将少数客观事物作为感知对象。更复杂的心理活动(如记忆等),往往需要获得对事物的清晰、深刻和完整的认识,这就需要使心理活动有选择地指向目标对象,并在该对象上集中。

一、注意及其分类

(一)注意的含义

日常生活中,人们常常会说做事需要“集中精力”、“聚精会神”等,描绘的就是一种常见的心理现象——“注意”。人的心理活动对某一对象或活动的指向与集中就叫注意。注意的对象既可以是外部世界的对象和现象,也可以是主体自身的躯体、行为和观念。

注意是与意识紧密联系的心理现象,但是,它不同于意识,也不同于对某一事物反映的感知和思维等认知过程。注意是意识或心理活动在某个时刻所处的状态,在人的心理活动中处于非常重要而特殊的地位。人的感觉、知觉、记忆、思维等心理活动过程离不开注意的参与。

(二)注意的基本特点

注意具有两个基本特征:指向性和集中性。注意的指向性和集中性表明注意具有方向和强度的特征。

注意的指向性是指人的心理活动总是有选择性地以某一事物为目标,而离开或者忽略其他对象。人在注意时,心理活动不能同时选择与朝向一切对象,而是有选择地朝向一定对象,并离开其他对象,那些被选择并加以集中的对象将会位于注意的中心。至于其余的对象,有些位于注意的边缘,有些则被置于注意之外。

注意的集中性是指人的心理活动或意识维持在注意对象上的强度。它使人的心理活动或意识离开无关对象,并且抑制多余的活动,保证目标心理活动得以顺利开展。“聚精会神”主要体现了注意的集中性。当个体的注意集中程度越高,对目标对象的心理反映就越清晰明了,对其他非注意对象的心理反映就变得模糊,注意的范围也会变得相对狭小。注意的集中性生动反映了人在意识活动过程中能够抑制无关信息干扰的特点。

注意的指向性和集中性特征是注意状态的两个方面。注意指向性是注意集中性的前提和基础,注意集中性是注意指向性的体现和发展,二者紧密联系在一起。

(三)注意的种类

根据注意时是否有目的以及是否需要意志努力的参与,可将注意分成不随意注意(无意注意)、随意注意(有意注意)和随意后注意(有意后注意)三种。

1. 不随意注意

这是一种事先没有预定的目的,也无需意志努力,不由自主地对一定事物发生的注意。不随意注意往往是由强烈、新颖、符合个人兴趣的事物引起,并经常是出乎意料的。例如观众正在看电影,忽然影厅外一声巨响,大家就会不由自主地转头朝向声响的方向，这就是不随意注意。这是一种初级的、被动的注意，具有两重性：一方面可以帮助人对新异事物进行定位，以期获得对该目标事物的清晰认识，从而有助于初步探索，这是不随意注意的积极作用；另一方面，不随意注意会使人被动地从当前的心理活动中分心，从而对正在进行的心理活动产生干扰，这是不随意注意的消极影响。

不随意注意的引起有主观和客观两种因素（如表2-5所示）：

客观因素（刺激物特性）	示　例	主观因素（个体自身）	示　例
新异性	新异刺激	适合个体需要和兴趣	书籍、玩具
强度	强光、巨响、奇香	情绪和生理心理状态	激发情感活动的刺激
对比	对象与背景差异大	知识经验与技能	有人用很小的声音叫自己的名字
变化和运动	活动教具、活动广告	个体期待	重要的事物

表2-5

引起不随意注意的主客观因素

2. 随意注意

随意注意是指自觉的、有预定目的、必要时需要一定意志努力的注意。随意注意是在不随意注意基础上发展起来的一种积极的注意形式。随意注意具有两个特点：一是明确的预定目的，二是意志努力的参与。由于随意注意能主动地服从目的和当前任务，受意识的自觉调节与支配，所以随意注意的发展水平是一个人心理成熟的重要标志之一。

引起和维持随意注意的方式可以从任务、个体、兴趣和活动四个方面来考虑。首先，任务目的越明确、具体，对完成目的、任务的意义理解越深刻，达到目的与完成任务的愿望越强烈，就越能激发和维持个体的随意注意。其次，一个具有负责、吃苦耐劳、坚毅人格特征的人，易于使自己的注意持久地服从于当前的任务与目标。相反，意志薄弱、畏难、毫无进取心的人，不可能具有良好的随意注意能力。再次，即使活动本身无趣、不吸引人，但活动的目的与结果使人感兴趣，所以为了完成活动任务，活动本身便成为随意注意的对象。最后，通过让学生做实际运算，边阅读边思考，边看书边摘录，自我检查错误，编写复习提纲等方式，可以提高其在学习时随意注意的效果。

3. 随意后注意

随意后注意是指有预定目的，但不需要意志努力就能维持的注意。例如，纺织工人熟练地织毛衣、篮球运动员拍球等活动中的注意就是随意后注意。它是在随意注意的基础上发展而来的。人们在随意注意的状况下，需要意志努力来保持注意，长期如此势必会造成很大的心理紧张，引起疲倦。因此，随意后注意在教学活动或劳动中具有十分重要的意义。

在实践活动中，不随意注意、随意注意和随意后注意并非各自独立，而是紧密相连、协同运作的。不随意注意在一定条件下可以转化为随意注意。同时，随意注意在一定条件下也会发展成为随意后注意。随意后注意具有高度稳定性，它既服从于目标活动与任务，又能节省有限的心理资源。

二、注意的品质与影响因素

注意的品质主要包括注意广度、注意稳定性、注意分配和注意转移。适当的注意范围、稳定的注意、善于分配和主动转移注意是良好注意品质的四个特点，能够充分发挥注意的各种功能，以保证意识活动的最高效能。

（一）注意广度

注意广度又称注意范围，指在一瞬间意识能觉察到的对象数量。在0.1秒的时间内，人眼只能知觉对象一次。这段时间内人能够知觉到的刺激物数量，就是这个人的注意广度。这种品质对某些职业（如：篮球、排球裁判员及飞行员等），有很重要的作用。

测定注意广度的古老实验是耶文斯（W. Jevons）撒黑豆实验。经过1 000次实验，他发现注意超过5粒时，个体犯错误的可能性就大，这说明人的注意广度是有限的。现代用速视器测量注意广度，成人在0.1秒内能注意4—6个孤立的对象，而幼儿只能注意到2—3个。此外，无论是成人还是幼儿，他们的注意广度都存在明显的个体差异。

注意广度受下列因素影响：

（1）知觉对象的特征。个体对颜色一致、大小相同、规则排列、集中排列以及有内在联系的对象（如词句等）的注意范围广；对颜色不一、大小不同、分散排列、不规则排列以及无联系的对象的注意广度狭窄一些。例如，注意整齐排列的数字，比注意散落于各个角落的数字的数量要多些；对具有内在联系的词组的注意广度，要大于无意义的单词。

（2）照明条件和有无干扰因素。一般情况下，照明条件好则注意范围广，有其他干扰则注意广度较为狭窄一些。

（3）活动任务复杂程度。任务单一、简单，则注意广度大；任务复杂、多样，则注意广度较小。活动任务繁杂，需要消耗更多的认知资源，注意广度就会变小；活动任务单一，需要耗费的认知资源较少，注意广度就会较大。例如，要求个体仅仅去注意外文字母有多少时，被试的注意广度就较大，如果同时要求其识别字母拼写错误时，其注意广度就会变小。

（4）个人的知识经验。例如，熟悉英语的人，对英文字母的注意广度就大，不熟悉英文者，注意广度就小；一个刚开始学习阅读的孩子，他的注意广度较小，阅读速度非常缓慢，随着阅读能力的提高，阅读速度便会不断提高，注意广度也随之扩大，可以达到一目多行。

注意广度在人的生活实践中具有重要意义。较大的注意广度有助于人在有限时间内掌握更多的信息，从而提高工作和学习效率。例如，驾驶员、飞行员、战斗指挥员等，就需要有较大的注意广度。在教学中，学生阅读速度的提高在一定程度上有赖于阅读时注意广度的扩大，从而提高学习效率。

（二）注意稳定性

注意稳定性是指注意能够维持在某一目标对象或活动上的时间。注意稳定性是注意在时间上的品质，如果在一段较长的时间内能保持高效率，就可以说注意稳定性较好。因此，可以用某一时间范围内工作效率的变化来表示注意稳定性水平。较好的注意稳定性是顺利完成工作与学习的基本条件之一。尤其是对于枯燥无趣却又非常细致的工作（如：仪表监测、校对等），注意的稳定性更是工作准确无误、高效的重要条件。

注意动摇[①]

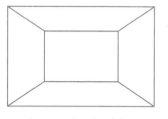

图 2-19　图形的注意起伏

由于人的生理和心理原因,长时间注意同一个对象,人的注意会不随意地离开该事物,出现一种周期性变化现象,即注意的周期性加强或减弱,称为注意起伏或注意动摇。

例如,把手表放在一定距离的地方,会发现有时听得到表的声响,有时听不到,或者觉得声音时强时弱。在视觉方面,当两眼知觉注视如图 2-19 所示的图形时,可以明显地看见小的正方形时而凸起(位于大方形之前),时而凹下(大方形凸到前面),在不长的时间内,两个方形的位置会跳跃式地变更,这种起伏周期大约在 1—5 秒钟就会发生,即使刻意保持注意,这种变化周期也只能维持 5 秒钟左右。

注意起伏的周期,包括一个正时相和一个负时相。处于正时相时,人的感受性提高,感知到有刺激或刺激增强;处于负时相时,人的感受性降低,感知没有刺激或刺激减弱。这种现象在感知觉方面都存在,只是不易被察觉到。注意起伏的速度因人而异,在不同情况下也有所不同。一般说来,注意起伏周期平均时间为 8—10 秒。在听觉的注意起伏研究中发现,正时相的持续时间随刺激的增强而加长,而视觉刺激、触觉刺激正时相的持续时间更短。

注意起伏在单一刺激作用下,与感觉器官的适应有关。适应现象发生,感受性就会减弱,而当适应现象消失后,感受性又会提高。例如,在警戒任务中,存在绩效下降现象,警戒任务持续时间越长,绩效下降越明显。

注意稳定性存在狭义和广义之分。狭义的注意稳定性是指注意保持在同一对象上的时间品质。广义上的注意稳定性是指注意保持在同一任务活动上的时间。就是说即使注意的对象和行动可能会有所变化,但个体注意的总方向和总任务目标保持不变。日常生活中的工作、学习涉及的主要是广义的注意稳定性。例如,在跟随教师的教学活动时,学生需要一会儿看黑板,一会儿记笔记,一会儿朗读课文。在这个过程中,虽然他们的注意对象在不断变换,但都服从听课这一总任务,因此这种注意是稳定的。

影响注意稳定性的有对象本身特征、活动目的和意义的明确性、个体主观状态等多方面的因素。

(1)对象本身特征。无关刺激的吸引,嘈杂环境的干扰,目标刺激太单调乏味,都可能导致注意不稳定。在教学中,教师应尽量使教学活动多样化,从而帮助学生保持注意的稳定。

(2)活动目的和意义的明确性。活动的目的越明确,越有利于注意的稳定。在较

---

① 梁宁建.心理学导论[M].上海:上海教育出版社,2006:103.

为复杂的学习任务中，在明确学习活动总任务的同时，也要明确每个步骤需要解决的具体任务，让学生积极地尝试着去解决，使他们保持紧张的思维活动状态，这对于保持稳定的注意是有利的。

（3）个体主观状态。活动者的积极态度和对事物的兴趣，是保持注意稳定性的重要条件。此外，注意的稳定性存在个体差异：意志坚强、自制力强的人有较好的注意稳定性；意志薄弱、自制力差的人，注意稳定性较差。

（三）注意分配

注意分配指在同一时间内，人把注意指向两种或两种以上的对象或活动上的注意品质。例如，教师上课时，在讲和写板书的同时，还需要观察学生的反应；学生听课时要将注意分配给读、听、写。一般来讲，可以通过"左手画圆，右手画方"及其他的双手协调活动来测量人的注意分配特征。影响注意分配的因素主要有以下两点：

（1）活动的熟练程度。注意分配要求同时进行的两种及以上活动中，必须有一种活动达到相当熟练，甚至到了自动化或部分自动化的程度。因为从事相当熟练的活动无需消耗太多的注意资源，只有这样，才可以把更多的注意集中到比较生疏的活动上去。例如，人们想从事冰球、水球运动，必须先学会滑冰、游泳并达到熟练程度才可能。

（2）同时进行的几种活动之间的关系。有内在联系的活动便于注意分配，例如，汽车驾驶员操纵汽车的进、退、动、停及鸣号，观看行车路线、仪表等联系紧密的活动，经过训练可以建立起具有内在联系的反应系统，使运作协调一致，有利于注意分配。如果各种活动之间彼此没有联系，甚至互相排斥，例如，开车、玩手机、说话这几种活动之间的内在联系不大，就难以实现注意分配。

（四）注意转移

这是根据新任务的要求，人有意识地把注意从一种活动或对象，转移指向另一种活动或对象上去的特性。注意转移与注意分配关系密切，每次注意转移都伴随着注意资源的重新分配。灵活而又正确的注意转移是人正常学习和工作以及适应复杂多变的环境，完成各项任务不可缺少的注意品质。注意转移的难易程度和速度，主要受到以下三个因素的制约：

（1）原先活动吸引注意的强度。注意转移发生前所从事的活动对个体的吸引力大，注意转移就比较困难；反之，注意转移就比较容易实现。

（2）新对象的性质和意义。新的注意对象越富有吸引力，越符合个体的需要和兴趣，注意转移就越迅速而且容易；反之就越困难和缓慢。此外，如果人对新的事物的意义理解深刻，即使事物本身并不具有吸引力，也会引起人的注意转移。

（3）神经过程的灵活性。注意转移与人的高级神经活动的灵活性有关，它依赖大脑皮层兴奋过程和抑制过程的交替速度，如交替速度较慢，其注意转移就较差。高级神经活动类型为灵活型的人的注意转移，要比安静型的人更容易和迅速。

注意转移对人的实践活动具有重要意义。研究表明，飞行员在飞机起飞和降落的五六分钟内，注意转移的次数可达200多次。飞行员的注意转移能力如果不强，操作仪器时机不当，就会造成极其严重的后果。

专栏2-6

汉语阅读障碍者的视觉空间注意加工能力①

与线性拼音文字不同，汉字视觉字形复杂，视觉空间加工与汉语阅读发展关系密切。以往脑成像研究结果表明，加工汉字比加工拼音文字涉及更多的视觉脑区，如：右侧的枕中回、枕下回和梭状回。已有关于正常阅读者的研究结果表明，视觉空间注意的加工水平在行为层面和相关脑机制层面均表现出与正字法意识、拼写能力等汉字加工技能，以及句子篇章阅读水平的密切联系。由于汉字中存在大量的相似字符，因此在汉字识别时，需要更多的视觉空间注意来提高刺激对比度和增强空间分辨率以处理视觉细节信息和正字法加工，从而能够准确区分字形相似的汉字；在句子和篇章层面，不同于拼音文本，汉语属于无切分文本，所以在阅读汉语文本时更需要良好的空间意识和视觉注意定向来迅速准确地辨别词边界，从而有效进行文本信息空间位置编码以保证流畅阅读。

三、记忆及其分类

（一）记忆的含义

记忆是过去的经验通过识记、保持、再认和回忆的方式在人脑中的反映。人感知过的事物、思考过的问题、体验过的情感、练习过的动作等经验都可能在头脑里留下痕迹，以后还会再认和回忆出来，这都是记忆现象。过去的经验可以用形象的或语词的形式存储在人脑中，并在一定条件下无需再加以练习即可重新得到恢复。

（二）记忆的分类

记忆有三个阶段（如图2-20所示）。为了使信息能够长期存储，必须经过三个记忆系统的分工：首先，外部传入信息在感觉记忆系统中保持1—2秒；接着，通过注意选择重要信息并送入短时记忆系统，如果这些临时保存的新信息没有立刻被编码或复述，则将被遗忘；最后，短时记忆中那部分被编码的信息被送入长时记忆系统，相对长久地被贮存下来，但是在未来提取有些信息时可能会遇到困难。

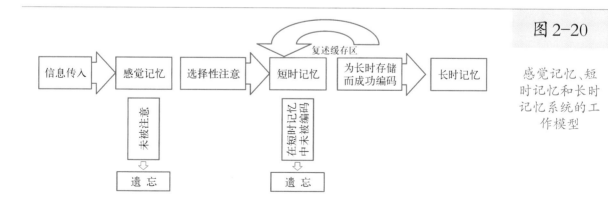

图2-20

感觉记忆、短时记忆和长时记忆系统的工作模型

---

① 黄晨,赵婧.发展性阅读障碍的视觉空间注意加工能力［J］.心理科学进展,2018(1):72-80.

1. 感觉记忆、短时记忆、长时记忆

外界传入的信息首先进入感觉记忆（sensory memory），在几秒钟（或更短的时间）之内，所见、所听的内容都可以精确地保持在感觉记忆中。例如，你先注视一个物体，然后闭上眼睛，会发现那个物体的视像在大约半秒钟内依然保持着。这种现象叫视像（icon），又叫心理图像。没有这种感觉记忆，我们看一部电影时便只能看到一系列静止的画面闪烁而过。感觉记忆的功能是把信息保存足够长的时间，从而将一些信息在注意的帮助下输送到短时记忆中。

短时记忆内容少部分以图像存储，大多数以声音形式存储。例如，在一个聚会上，朋友把一个名叫"阿丽"的人介绍给你，但后来你把她的名字忘了，回忆时很可能说出另一个发音相似的名字，比如错记成"阿林"、"阿玲"。短时记忆只能临时容纳少量信息。除了很重要的信息，一般信息会很快从短时记忆中被遗忘，而且不可恢复。由于短时记忆的这种控制功能，我们的大脑无需记住成千上万个对我们毫无用处的琐碎信息。同时，短时记忆为我们进行思维活动提供了一个"工作台"，有时也被称为工作记忆（working memory）。我们在打电话、做算术或记一个购物单时，都在依赖短时记忆对信息进行短期保存。在同一个时间段内，我们的短时记忆很难应付多个任务。

经短时记忆加工的重要信息将继续被传送到长时记忆中（long-term memory，LTM）。在这里，有意义的信息将得到永久的存储。长时记忆中储存着你所知道的一切知识经验。长时记忆的储量几乎是无限的，因此并不存在"超载"的问题。在人的长时记忆库里，已贮存的信息越多，新的信息反而越容易被吸纳。因此，长时记忆库中的信息越多越有利于个体记住新的知识。长时记忆一般依据信息包含的意义以及其重要性进行编码，因此，其提取时常出现的错误也大多与意义有关。例如，朋友从一个牧场来，假如你一下记不太清楚，也许回忆时说成"他从农场来"或"他从林场来"，而不太可能按语音错记成"他从木床来"。当新的信息进入短时记忆时，这些信息要与已经存储在长时记忆中的知识建立联系，使新的信息具有意义并且易于识记。

案例 2-1

意义对记忆的影响

请你阅读一遍下面这一段话，再合上书试着回忆出来。

公民不分民族、性别、出身、职业、宗教信仰、教育程度、财产状况和职位高低，都一律平等地享有宪法和法律规定的权利，也一律平等地履行宪法和法律规定的义务；公民的正当权利和合法利益平等地受到法律的保护，任何国家机关不得以任何理由歧视任何公民，公民有权要求得到平等的对待和平等的服务。不允许任何组织或个人享有宪法和法律规定以外的特权，任何人都必须在宪法和法律的范围内活动。

你会很容易发现这并不好记，因为这段话似乎东一句西一句，不好理解。这其实在一定程度上说明了意义对记忆的影响作用。如果在测试之前你知道这一段文字讲述的是关于公民在权利的享有上一律平等的内容，一定会对你的记忆有所帮助。

2. 内隐记忆和外显记忆

根据记忆过程中意识的参与程度,可以将记忆分为内隐记忆和外显记忆。

内隐记忆指在无意识状态下,个体已有的知识经验对当前心理活动自动产生影响的记忆。其不需要对过去的某一特定经验进行有意识的提取,是一种无意识提取操作。在知觉辨认、偏好判断、语词认知等心理活动中,都能够找到内隐记忆的痕迹。内隐记忆强调信息提取过程中的无意识性,比如人在操作某任务时,在不需要对先前经验进行有意识回忆的情况下,已储存在脑海中的信息会自发地影响到作业的绩效。内隐记忆最初是在遗忘症患者身上发现的。遗忘症表现为自由回忆、线索回忆、再认等方面存在明显的缺陷。但是,患者在残词补全的测验中,完成的状况却近乎正常人。一般情况下,我们可以通过阈下编码刺激的作用和忘却效应等来检测内隐记忆。

外显记忆与内隐记忆相对,指人在意识的控制下,主动地收集某些知识经验来完成当前任务活动时表现出来的记忆。外显记忆是对过去经验的有意识检索和提取,其突出的特点是强调信息提取过程中的有意识性。在这个过程中,个体能意识到自己正在积极地检索或提取记忆中的信息。外显记忆能够用语言进行比较准确的描述,即在需要的时候,可以通过自由回忆、线索回忆、再认等形式表现出来。经典的记忆研究大多是外显记忆研究。有些心理学家认为,外显记忆中的信息是贮存在一个独立的记忆系统中的,个体信息加工水平对其会产生重要影响,例如,语义加工对外显记忆来说具有很强的促进作用。

3. 陈述性记忆和程序性记忆

根据信息加工和储存方式的不同,可以把记忆分为陈述性记忆和程序性记忆。

陈述性记忆是指对某一特定事件和客观事实知识的记忆。陈述性记忆包括有关认知的对象、事物的特征,以及人名、地名、名词解释、定理、定律等信息。陈述性记忆可以用语言进行描述和传授,即在必要时可以将其用语言陈述出来,主要反映客观事物的性质、内容、状态、事物变化发展的原因等。陈述性记忆中的信息提取往往需要意识的参与,美国心理学家安德森(J.R. Anderson)认为,陈述性记忆涉及"是什么(what)"和"为什么(why)"的知识,其中绝大多数的信息可以用语言传授,但不一定都用语言的形式表征,如教科书的课本知识、日常生活常识等(具体见第四章)。

程序性记忆是指对具有先后顺序的活动过程的记忆,它与陈述性记忆相对,是对某一具体活动操作过程的记忆,如:知觉技能、运动技能、认知技能等操作过程性信息。程序性记忆涉及的是"如何做(how to do)"的知识,常常需要经过多次尝试和练习才能习得。而且与陈述性记忆不同,程序性记忆很难用语言加以描述和传授,如:骑车、游泳、溜冰、篮球等等,均难以用语言进行陈述。这类记忆一旦掌握后便很难忘记。例如,孩提时学会了骑自行车,十几年后仍然不会遗忘。如果程序性记忆已经达到纯熟的程度,相关的信息检索和提取就会以几乎自动化的方式进行。

4. 情景记忆与语义记忆

陈述性记忆可进一步细分为情景和语义记忆。它们二者都包含了与客观事实相关的信息。其中,情景记忆包含了与个人相关的事实,而语义记忆包含了一般的事实。情景记忆是由按时间编排的,与个人经历相关的回忆组成的。它包含了诸如在何时从事、看到或者听到某些事情的信息。比如想起参加六年级的表演、去景点游玩、听演唱会,或者上周看的电影。情景记忆的作用在于让人重温过去。语义记忆是指人们对一般知识和规律的记忆,与特殊的时间、地点无关,比如记住公式、乘法规则等。简单来说,情景记忆就像一部自传,而语义记忆则如一本百科全书。

5. 前瞻记忆与回溯记忆

这种分类方法并不关乎独立的记忆系统,而是依据不同种类的记忆任务所具有的本质差异来划分。前瞻记忆是指个体记得在将来某一个时刻需要执行一个目标活动,如:记得带伞、遛狗、翻阅文献和复习等。相较而言,回溯记忆是指关于过去发生的事件的记忆,或者以前学习过的知识,如:回忆去年哪支队伍赢得了NBA总冠军,或者回忆昨天班主任在课上讲了什么。

专栏2-7　　　　　知觉表征精度对工作记忆中抑制干扰能力的影响[①]

工作记忆的容量十分有限,需要选择性地抑制与目标无关的信息的干扰。工作记忆容量高的个体,其抑制干扰的能力也更强。有研究采用带有不同形状干扰刺激的色块颜色回忆任务,考察干扰对工作记忆容量和表征精度的影响,结果发现,当负荷超出工作记忆容量范围时,干扰减少了记忆所能表征客体的个数;当负荷在工作记忆容量范围内时,干扰降低了记忆中表征客体的精度。更进一步,研究采用独立的知觉任务来测量知觉表征的精度,并探讨作为信息加工的初始阶段的知觉表征如何影响工作记忆加工过程中抑制干扰的能力。将实验中收集的48名有效被试按照知觉表征精度的高低平均分为两组,结果发现上述干扰效应主要表现在知觉表征精度较低的组中,并且该组中知觉表征精度越高的个体,其工作记忆抑制干扰的能力也越强。

☞ 知识延伸

我们如何记忆

四、记忆与遗忘

(一)遗忘及其种类

记忆保持的反面就是记忆遗忘。识记过的内容在一定条件下不能或错误地恢复与提取都叫遗忘。

遗忘分暂时性与永久性两种。前者指已经转入长时记忆的内容暂时不能被成功提取,但在合适的情况下又可能顺利恢复,是一种与线索有关的遗忘。线索的误差、线索间的冲突、线索不足等问题都可能对再认与回忆效果产生消极影响。暂时性遗忘是由干扰等原因造成的信息提取障碍。而永久性遗忘是因发生在感觉和短时记忆阶段的记忆信息材料未经复习而消失所引起的,是由于衰退所引起的存储性障碍。

另外,遗忘可以是主动性的也可以是被动性的。前者指人们为了减轻心理不安、焦虑程度,有意识地强迫自己不去回忆那些与痛苦体验相关的事件,或者有意地歪曲它们,使其不再出现。被动性遗忘即指人们因为消退、干扰等原因而产生的遗忘。

(二)遗忘的特点

遗忘的发生有以下规律和特点:

(1)不重要和未复习的内容易遗忘。

---

① 刘志英,库逸轩.知觉表征精度对工作记忆中抑制干扰能力的影响[J].心理学报,2017,49(10):1247-1255.

（2）抽象内容要比形象内容容易遗忘、无意义材料要比有意义材料容易遗忘。

（3）遗忘进程不均衡，表现出先快后慢的特点。这是艾宾浩斯的遗忘规律。

（4）值得注意，遗忘有前摄抑制（即先学习的内容对后继学习的干扰）和倒摄抑制（即后学习的材料对先前学习的妨碍）两种现象。例如，学习一篇文章，一般开头和结尾部分容易记住，而中间部分则容易忘记。其原因是，课文的开始部分只受倒摄抑制的影响，不受前摄抑制的影响；结尾部分只受前摄抑制的影响，不受倒摄抑制的影响；中间部分则受两种抑制的影响，所以最易遗忘。

（5）遗忘还存在"舌尖现象"。有时我们明明知道某人的名字或者某个词，可就是一下子想不出来，过一段时间后却能回忆起来。这种明明知道某事物，但偏偏不能回忆出来的现象被称为"舌尖现象"。这种情况说明，有些遗忘只是暂时的，就像物品放错了地方怎么也找不到一样。从信息加工的观点来看，遗忘是一时难以提取出想要的信息。一旦有了正确的提示线索，再经过搜寻，所要的信息就能被提取出来。

艾宾浩斯遗忘曲线[①]　　　　　　　　　　专栏2-8

　　艾宾浩斯曾进行过一系列著名的实验。他在学习后的不同时间对自己的记忆进行测查。为了使记忆不受已有知识的影响，艾宾浩斯的记忆材料是无意义音节，即由3个字母构成的、无意义的"单词"，如：GEX。他采取学习法共识记7组（每组13个音节）材料，初次成诵和再次复诵间隔时间分别是20分钟、1小时、9小时、1天、2天、6天、31天，以节省时间或次数作为保持效果的指标，其实验结果如图2-21所示。这条曲线显示了在不同时间条件下的记忆保持量。可以看到在学习无意义音节之后，遗忘曲线即开始迅速下降，然后逐渐缓慢下来。对有意义材料的遗忘也是开始较快，然后速度减缓，但遗忘速度要慢得多。

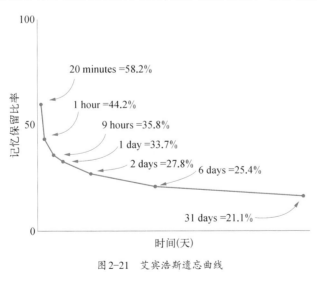

图2-21　艾宾浩斯遗忘曲线

---

① Dennis Coon.心理学导论——思想与行为的认识之路（第9版）[M].郑钢，等译.北京：中国轻工业出版社,2004：364.

（三）遗忘的原因

1. 消退

一种观点认为，遗忘的原因是记忆的消退（decay）。记忆活动使大脑神经细胞活动发生变化，形成记忆痕迹，然而痕迹会随时间的流逝而减弱或消退。记忆痕迹消退是感觉记忆和短时记忆中信息被遗忘的重要原因之一。

在之前讨论过"舌尖状态"，如果有人能给自己一些相关线索，记忆就可以被提取出来。这是一种线索缺失性遗忘。许多记忆之所以不能被提取，是因为个体在努力提取目标记忆时缺少一些记忆线索。记忆线索指与记忆相联系的刺激。例如，如果朋友问："两年前9月的第3个星期一你在做什么？"你可能回答说："那我怎么可能记得呢？"然而，如果朋友接着提醒你说："那天，隔壁的商场第一天开张。"一提到这个，你可能会很快地把那一天中发生的许多事情都回忆出来了。

案例 2-2

日常生活中的线索缺失①

许多人都听说过醉鬼找钱包的笑话：有一个人喝醉了酒，清醒过来后发现自己不记得把钱包放在什么地方了，于是不得不重新把自己灌醉，这才又找到了钱包。这个故事并非没有真实的成分。许多学习都是一定程度上的"状态依存学习"（state-dependent learning），因为我们在学习时的内部状态会成为将来回忆时可利用的重要线索。例如，在某时某地曾经历过一件事，当时你正感到干渴难熬。后来，当需要回忆这件事时，也是在感到非常干渴时回忆得最清楚。

此外，情绪也可以作为记忆提取的线索。研究发现，对于在愉快情绪状态下识记的词表，人们在心境好时回忆的成绩最好；对于在不愉快情绪状态下识记的词表，人们在心境差时回忆的成绩最好。同样的，人们在愉快时最容易记起最近发生的愉快的事情，而在不愉快的情绪下则更可能出现不愉快的记忆。正因为情绪线索和记忆之间的这种联系，熟人间吵架往往会不断重翻旧账，越吵越生气。

---

2. 干扰

干扰（interference）指新记忆对旧记忆的提取和恢复造成损害性影响。在一个经典实验中，研究者要求大学生们学习由无意义音节构成的词表，之后让一组学生睡眠8个小时，另一组学生则保持清醒，像往常一样活动。然后，研究者测查了被试对词表的记忆，结果发现，清醒组学生记住的词比睡觉组学生少。造成差别的原因在于，新学习到的知识可能干扰了以前的学习成果。干扰在许多情况下是遗忘的一个重要原因，前面所提的前摄抑制和倒摄抑制就是典型的干扰现象。

---

① Dennis Coon.心理学导论——思想与行为的认识之路（第9版）[M].郑钢，等译.北京：中国轻工业出版社，2004：366.

3. 动机性遗忘

如果要回想过去生活中发生的事情，最容易回忆起的是什么事情呢？许多人发现，他们回忆起快乐、积极的事情较多，而较少记起那些令人失望、恼怒、焦虑的事情。临床心理学家将这种倾向叫作动机性遗忘。这是将一些痛苦或令人尴尬不安的记忆排除在意识之外，使自己忘掉过去的失败、痛苦、厌恶的人或事。那些具有"压抑"倾向的人往往对情绪性事件特别敏感，因此他们采用"压抑"的方法来保护自己，避免自己再体验到压抑记忆中的痛苦。一些人在儿童时代受到虐待，在成长过程中，他们可能把有关他们的受虐经历"压抑"在潜意识中。当心理治疗专家或其他事件使他们回忆起那些被"压抑"的记忆时，一些人甚至会感到愕然。

4. 逆向性遗忘

遗忘的原因还有一种，即记忆可能在其形成过程中被遗忘。逆向性遗忘症（retrograde amnesia）是对发生在一个事故或灾难之前的事件的相关记忆的遗忘，例如，因车祸而头部受创的人容易遗忘车祸发生之前的相关事件。与此相反的是顺向性遗忘（anterograde amnesia），即对发生在一个事故或灾难之后的事件的遗忘。

五、促进记忆的方法

科学的记忆方法有助于巩固记忆，有效预防遗忘，达到事半功倍的好效果。识记方法的指导也应考虑年龄、个性差异，以及学习科目和记忆材料的不同。一般应注意以下几点：

首先，少用机械重复的识记方法，多锻炼通过建立联系和理解来巩固记忆的能力。如学习新材料时，让学生浏览掌握大致内容，引导学生建立新材料与原先的知识之间的内在联系，理解内容。对于相互关联的材料，可指导学生用同时对比或前后对照的比较记忆法，即找相同点、相异点来识记。在比较的基础上对识记材料加工、整理、归类，然后分别采用联想记忆法（即把内容相近、相似、相反和有因果关系的材料联系起来记）、分类记忆法（即把材料按性质、形状、特点、意义等分门别类地记）和重点记忆法（即浏览和精读结合，突出重点地记）进行识认，这些方法都有利于提高记忆的效果。

其次，注意采用多通道的协作，把看、听、念（说和读）、写都利用起来。如：在汉语和外语教学中，让学生视、听、读、写相结合的效果要比单一视或听的效果好。对特别抽象难记的材料，还可用形象记忆法，以增强识记的效果。例如，把某一国家或地区的地形归纳为几何图形（如亚洲似不规则菱形）或物体形象（如：青海似兔子）等。同时，运用组块化策略及多种编码方式，合理组织材料，提高加工质量。合理组块可以大大提高记忆的容量与效率。瞬时记忆阶段利用多种感官（分析器）进行形象编码；短时记忆阶段以听觉编码为主，并伴随有视觉形象与语义编码；长时记忆阶段以语义编码为主，也有视觉形象编码，多用"义、形"、"义、声"双码加工效果更好。

再次，灵活运用各种学习方法。例如，有效结合整体学习和部分学习。一般说来，如果材料组织得较好，整体学习比部分学习的效果要好。但对于篇幅浩大且内容复杂的材料，则需要进行部分学习。还可以结合间隔学习与集中学习。间隔学习指学习一段时间后休息一下，再接着学习。集中学习指学习期间基本没有休息的学习

☞知识延伸

记忆力是怎样
炼成的

方式。相比之下,间隔学习时人的注意力更集中,精力更充沛,更不容易感到枯燥和疲劳。

最后,应培养和锻炼自我检查的能力与习惯。自我测验或自我复述是值得推荐的一种方式。自我复述、自我回忆、自问自答、互问互答等都是自我检查的有效形式。心理实验证明,阅读与尝试背诵相结合,可以大大提高记忆效果。如被试识记无意义音节和传记文,共用五种方式,每次学习9分钟,之后在两个时间点进行(即时和4小时后)检查,结果如表2-6所示,用于尝试回忆的时间越多,回忆的成绩越好。

表2-6 反复阅读与回忆的效果 时间分配	16个无意义音节回忆(%)		5段传记文回忆(%)	
	即时	4小时后	即时	4小时后
全部时间阅读	35	15	35	16
1/5用于回忆	50	26	37	19
2/5用于回忆	54	28	41	25
3/5用于回忆	57	37	42	26
4/5用于回忆	74	48	42	26

专栏2-9

复习的策略[①]

第一,应"趁热打铁",及时复习。

第二,制订和执行复习计划要有科学性。每次复习的内容应适当,不要过于紧张和疲倦;分量少、难度小的材料可集中复习,分量重、难度大的内容可分散复习;为避免前摄与倒摄抑制干扰,复习两门以上的功课,在时间上不应过于集中,要有短暂的休息,在内容上文理科应交叉复习;要利用最佳的学习时间,早上复习机械难忘的外语单词和课文,临睡前把一天内学习过的内容在脑子里过一遍,都有利于记忆的巩固。

第三,复习要注意经常性,做到"学而时习之",以平时分散复习为主,再配合阶段总复习,切忌"三天打鱼,两天晒网"。

第四,复习的方法要多样性。心理学实验证实,复习方法的多样性要优于单一性。如:学生记一篇课文,采用单一的简略叙述法或详细复述法的正确再现率为77%与65%,结合两种方法复习的正确再现率为91%。在学习和日常生活中,人们通常使用的复习方法有理解法、背诵法、循环记忆法、练习和实验操作法等,还有编写复习提纲,绘制图表,制作索引、书目、卡片、剪报等方法。

① 程正方,高玉祥,郑日昌.心理学[M].北京:北京师范大学出版社,2009:106.

第三节　语言、思维与问题解决

对于"哪种特征最能把人与其他动物进行区分"这个问题,绝大多数人会回答"语言"。语言是个体之间沟通的工具,是历史文明的载体。当面对一个待解决的问题,我们需要进行思维活动,需要语言的参与。很难想象,如果没有语言,人类的思维活动将如何进行? 没有了阿拉伯数字,没有了对事物的命名,人类还能思考吗?

一、语言
(一) 语言的含义

语言是一种有结构的符号系统。其中,符号是指代表其他事物的标记。词汇是一种基本的语言符号,是语言的基本结构材料。由词汇而组成句子,由句子构成段落和整篇文章,每个层次上的组合都必须遵循一定的规则。但是动物的交际系统是语言吗? 蜜蜂的"舞蹈"能引导其他蜜蜂采蜜,它是语言吗? 我们需要通过语言的几大特征来分析这个问题。语言有以下几点特征:

1. 语言的交流性

语言的主要功能是交流。个体通过语言可以表达自己的思想和情感,而其他个体也能借助语言来理解我们的想法和感受。不过需要区分的是,虽然语言具有交流性,但并非交流就是通过语言进行的。因为交流也可以通过目光、肢体动作等非语言形式来进行。再比如,蜜蜂通过舞蹈来引导采蜜。虽然这种行为是交流,但蜜蜂的舞蹈却并不是语言,因为这种沟通行为并不具备语言的其他几个特性,如任意性和生成性。

2. 语言符号的任意性

语言是一种符号系统,但是,语言符号和它所代表的事物之间却不一定具有某种必然的逻辑联系。也就是说,语言符号和它所代表的意义之间的关系是任意的,是约定俗成的。例如,人类最初给脚上穿的东西命名时,不见得非得叫它们"鞋子",如果愿意也可以叫它们"奶牛"。不过,像蜜蜂的舞蹈却不具有这种任意性,因为它们舞蹈中的身体运作表示了蜜源的特征,例如,蜜蜂舞蹈的方向指示这食物的方向,蜜蜂翅膀的速度则代表距离。

3. 语言的结构性

语言符号具有多个层次,最底层的结构是音位,它是一种语言中能够区分意义的最小的语音单位。在音位之上还有语素、词和句子。在每个层次上,都存在着一定的组合规则。因此我们说,语言是由音位、语素、词、句子等按一定规则组成的系统,随意组织通常是没有意义的。

4. 语言的生成性

语言的生成性是指语言具有被无限创造的特性。我们对一种语言的使用是受限制的,要遵循特定的符号系统和特定的规则。然而,通过使用某种语言中有限的语音,我们可以创造出无限多的意义词汇,使用这些词汇和句法,又能够创造出无限多个有意义的句子和短语。蜜蜂的舞蹈不具有这种生成性,因为它的舞蹈仅仅是传递了食物源的信息,而不能通过舞蹈自由地表达在采蜜过程中能经历的其他事情,亦不能通过舞蹈来和其他蜜蜂就食物开玩笑。

5. 语言的演变性

语言的生成性会带来语言的演变性。某个语言使用者可以独立创造出新的词汇、短语甚至新的句法,而所处社会的其他语言使用者面对这些改动或接受或拒绝。因此,语言总是在不断地演变着,新词与新的表达方式会被不断创造,而同时无用的词汇和表达方式也会被慢慢淘汰。

专栏 2-10

音乐学习对语言加工的促进作用①

音乐训练可以促进语言的发展。对学龄前儿童群体的相关研究结果表明,阅读能力的预测指标(包括语音意识、工作记忆与长时记忆的快速提取)与音乐感知与产出都紧密相关。纵向追踪的研究结果证实了音乐训练对语音意识有显著的促进作用。41 名年龄、性别、智商与社会经济水平与语音意识水平匹配的学龄前儿童(平均 5 岁)被随机分配到音乐训练组、语音技能训练组,以及控制组(体育训练组)中。经过持续 20 周,每天 10 分钟的训练后,通过 4 个语音测试(包括押韵判断、词的音节切分、将音位合成为词、音位识别)比较 3 组儿童语音意识的发展。结果发现,音乐与语音训练组相对于体育训练组的语音意识有显著的增长,主要表现为对于较大的语音单位(即押韵判断与词的音节切分)测试成绩高,而音乐与语音训练对语音意识增长的促进作用没有显著差异。采用类似的范式,研究者发现音乐训练可以显著提高移民儿童的语音意识。

(二)语言的习得理论

1. 行为主义语言理论

儿童学习语言与其他学习活动一样,均是通过模仿、强化和条件反射原则实现的。部分没有得到强化的发音会逐渐减少,另一部分发音则通过强化得以保留并且进一步定形,直到发音正确为止。行为主义者强调父母应该通过控制强化来帮助孩子掌握单词正确的发音和意义。例如,随着孩子长大,如果孩子想喝水,那么父母可以坚持孩子说出类似"水"的发音后再给水喝。

行为主义者认为儿童对句法的习得也是通过模仿和强化。他们认为,儿童通过模仿他人(成人或者其他语言习得者)的句子从而学习句子的建构法则。如果儿童的模仿陈述能被父母理解,那么父母就能回答他们的问题或回应需要,这便强化了他们的言语。

自 20 世纪 50 年代以来,关于语言习得所涉及的关键过程引发了激烈争论。正如其他心理学领域的争论一样,争论的核心聚焦于遗传与环境的作用。这一争论始于著名行为主义者斯金纳,他认为环境因素主宰语言发展。生物决定论者乔姆斯基则对其观

---

① 南云. 音乐学习对语言加工的促进作用[J]. 心理科学进展,2017(11):1844-1853.

点进行了反驳。接下来,让我们来了解他们的观点,以及后来出现的倾向于整合二者观点的理论。

2. 先天论语言理论

语言习得的行为主义解释遭到乔姆斯基的批评。乔姆斯基提出了针锋相对的理论解释,指出一种语言中存在无限多的句子,因此,期望儿童通过模仿学会语言是不合理的。例如,在英语中,过去式是在一个动词尾添加ed,如果是模仿,儿童很自然会将这个规则泛化,产生不正确的动词,如:haveed、eated和seeed。由于大多数成人不会用不合语法的单词,如:goed,因此这种错误与斯金纳强调模仿的观点不相符。乔姆斯基认为,儿童学会的是特定语言的语言规则,而不是斯金纳所提出的特定言语反应。

乔姆斯基认为人类有一种与生俱来语言习得的机制(language acquisition device,LAD)——即一种促进语言学习的先天机制。根据这个观点,人类学习语言就像小鸟学习飞行一样——鸟在生物学上具备这样的机制。然而,先天论并没有说明语言习得机制的完整特性,只是推测它包含区分音素、快速映射单词和掌握句法规则等的大脑结构和神经网络。

为什么乔姆斯基认为儿童具有与生俱来的语言学习能力呢?其中一个理由是儿童能够迅速且毫不费力地习得语言。如果没有天生的语言习得能力,儿童应该是很难在短时间内发展出如此复杂的语言技能的。另一个理由是,即使在不同家庭环境中成长,大多数儿童仍然倾向于以相似的速度发展语言。这一发现在一定程度上证明语言发展更多由生物成熟而非个人经验决定。还有另外一个支持先天论的证据:生长于不同的文化儿童,他们的早期语言发展过程是相似的。先天论者把这个现象理解为所有人类儿童的语言发展是由相同的与生俱来的能力所指引的。

3. 交互作用论

后来的学者对先天论进行了批判。他们认为:先天论并没有明确说明语言习得机制到底是什么、它是如何工作的,以及这个机制涉及了哪些神经机制。批评者认为语言习得机制的概念过于含糊。他们认为将生活在母语环境下从而迅速习得母语系统的幼儿与每周花大量时间在外语课上并为其苦恼的年长学生进行对比是不公平的。

由于斯金纳和乔姆斯基对语言发展的解释存在明显问题,因此一些研究者提出了语言习得的交互作用理论(interactionist theory)。交互作用理论认为生物因素和环境因素都会对语言发展产生重要影响。交互作用论者既同先天论者一样相信人类在生物学上已经做好学习语言的充分准备,又像行为主义者一样认为社交行为对塑造语言技能有着重要作用。因此,交互作用论主张遗传和环境支持对语言发展均有贡献(如图2-22所示)。

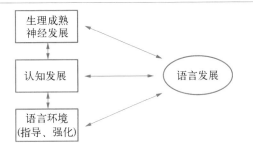

图 2-22

语言习得的交互作用论

专栏 2-11

语义的魔法[①]

对词义和语言的研究称为语义学（semantics）。语义起着连接语言与思维的重要作用。例如，在智力测验中，要求你在下列词语中圈出不属于同一概念范畴的词，你会圈哪一个？

摩天大厦　　教堂　　庙宇　　祈祷者

如果你圈出的词是"祈祷者"，那么你的答案与大多数人的选择是一致的。

现在，再来做一次，还是要求你圈出不属于同一概念范畴的词：

教堂　　祈祷者　　庙宇　　摩天大厦

这一次，许多人会圈出"摩天大厦"。由于重新排列了词序，意义就会发生奇妙的改变。

当选择的词或语句的含义发生变化时，语义会直接导致思维的变化。比如，说我们吃的是"生牛肉"还是"死牛肉"，你所想到的恐怕会大相径庭。

在斯特鲁普测验（stroop test）中（如图 2-23 所示），要求被试者尽快说出上面一行字是什么颜色，然后再说出下面一行字是什么颜色，而不是读出那些词。人们在说出下面一行字的颜色名称时更为困难。这说明语言和思维密不可分，对词的颜色的反应时间受到词义的影响。

红绿黄蓝
红绿黄蓝

图 2-23　斯特鲁普测验题例（见本书彩页）

二、思维

（一）思维的含义

思维是客观事物在人脑中概括和间接的反映。就其本质而言，思维是问题或情景的内部表征（internal representation）。表象、概念、语言是思维的三个基本组成成分。在实际情况中，人们会利用他们所能得到的一切帮助进行思维。例如棋手在下象棋时要依赖视觉表象、运动表象、概念、特殊的标记系统或象棋中的特殊"语言"来帮助思维，从而推测对手的策略。

（二）思维的种类

思维种类是多种多样的，到目前为止，还没有统一的分类标准。依据标准不同，划分的种类也不一样。

[①] Dennis Coon，著.心理学导论——思想与行为的认识之路（第9版）[M].郑钢，等译.北京：中国轻工业出版社，2004：394.

1. 动作思维、形象思维和抽象思维

根据思维过程中的凭借物或思维形态的不同，思维可分为动作思维、形象思维和抽象思维三大类。

动作思维是在思维过程中以实际动作为支持的思维。动作思维的任务往往是直观的，有具体的呈现形式，实际动作是解决方式。例如，3岁前的儿童的思维常常是伴随着动作进行的。

形象思维是用表象来进行分析、综合、抽象、概括的过程。形象思维中的基本单位是表象，在幼儿期的儿童中有明显表现。例如，儿童数数就是依据脑海中实物表象，如：梨子、豆子等的支持下进行的。虽然成人的思维主要是通过概念来实现的，但是依然不能完全丢弃形象思维。例如在解决较为复杂的问题时，形象思维能够帮助产生鲜明、生动的客观形象，从而有助于思维的顺利进行。

抽象思维则是以概念、判断、推理的形式来反映客观事物的运动规律，是对事物的本质特征和内部联系的认识过程。例如，学生要证明数学中某一命题或定理，就要运用数学符号和概念来进行推导和求证。

2. 逻辑思维和非逻辑思维

根据思维活动过程是否遵循逻辑规律来看，分为逻辑思维（分析思维）与非逻辑思维（直觉思维）。前者是严格遵循逻辑规律，逐步分析后，对问题解决做出明确结论的思维活动。例如学生解答数学问题、研究人员分析实验数据就属于这种思维活动。后者是没有完整的分析过程与逻辑程序，而是依靠猜测、设想与顿悟，直接而快速地作出判断与结论的思维活动。例如，学生在尝试设计一个话剧表演的时候，灵光一闪，突然想到了一个很有创意的方案。

3. 经验思维和理论思维

根据思维过程中是以日常经验还是以理论为指导来划分，可以把思维分为经验思维和理论思维。经验思维是指以日常生活经验为依据，处理遇到的问题的思维。例如，儿童凭自己的经验认为"狗是会跑的动物"、"太阳从东边升起，往西边落下"等都属于经验思维。理论思维则是以科学的原理、定理、定律等为依据，对问题进行分析、判断的思维。例如，根据"绿色植物能够进行光合作用"这一科学原理，我们能够判断某一种绿色植物能够进行光合作用。

4. 聚合思维和发散思维

根据思维过程的目标指向可将思维划分为聚合思维和发散思维。聚合思维是指把问题所提供的各种信息汇聚起来，得出一个正确的或最好的答案的思维。例如，设计师从各种设计方案中筛选出一种最有创造性的方案，以及在工程建设中把多种实施方案经过筛选和比较找出最佳的方案等的思维。发散思维是指从一个目标出发，从多个角度，沿着各种不同途径去寻求多种答案的思维。例如，科学研究中需要去设计多种具有创造性的实验方案、提出环境整治的多种方案等。

5. 常规思维和创造性思维

根据思维是否具有创新性，可以把思维分为常规思维和创造性思维。常规思维是指人们运用已获得的知识经验，按惯常的方式解决问题的思维。例如，学生按例题的思路去解决练习题和作业题、利用学过的公式解决同一类型的问题等。创造性思维是指以新颖、独特的方式去解决问题的思维。例如，技术革新、科学发明创造、教学改革等所用到的思维都是属于创造性思维。

（三）创造性思维

1. 创造性思维的含义

什么是创造？古希腊哲学家亚里士多德把创造定义为在精神和物质领域产生前所未有的事物。这一界定虽然得到许多研究者认同，但却过于简练而难以令人满意。从认知心理学角度，有研究者认为，创造性成果对思维者或文化都是新颖而有价值的，这种思维是非传统的，有目的的并持续的，它对一个原先模糊而未经界定问题进行了明确系统的阐述。那么，什么是创造力？目前要给创造力下一个准确且具有操作性的定义确实是一件困难的事情。因为，不同的心理学家或心理学流派对创造力的看法不同。在这里，我们将创造性思维定义为面对问题情境时，个人在思维上能摆脱传统成规的束缚、习惯约束的心理活动过程。

2. 创造性思维的不同阶段

英国心理学家华莱士（Graham Wallas）是最早从事创造思维心理历程研究并且提出系统理论者。华莱士在1926年出版的《思维的艺术》一书中，将整个创造思维的心理历程划分为如下四个阶段。

（1）准备期。

☞知识延伸

激发你的
创造力

准备期（preparation）是指在创造思维形成之前，理解与累积问题相关知识的阶段。只有掌握了问题的相关知识，才能从已有的信息线索中发现新关系，从已有方法中发现新方法。人们一般认为创造靠天才，但是事实上创造往往需要长期努力和专注。正如诗圣杜甫"读书破万卷，下笔如有神"所描绘的，创作前的准备阶段是极具重要性的。

（2）酝酿期。

酝酿期（incubation）是指在准备期实在得不到结果后，暂时将问题搁置一旁的阶段。经过准备期对问题的专注探讨后，如果难获结果，个体往往感到身心俱疲。这时，个体会将问题暂时放在一边，改而从事其他较休闲的活动（如：钓鱼、散步等），也就是将问题引起的心理困惑暂时排除到意识之外。在这种情形下，表面上看，问题引起的创造思维似乎已经停止，但事实上它仍潜伏在意识之下慢慢进行。

（3）豁朗期。

豁朗期（illumination）指经过酝酿期之后，个体可能突然想到具有创造性的新观念的阶段。此一现象也就是平常所说的灵感。灵感可能产生在半睡半醒中，可能产生在沐浴时，也可能产生在旅行途中。总之，灵感往往出现在与创造无直接关系的活动中。灵感的出现是产生创造性结果的关键。

（4）验证期。

验证期（verification）是指在豁朗期得到解决问题的灵感之后，将灵感付诸实践并进行验证的阶段。只有反复验证表明所想到的方法正确，创造思维的历程才算顺利结束。

以上是对创造性思维发生过程的概括性描述。但实际上，创造性思维要复杂得多，许多创造性的问题解决方案并非出于顿悟（灵感的爆发），而是需要经历一个递增积累的过程。创造历程四阶段说，虽然在心理学界广为流传，但多年来一直没有能够通过科学实验得到支持证据。支持这一阶段说的证据主要来自创造发明卓然有成的著名人物的访问或传记。其中最具代表性的一位人物是法国数学家潘卡锐（Jules Henri

Ponicare)。潘卡锐发明同构函数理论的经过,几乎完全符合华莱士所说的四阶段历程。潘卡锐所对研究的数学问题百思不得其解(准备期)后,决定暂时搁置这个问题与朋友去旅行。在旅行期间,已完全不去想那个难题(酝酿期)。然而,在路经一个小镇准备乘车时,就在上车的那一瞬间,突然想到了那个问题的解决方案(豁朗期)。上车后顺着想到的思路写下草稿。回家后,经过详细整理和验证发现,那就是正确答案(验证期)。

做一名创造型教师

要做一名创造型教师,一般可以从以下几个方面入手:首先,要转变传统教育观念,树立起创造性教育观念;第二,要具备丰富、合理的知识结构;第三,要培养和塑造自己的创造性特征,如自信、热爱学生、好奇、幽默、睿智、兴趣广泛等;第四,提高教学艺术水平,把教学安排得生动活泼、有声有色、趣味横生,不断赋予教材以新意和活力;最后,要有高水平的管理艺术,努力创设并维护一种易于表现创造力的师生关系、同伴关系及班级风尚,使学生的创造力得到最充分的发挥。

具体到创造力培养措施上,教师可以:

(1)使用课程的所有方面来激发学生的创造性思维,如:绘画、听音乐、编写故事、解决数学和物理等学科的难题;帮助学生不仅寻求问题的解答,而且要去发现新的问题。

(2)将激发学生创造性生产的外部奖励减少到最小程度,鼓励学生发现自己通过努力而获得的内在满足感。

(3)在可能的时候就让学生自己选择,如:在编写故事时,给学生以自己选题的机会;在科学项目上,鼓励学生确立他们感兴趣的且能够从事的领域;等等。

(4)帮助学生体验创造活动带来的积极情绪,发展他们的自信心、自尊心和自我判断能力。

(5)安排学生自我评价和评价同伴,而非只是教师评价。

(6)通过头脑风暴、类比及其他策略,要求学生围绕问题来思考,给他们产生发散思维或横向思维的时间;让学生明白独特或新颖的解决办法必须适合当前要解决的问题。

创造性思维的神经机制[①]

传统观点认为,创造力的核心成分是发散性思维,即生成对某一问题各种各样的新颖的观念或解答。神经科学研究常采用非常规用途测验任务(AUT)

---

① 郝宁.创造力的神经机制及其教育隐意[J].全球教育展望,2013,42(02):63-73.

来研究发散性思维的神经机制。AUT 要求被试想出某些日常用品的新颖且有适用性的用途，如：信用卡可用来当直尺、刀片、钥匙、垫片等。此外，组词任务，比如给予 K、M 两个字母，要求被试编出各种合理的词组（如：kissing manual），及其他一些发散性任务也被使用。这些研究主要探讨了发散性思维两方面的问题。第一，左右脑的优势效应。研究发现，进行发散性思维时并非右脑占据优势，而是左右脑均发挥作用。除了两项研究提示右前额叶皮层的作用之外，其他研究没有支持右脑在完成发散性任务时的优势作用，甚至有研究表明左脑更为重要。第二，参与发散性思维的脑区。研究表明发散性思维并不是某一特定脑区的功能，前额叶、顶叶、颞叶均可能参与其中，而视觉皮层、丘脑、海马、前扣带回、小脑、胼胝体也可能参与发散性思维。这些研究中有两个结果值得关注：其一，许多脑区参与发散性思维，这说明发散性思维极其复杂；其二，除前额叶参与发散性思维得到研究的一致证实外，其他脑区是否参与，各研究没有彼此印证。

三、问题解决

（一）问题解决的含义

何谓问题？问题是人首次遇到且无现成可回忆的经验来解决的一种情境。在这种情境中个体想做某事，但还不知道该采取什么样的行动才能得到他或她所需要的。问题解决是指在不能仅凭既有知识、经验直接处理当前事物以达到目的的情境下，通过应用各种认知活动和技能发现问题性质并取得解决途径，从而达到预定目标的心理过程。那么，问题解决过程通常包含哪些步骤呢？

1. 明确问题

明确问题就是理解当前存在的问题，它是问题解决的起点。例如，对问题进行定性、将问题归类等。这一步骤决定了随后整个问题解决的方向。许多问题看起来非常明显，但要发现它们却并非易事。而只有真正意识到问题的存在，才可能出现一系列解决问题的行为。因此，发现问题就成为解决问题的首要阶段，是很值得谈论和关注的一步。但是，研究证明，人们往往忽略第一步，用当即即刻想到的内容确定问题的性质，某个领域的专家往往会多用一些时间来思考问题的本质。

2. 定义和表征问题

问题表征就是将问题的任务要求转换为内部的心理结构。一般认为，对问题的表征是否恰当，直接影响到问题解决的难易和速度。问题表征常以两种形式出现。一种形式就是简单地思考抽象意义上的问题，而不管字面的意义，称为内在表征。另一种形式就是用某种切实可行的形式加以表示，如图画、示意图或者方程等，称为外在表征。

3. 选择恰当策略

经过发现问题和表征问题后，接下来的一个重要环节就是选择恰当策略。选择恰当策略实际上是对问题的表征进行操纵，寻找出一条达到目标的线路的过程。问题的表征不同，所选择的解决策略也不同。假如一个问题相对简单，在长时记忆中已经储存了该类型问题的图式，那么经过模式再认，就可直接提取适当的解决方法，这样对问题空间的搜索时间大大缩短。但若问题比较复杂,解决方法不能直接提取或不为问题解决者所知,就要使用更为复杂的搜索策略。

4. 应用策略

成功应用某种策略在很大程度上取决于对问题的表征形式和选择的策略类型。有的人可能应用策略相当熟练,可以迅速正确地解决问题。有经验的人可以在应用中发现策略是否恰当并能迅速作出改变,以采用更合适的策略,表现出比较强的灵活性。而有的人则可能首次使用该策略,由于粗心,容易出现一些错误。研究表明这样的人在遇到意外情况时往往不改变策略,仍然固执地使用不恰当的策略,导致问题解决失败。

5. 评价反思

评价反思是问题解决的最后环节,也是学生常常感到困难和被忽视的一步。评价反思包括两层含义。一是对获得结果的整个思考过程进行检查,检验推理是否合理、答案是否正确;二是可以从该问题解决活动中得到一些值得以后借鉴的经验和教训。后者往往在实践中容易被师生忽视。

（二）影响问题解决的因素

影响有效解决问题的常见因素包括功能固着、心理定势和解决策略等。

功能固着（functional fixedness）是格式塔心理学家发现的,是指仅根据最惯常用途来认识一个目标的倾向。例如,人们觉得吊绳问题困难就是因为出现了功能固着现象。想要解决这个问题,就需要个体发现其中一个物品（螺丝刀）具有新用途。被试倾向于螺丝刀常规用法的呆板看法恰好演示了功能固着现象。由于年少儿童缺乏各种物品常规用途的知识,因此他们比年长儿童或成年人更少受功能固着影响。

心理定势（mental set）是个体在解决问题时常出现僵化思维的现象。格式塔心理学家卢钦斯（Luchins）很好地演示了心理定势现象（如表2-7所示）。他先要求被试解决一组水杯问题,对于前四个问题,被试可以依据B-A-2C的公式来解决问题。在这完成这四个问题的过程中,被试就形成了用这个公式来解决水杯问题的心理倾向（习惯）。当在解决第五个问题时,虽然有更显而易见、更简单的方案（A-C）,但是大部分被试无法摆脱那个更烦琐的习惯策略,还是采用了B-A-2C这个方法。而且,在解决第6个问题的时候（这个问题不能被B-A-2C这个公式解决）,大部分被试仍继续使用原先策略,因此他们不能在规定时间内解决此问题。被试依赖经自己验证的策略演示了问题解决过程中的心理效应。

问题	给定空瓶的容量			需求的容量
	A	B	C	
1	21	127	3	100
2	14	163	25	99
3	18	43	10	5
4	9	42	6	21
5	20	59	4	31
6	23	49	3	20

表2-7

卢钦斯心理定势实验

续表

问题	给定空瓶的容量			需求的容量
	A	B	C	
7	15	39	3	18
8	28	76	3	25
9	18	48	4	22
10	14	36	8	6

　　问题解决者采用不同的问题解决策略或者解决方案,会对其问题解决的成功与否以及解决效率产生影响。通常人们解决问题的策略与方法有运算法与启发式两大类。运算法是利用数学计算规则与方法,使问题得到精确描述与答案的解题方法。其具体做法是将各种可能达到目标的方法都计算出来,再一一比较,确定正确或最优答案。初等和高等数学、科学实验的统计、日常生活中的计算等均采用运算法。启发式是通过观察发现问题当前状态与目标状态的区别,并在知识经验的指导下,有目的、有方向地思考问题,采取较少的操作来解决问题的方法。

参考文献

[1] Dennis Coon.心理学导论——思想与行为的认识之路(第9版)[M].郑钢,等译.北京:中国轻工业出版社,2004.

[2] 张春兴.心理学原理[M].杭州:浙江教育出版社,2012.

[3] 梁宁建.心理学导论[M].上海:上海教育出版社,2006.

[4] 丁锦红,张钦,郭春彦,魏萍.认知心理学(第2版)[M].北京:中国人民大学出版社,2014.

[5] 韦恩·韦登.心理学导论[M].高定国,译.北京:机械工业出版社,2017.

[6] 杨颖,刘昌友.教育综合知识与能力训练(一)[M].上海:华东师范大学出版社,2017.

[7] 程正方,高玉祥,郑日昌.心理学[M].北京:北京师范大学出版社,2009.

[8] 胡谊,郝宁.教育心理学——理论与实践的整合观[M].上海:华东师范大学出版社,2009.

思考题

　　1. 赵老师在板书生字时,常把形近字的相同部分与相异部分分别用白色和红色的粉笔写出来。比如,"弛"和"驰",用白色粉笔写"也",用红色粉笔写"弓"和"马";再比如"檐"和"瞻",用白色粉笔写"詹",用红色粉笔写"木"和"目"。

　　请用所学的心理学知识,回答下列问题:

　　(1)赵老师这样做的目的是什么?(2)赵老师这种做法符合什么规律?

　　2. 王子杰是小学三年级的学生,上课的时候总是听一会儿课就不自觉地东瞧瞧、西看看,桌面上有什么东西都想玩,一支铅笔、一块橡皮都能让他玩上半堂课,等到他被老师提醒而转过神来听课时,由于没听到前面的而跟不上,所以又去玩手边的东西了。这样,王子杰的考试成绩自然不好,老师和家长都着急。他自己也知道上课应认真听讲,想改掉这个坏毛病,可一上课就不自觉地开始神游了。

扫一扫二维码

获取思考题
答案要点

请运用你所学的心理学知识分析王子杰的问题;如果你是老师,会如何帮助王子杰呢?

3. 何老师教学生识字时有很多技巧。比如,在教"买卖"两个字时,她告诉学生:"多了就卖,少了就买。"学生很快记住了这两个字。还有的学生把"干燥"写成了"干躁",把"急躁"写成"急燥",她就教学生记住:"干燥防失火,急躁必跺足。"从此以后,学生对这两个字再也不混淆了。

请运用你所学的心理学知识分析何老师的教学技巧。

扫一扫二维码
获取教师资格考试
同步练习题及参考答案

第二编

学生如何有效学习

学习目标

1. 解释动机的基本含义；

2. 阐述动机与学习的关系；

3. 比较不同心理学视角下有关动机的观点；

4. 运用方法激发与维持学生的内在动机；

5. 运用方法激发与维持学生的外在动机。

6. 详细阐述学习迁移的定义及其分类维度并举例；

7. 理解并阐明各种迁移理论的原理并举例；

8. 阐明促进有效迁移的教学方式或举措；

9. 明确学习策略的含义并列举若干常用的学习策略；

10. 学会将学习策略运用于自己的学习或教学实践当中。

关键词

动机：引起与维持个体活动，并使该活动指向某一目标的内部动力或过程。

内在动机：人类固有的一种追求新奇和挑战，发展和锻炼自身能力，勇于探索和学习的先天倾向，它是高度自主的，代表了自我决定的原型。

外在动机：人们不是出于对活动本身的兴趣，而是为了某些外部的原因如奖赏、逃避内疚，获得赞赏等，去从事一项活动的倾向。

期望—价值理论：人的行为取决于他在某一特定的情景中预期将会发生什么，以及他对将要发生的事件的结果的价值或重要性的认识。

自我效能感：个体对自己是否能够成功地进行某一成就行为的主观判断，它是个体的能力自信心在某些活动中的具体体现。

能力观：学生随个体经验而逐渐发展而来的，对其自身能力和智力所持有的一种无意识的信念。

归因：个体对自己的成功或失败作出的因果解释。

成就目标：学生在成就情境中所要努力获得的具体目标。

学习迁移：指一种学习对另一种学习的影响。

认知结构：指学生头脑中的陈述性知识结构，是学生头脑中全部观念的内容和组织。

认知结构变量：是当学生学习新知识时，其原有认知结构中的有关观念在内容和组织方面的特征，主要包括可利用性，可辨别性和稳固性。

学习策略：指学习者为了提高学习的效果和效率，有目的、有意识地制定的有关学习过程的复杂方案。

认知策略：指信息加工的一些方法，有助于有效地在记忆中编码、存储、提取信息。

组织化策略：指按照信息之间的层次关系或其他关系对学习材料进行一定归类、组合，以便于学习、理解的一种基本学习策略。

精致化策略：对头脑中已有的知识或刚学的新知识形成额外的联系，从而赋予复杂的知识以意义的过程。

活动策略：促进积极主动加工，有助于有意义编码的一种学习策略。

元认知策略：学生对自己认知过程的认知策略，包括对自己认知过程的了解和控制策略，有助于学生有效地安排和调节学习过程。

资源管理策略：指辅助学生管理可用环境和资源的策略，有助于学生适应环境并调节环境以适应自己的需要。

本章结构

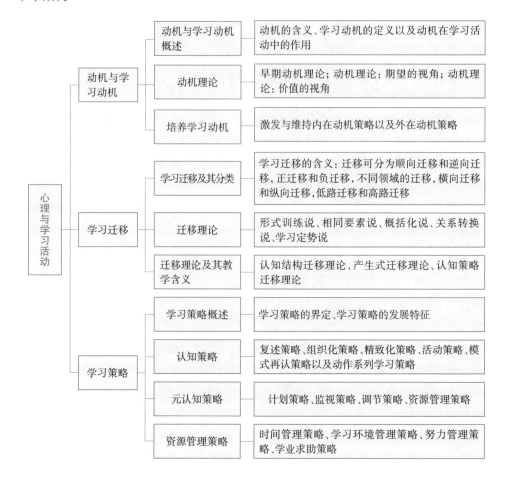

学生的学习是否能取得成效，不仅取决于他们的技能（skill），而且也取决于他们的意愿（will）。"技能"强调的是学生能不能学以及会不会学等认知方面的因素，主要涉及到学生的知识技能与学习策略等方面的问题；而"意愿"强调的是学生愿不愿学以及是否坚持学等非智力方面的因素，主要涉及学生的学习动机问题。此外，学生要将已学习的内容在其他新的学习情境中加以运用，这即是学习迁移，它是检验先前的学习或教学质量的重要指标。本章将介绍学习动机、学习迁移、学习策略的相关理论，并阐述如何将这些理论运用于课堂教学中。

什么是学习动机？它具有什么作用？对于学习动机的实质及其培养与激发规律，心理学家提出了种种不同的理论观点，这些理论从不同角度解释了人类学习行为背后的动因。在实际教学情境中，教师应利用这些理论指导教学，从而激发学生的学习动机，使他们的潜在的学习愿望变成实际的主动学习行为。

"为迁移而教"，已成为当今实际教育改革流行的口号。使学生通过学习获得最大的迁移，也是教育的目标之一。学习迁移现象复杂多样，同时，学习迁移不是自动发生的，并且受限于学习者的最初水平和学习材料的特性等因素的影响。从早期的形式训练说到现在的各种迁移学说，心理学家们为理解迁移的本质以及过程作出了不懈探索。

"授之以鱼，不如授之以渔"，教师在教授学生知识的同时，还应重视对于学生学习策略的培养，使学生学会高效学习。关于学习策略的分类，目前学界普遍较为认同学习策略包括元认知策略、认知策略和资源管理策略三部分。元认知策略通常被认为是较为高级的学习策略，因为它需要调动学习者多种意识和行为参与学习过程。

第一节　动机与学习动机

"头悬梁，锥刺股"和"凿壁偷光"的故事告诉大家：如果人热爱学习，那么就可以克服身体上的疲惫和外在学习条件的限制，沉浸在学习活动之中。这背后的动力因素便是本节要讲述的学习动机，即人为什么而学习？

一、动机与学习动机概述

（一）动机的含义

动机（motivation）一词来源于拉丁文"movere"，意思是移动或影响行为，在日常用语上具有力、能、力量等含义。当代心理学家通过对不同动机含义的梳理，给出了一个比较通用的有关动机的科学定义：动机是引起与维持个体活动，并使该活动指向某一目标的内部动力或过程。

动机是促使个体从事各种活动的内在原因，是激励与引导行为的内部力量。从心理学的角度来看，当个体在生理上或心理上有了某种需要时，其身心就会失去平衡，从而呈现紧张状态，于是个体就会朝向环境中的有关目标，开始坚持性的活动，为的是指导目标达成，最终使身心回归平衡。这种促使个体朝向特定外界目标持续活动以恢复平衡的内在力量就是动机，可见动机与行为这两个概念是相对的，行为是个体外显的活动，动机则是促使个体活动的内在过程。由于动机是行为背后的动因，因此它具有一定的隐蔽性，人们并不能直接观察到它的存在，只能通过个体的行为表现推测其动机强度的大小。比如，在课堂上，我们无法直接观察到学生的动机，但可以通过学生的行为表现，如他的努力程度，在学习上的坚持性等，来推测其动机的强度。正是由于动机隐蔽性的特点，所以它一直是心理学领域中重要而又难以研究的主题。

此外，在动机的定义中"使该活动朝向某一目标"，是指由动机引起的行为活动是有方向的，目标是个体行为的方向盘，能对行为的方向加以调节和引导。动机的性质不同，行为的目标就会有所差异。比如，在学习动机支配下，学生会去图书馆看书；在娱乐动机支配下，他们可能会看电视或打游戏。动机通过活动来表现，通过活动达到目标，同时个体所投入的活动要根据目标来加以调整。如果目标不能达到，动机不能满足，该行为活动将持续进行。在通常情况下，许多重要的目标都是长期的，因此动机过程对保证行为的坚持性也是极为重要的，而且我们对动机的了解往来自个体在追求长期目标的过程中对困难、失败和他人反馈的反应。

（二）学习动机

传统的心理学把学习动机定义为激发与维持学生从事学习活动的原因，但现代心理学赋予了这一概念更多的含义。正如沃尔福克（Woolfolk）所说："学习动机不只是涉及学生要学或想学,还涉及更多含义,包括计划、目标导向、对所要学习与如何学习的任务的反省认知意识、主动寻求新信息、对反馈的清晰知觉、对成就的自豪与满意和不怕失败",因此他将学习动机定义为"寻求学习活动的意义并努力从这些活动中获得益处的倾向"。学习动机既可被看成一般的人格特征,也可以被看成暂时的唤醒状态。例如,通过人格测验,有些人显示出有较高的成就需要,这种需要能持久推动这些人的学习活动。这里的高成就需要既是个体的一种学习动机,也是他的稳定的人格特征。又如,在一节普通的历史课上,教师为了调动学生的学习积极性,先讲一个小故事,学生就能因此立即进入唤醒状态并准备投入后继学习。以这样的方式激起的学习动机是特殊的动机状态。由此可见,教师培养学生的学习动机时,应从一般人格特征和特殊动机状态两方面考虑。

心理学中一般把学生的学习动机分为两类:一是内在动机(intrinsic motivation),也称内源性动机,指的是由个体内在兴趣、好奇心或成就需要等内部原因引起的动机。例如,有的儿童对阅读文艺作品很感兴趣,一有空就读文艺作品,在这一过程中他们不仅能获得知识,而且也能获得语言表达技能。由内在动机激起的学习活动的满足在于学习过程本身,而不在于学习活动之外的奖赏或分数,因此也可以说是乐在其中(如图3-1所示)。另一种支持学习的动机是外在动机(extrinsic motivation),也称外源性动机,指的是由外在的奖惩或害怕考试不及格等学习活动之外的原因激起的动机。在这种动机的驱使下,学生努力学习,其满足不在活动过程本身,而在学习活动之外(如图3-2所示)。

图 3-1

内在学习动机举例

图 3-2

外在学习动机举例

学生的学习不是游戏，有的学习可能使人感到愉快，但有的学习是十分艰苦的，如背诵数千个外语单词，就要与遗忘作斗争；要使新知识纳入到原有的知识系统中，就需要进行大量的重复练习。没有远大的目标，没有适当的外在压力，单靠个人兴趣是不可能获得成功的。

（三）动机在学习活动中的作用

第一，动机对学习的作用不同于原有知识对学习的作用。原有知识决定新的学习能否出现。在学习活动中，新知识通过与原有知识的相互作用，成为新的认知结构的一部分。学习动机可以加速或减慢这一过程的进行，但它只起催化剂作用，其作用是间接的，而并非直接参与新旧知识的相互作用。

第二，动机并不能直接对学生的学业成就产生影响，而是通过对学生学习行为的调节发生作用的。这主要体现在三个方面：（1）动机影响到学生对学习活动的投入水平。动机较强的学生会付出更多的努力，从行为上来看，他们上课认真听讲，记笔记，勇于发言，积极与同学进行讨论，在学习上愿意花很多的时间；从认知来看，他们对学习材料能进行深入的思考，运用各种认知和自我调节策略学习，力求获得对材料的理解。相反，动机较弱的学生则不愿意付出更多的努力，不管是行为上还是认知上，他们都不会投入太多的精力。（2）动机影响到学生在学习上的坚持性。动机较强的学生在学习上具有很高的坚持性，他们通常能持之以恒，即使在面对困难与挫折时，也仍然能够不折不挠，坚持完成任务；动机较弱的学生则往往三天打鱼两天晒网，遇到困难便容易放弃。（3）动机影响到学生对学习任务与活动的选择。比如那些动机较低的学生可能觉得自己不能胜任有难度任务，所以会选择难度较低、没有挑战性的学习任务，而动机较高的学生则可能对自己的胜任能力更有信心，从而会选择难度适中的任务，或有挑战性的任务。

第三，动机与学习之间通常是互为因果关系，而不是单向关系。加涅（R. M. Gagne）指出，由于这种原因，又因为动机并非学习的一个必不可少的条件，所以没有必要把学习活动推迟到学生养成适当兴趣和动机之后再进行，通常教授一个没有动机的学生的最好办法就是暂时忽略他的动机状态，并集中精力尽可能有效地对他实施教学，尽管缺乏动机，但在任何情况下他都会产生某种程度的学习；从对学习的初步满足中他将充满希望地形成进一步学习的动机。因此在某些情况下引起学习动机的最好方法，是把注意力集中在认知方面，而不是动机方面，并且要依靠由成功的教育成就引起的动机来加强进一步的学习。

二、动机理论

（一）早期动机理论

1. 行为主义的视角

行为主义心理学的强化概念不仅可以解释操作性条件学习的发生，而且也可以解释动机的产生。有些行为主义心理学家甚至认为，无需将动机同学习进行区分。他们认为，引起动机同习得行为并无二致，都可用强化来解释（如图3-3所示）。所谓强化（reinforcement），就是指有机体在学习过程中增强某种反应重复出现的力量，能引起强化作用的所有刺激物都是强化物。在他们看来，无需谈论诸如内驱力、需要、目的、愿望

图 3-3

使用强化的方式来增强学习动机举例

和知觉之类的纯属主观猜测的术语,只要根据可观察到的反应和强化刺激来解释行为或行为倾向即可。那么,人为什么具有某种行为倾向呢? 按行为主义心理学的观点,这完全取决于先前这种行为和刺激因强化而建立的牢固联系。因此,操作性条件作用的基本原理可以很好地解释动机的产生(见第四章)。

2. 人本主义的视角

人本主义心理学家马斯洛(A. H. Maslow, 1908—1970)认为人类所有的行为都是由一定的需要所驱使的。他提出的需要层次理论认为,人有七种基本的需要,这些需要按其满足的先后顺序依次排列成一个层阶,它们按应被满足的顺序由先到后依次排序。最基本的是生理需要,即对食物、水、空气等生命必需品的需要;在生理需要得到基本满足之后,便产生安全或保护的需要;随后,出现对爱、感情、归属等的需要;以及对尊重、价值或自尊的需要。上述这四种需要为缺失性需要,缺失性需要得到满足之后,则开始满足成长性需要。包括:认知需要,它驱动人类对自身和周围世界进行探索和理解;审美需要,它驱动人对秩序和行为完美进行追求;最后要满足自我实现的需要。所谓自我实现(self-actualization),就是使自己更完备、更完美,能够充分发挥自己已有的能力和技能的状态(见第四章)。

专栏 3-1

将行为主义动机观有效地运用于课堂

➢ 给学生以嘉奖时,是因为他们真正取得了成就或能力有所提高,而不仅仅因为他们参加了,也不要试图控制学生的行为。

小学:正面的例子——一位二年级老师每天早上都进行数学方面的反复操练型练习。对于所有全部答对的或比前一天正确率有所提高的学生,老师都将在墙上挂图中他们名字的前面加一个星星。反面的例子——一位三年级的老师说:"今天所有的同学都交了数学家庭作业,因此你们每个人的数学平均成绩都将加两分。"

中学:正面例子——一位英语老师会在学生短文中写得非常好的段落

下面画线,给他们以很高的评价,并且解释为什么这些段落得到这样的评价。反面的例子——一位七年级的生命科学老师对她的学生说:"在我们今天的团体活动中你们共同合作,表现得非常好,因此这周末我们就不留家庭作业了。"

高中:正面例子——一位生物老师就即将到来的考试这样对学生说:"同学们,为这次考试好好努力学习吧。我们现在学习的这些材料非常重要,因为如果你们理解了,那么它们对你们进入下一个主题的学习会非常有帮助。"反面例子——另一位生物老师则这样说道:"为这次考试努力学习吧。如果你不努力,就会失败,并且明年你学这门课也会很有压力。"

将人本主义动机观有效地运用于课堂

➤ 营造一种安全的氛围,努力以无条件的积极关注来对待学生。

小学:一位一年级的老师鼓励并且接受所有学生的意见和问题。她告诉学生,错误是学习的一部分,并且在整个学习活动中都以这种态度对待他们。

中学:一位七年级的老师要求所有学生做到相互尊重。人身攻击和讽刺挖苦在这所中学里是被严厉禁止的。老师非常注重以身作则,在平时总是对学生表现出应有的谦逊和尊重,并且希望学生也能以同样的方式对他。

高中:一位地理老师利用课前和放学后的时间帮助那些有困难的学生。当学生在讲他们的个人问题和不确定的事时她也会非常专注地听。

➤ 帮助学生满足他们的缺失性需要和成长性需要。

小学:一位四年级的老师尽量提问到所有的同学,以确保他们把自己看作是自身学习活动的一部分。在学生不知道怎么回答时,他帮助和指导学生做出正确答案,这使学生们感到安全。

中学:一位七年级教师让班里的两个最受欢迎的女孩把一位新来的女同学介绍给其他同学认识,并且在她熟悉环境前一直要保护她。

高中:一位美国政府教员给学生们介绍一张报纸上发表的某专栏作家的政治观点,他说他觉得这个观点非常有趣,并且询问学生对此的看法。

3. 认知的视角

人之所以会做出某种举动,是出于其对某一特定情景的看法。德裔美国心理学家勒温(Kurt Lewin)是推广这种心理学观点中最有影响力的人物。他重视个体的心理需要,反对行为主义心理学家所强调的生理内驱力。他认为,当人的目的与环境之间出现

01.勒温

勒温(Kurt Lewin, 1890—1947),拓扑与矢量心理学的创始人,实验社会心理学的先驱,格式塔心理学的后期代表人,被称为"社会心理学之父"。勒温对现代心理学,特别是社会心理学的理论与实践都有巨大的贡献,他在意志动机方面进行了大量的研究,弥补了格式塔心理学在情绪与意志方面研究的不足。其主要著作有《人格的动力理论》(1935)、《拓扑心理学原理》(1936)、《心理的力的表述和测量》(1938)、《解决社会冲突》(1948)、《形势心理学原理》(1949)等。

某种不平衡或"紧张"时,便会引起各种心理需要。这种存在心理需要的状态会使人做出某种行动以恢复平衡或降低紧张感。

勒温把自己对行为的解释概括为一个公式:$B=f(P, E)$,B指的是个体的行为,f指函数,P表示人,E表示环境。勒温的这一公式被称为期望—价值理论(expectancy-value theory)。按照这一理论,人们参加一项活动的动力取决于他们认为自己在何种程度上能取得成功乘以他们赋予成功的价值(如图3-4所示)。"对成功的期望"可以回答为:"我能做这项任务吗?"它受到两个最基本的因素影响:预期任务的难度以及自我图式。"任务的价值"可以回答:"为什么我要做这项任务",它受到内在兴趣、重要性、效用值和成本四种因素的影响。

图 3-4

期望价值
理论

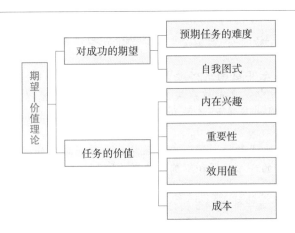

4. 社会文化的视角

请完成这个句子:我是一个_____。你的身份是什么?你最认同自己属于哪一个群体?身份(identity)是动机的社会文化观点的核心概念,如学生把自己看成班干部、好学生、差学生等(如图3-5所示),就是身份的体现。个体具备何种身份是由其在群体活动中的参与程度决定的。例如,在课堂中有些学生由于只能回答少量问题或简单问题,而被视为成绩较差的学生;另一些学生由于可以回答大量问题或复杂问题,而被视为成绩好的学生。动机的社会文化观点强调个体对团体活动的参与,人类活动的目的是维持其在群体中的身份及人际关系。因此,学生被激发出学习动机是因为他们是教室或学校团体中的一员,而这个团体是崇尚学习价值的。学习是通过观察和学习特定文化群体中更有能力的人而进行的,涉及对群体实践的参与。

图 3-5

身份是动机
的社会文化
观点的核心
概念

（二）动机理论：期望的视角

1. 自我效能理论

自我效能理论（Self-efficacy Theory）是班杜拉（Albert Bandura）提出的有关动机的社会认知模型。所谓自我效能，是指个体对自己是否能够成功地进行某一成就行为的主观判断，它是个体的能力及自信心在某些活动中的具体体现。自我效能与自信相关，但二者并不相同。自信指个体对自己所做之事具有信心，是个体处理一般事务时的一种积极态度。自我效能则是指根据自己的以往经验，对某一特殊工作或事务，经过多次成败历练后，确认自己对处理该工作具有的效能，是个体对特定情境下要求的行为所表现出的自信感，常常与具体的任务联系在一起。比如，学生可能在解决数学问题上具有较高的自我效能感，而在写作文方面持较低的自我效能感。

02. 班杜拉

班杜拉（Albert Bandura，1925— ），美国当代著名心理学家，新行为主义的主要代表人物之一，社会学习理论的创始人。班杜拉对心理学的突出贡献是运用实验法研究儿童的观察性学习，即在控制条件下，让儿童观察别人的行为模式，然后看他在类似情境中是否有模仿行为。班杜拉认为人类许多复杂的行为都是通过观察性学习获得的。学习者无需事事都通过亲身接受外来的强化进行学习，而是可以通过观察别人的行为替代性地得到强化。班杜拉的主要著作有《青少年的攻击行为》（1959）、《社会学习与人格发展》（1963）、《行为矫正原理》（1969）、《社会学习理论》（1977）等。

班杜拉区分出了两种预期信念：结果预期与效能预期。结果预期是指个体估计某一特定的行为将导致某种结果；效能预期指个体可以相信他能成功地履行产生某种结果所要求的行为。结果预期和效能预期是不同的，因为个体可以相信某一特定的行为过程能产生某种结果，但是如果对自身是否具备成功地完成某些所需活动的行为能力持怀疑态度，这将影响行为的实施，最终影响行为的结果。

2. 内隐能力观

学生的能力观是学生随个体经验而逐渐发展而来的、对其自身能力和智力所持有的一种无意识的信念。德维克（Dweck）的学说认为个体中存在两种截然不同的能力观：实体观（entity theory）和增长观（incremental theory）。能力实体观持有者认为能力是一种固定的、与生俱来的特质，个人是无法控制的，而且能力作为一种一般的特质会影响到个体各个领域的学习和成绩；持有能力增长观的个体则认为，能力由不断增长的知识和技能所构成，个体可以通过努力来改变自身的能力，能力与特殊的任务有关，个体某一领域的能力不一定与另一领域的能力相关。

能力观对学生的学习行为和学习动机有着重要的影响作用，并且会进一步对学习成绩产生影响。同时，学生的能力观不同，他们在学习中的行为表现也会因此有很大的差异（具体表现如表3-1所示）。

表3-1

能力实体观和能力增长观的比较

内隐能力观	能力实体观	能力增长观
学习成败的归因模式	将成功归于外部的、不可控制的原因，比如幸运或教师的原因；将失败归于内部的不可控制的因素，比如能力的缺乏。	将成功归于内部的、可控制的因素，比如策略的运用和努力等；将失败归因于外部的可改变的因素，一般不会把失败归结为自己的低能力。
成就情境下任务的选择	不愿接受具有挑战性的任务，学生一般会选择那些没有失败危险的、不会体现他们能力不足的任务，或者是那些非常困难的任务，因为那样就是失败了也不会归因于自己的低能力。	选择中等难度的任务，因为学生从这种任务中会学到更多的东西。
具体学习情境中的目标设置	一般会设立成绩目标，即学生以获得好成绩、博得他人对自己能力的肯定为学习的目标。这类目标倾向于使学生回避困难和挑战，以避免因失败而毁坏自身的形象。	一般会设立学习目标，即学生以掌握学习的内容和增长自身能力为学习的目标。为实现这种目标，学生敢于寻求挑战，不怕失败。
对努力的看法	在遇到困难时宁愿选择主动逃避也不愿付出自己的努力。因为学生认为，能力是与生俱来的东西，自己即使付出努力，也不会增长自身的能力。	认为通过努力可以提高自己的能力，因此，在遇到困难时，他们会变得更加努力。

3. 归因理论

归因是个体对自己的成功或失败作出的因果解释。最早提出归因理论（attribution theory）的学者是海德（Heider）。他认为，人们具有理解世界和控制环境两种需要，满足这两种需要的根本手段是了解人们行为的原因，并由此预测人们的行为。后来，罗特（Rotter）对归因理论进行发展，提出控制点的概念，并依据控制点把个体分为内控型与外控型两种。韦纳在海德和罗特的基础上，对归因理论进行了系统的探讨，他提出个体一般把自己的行为结果归因于四类因素：能力、努力、难度和运气。如果对这四种因素进行分析，可以根据三个特征或归因维度来加以理解：第一，原因是内部的还是外部的；第二，原因是稳定的还是不稳定的；第三，原因是可控的还是不可控的。其中，能力是一种稳定的、内部的、不可控的因素；努力是内部的、不稳定的可控因素，任务难度是一种外部的、稳定的、可控的因素，而运气则是外部的、不稳定及不可控制的因素。

学生对于学习结果的归因，也可以从这三个维度来进行分析。通常，学生所进行的归因可以被分为以上四类：运气、任务难度、能力和努力。表3-2列举了一些从这四个因素出发进行归因的例子，并总结了对学生成败进行归因的可能的维度。

归　因	例　子	控制点	稳定性	可控性
运　气	成功：我很走运	外部的	不稳定的	不可控的
	失败：我运气不佳			
任务难度	成功：问题很简单	外部的	稳定的	不可控的
	失败：问题太难			
能　力	成功：我很聪明	内部的	稳定的	不可控的
	失败：我太笨			
努　力	成功：我下功夫了	内部的	不稳定的	可控的
	失败：我不够努力			

表 3-2

学生归因的归因维度

一般而言，归因一旦形成，就会影响到人的认知、情感和行为。而且归因的每一维度对学生的学习都有不同的影响，具体表现如下：

（1）内部或外部维度与学生对学业成败的情感反应有密切的联系。如果学生将成功归为内部因素，他们会感到自豪和满意，如果将成功归因于他人或外部力量，学生感到的是感激；如果将失败归因于内部因素，学生会感到的是自责、内疚和羞愧；如果归因于外部因素，则会感到生气或愤怒。

（2）稳定与不稳定维度关系到学生对将来的成败的期望观。学生将成败归因于稳定因素时，对未来结果的期待和目前的结果一致，即成功者预期以后成功，失败者看到的是以后的失败。但如果归因为不稳定的因素，则目前的结果对以后的成败预期影响较小。

（3）可控与不可控维度指个体对自己能否控制已发生或未发生的事情的判断，它能影响到学生的努力状况。比如，个体如果将失败归因于努力这一可控的因素，他在以后有可能更加努力，遇到困难也能坚持；但若将失败归因于缺少能力这种不可控的因素，他们则很容易就放弃，因为即使努力了也无法取得成功。

当学生把失败归因于内部的、稳定的、不可控制的因素时，会产生一种非适应性的行为，即习得性无助。所谓习得性无助（learned helplessness），是指个体将失败归因于不可控因素，认为自己在任务面前感到无能为力。具有习得性无助的学生因不断地遭受失败的打击，深信个人再怎么努力对事情的后果都毫无帮助，因此，他们通常不愿付出努力，而且对任何事情都表现得非常冷漠、消极。

三种积极的归因模式

专栏 3-3

努力归因模式。引导学生对学习上的成败进行努力归因。例如，当学生考了一个高分时，应使学生觉得这是自己努力的结果；而当学生的考试成绩不理想时，应当使学生认识到这是自己努力不够所导致的。引导学生进行努力归因的目的在于，使学生认识到自己的努力程度是影响学业表现的重要因素，而其他诸如运气、能力等方面的原因则不是重要因素。这有助于增强学生对学习的控制感，而且可以避免由能力归因带来的沾沾自喜或悲观失望。

可控归因模式。引导学生进行可控归因，而不是不可控的归因。即当学生成功时，引导他们告诉自己这是因为"我很努力"、"我准备得充分"等可以控制的因素，而不是因为"我很聪明"、"我运气好"等不可控的因素；当学生失败时，则应归因于"努力不够"、"方法不当"等可控因素，而不是"我不够聪明"等不可控制的因素。特别是当学生失败时，引导可控归因显得尤为重要。因为如果学生觉得自己失败的原因是某些自己不能控制的因素，就会感到悲观，不愿再付出努力，这对于激发与维持学习动机非常的不利。

分化归因模式。引导学生对失败和成功进行分化的归因。具体来说，成功时引导学生进行内在的、稳定的归因，如"我基础好"、"能力强"等；而失败时则引导学生进行外部的、可控的归因，如"题目太难"、"发挥失常"等。这样的好处是，成功时让学生肯定自己，增强对未来学习的信心；失败时则可以维护自尊，不丧失对未来的希望，以后更能积极努力，以避免习得性无助的形成。

（三）动机理论：价值的视角

尽管与期待相关的动机理论对个体在不同成就任务中的行为提供了强有力的解释，但这些理论并没有考虑另外一个重要的动机问题，即："我为什么要完成这一任务？"即使个体确信自己有从事某一任务的能力，但如果没有充足的理由，他们照样不会付出从事该任务应有的努力。

1. 自我决定理论

自我决定理论（Self-Determination Theory, SDT）是由美国心理学家德西（Edward. L. Deci）和赖恩（Richard. M. Ryan）等人于20世纪80年代提出的一种关于人类行为的动机理论，该理论强调自主或自我决定在动机调节过程中的作用，认为人的自我决定能

03. 德西

德西（Edward. L. Deci, 1942— ），美国心理学家，罗切斯特大学心理学教授和社会科学教授，也是人类动机项目的负责人。他与理查德·瑞恩共同创立了自我决定理论。德西的主要著作有《内在动机》（1975）、《自我决定心理》（1980）、《人类行为的内在动机和自我决定》（1985）、《自我决定论研究手册》（2002）等。

04. 瑞恩

赖恩（Richard. M. Ryan, 1953— ），美国临床心理学家，澳大利亚天主教大学积极心理学与教育研究所教授。瑞恩的主要著作有《人类动机牛津手册》（2012）、《自我决定论：动机、发展和健康的基本心理需求》（2017）等。

力在于能够灵活地控制自己和环境之间的相互作用。

自我决定理论的一项重要内容是个体的基本心理需要。自我决定理论认为，人类有三种基本的心理需要：胜任力的需要，自主的需要和归属的需要。三种需要相互联系、相互作用。当环境因素支持三种心理需要的满足时，就会促进内动机及外部动机的内化。

德西和赖安根据自我决定程度的不同，把动机看作是一个从无动机、外部动机到内部动机的连续体。无动机是指完全无目的、无意向、无自我控制的状态。外部动机是指人们不是出于对活动本身的兴趣，而是为了某些外部的原因如奖赏、逃避内疚、获得赞赏等，去从事一项活动的倾向。它又可以根据行为的自我调节程度，分为外部调节（external regulation）、内摄调节（introjected regulation）、认同调节（identified regulation）和整合调节（integrated regulation）四种类型。[①] 四种外部动机在相对自我决定的连续体上依次排列（具体见表3-3）。所谓内部动机，是指人类固有的一种追求新奇和挑战，发展和锻炼自身能力，勇于探索和学习的先天倾向；它是高度自主的，代表了自我决定的原型。当个体具有内部动机时，会感觉到自己的行为是完全自主的，由自己的意志所决定的，同时，如果行为是自我决定的，则会产生内部动机；如果个体不能经历自我决定，其内部动机就会受到伤害。

调 节 类 型	例　　子	自主性程度
外部调节：行为由外部的刺激如奖赏、压力来进行的调节	学生本身不想学习，但为了外部的奖赏或避免惩罚而学习	非常低
内摄调节：由内部刺激或压力如内疚、自尊的威胁而对行为产生的调节	学生学习是因为他们感到自己应该学习，如果不学习的话自己会感到内疚或对不起父母	比较低
认同调节：当个体处于对自己的重要性或价值采取某一行为时而产生的调节	学生考试前认真复习，是为考一个好的成绩或能考上大学	比较高
整合调节：将认同的价值观和规则整合到个体一贯的自我图式之中时而产生的调节	学生学习是因为学习使自己感到内心充实	非常高

表3-3

外部动机的四种调节形式

2. 成就目标理论

成就目标理论（Achievement Goal Theory）是以阿特金森（Atkinson）的成就动机理论为基础，并根据德维克（Dweck）的能力理论发展起来的一种学习动机理论。该理论关注的是学习者从事学习活动时的理由，即学习者为什么要从事某项学习活动，它不仅探讨学生个人的目标及其对认知、情感和学习行为的影响作用，而且关注课堂情境因素在塑造学生个人目标中所起的作用。

[①] Ryan R M, Deci E L. Self-determination theory and the facilitation of intrinsic motivation, social development, and well-being[J]. American psychologist, 2000, 55(1): 68.

　　成就目标是学生在成就情境中所要努力获得的具体目标。它主要分为两类目标：掌握目标（mastery goal）和表现目标（performance goal）。前者以学习、掌握为目的，关注的是对任务的掌握和理解以及能力的发展；后者以追求高成绩、证明自身能力为目的，关注通过与他人的比较来获得对自己能力的有利评价或避免不利评价。

　　进一步来说，表现目标可以扩展为表现趋近目标和表现逃避目标。表现趋近目标关注的是表现得比他人更好或更聪明，指向获得对能力的积极判断；表现逃避目标则关注不比别人更差或更蠢笨，指向回避对能力的消极判断。类似地，掌握目标也有趋近与逃避的划分。其中掌握趋近目标指尽力获得任务的成功和能力的提高；掌握回避目标指尽力避免完不成任务或学习上的失败。目前有关这两种成就目标的研究还相对较少。不同的目标定向对学习产生不同影响（如表3-4所示）。

表 3-4

不同目标定向对学习的影响

定义/结果	掌 握 目 标	表 现 目 标
目标的定义	提高、进步、掌握，创造性	高成绩，比他人表现得好
对成功的定义	创新，学习	在考试中获得高成就，不惜一切代价的取胜
重视的价值	努力，挑战性的任务	避免失败
努力的原因	活动内在的、个人的意义	显示自己的价值
评价标准	绝对标准，以个人进步为据	相对标准，与他人的社会比较
对错误的看法	富含信息，是学习的组成部分	失败，是缺乏能力和价值的证据
归因模式	适应性的，将失败归因于努力不足	非适应性的，将失败归因于能力不足
情　绪	对成功感到自豪和满意，因缺乏努力而感到羞愧，对学习有积极的态度，学习是由于内部的兴趣	失败后产生消极的情绪
认　知	运用深层加工策略和自我调节策略（计划、自我指导）	运用表层或机械的学习策略
行　为	选择有挑战性的任务，更愿意冒险，对新任务持开放心态，更愿意寻求帮助	选择容易的任务，不愿意冒险和尝试新任务，不愿寻求帮助

　　在上述理论的基础上，很多研究者积极寻求将目标理论应用于课堂教学的实践策略。例如，在教室活动中提供不同的机会展示学生的掌握情况；针对学生的知识、理解和个人经验改进教学；为学生探究和实践提供机会；用个人的进步定义成功；强调努力学习、努力工作重于成就结果；把处理错误和失误作为学习本身的一个正常部分等。[1]

---

① 刘惠军. 当代学习动机的理论和应用研究进展[J].首都师范大学学报：社会科学版,2002(5): 112-117.

三、培养学习动机

> 　　王某,男,17岁,重点高中一年级学生。刚进入高中时,他满怀激情,希望三年后自己能考入梦想的大学。几个月后,他发现高中并不如他想象的那样美好。他变得伤感、消沉,表现出很不满足自己现状的状态。原来,他在初中时就读于普通中学,成绩名列前茅,同学羡慕,老师器重,因而有"众星捧月"的优越感。到了重点高中后,同学们都是佼佼者,他的比较优势就不存在了,因此他感到很不自在,尤其是入学后的几次考试,他的成绩只排在全班的中等水平,这就彻底打破了他入学时的美好幻想,情绪也一落千丈。他努力学习,但是成绩还是没有明显的提高。考试成绩不理想、学习不适应等挫折使他失去了自信心,他想不通为什么会这样,因而感到力不从心,开始怀疑自己的能力。于是,他开始上课迟到,有时旷课,厌学甚至要求退学,最终失去了学习兴趣和学习动机。

(一)激发与维持内在动机的策略

　　在这个案例中,该学生在适应不良问题发生后,逐渐丧失了学习的内在动机。内在动机是源于个体的兴趣、好奇心、求成的需要或自信心等个人特征而产生动机。激活与维持学生内在动机的根本策略是教师长期坚持培养学生求知、求成的需要,通过成功的学习经验增强他们的学习自信心和自我效能感。

　　1. 培养学生学习兴趣和求知欲的策略

　　(1)创设问题情境,激发学生求知欲。

　　创设问题情境就是在教师所讲授的内容和学生的求知心理之间制造一种"不协调",将学生引入一种与问题有关的情境中。创设问题情境时应注意问题要小而具体、新颖有趣、有适当的难度;有启发性,将要解决的课题寓于学生实际掌握的知识基础之中,造成学生心理上的悬念。

　　(2)丰富材料的呈现方法。

　　通过图画、幻灯片、录像、报告会、实验演示、野外考察等多种方式来培养学生对学习材料的浓厚兴趣。教师也可以通过使学生参与学习活动过程来达到以上的目的。

　　(3)利用学习动机的迁移。

　　在学生没有明确的学习目的,缺乏学习动机的时候,教师可利用学习动机的迁移,因势利导把学生已有的对其他活动的兴趣转移到当前的学习活动上来。利用动机迁移原理时,教师要让学生感受到掌握好新学习的知识有助于充分理解原来学习的内容,从而激发学生学习新知识的动机。

　　必须注意的是,这些做法主要适用于年龄较小的学生,随着年龄增长和年级升高,学生发展了间接兴趣。间接兴趣是因学生认识到学习结果的工具性价值而产生的兴趣,所以教师应着重引导高年级学生认识到,他们所习得的知识技能在未来的学习和工作中的价值,从而发展他们的间接兴趣。

2. 通过归因训练或归因指导,提高学生的自信心和效能感

要提高学生对能力的自信心和自我效能感,就必须改变学生不正确的归因方式。心理学家已在归因研究的基础上设计了一些专门的程序,对成绩不良且习惯于失败的儿童进行训练。基本做法是:教师进行内部归因示范,对学生在内部归因方面的认识予以系统强化,使学生逐步认识到,成绩不良是由于自己缺乏努力的结果,进而增强学习的信心。一个训练程序一般持续约一个月,它意图先使学生在某一学科上取得进步,然后促进训练效果迁移到其他学科。

教师还可以采用如下策略提高学生的自信心和自我效能感:(1)让学生根据自己的实际水平开始某项新的学习任务;(2)为学生设置明确、具体和可以达到的目标;(3)强调学生对自己的表现进行前后比较,避免学生之间的横向比较;(4)为学生提供解决问题的示范。

3. 培养学生对成就的需要和成就感

根据马斯洛需要层次论,实现自我价值和力求成功是每一个人都具有的高级需要,但必须以爱和自尊等较低级需要的满足为前提。培养学生的求成需要和成就感主要是针对那些学习成绩不好,被人看不起,有些自暴自弃的学生,所以激励他们的前提是教师(包括家人和同伴)首先改变对这些学生的不良态度,给予他们更多的关爱和尊重。在成绩最差的学生身上也可以找到闪光点,如文化知识学习得不好的学生可能有很强的动手能力,或者在体育上有过人的表现。教师可以先找出这些闪光点并加以表扬,从而激发与培养他们的成就感。

(二)激发与维持外在动机的策略

1. 及时提供反馈信息

了解自己活动的进展情况本身就是一种巨大的推动力量,会激发学生进一步学习的愿望。教师及时提供反馈信息能帮助学生及时发现、纠正错误,调整学习的进度,使用合适的学习策略来完成学业任务。如果学生在学习了很长时间之后,仍不能知道其进展情况和取得的成就水平,就不能指望学生会继续保持巨大的学习热情。教师应尽可能让学生及时、准确、具体地了解自己学业的进展情况及取得的成就,对学生完成的作业(练习、试卷等)的批改切忌拖延,也不能过于笼统,只给"对错",尤其是对错误的批改分析,越具体,越有针对性,效果越好。

2. 适当使用表扬和批评

一般来说表扬、鼓励、奖励要比批评、指责和惩罚更能有效地激发学习动机。适当表扬的效果明显优于批评,而批评的效果比没有批评好。例如,美国心理学家赫洛克(Hurlock)做了一个有名的关于表扬和批评的实验。104名四、五年级的小学生被随机分为四组,并对各组的基本情况进行了匹配。在实验中,每组学生连续学习5天,每天练习15分钟难度相等的算术加法。第一组控制组的学生独处一处进行练习,且不会得到任何批评或表扬;其余三组同处一室进行练习。第二组受表扬组,每次练习后都会被实验者逐个点名表扬,第三组受批评组,在练习中出现的错误会被大大指

责；第四组受忽视组，练习后不被批评也不被表扬，而只是旁观其他两组受到评价。实验结果表明，成绩最好的是受表扬组，其次是被批评组，再者是受忽视组，最差的是控制组。

　　虽然教师很难完全做到，但学生的所有进步都是应当受到肯定、表扬和鼓励的，这样能使学生体验成功，产生能力有效感。只奖励少数学生的课堂是不能激发大多数学生的，尤其是低成就和力求避免失败的学生，对他们来说，教师对表扬和奖励的"吝啬"和"偏向"只有负作用（特别是对集体性的和有风险的活动）。假如一个人的学习从来没有受到老师的肯定、关注和表扬，尤其对未成年人来说，他们失去学习的动力就不奇怪了。但是，这并不意味着表扬和奖励可以滥用。对学生进步的认可，除了要有普遍性之外，还要有针对性。任何的批评和表扬都应让学生感到是有理有据的，是对其自己努力和能力的肯定，过火与不及都会有损动机。

　　3. 外部奖励的使用要适当

图 3-7

激发与维持
外在动机的
策略——适
当使用表扬
和批评

　　学生不可能在任何时候都对任何学习内容有兴趣，在这种时候适当使用外部奖励可以激发其学习动机。但是外部动机不会使学习活动指向掌握目标，学生不会在学习中采取积极的学习策略，难以产生成功感和培养能力信念。而且外部奖励使用不当，不仅会使学生产生消极归因，更有可能损害原来已经产生的宝贵的内在动机。因此，教师应首先了解学生原有的学习兴趣，然后再考虑外部奖励是否必要。

第二节　学习迁移

　　在生活中，我们常常看到这样的现象：学会了骑自行车后，学骑摩托车会容易些（如图 3-8 所示）；会说英语的人，学习法语、德语比较容易；学会了一种编程语言对学习其他编程语言有帮助。这些现象都是学习迁移的表现。迁移（transfer）是学习中的一种普遍现象。学习迁移是教育心理学家所关心的重要问题之一，了解迁移的规律，可以为提高效率的教学提供有力的依据。

学习迁移

图 3-8

学习迁移现
象示例

一、学习迁移及其分类

(一)学习迁移的含义

学习是一个连续的过程,新概念的学习总是建立在原有概念学习的基础之上,新问题的解决总是受到先前问题解决的影响,新策略的获得总是原有策略应用于新情境的结果。有研究者认为,学习迁移是"先前学习对后续学习的影响,或先前的问题解决对后续问题解决的影响",但这一定义并不能囊括所有的迁移现象,因为后续学习对先前学习也可能产生影响。因此,有研究者将迁移定义为"在一种情境中获得的技能、知识或形成的态度,对另一种情境中技能、知识获得或态度形成的影响"。这一概念将后学内容对先学内容的影响也包含入迁移之中,但仍不够完整,因为运用所学知识技能去解决问题同样是一种迁移。所以,从迁移发生的种种情况出发,可以将迁移简单地定义为:一种学习对另一种学习的影响。

(二)迁移的分类

迁移的种类可以从许多角度来划分,常见的有如下几种(具体如表3-5所示)。

1. 顺向迁移和逆向迁移

依据迁移发生的方向,可以将迁移分为顺向迁移(forward transfer)和逆向迁移(backward transfer)。前者指先前学习对后续学习的影响,后者指后续学习对先前学习的影响。当学生面临一个新的问题情境,能利用原先所学的知识和技能来解决问题,这种迁移是顺向迁移,如数学课上学习乘法口诀,有助于后续学习多位数乘法。反之,如果原有的知识技能不够稳固或存在缺陷,不足以解决问题,学生在学习新知识后通过对原有知识进行改组或修正,从而解决了问题,并巩固、加强了原有知识,这种迁移便是逆向迁移。

2. 正迁移和负迁移

依据迁移的效果,可以将迁移分为正迁移(positive transfer)和负迁移(negative transfer)。正迁移是一种学习对另一种学习产生积极影响,如产生良好的心理准备状态,使所需时间或练习次数减少,能更有效地解决问题等等。例如,解决数学学科中的某一难题,能使学生对学习后续知识充满信心。负迁移是一种学习对另一种学习产生的消极影响,如导致消极的心理状态、学习效率或准确性不高、所需时间或练习次数增加、不能有效解决问题等。例如,体育课上学生对某动作要领始终不能掌握,会使他不愿再参加类似的体育活动。

3. 不同领域的迁移

依据迁移发生的领域,可以将迁移分为认知领域的迁移、运动技能领域的迁移和情感态度领域的迁移。例如,学习一种外语有助于学习同一语系中的另一种外语,学习有效的阅读策略有助于理解和记忆文章的内容等,这些属于认知领域的迁移;学习骑自行车有助于学习驾驶助动车,学习舞蹈有助于学习花样滑冰,则属于运动技能的迁移;在画画时养成爱整洁的习惯,有助于在完成其他作业时养成爱整洁的习惯,对某学科任课教师的积极情感会促进对该学科的积极态度,这些属于情感和态度领域的迁移。

4. 横向迁移和纵向迁移

依据迁移发生的水平,可以将迁移分为横向迁移(lateral transfer)和纵向迁移

（vertical transfer）。前者指知识或技能在相同水平上的迁移，如学习三角形面积公式后，运用该公式来计算某给定三角形的面积；后者指低水平技能向高水平技能的迁移，如运用三角形面积公式来推导梯形的面积公式。类似地，也有人提出近迁移和远迁移的划分，前者指将已习得的知识或技能运用于与原学习情境相似的情境，后者指将已习得的知识或技能运用于新的不相似的情境。

5. 低路迁移和高路迁移

依据迁移发生的自动化程度，可以将迁移分为低路迁移（low-road transfer）和高路迁移（high-road transfer）。低路迁移是指反复练习的技能在几乎不需要意识的参与的情况下便能自然而然地迁移。例如，反复练习修理各种设备可以使修理技能自动地迁移到其他设备的修理工作中。高路迁移是有意识地将在某一情境下习得的抽象知识运用于不同的情境之中。如将人体解剖学的知识运用于即将学习的人体素描课程中，这需要个体主动搜索人体肌肉的特点、骨骼的构成等知识，以便在新学习中加以运用。

分类依据	迁 移 种 类	定　　　义
依据迁移发生的方向	顺向迁移	先前学习对后续学习的影响
	逆向迁移	后续学习对先前学习的影响
依据迁移的效果	正迁移	一种学习对另一种学习产生积极影响
	负迁移	一种学习对另一种学习产生消极影响
依据迁移发生的领域	认知领域迁移	在认知领域发生的迁移
	动作技能迁移	在动作技能领域发生的迁移
	情感态度领域迁移	在情感态度领域发生的迁移
依据迁移发生的水平	横向迁移	知识或技能在相同水平上的迁移
	纵向迁移	知识或技能在不同水平上的迁移
依据迁移发生的自动化程度	低路迁移	反复练习的技能在几乎无需意识参与下自然而然的迁移
	高路迁移	有意识地将在某一情景下习得的抽象知识运用于不同情境之中

表 3-5

迁移的分类

二、传统迁移理论

（一）形式训练说

学习中的迁移现象早已为人们所知。我国古人就知道学习可以"举一反三"、"触类旁通"。孔子说："举一隅不以三隅反，则不复也"（《论语·述而》）。从心理学上来讲，"举一反三"和"触类旁通"都是指先前的学习对以后的学习的促进作用，所以都是学习的迁移现象。但是,有关学习迁移现象最早的系统解释,是在形式训练说(formal discipline theory)中涉及的相关概念。形式训练说主张迁移要经历一个"形式训练"的过程才能产生。形式训练说的心理学基础乃是官能心理学(faculty psychology)。官能心理学认为,人的心(mind)是由"意志"、"记忆"、"思维"和"推理"等功能组成的。心的各种成分(官能)是各自分开的实体,分别从事不同的活动,如利用记忆官能进行记忆和回忆,利用思维官能从事思维活动。各种官能可以像肌肉一样,通过练习增强力量(能力)。这些能力在各种活动中都能发挥效用。比方说,记忆官能增强以后,可以更好地学会和记住各种东西。不仅如此,由于心是由各种成分组成的整体,一种成分的改进,也在无形中加强了其他所有官能的力量。可见,从形式训练的观点来看,迁移是通过对组成心的各种官能的训练,以提高各种能力,如注意力、记忆力、推理力、想象力等来实现的,而且迁移的产生将是自动的。形式训练说把训练和改进心的各种官能作为教学的最重要目标。它认为,学习的内容不甚重要,重要的是所学习内容的难度和训练价值,学习要产生最大的迁移效果,就应该经历一个"痛苦的"过程。于是,难记的古典语言、数学和自然科学中的难题,被视为训练心的最好材料,在这样的训练中,"学生学会观察、分析、比较、分类、想象、记忆、推理、判断,甚至创造……有了这样的造诣,足以使学生在日后的学习和工作中受益无穷"。反之,学生如果仅记住一些具体事实,这些在日后学习中的使用价值则十分有限。

形式训练说在欧洲和北美盛行了约200年,至今仍有一定的影响。但是,心的各种官能能不能分别加以训练,使之提高,从而自动迁移到一切活动中去呢?教学的主要目标是不是训练心的各种官能呢?形式训练说对这些问题的回答虽然十分肯定,但它的鼓吹者和信奉者并没有拿出经得起科学检验的证据。

(二)相同要素说

19世纪末20世纪初,心理学家着手用实验来检验形式训练说的迁移理论。美国著名心理学家詹姆斯在1890年首先通过记忆实验,表示了对形式训练迁移理论的怀疑。他的结论是:记忆能力不受训练的影响,记忆的改善不在于记忆能力的改善,而在于记忆方法的改善。继詹姆斯之后,许多心理学家纷纷设计更严密的实验,从各种不同角度向形式训练说提出挑战,其中以桑代克和伍德沃斯(Woodworth)的研究影响最大。桑代克首先在知觉方面进行了一系列的实验。例如,他在1901年的研究中,以大学生为被试,训练他们判断不同大小和形状的图形面积的能力。被试先估计了127个矩形、三角形、圆和不规则图形的面积,以测查他们判断面积的一般初始能力;然后用90个10—100平方厘米的平行四边形让每一被试进行判断面积训练;最后被试受到两种测验,第一种测验要判断13个与训练图形相似的长方形的面积,第二种测验要求判断27个三角形、圆和不规则图形的面积,这27个图形是预测中用过的。研究表明:通过判断平行四边形面积的训练,被试对矩形面积的判断成绩提高了,但对三角形、圆和不规则图形的判断成绩没有提高。

在记忆和注意方面,桑代克也做过类似的实验。桑代克在这些实验中发现,经过练习,被试的成绩取得明显提高,他们通过这些训练所习得的知识可以迁移到类似的活动中去，不过，迁移的成绩远不如直接对后续活动进行训练所取得的成绩好。同时，这一训练并未迁移到不相似的活动中去。因此桑代克以为，迁移之所以产生，是由于练习所用的特殊方法、观念或有用的习惯被带到最终测验中。桑代克迁移实验的结果显然与形式训练说的迁移理论不符。桑代克似乎证明，通过某种活动训练而提高注意力、记忆力、观察力等能力，并产生普遍迁移的情况是不存在的。那么，什么东西可以迁移呢？桑代克提出相同要素（identical elements）说同形式训练说相对抗。

相同要素说，后来被伍德沃斯修改为共同成分（common components）说，意指只有当学习情境和迁移测验情境存在共同成分时，一种学习才能影响另一种学习，即产生迁移。例如，在活动 A12345 和活动 B45678 之间，因为有共同成分 4 和 5，所以它们才会有迁移现象出现。用桑代克的话来说，"只有当两种心理机能具有共同成分作为因素时，一种心理机能的改进才能引起另一种心理机能的改进"。所谓共同的心理机能指什么呢？尽管桑代克认为包括经验上的基本事实（如通过不同组合一再重复的长度、颜色和数量）、工作方法乃至一般原理或态度，但由于他对学习持联结主义的观点，所谓共同的心理机能，实际上只是共同的刺激和反应的联结。

桑代克在迁移方面的研究，指出形式训练说的谬误，这是他的功绩。但是，他坚持认为，"心理就它的功能方面来说，是对特殊情境作特殊反应的一架机器"。根据这种观点，人们在特殊情境中需要的每一种知识、技能、概念或观念，一定要作为一种特殊的刺激—反应的联结来学习。这样，迁移的范围就大为缩小。根据相同要素说，在两种没有相同要素或共同成分的过程之间、两个完全不相似的刺激—反应联结之间，不可能产生迁移，这会使人们对迁移产生悲观态度。

（三）概括化说

贾德（Judd）认为，在先期学习 A 时获得的东西，之所以能迁移到后期学习 B 中，是因为学习者在学习 A 时获得了一般原理，这种一般原理可以部分或全部运用于 A、B 之中。根据这一理论，两个学习活动之间存在的共同成分，只是产生迁移的必要前提，而产生迁移的关键，是学习者在这两种活动中概括出它们之间的共同原理。所以，贾德的迁移理论称为"概括说"或"类化说"。

贾德在 1908 年做的"水下击靶"实验（如图 3-9 所示），是概括说的经典实验。他以五年级和六年级学生为被试，让他们练习用镖枪投中水下的靶子。被试分为两组，在投掷前实验者向一组被试详细解释水的折射原理，对另一组被试不作任何解释。在开始投掷练习时，将靶子置于水下 12 英寸处，结果学过和未学过折射原理的学生成绩相同。也就是说，在开始的测验中，理论学习对于练习似乎没有起作用，因为所有的学生必须学会运用镖枪，理论的说明不能代替练习（见图 3-9 第一种情况）。接着改变条件，把水下 12 英寸处的靶子移到水下 4 英寸处，这时两组的差异便明显显现出来。没有接受折射原理说明的学生表现出极大的混乱，他们投掷水下 12 英寸靶时的练习，不能帮助他们改进投掷水下 4 英寸靶的练习，错误持续发生。而学过折射原理的学生，迅速适应了水下 4 英寸的条件（见图 3-9 第二种情况）。贾德在解释实验结果时说："理论把有关的全部经验——水外的、深水的和浅水的经验——组成了整个思想体系……学生在理论知识的背景上，理解了实际情况以后，就能利用概括了的经验，迅速地解决需要按实际情况作分析和调整的新问题。"

图 3-9

水下击靶
实验①

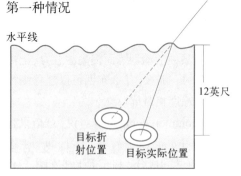

第一种情况

水平线

12英尺

目标折
射位置　　目标实际位置

第二种情况

水平线

4英尺

目标折
射位置　目标实际
位置

在第一种情况下,光线在进入水中的时候发生了折射,使得看到的目标位置与实际位置不同。通过练习,学习者习得了通过调整标枪来击中目标。

在第二种情况下,靶子的位置发生变化。学习者必须再次调整他们的标枪,这时已经学习过折射概念的学习者比起没有学习过的人而言,在第二种情况中能更快地调整他们的投掷方法。

(四)关系转换说

格式塔心理学家并不否认依赖共同原理的迁移,但他们强调"顿悟"是迁移发生的一个决定因素。他们认为,迁移不是由于两个学习情境间具有共同成分、原理或规则而自动产生的,而是由于学习者突然发现两个学习经验之间存在关系的结果。促使迁移的是顿悟,即两个情境突然被联系起来的意识。

关系转换说(transposition theory)强调个体的作用,它认为学习者必须发现两个事件之间的关系,迁移才能产生,但由顿悟产生的转换现象是复杂的。早期格式塔心理学家用两种深浅不同的灰色物体进行条件反射实验。通过多次训练,被试(小鸡或幼儿)学会从深灰色物体处取得奖赏。之后变换实验情境,保留原来的深灰色物体,用黑色物体取代浅灰色物体,但强化物放在黑色物体处。经过训练的被试,一般不到原来与强化物相联系的深灰色物体处去获取奖励物。后来研究者又用三种不同大小的物体进行变换实验。在训练时强化物置于中等大小的物体(如倒置的盘子)之下。经过训练,被试学会了在中等大小的物体下获取奖励物。以后在迁移情境中,改变物体的大小,但奖励物仍置于中等大小的物体之下,被试也相应会到中等大小的物体下取物。另外,研究表明,转换现象受原先学习课题的掌握程度、诱因大小和练习量的影响,原先学习的课题掌握得好、诱因大和练习量大,转换现象较易产生。

(五)学习定势说

学习定势说(learning set theory)认为,学习迁移是因学习者通过练习而获得的定势或学习能力而发生的。哈洛(Harlow)是该学说的代表人物。他认为:"学习情境的多样化决定了我们的基本人格特征,并在使某些人变成会思考的人中起重要作用。这些情境是以同样的形式多次重复出现的。不应以单一的学习结果,而应以多变但类似的学习课题的影响所产生的变化来理解学习。"学习定势既反映

---

① 托马斯·费兹科,约翰·麦克卢尔.教育心理学——课堂决策的整合之路[M].吴庆麟,译.上海:上海人民出版社,2008:283.

在解决一类问题或学习一类课题时一般方法的改进(学会如何学习)上,也反映在从事某种活动的暂时准备状态(准备动作效应或预热效应)中。学习定势的这两个方面都影响到学习活动。练习某个活动有助于类似活动的学习,这一现象首先是在实验室用无意义音节进行研究时发现的。渥德(Ward)早在1937年的研究中就指出:被试在记忆数列无意义音节时,前面的练习影响后面的记忆,记忆速度越来越快。哈洛1949年的研究也发现类似的现象。他首先用猴子作被试进行研究,然后以儿童为被试进行重复实验。对猴子作辨别训练时,在猴子面前呈现两个物体,如一个是立方体,另一个是立体三角形。在一个物体下面藏着葡萄干,并以它为强化物。通过几次尝试,猴子很快"知道"葡萄干藏在立方体下面,而不在立体三角形下面。当它解决了这个问题以后,立即给它呈现另一个类似的问题,如两个物体均为立方体,但颜色不同,一个为白的,另一个为黑的。它必须进行新的学习以解决这个新的辨别问题。当它解决了这个问题以后,又呈现一个新的辨别问题,如此继续多次。当猴子进行许多这样的辨别活动之后,它解决新问题的速度越来越快,尝试的次数越来越少。于是,实验者认为,猴子学会了如何解决问题,或者说,学会了如何学习。哈洛在谈到这个现象时说:"猴子已经获得了解决问题的学习定势。"(如图3-10所示)

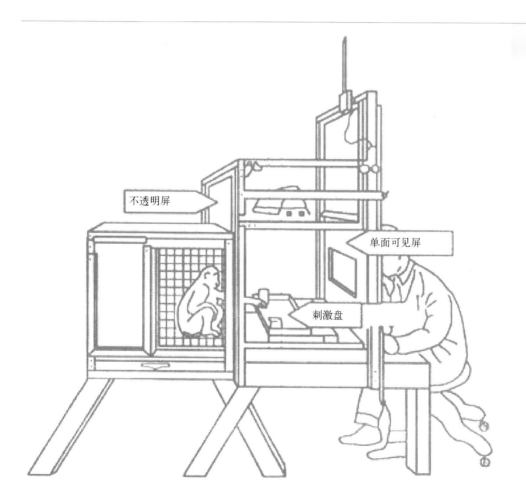

图 3-10

哈洛恒河猴
实验设置

不透明屏

单面可见屏

刺激盘

三、当代迁移理论及其教学含义

迁移是学习的一个重要方面,所以每当有新的学习理论提出时,迁移理论也随之更新。当代著名的学习理论有奥苏伯尔(D.P. Ausubel)的有意义学习论(见第四章)、信息加工心理学的产生式理论和新近发展起来的认知策略理论(见本章第三节),与此相应的迁移理论有认知结构迁移理论,产生式迁移理论和认知策略迁移理论。每一迁移理论都有不同的教学含义。

(一)认知结构迁移理论及其教学含义

奥苏伯尔提出了影响新的学习与保持的三个认知结构变量:原有知识的可利用性、原有知识的巩固性和原有知识的可辨别性。通过操纵与改变这三个认知结构变量可以促进新的学习与迁移。

1. 原有知识的可利用性

奥苏伯尔的认知结构变量是针对影响新学习的效果的因素而提出的。奥苏伯尔认为,当学生学习新的知识时,如果能在其原有知识结构中找到适当的、可以用于同化新知识的原有知识(包括概念、命题或具体例子等),那么该学生的认知结构就具有原有知识的可利用性。反之,当学习新知识时,如果不能在原有知识结构中找到用于同化新知识的原有知识,那么该学生的认知结构就缺乏原有知识的可利用性。奥苏伯尔认为,原有知识的可利用性是影响新的学习和迁移的最重要因素,也是最重要的认知结构变量。他非常强调上位的、包容范围大的和概括程度高的原有观念的作用。如果在学习新知识时,学生认知结构中缺乏这样的上位观念,教师就可以从外部给学生的认知结构中嵌入一个这样的观念,使之起到吸收与同化新知识的作用,这样从外部嵌入的观念被称为先行组织者。

案例 3-2

增强原有知识的可利用性

例如,为了使一、二年级的小学生习得句子和句子成分的概念,教师告诉学生:讲每一个句子时都要讲到"谁"和"干什么",有这两个成分的话语才是句子。这一知识是用儿童易懂的语言陈述的。

儿童先学习了这一上位知识,该知识对他们习得句子和句子成分概念起到先行组织者作用。

接着教师给出如下作为正反例的句子:

(1)小明上学去。
(2)妈妈爱宝宝。
(3)爸爸开汽车。
(4)湖面上的船。
(5)飞得很高。

教师帮助学生分析,1—3句都是句子,因为它们都有"谁"和"干什么",4和5句不是句子,因为第4句有"谁",缺"干什么",而第5句讲了"干什么"缺"谁"。

　　这样做可帮助学生理解教师所举的例子中什么样的话语是句子,什么样的话语不是句子。如果没有起先行组织者作用的上位观念的支持,学生就无法理解句子概念。特别地,在数学和自然学科中,先前习得的知识往往对后继的学习起到这样的组织作用,因此学习起来很顺利。

2. 原有知识的巩固性

　　原有知识越巩固,越易促进新的学习。利用及时纠正、反馈、过度学习等方法,可以增强原有的起固定作用的知识的稳定性。原有知识的稳定性有助于促进新的学习与其保持程度。奥苏伯尔及其合作者在1961年研究了原有知识的巩固性对新学习的影响。研究中被试首先学习基督教知识,并测试其基督教知识掌握情况(中上水平、中下水平)然后将被试随机分成三组:第一组在学习佛教材料前,先学习一个比较性组织者(它指出佛教和基督教的异同);第二组在学习佛教材料前,先学习一个陈述性组织者(它仅介绍一些佛教观念,其抽象水平与要学习的材料相同);第三组在学习佛教材料前,先学习一个有关佛教历史和人物的材料。在实验后的第三天和第十天对所有被试所学习的佛教知识进行保持测验。结果表明,不论哪一组,凡是原先的基督教知识掌握较好的被试(中上水平被试),在学习佛教知识后的第三天和第十天的保持成绩均较优。

3. 新旧知识的可辨别性

　　新旧知识的可辨别性是指利用旧知识同化新知识时,学习者意识到旧知识与新知识之间的异同点的程度。可辨别性是建立在原有知识的巩固性基础之上的。例如,在物理学中讲到雷达是利用无线电波反射对远距离物体进行侦察和定位这一原理时,教师可利用学生已知的回声的知识同化新知识。学生必须意识到声波和无线电波之间有相似之处。意识到相似之处,原有知识就可以同化新知识。但是与此同时又必须区分两者的不同之处,知道不同之处,新的知识才可以作为独立的知识保存下来。

增强新旧知识的可辨别性

案例 3-3

　　例如:对雷达和回声的相同点及不同点进行比较,有助于雷达知识的学习。

　　雷达的运作包括五个阶段:
　　(1)传播——发送出雷达脉冲;
　　(2)反射——脉冲击中遥远物体并返回;
　　(3)接收——反射来的脉冲返回原处;
　　(4)测量——测出传播和接收之间的时差;
　　(5)换算——将时间量转换为距离的度量。

回声的运行阶段：

(1) 你在山谷大喊一声——相当于脉冲发出；

(2) 声波从悬崖返回——如同脉冲击中远处物体并返回；

(3) 你听到同你的声音一样的回声——如同脉冲的接收；

(4) 在发出喊声与听到回声之间有一很短的时差——相当于时间的测量；

(5) 距离越远听到回声需要等待的时间越长——即将时间量转换为距离的度量。

不同点：雷达通过无线电波工作，回声传播的是声波，前者的传播速度比后者的快得多，每秒达 299 792 458 米/秒，且能传达到很远的地方。

认知结构迁移理论的教学含义是很明显的。奥苏伯尔认为，"为迁移而教"，实际上是塑造学生良好的认知结构。为此，教师必须从教材内容的选择和教材的呈现方式两方面确保学生良好的认知结构的形成。

第一，改革教材内容，促进迁移。根据同化理论，认知结构中是否有适当的起固定作用的观念可以利用，是决定新的学习与其保持程度的重要因素。为了促进迁移，教材中必须有具有较高概括性、包容性和强有力的解释效应的基本概念和原理。布鲁纳认为，这样的概念和原理应放在教材的中心。他认为："领会基本的原理和观念，是通向适当训练迁移的大道。"奥苏伯尔指出，学生的认知结构是从教材的知识结构转化而来的。好的教材结构应当适合学习者的能力。因此，最佳的教材结构总是相对的，而不是绝对的。

第二，改进教材呈现方式，促进迁移。奥苏伯尔认为，"不断分化"和"综合贯通"是人的认知进行组织的原则。这两条原则也适用于教材的组织和呈现。认知心理学认为，当人们在接触一个完全不熟悉的知识领域时，从已知的较一般的整体中分化出细节，要比从已知的细节中概括出整体容易一些。认知心理学还认为，人们关于某一学科的知识在头脑中组成一个有层次的结构，最具有包容性的观念处于这个层次结构的顶点，它的下面是包容范围更小和越来越分化的命题、概念和具体知识。根据人们认识新事物的自然顺序和认知结构的组织顺序，教材的呈现也应遵循由整体到细节的顺序。例如，我国小学算术教材对有关三角形知识的呈现就符合不断分化的原则：先教一般三角形；在一般三角形中按角的大小分化出锐角三角形、直角三角形和钝角三角形；在锐角三角形中分化出等边三角形；在锐角三角形、直角三角形和钝角三角形中分化出等腰三角形，等等。

在呈现教材时，除了要在纵向上遵循由一般到具体、不断分化的原则之外，还要在横向上加强概念、原理、课题乃至章节之间的联系。教师在教学中应引导学生努力探讨观念之间的联系，指出它们的异同，消除学生认识中表面的或与实际存在的不一致之处。如果教师的教学或教科书不能使学生做到横向联系和融会贯通，就会出现不良后果，如学生因不知道许多表面上不同的术语实际上代表着本质上相同的概念，而造成其认识上的许多混淆。

（二）产生式迁移理论及其教学含义

迁移的产生式理论是由信息加工心理学家辛格莱（Singley）和安德森（John.R. Anderson）提出的。这一理论适用于解释基本技能的迁移，其基本思想将技能的学习分两个阶段：首先，规则是以陈述性知识的形式进入学习者命题网络，然后经过一系列练习转化为以产生式表征的程序性知识（关于陈述性知识和程序性知识的详尽介绍请见第四章）。先后两项技能学习能够产生迁移的原因在于这两项技能之间产生式的重叠，重叠越多，迁移量越大。一个产生式就是一个条件和行动的规则（简称C—A规则），在这里，C代表行为产生的条件，它不是外部刺激，而是学习者工作记忆中的认知内容，而A则代表行动或动作，它不仅是外部的反应，同时也包括学习者头脑中的运算。

安德森认为，这一迁移理论是桑代克相同要素说的现代化。在桑代克时代，心理学没有找到适当的形式来表征人的技能，以致错误地用外部的刺激和反应（即S—R）来表征人的技能，所以不能反映技能学习的本质。信息加工心理学家用产生式和产生式系统来表征人的技能，抓住了迁移的心理实质。所以，导致先后两项技能学习产生迁移的原因，不应该用它们共有S—R联结的数量来解释，而应该用它们之间共有的产生式数量来解释。

产生式迁移理论的教学含义：因两项任务共有的产生式数量决定迁移的水平，要实现"为迁移而教"的目的，在教材的选编、教法的选择和练习的设计等方面都应考虑这一原理。从教材的选编来看，必须考虑循序渐进的原则。教材知识一般可以分成若干单元，先后两个单元的内容应有适当重叠，使先前的学习作为后继学习的准备，让后继学习对先前学习进行自然延伸。从教法的选择来看，技能之间产生迁移的本质原因是它们具有共同的产生式而不是它们的表面相似，共同的产生式也就是共同的规则，规则又必须以概念和原理为基础，所以不论何种具体技能的教学，都必须注重概念和原理的教学。如，小学生学习读、写、算等基本技能，必须注重读、写、算等基本概念、原理和规则的教学。这样，学生便容易产生从一种技能的学习向另一种技能的学习迁移。从练习的设计来看，有研究表明，先前学习的内容，必须有充分的练习，才易于迁移，否则先后两项任务因有共同成分而会导致混淆。也就是说，学生可能没有掌握它们的共同产生式规则，只注意了表面上的相似而未发现实质上的差异。如果有充分练习，许多基本技能可以成为自动技能而不必有意识地注意，这样就可能有力地促进新任务的学习。

（三）认知策略迁移理论

现代认知心理学的一个重要特点是强调认知策略在学习和问题解决中的重要作用，因此，认知策略迁移理论应运而生。虽然策略作为一种特殊的认知技能，也属于程序性知识，但产生式迁移理论未能解释个体如何学习调节和控制他们的策略。认知策略是一类程序性知识，在其产生式表征中，所需的条件中包含多种可变的情境，要求人们依据不同的条件，对采取何种基本技能做出相应的决策。认知策略的训练要达到可以在多种情境中迁移的程度，一个重要条件是学习者的元认知（metacognition）水平。"元认知"是有关个体认知过程的知识，它负责对其认知过程进行监控、调节和协调。

策略的成功迁移是指问题解决者能够根据新问题的要求,选择原先习得的且能用于新问题的特殊或一般技能,并能在解决新问题时监控它们的应用。因此,即使学习者已经习得了某一策略的具体过程、使用方法,但如果他不具备一定的元认知能力,不了解该策略的适用范围,不能对策略使用过程进行监控并修正自己的策略,那么他所习得的策略就无法达到迁移的效果。

促进认知策略迁移的教学含义,有以下五个方面:

第一,教师要正确教授认知策略,并对如何运用加以示范。这样不仅能使学生正确掌握该认知策略的操作步骤,更能使学生掌握该策略的使用条件。教师可以设计大量具有不同问题情境的练习,使学生体会策略使用的条件与时机,也可引导学生对策略使用的条件和时机进行总结,形成书面报告,并让学生讨论他们的结论。

第二,在教授认知策略之后,教师应给予学生在实践中练习该策略的机会,可设计不同的问题情境,鼓励学生运用所学策略解决新问题,同时要求学生对策略使用的成败进行自我评价,以充分认识该认知策略在解决某类问题上的有效性。教师应培养学生养成这种反思的习惯。

第三,教师要培养学生正确的归因倾向,注重学生的点滴进步,善用表扬,肯定学生为学习付出的努力,使学生意识到获得成功是自身努力的结果,从而克服侥幸或碰运气的心理。

第四,教师应当改善学生的学习习惯,培养学生排除干扰观念的能力;要注重陈述性知识的教学以及自动化基本技能的训练,因为它们是认知策略所要利用的材料和进行操作的对象;教师还应当善于总结,使学生获得有关问题的图式性知识以及相关问题解决的经验,从而促进认知策略的迁移。

第五,教师要注重提高学生的元认知能力。元认知能力发展缓慢,也不完全是自然成熟的结果。布朗等人在实验中运用矫正性反馈训练法,向学生传授元认知策略,以便提高他们的阅读理解水平。结果发现,使用了这一方法后,学生不仅对阅读理解问题的回答正确率明显提高,而且把这种技能迁移到了其他常规的课堂学习中。该研究表明,个人的经验和清晰的教学对元认知能力的发展起着重要作用。教师在实际教学中有意识地向学生传授一些元认知策略,将有助于学生学会如何学习,从而促进学习迁移。

专栏3-4

与家长配合促进学生积极的迁移

☞ 告知家长学生要学习的课程,要求他们配合学校教学

✓ 在开始每一单元或某一重要主题之前,给家长写一封信,告诉家长本单元或主题的学习目标、一些主要的安排以及学生可能遇到的问题。

✓ 就如何将孩子的兴趣与当前单元或主题联系起来,让家长提出建议。

☞ 邀请家长到学校来和孩子一起参加某些活动,让学生将已学会的技能传授给他们的家长。

☞ 告知家长一些激励孩子练习、扩展及运用学校所学内容的做法
  ✓ 为了练习写作技能,可以让家长鼓励孩子给爷爷奶奶或其他亲戚写一封信。
  ✓ 鼓励家长让孩子参与到家庭事务中来,比如计算电费、水费等。
  ✓ 可以让孩子和爷爷奶奶一起编写家庭回忆录,将历史课与写作课结合起来。

☞ 将校内学习与校外生活联系起来
  ✓ 让家长示范如何将学校学习的技能运用于自己的日常生活或娱乐活动中。
  ✓ 邀请家长到课堂中,要求他们示范如何在工作中运用阅读、写作及其他技能。

☞ 要求家长充当学习伙伴
  ✓ 让家长提醒孩子在做家庭作业时该运用哪种学习技能或方法。
  ✓ 让家长和孩子一起练习某一技能。

第三节 学 习 策 略

在解决学科问题时,学生经常采用什么样的策略或方法? 学习成绩好的学生在学习方法或策略上有什么独到之处? 对学校教学来说,掌握学习策略已成为衡量学生是否能够学会学习、学会思考的根本标志,是影响学生学业成就的主要因素之一。

一、学习策略概述

案例 3-4

东东,男,初一,智力发育正常,小学时学习成绩在班中名列前茅。他还是班里的卫生委员,团结同学,热爱劳动。然而,小升初之后,尽管东东学习很认真,但成绩却不尽理想。任课老师反映他上课认真听讲,但很少举手回答问题,家庭作业正确率不高。父母反映他在家学习时也很用功,其中期末考试前还会开夜车,但考试成绩却下滑到班级三十多名。东东的情况在初一学生中具有一定代表性:小升初后,平时学习看起来也挺努力,但成绩就是不高。这到底什么原因呢?

(一) 学习策略的界定
学习策略(learning strategies),通常指学习者为了提高学习的效果和效率,有目的、

有意识地制定的有关学习过程的复杂方案。学习策略有四个必不可少的关键特征：（1）学习策略是学习者为了达到学习目标而积极主动使用的。被家长或老师强迫使用的策略，并不能称得上是学习策略。（2）学习策略是有效学习所必需的条件。有一些学生会在玩电脑时将复习资料放在桌上，时不时看上两眼，美其名曰"复习多一点是一点"，但这样做几乎不能促进有效学习。（3）学习策略需与学习过程有关，而诸如考试时"先做会的题，晚点想不会的题"等策略虽然可以提升学业成绩，但是与学习过程无关，因而并不能算是学习策略。（4）学习策略是学习者制订的学习计划，由规则和技能构成。规则指的是学习者在根据某种策略进行学习时需要具备的条件，例如组织化策略要求学生先要把材料通过分类等方法进行改造；技能则是达到这种条件的能力，例如组织化策略要求学生具有把材料根据某些特征进行分类的能力。缺少以上四个特征的"策略"，都不能算是学习策略。

学习策略通常可分为认知策略、元认知策略、资源管理策略。认知策略指信息加工的一些方法，它有助于个体有效地在记忆中编码、存储、提取信息，与怎样掌握要学的知识直接相关，例如如何牢牢地背下《出师表》，或者怎样灵活使用加速度公式。元认知策略是学生对自己认知过程采取的认知策略，包括对自己认知过程的了解和控制策略，它可以帮助学生有效地安排和调节学习过程，元认知策略水平较高的学习者会清楚明白自己的学习风格，知道自己适合什么样的学习环境，更知道什么样的学习策略最适合自己，擅于规划自己的整个学习过程。资源管理策略是辅助学生管理可用环境和资源的策略，它可以帮助学生适应环境或调节环境要素以适应自身的需要。

（二）学习策略的发展特征

1. 学习策略发展的阶段

一般的观点认为，学习策略根据其"使用程度"和"受益程度"的不同，可分为四个阶段：无策略阶段；部分使用或使用策略的某一变式阶段；完全使用但不受益阶段；使用且受益阶段。也有学者认为儿童学习策略的发展可分为"形成"和"发展"两阶段。"策略形成"是指儿童在面临一个全新的问题时，能找到解决问题的办法，"策略发展"则是指儿童在面对类似的问题情境或任务时，能使用更高水平的方法更有效地解决问题。

2. 学习策略发展的年龄特征

关于学习策略随年龄的变化趋势存在以下三种代表性观点：（1）学习策略随年龄增长而增长；（2）年龄对学习策略无明显影响；（3）学习策略的发展随年龄增长有倒退现象，即低年级学生较之高年级学生，其学习策略的选择与使用水平更高。这种相互矛盾的结果，可能来自三方面原因：（1）不同年龄段的学生，学习策略发展特征确实不同；（2）不同的学习策略，其发展速度不同；（3）对学习策略的测评手段不甚科学。总之，学界尚需对学习策略发展的年龄特征做进一步的系统研究。同时，学生对学习策略的掌握和选择存在明显的个体差异。例如，研究发现，高智商水平个体更能自发地获得有效的学习策略；学习动机强的学生倾向于经常使用已习得的策略，动机低的学生则对策略的使用不敏感；具有内部动机的学生较多使用有意义学习的策略，具有外部动机的学生则更多采用机械学习的策略。①

研究发现,我国中小学学生在学习策略的运用上呈现出以"复述策略"、"时间管理策略"和"资源利用策略"为主导,其他学习策略兼顾应用的现状;中小学学生学习策略的应用在年龄方面呈现"U"形发展,性别差异和城乡差异都表现出如下特点:小学和初中阶段,女生和城镇学校学生对各种学习策略的运用分别要好于男生和农村学校学生;东部地区学生的学习策略运用显著好于中西部地区学生;不同学业水平的学生,在不同学习策略上的得分存在显著差异。

二、认知策略

(一)复述策略

复述策略是指为了在工作记忆中保持信息,运用内部语言在大脑中重现学习材料或刺激,以便将注意力维持在学习材料之上的学习策略,表现为在心里不断默念需要记忆的材料。在学习中,复述是一种主要的记忆手段,许多新信息,如人名、外语单词等,只有经过多次复述后,才能在短时间内记住它们并长期保持。

复述策略主要分为识记过程中的复述策略和保持过程中的复述策略。识记过程中的复述策略为:(1)利用随意记忆和有意记忆;(2)排除相互干扰;(3)多种感官参与能有效增强记忆;(4)整体与分散识记相结合;(5)尝试背诵;(6)过度学习。这些策略可以帮助学习者更快记住要记的材料。保持过程中的复述策略包括:(1)及时复习;(2)分散与集中相结合;(3)复习形式多样化;(4)反复实践。这些策略帮助学习者将材料记得更久。

(二)组织化策略

组织化策略是指按照信息之间的层次关系或其他关系对学习材料进行一定的归类、组合,以便于学习、理解的一种基本学习策略。它可以帮助学生有效地记忆学习材料。组织化策略的实质是发现要记忆的项目的共同特征或特质,而达到减轻记忆负担的目的。例如,在教低年级学生识字时,可以引导学生按照字音归类识字,或者按照偏旁结构归类识字。又如在地理教学中让学生背诵全国24个省份的名称,可以按照序列逐个背诵,但这样做费时费力。于是可以引导学生按照一定形式将要背诵的信息组织归类,例如按地理区域对省份加以组织——东北、西北、西南、中南、东南、华东、华北等区域。在学习本节知识的时候,可以构建如下结构图(如图3-14所示),这样更有助于理解记忆。这些方法便是组织化策略的运用。

有研究者曾对5—11岁儿童的组织化策略发展进行了研究。研究结果表明,对于组织化策略的自发性使用,5—7岁组使用比率很低,8—9岁组开始逐渐使用,10—11岁组比例最高。显然,儿童组织化策略的自发性使用不像复述策略那么早开始,这就提醒教师,对儿童组织化策略的训练从10岁左右开始为宜。除了年龄,学习者本身的水平也会影响组织化策略的使用。研究者也曾对初一、初三、高二年级学习优、差生的组织化策略进行研究,结果显示:在无提示的条件下(即组织化策略的自发性运用),各年级优差生组均无显著性差异;在提示条件下,各年级优、差生均有显著差异,这就意味着组织化策略的训练对优生比差生更有效。

---

① 莫雷.教育心理学[M].广州:广东高等教育出版社,2005:224.

图 3-11

组织化策略举例——本节知识结构图

学习策略特征
(1) 为了达到学习目标而积极主动使用的
(2) 有效学习必须的
(3) 有关学习过程
(4) 学习者制定的，由规则和技能组成

学习策略
更少的代价获得更好的学习效果

认知策略
如何更好的掌握知识

复述策略：运用内部语言在大脑中重现学习材料(默念)
组织化策略：按照信息之间的层次关系或其他关系对学习材料进行一定归类、组合
精致化策略：将头脑中已有的知识和刚学的新知识之间形成额外的联系
活动策略：积极主动地对知识进行深层的、有意义的编码
模式再认策略：促进学习者对刺激的模式进行再认和分类
动作系列学习策略：把某个过程分解成若干步子来学习

元认知策略
用合适自己的方式来总体规划学习活动

计划策略：根据特定目标，在一项认知活动之前进行宏观计划，包括预计结果、选择策略等
监视策略：根据特定目标及时评价、反馈自己认知活动的结果与不足，估计自己的程度和策略的有效性
调节策略：根据对认知活动结果的检查调整学习行为，或对认知策略进行检查和修正

资源管理策略
利用外界因素来提高学习效率

时间管理策略：合理安排时间、有效利用学习资源的各种方法
学习环境管理策略：使学习环境比较舒适，适宜学习
努力策略：激励自己维持学习意志的策略
学业求助策略：学习上遇到困难时向他人求助的策略

（三）精致化策略

在学习历史知识时，有经验的历史教师往往会借助一些有趣的顺口溜辅助教学。例如，在学习战国历史时，为了帮助学生快速记住"战国七雄"，会使用以下的谐音语句，"喊赵薇去演齐秦（韩赵魏楚燕齐秦）"。这种把新知识和学生头脑中熟知的旧知识建立联系的策略，就是精致化策略。

精致化策略（elaboration strategy）是指将头脑中已有的知识和刚学的新知识之间形成额外的联系，从而赋予复杂的知识以意义的过程。从前面内容已知，陈述性知识是以命题网络的形式在头脑中进行表征的，而人在学习新的命题时，可能会对原有的命题有所扩展，甚至作出某种推论，这种过程即被认知心理学家称为精致化。而学习者附加在要学习的材料上的信息可能是一个例子，一个相关命题，一个表象或者任何能帮助信息联结的东西。例如，上海地区的学生在记化学元素溴的元素符号 Br 时，就可以把它记作"修皮鞋"（上海方言），对应着"溴 Br"。又比如，学生在理解"维生素 C 能够抵御感冒"这个命题时，可能会设想其他原因，他们会结合以前的知识，想起维生素 C 能增加人体内的白细胞，而白细胞能杀死病毒，而病毒可以引起感冒等等相关的命题。由此，学生在头脑中就将这样的命题加以精致化，作出扩展，形成更大、更细致的网络了。

（四）活动策略

活动策略指的是积极主动地对知识进行深层的、有意义的编码。学习是积极主动的加工过程，而主动学习有助于进行有意义的编码。对"活动"这个词，不能仅从表面去理解，例如，在理科教学中，"动手做"往往被教师所提倡，而学生在对学习材料（磁铁或其他物体）进行操作时，教师则通常认为学生在主动学习，但实际情况可能是，如果学生不清楚学习目标，或者没被要求说出自己的想法，以及陈述新旧知识之间的联系，这样的学习对于学生来说仍然是无意义的，因此，"动手做"并不必然意味着学生"用

<h2 style="text-align:center">好的精致化策略</h2>

☞ **富有意义,并且与学习者已有的知识相匹配**

例如:要记住一对配对词组"电话——茶杯",可以用"电话洗茶杯"或者"电话砸茶杯"的联系来记忆,但前者语义不通,而后者有着正常的语义,因而帮助记忆的效果会更好。

☞ **把有待联系的信息整合起来**

例如,在前例中,形成三种精致化策略:"电话是最新款智能手机,茶杯是不锈钢的"、"电话在茶杯的旁边"和"电话砸碎了茶杯",可以看出只有后面一种精致化形式可构成有深层次含义的联系。

☞ **为整个语境充实逻辑联系**

例如:要记忆这样句子"口渴的小孩爬上山坡",可做两种精致化:"口渴的小孩爬上山坡观赏风景"、"口渴的小孩爬上山坡眺望村庄",显然,由于"村庄"可能意味着有水喝,因此后面一句经过精致化的句子则比前者更合乎逻辑。

脑做"。

教学活动应要求学生进行积极主动的认知,强调活动必须具有目的性,新旧知识间要建立联系并进行深加工。从理论角度讲,不同加工水平(level of processing)制约着个体的学习活动,个体越是进行深加工,所学的知识就越有意义。例如,仅仅要求学生把太阳系中的第四颗行星从其中区分出来,这是一种浅层的加工;但如果请学生从图表中归纳出一般模式,或请他们解释,为什么水星的温度和其他行星差别有那么大,这属于深层加工。

为了归纳出模式,学生必须鉴别各种信息之间的关系,比如和其他的外部的行星相比,把内部的四颗行星看成是较小的、离太阳比较近的行星,外部的行星看成是体积较大、距离较远(除冥王星外)。至于解释水星和其他行星的温差为什么会这么大,它也要求进行深层加工,即必须找出导致这种现象发生的原因。学生必须要了解水星的旋转区域、它的重力和大气层等知识,才能作出恰当的解释。在教学中,教师要不断地寻找各种方法,鼓励学生学习时尽可能地进行深层次的信息加工。

(五)模式再认策略

模式再认策略涉及对刺激的模式进行再认和分类的能力。模式再认策略的一个重要例子是识别某个概念的一个新事例。比如:学生在学习了什么是哺乳动物之后,在遇到鲸鱼时,可以正确地把鲸鱼分到"哺乳动物"的行列中。模式再认策略的第二个重要的例子就是识别符合某个行为的条件或符合应用某个规则的条件。比如:什么时候"倒置分数后相乘"、"什么时候要利用微积分解决问题"等。和概念一样,模式再认过程是通过概括和分化的过程学习来的。比如,学生已经学习了凡生命体必须完成的八大生命过程:获取食物、呼吸、排泄、分泌、生长、反应、繁殖、运动,这一知识属于陈述性知识。学生要利用这一知识注意生命的这八个过程,表示这一过程的条件陈述句是:"如果一个客体执行了所有这八个生命过程,那么它就是活的。"在教学中,教师可以用诸如鱼、哺乳动物、植物等生命体作为"正例",促进概括;还可以列举"反例",如水晶石虽然存在促进分化、进行生长的过程,但不实现运动和呼吸等生命过程。

(六)动作系列学习策略

动作系列可以理解为,将某一个大的过程分解为一个个小的步子,例如解几何题时,要先标出已知的条件,然后写出隐含的条件,随后回忆相关的原理公式,再利用已知条件和公式原理进行解答。如果将解几何题视为一个大的过程,后面的思考过程则是一系列步子。

动作系列首先是将学习当作构成某个过程的一系列步子来进行的。学习者必须有意识地执行每一步,一次执行一步,直到过程完成。在学习的某一个过程中,存在两个主要的障碍。第一个就是工作记忆存储量的限制,尤其在学习一个又长又复杂的内容时,困难更大,任何一个过程如果步子长达9步以上,超过短时记忆的容量(7 ± 2),那么就很难被保持在工作记忆中。为了克服这一局限,可以利用一些记忆辅助手段,如把这些步子写下来。当然,重要的是成功地完成这一过程,而不是记住这些步子。第二个潜存的问题就是学生缺少必备的知识,在学习某一内容时,要确保学生已经具备所必需的知识和技能,这一点是非常重要的。例如,学生还未学会一定的原理、定理,而要求他们解决几何证明题是十分困难的。在教学某一内容时,教师不妨先进行一下任务分析(task analysis),也就是识别为了达到某一教学目标学生必须学会的次一级的知识和技能。通过任务分析,教师能了解学生在次级技能上的能力,如果有必要,可进行一定的补习。

专栏 3-5

促进有意义编码的教学方法

☞　组织化策略
- ✓ 图表和模型图,即将大量信息组织成有意义的模型,如教师在上太阳系的课时,可以把太阳系的模型图挂在黑板上给学生讲解,这可以帮助学生把有关太阳系各行星的知识组织起来;
- ✓ 层级结构,用来表示新信息内部,或新信息与原有知识之间的上下位关系,如月亮与地球的关系,地球与太阳的关系,太阳与银河系的关系,银河系与宇宙的关系,等等;
- ✓ 实物模型,用来表征不能直接观察实物之间的关系,如上面提到的太阳系,教师还可以把太阳系的实物模型带入教室,让学生观察,这可以帮助学生学习;
- ✓ 概要,对有关知识作一概述。比如,本书每一章开始都有一个概要。

☞　精致化策略
- ✓ 帮助学生对新信息进行自我推论,以一种或两种方式增强信息的意义;
- ✓ 提示学生回忆先前上课的内容;

    ✓ 针对新信息,向学生进一步提问;提供或帮助学生自己形成类比,即比较不同观念的相同(相似)和不同;

    ✓ 运用记忆术,对没有逻辑联系的知识人为地赋予意义。

☞ 活动策略

    ✓ 以问题解决的形式掌握知识,而不是仅仅去记忆这些知识;

    ✓ 教师提出的问题应该是要求学生去分析,而不是去回忆有关信息;

    ✓ 要求学生对得出的结论提供有力的证据,而不仅仅得出结论;

    ✓ 学习概念要结合例子并注重应用,而不仅仅是下个定义;

    ✓ 考试要强调知识的应用,而不是考学生的机械记忆。

三、元认知策略

(一)计划策略

元认知计划是根据认知活动的特定目标,在一项认知活动开始之前进行宏观计划,包括预计结果、选择策略、想出各种解决问题的方法,并预估其有效性。

针对学习活动来说,元认知计划策略包括设置学习目标、浏览阅读材料、产生待回答的问题,以及分析如何完成学习任务。学业成绩优秀的学生并不只是听课、做笔记和按时完成教师布置的作业,他们通常对学习有很好的规划,如在写作前获取相关信息,在考试前复习笔记,在必要时组织学习小组,以及使用其他各种方法。成功的学生是一个积极的而非被动的学习者,他们善于在宏观层面调控自己的学习活动,明白适当的时候该做适当的事。

图 3-12

元认知策略——计划策略

(二)监视策略

元认知监视是在认知活动的实际过程中,根据认知目标及时评价、反馈自己认知活动的结果与不足,正确估计自己达到认知目标的程度、水平,并且根据有效性标准评价各种认知行动、策略的效果。

元认知监控策略包括阅读时对注意加以跟踪，对材料进行自我提问，考试时监视自己的速度和时间等。这些策略使学习者得以警觉自己在注意和理解方面可能出现的问题，以便找出来并加以修改。监控策略可以帮助学生及时了解自己目前的学习状态，以便更快发现问题、作出调整。

在阅读过程中学习者监控自身对文本意义的理解就是一种元认知监控策略。高水平的阅读者在阅读过程中自始至终都在头脑中维持着该过程，诸如发现某个细节，找出要点等。随着这一策略的执行，如果阅读者找出了这个重要细节，或抓住了课文的要点，他们会因达到目标而体验到一种满足感。但是如果没有找到这个细节，或者不懂课文，则会产生一种挫折感，进而会采取补救措施，比如重新浏览或者更仔细地阅读课文。

专栏3-6

阅读中监控对文本的理解

☞ 变化阅读的速度，以适应自身对不同课文领会能力的差异。对于比较容易的章节读快点，抓住作者的整体观点；对于较难的章节，则要放慢速度。

☞ 中止判断：如果某些事不太明白，先继续读下去。作者可能会在后面填补这一空隙、增加更多的信息或在后文中会有明确说明。

☞ 猜测：当所读的某些事不明白时，养成猜测的习惯。猜测稍未理解的段落所要表达的含义，并且读下去，看看自己的猜测是否正确。

☞ 重读较难的段落：重新阅读较难的段落，尤其是当信息仿佛自相矛盾或模棱两可时。最简单的策略往往是最有效的。

跟踪注意（集中注意）也是一种元认知监控策略。有效地选择课本或者演讲中的重要信息并加以注意是某些学习者常常使用的一个策略。效率高的学习者常常使用一些比较好的方法，来选择期待的信息加以注意。

专栏3-7

帮助学生集中注意

☞ 提前注意学习目标：在上课之前，告诉学生所注意的目标，学生会学得好一些。

☞ 重点标示：课本常常用不同的颜色或不同的版式指明要点。

☞ 增加材料的情绪性：选择情绪色彩浓的词来赢得注意。

☞ 使用独特的刺激：使用相关的视频资料吸引学生的注意力。

☞ 告知重要性：明确指出学习内容的重要性，同时也有必要指明哪些材料不重要。

（三）调节策略

元认知调节策略是指根据对认知活动结果的检查调整学习行为（如发现问题采取相应补救措施），或根据对实施认知策略效果的检查及时修正、调整认知策略。调节策略并不是一个独立的策略，而是与其他学习策略息息相关的。

元认知调节策略与监控策略有关。例如，当学习者意识到他不理解课文的某一部分时，他们就会退回去重读困难的段落；在阅读困难或者不熟悉的材料时放慢速度；复习自己不懂的课程材料；测验时跳过某个难题先做简单的题目等，都属于调节策略的应用。

元认知策略总是和认知策略同时起作用。如果一个人没有使用认知策略的能力和愿望，他就不可能成功地进行认识、计划、监视和自我调节。元认知策略监控和指导认知策略的运用，有助于学生估计自身学习的程度和决定自己学习的过程。

元认知训练的典型实验研究[①]　　专栏 3-8

金（King）让学生解决几个有关电子游戏的问题。他将这些学生随机分成三组，第一组是有指导的互相提问组，两人一组，每人手持一份元认知提问单（见附表），要求学生在尝试解决问题的同时互相提问。第二组为无指导的互相提问组，仍为两人一组，并要求在解决问题时互相提问，但没有给予提问单作为指导。第三组是无提问的控制组。每周训练两次，每次45分钟，持续三周。训练结束后比较得出，第一组的学生在解决新、老问题中的任务表现均高于其余两组。由此表明了元认知训练的有效性。

附表：供元认知训练用的问题单

计划：

（1）这个问题是什么？现在我们打算干什么？

（2）关于这个问题我们目前知道了些什么？已给了我哪些信息？这些信息对我们有什么用？

（3）我们的计划是什么？

（4）还有其他的办法吗？如果……，将会怎样？

（5）下一步我们做什么？

监控：

（1）我们遵照了我们的计划或策略吗？我们需要一个新的计划吗？我们需要一个新的不同策略吗？

（2）我们的目标变了吗？现在的目标是什么？

（3）我们上了正道了吗？我们正逐步接近目标吗？

评价：

（1）哪些措施起了作用？

（2）哪些措施没有起作用？

（3）下一次我们应该有什么不同措施？

---

① 莫雷.教育心理学［M］.广州：广东高等教育出版社,2005：247-248.

四、资源管理策略

资源管理策略主要是指学习者在学习时有效处理一些外界因素,减少不良外界因素对自己学习的影响,增强积极因素对自己学习过程的帮助,让自己更快进入学习状态,且使专注的状态持续更久的一种学习策略。它包括以下四种具体的策略类型。

(一)时间管理策略

时间管理策略,是指合理安排时间、有效利用学习资源的各种方法。

1. 统筹安排学习时间

每个人都应当根据自己的总体目标,对时间作出总体安排,并通过阶段性的时间表来落实这一安排。对每一天的活动,都要列出一张活动优先表来。在制订学习计划时,要注意将学习计划落实在学习成果上。在执行学习计划时,要有效防止拖拉作风。

2. 高效利用最佳时间

在不同时间里,人的体力、情绪和智力状态是不一样的,学习实践的质量也是不一样的。首先,要根据自己的生物钟来安排学习活动。其次,要根据一周内学习效率的变化来安排学习活动。再次,要根据一天内学习效率的变化来安排学习活动。此外,要根据自己的工作曲线安排学习活动。学习时,随着学习的进行,人的精神状态和注意力会发生变化。一般来说,存在三种变化模式:先高后低、中间高两头低、先低后高。每个人要根据自己的模式,管理和安排各时段的学习内容,确保状态最佳时学习最重要的内容。

3. 灵活利用零碎时间

首先,可以利用零碎时间处理学习上的杂事。其次,可以利用零碎时间读短篇文章或看报纸杂志,或者背诵诗词和外文单词,拓宽自己的知识面。此外,可以进行讨论和通讯,在轻松的气氛里与人交流,这也有助于创造性思维的启发。

专栏3-9

时间管理的"六要"和"六忌"

六要:

1. 要确立规律的学习时间段。
2. 要确立切合实际的目标。
3. 要尽快实施已确定的计划。
4. 要分清任务的轻重缓急。
5. 要学会对分心的事物说"不"。
6. 要自我奖励学习上的成功。

六忌:

1. 不知道自己将要做什么,没有为以后几个月或一年里的学习作出计划。

2.即使有计划,有目标,但仍然犹豫不决。

3.对某一任务不是一次完成,而是要花很多次。

4.企图做超出需要的甚至是超出可能的很多事情,因而无法集中精力学习。

5.拖延,把今天应做的事留到明天。

6.逃避,找各种办法来逃避学习,例如延长休息时间,阅读并不需要读的书籍和报纸,做一些与学习无关的琐碎事,甚至做白日梦。

（二）学习环境管理策略

学习环境管理策略是指为学习营造良好的环境。首先,使学习环境比较舒适,如流通的空气、适宜的温度、明亮的光线、和谐的色彩等都属于舒适的学习环境。

第二,设计好学习的空间,如应使空间的范围大小适中,室内布置、用具摆放有序等。第三,尽量使用固定的学习区域,如选择图书馆、教室的固定位置进行学习,这样利于将位置和学习联系起来,以便坐在此位置能够尽快投入专注学习。

（三）努力管理策略

为了使学生维持自己的意志努力,需要不断鼓励学生进行自我激励。这包括激发内在动机,树立为了掌握而学习的信念,选择有挑战性的任务,调节成败的标准,正确认识成败的原因,自我奖励等。

（四）学业求助策略

学业求助策略指当学生在学习上遇到困难时,向他人请求帮助的行为。它是一种重要的社会支持管理策略。奈尔森—黎高（Nelson-Le Gall）按照求助者的目的将学业求助划分为两类,见表3-6。

求助形式	概　　　念	特　　点
执行性求助	学习者面临自己不能解决的学习困难时,只想要答案或者希望尽快完成任务,即不做任何尝试就放弃了获得成就的能力	他人"替"自己解决困难
工具性求助	学习者遇到学习困难时,借助他人的力量以达到自己解决问题或实现目标的目的	他人提供思路和工具

表3-6

学业求助策略

进一步,把学业求助过程划分为五个阶段:

（1）意识到求助的需要。

（2）决定求助。个体对求助行为的受益和代价进行权衡,从而决定是否求助。

（3）识别和选择潜在的求助者。作出求助决定后,需要决定向谁求助,帮助者的能力、态度是个体选择帮助者的主要标准。

（4）获得帮助。获得帮助的策略有两类,一类是非语言性的,如求助的目光、困惑的表情等;另一类是言语的,即直接开口求助。

(5)评价反应。求助者最后还需要对求助结果进行评价,这包括所获帮助对问题的解决是否足够、求助策略是否有效、他人对求助的反应等方面的评价。

特别强调的是,他人的帮助如同课本一样是重要的学习资源。学业求助不是自身能力缺乏的标志,而是获取知识,增长能力的一种途径,是一种重要的学习策略。

专栏3-10

在课堂中利用模仿以及出声思维来教授学习策略

☞知识延伸

学霸真的是天生的吗——教你如何快速学习

为帮助学生成为有效使用策略者,有些研究者明确倡导利用模仿以及出声思维来教授策略。在学生最初进行练习时,教师提供教学支架,随着学生能力的提高,教师应逐步减少对学生的帮助。下面是运用该方法的一则教学实例。

刘老师是一位中学地理教师。在一堂课开始时,他说:"今天我们将学习高纬度地区、中纬度地区、低纬度地区的气候这一章。在上课之前,我们先讨论一下如何才能记住并理解所读的材料。"……"要成为阅读高手,有一种做法就是总结信息,就是将我们所学的材料作简短的陈述,这是一种非常有用的技能。首先,可以使我们很容易地记住所学信息,其次,可以使我们将某一气候带与其他气候带进行比较。当然,我们也可以在学习其他主题的时候运用这种技能,比如文化、经济等,甚至也可以运用到其他课程当中,比如学习生物课中不同的物种等。"……"现在,阅读本课材料,看看你能否发现是什么造成了低纬度地区的气候。"

在学生阅读材料几分钟后,刘老师说:"我在读这篇材料的时候,一直问自己是什么造成了低纬度地区的气候?开始,我认为低纬度气候是炎热潮湿的,但后来我看到有些低纬度地区却是炎热干燥的,因此看起来低纬度地区有两种气候,即干燥的和潮湿的。接近赤道的地方,是潮湿热带气候——整年炎热潮湿;离赤道远些的地方是干燥热带气候,夏季潮湿冬季干燥,在干燥热带气候中,高气压带导致沙漠的产生,如撒哈拉沙漠。"……"现在,来试试用我刚才的方法阅读中纬度地区的气候这一部分,看看你能否像我刚才那样做一些总结"。

所有学生开始阅读,当学生读完之后,刘老师说:"好,现在我找一些同学说出他的总结,哦,王蕾同学,你来回答。"……王蕾同学给出了她的总结,刘老师和其他同学对王蕾的总结进行评价并添加了一些信息。然后,学生继续以这种方式阅读高纬度地区气候这一部分。

在该教学案例中,刘老师展现出有效策略教学的四个特点:(1)他明确地教授了技能,解释了该技能如何操作及为何重要;(2)他明确了技能发挥作用的领域,比如强调不光在地理学科,在其他学科也同样适用,这种做法提高了学生对该技能的元认知意识;(3)示范了技能操作的步骤;(4)让学生练习技能,并给予适时的反馈。

应当注意,刘老师不仅强调了总结策略,也提到了自我提问策略。他说:"我在读这篇材料的时候,一直问自己是什么造成了低纬度地区的气候?"因此,不同策略的讲授结合在一起,这样往往能使策略教学更为有效。

参考文献

[1] 安妮塔·伍德沃克.教育心理学(第10版)[M].何先友,等译.北京:中国轻工业出版社,2008.

[2] 保罗·埃根,唐·考查克.教育心理学——课堂之窗(第6版)[M].郑日昌,主译.北京:北京大学出版社,2009.

[3] 边玉芳,等.心理学经典实验书系——教育心理学[M].杭州:浙江教育出版社,2009.

[4] 冯忠良,伍新春,姚梅林,王健敏.教育心理学[M].北京:人民教育出版社,2000.

[5] 罗伯特·斯滕伯格,温迪·威廉姆斯.教育心理学——教与学的理论与实践(第2版)[M].陈宥儒,等译.台北:华腾文化股份有限公司,2010.

[6] 邵瑞珍.教育心理学(修订本)[M].上海:上海教育出版社,1998.

[7] 斯科特·巴克勒,保罗·卡斯尔.写给教师的心理学[M].张浩,郝杰,等译.上海:华东师范大学出版社,2016.

[8] 张春兴.教育心理学——三化取向的理论与实践[M].杭州:浙江教育出版社,1998.

[9] 莫雷.教育心理学[M].广州:广东高等教育出版社,2005.

[10] 胡谊,郝宁.教育心理学——理论与实践的整合观[M].上海:华东师范大学出版社,2009.

思考题

1. 在通常情况下,学习了舞蹈的人再学花样滑冰时比学田径的人学得要快;学习了短跑的人跳远成绩更好;学会骑自行车的人能很快学会骑摩托车;学了素描的人学画油画很快;懂得英语的人更容易掌握法语,这是为什么?

请用学习迁移的相关知识进行解释。

2. 李辉怎么了? 他最近变得越来越不想学习,最近的考试也有好几门课不及格。物理不及格有他,数学考试他也不及格,而且,数学老师还用红色的粗笔在他的试卷上批道:"卷面潦草,思维混乱!"说起从前,李辉也有过辉煌的成绩:他在小学时曾经被评为三好学生,在学校征文比赛中得过二等奖,小学毕业考的成绩还名列班级的前十名。然而,升入初中后的几次考试,李辉的成绩只排在班级的三十几名,从此,李辉便丧失自信心,连他最擅长的数学课也不想听了,作业也做得马马虎虎。

请结合所学的心理学知识,分析李辉的问题及其成因。

3. 某中学的班主任夏老师通过学习,认识到学会学习是未来社会生存的第一需要,于是,夏老师在自己的班级进行了一些教学改革和实践。他在班级中大力倡导"学生掌握学习方法要比单纯获得一些知识更重要、更受用"的理念,并开设专题讲座,从理论上反复全面地向学生讲述各种学习方法,并针对学习方法的学习对学生进行书面考试。一个学期结束了,夏老师班级中的同学对于各种学习方法,能够倒背如流,但整

扫一扫二维码

获取思考题
答案要点

个班级各门功课的考试成绩不仅没有提高，而且部分学生在一些事实性知识较多的课程中，比如历史课中，还出现了学习成绩倒退的现象。

请结合所学的心理学知识，对夏老师的教学改革与实践进行分析，并谈谈自己对这个问题的看法。

扫一扫二维码
获取教师资格考试
同步练习题及参考答案

第四章

学习理论

· ·

学习目标

1. 解释经典条件作用如何影响学生的学习；

2. 比较经典条件作用和操作条件作用，并且举例说明；

3. 举例说明强化和惩罚的四种不同形式；

4. 描述不同强化程序对学生的影响；

5. 就某一普遍的学业或行为问题，设计应用性行为分析的教学介入方案；

6. 解释有意义学习的实质及方式；

7. 解释加涅的学习层级论；

8. 解释安德森的知识分类体系及对教学的启示；

9. 理解需要层次理论和自我实现的含义；

10. 解释人本主义的学习理论及其对教学的启示；

11. 理解认知建构主义的核心思想及其关于学习所达成的共识；

12. 理解社会—文化建构主义的核心思想及关于学习所达成的共识；

13. 理解基于建构主义的各种教学模式并能在教学实践中加以应用。

关键词

经典性条件作用：由巴甫洛夫首先研究，它关注无意识情绪或生理反应的学习过程。

操作性条件作用：通过后果和前因来加强或减弱有意行为的学习过程。

正强化：在某一行为后通过呈现令人满意的刺激来加强行为的过程。

负强化：在某一行为后通过移去令人厌恶的刺激来加强行为的过程。

呈现性惩罚：在某一行为后出现的刺激会抑制或减少该行为的发生。

移去性惩罚：移除某一刺激，以减少不当行为的发生。

普雷马克原理：一种用来帮助教师选择有效强化物的方法，即喜欢的行为可能是不喜欢的行为的有效强化物。

掌握学习：一种教学方法，即在学习下一个单元前学生必须通过前一单元的一定水平的考试。

程序化教学：与塑造过程紧密相关，开始让学生用已习得的反应来回答问题，然后以非常小的步骤引入新的信息，并随即提出一些学生能正确回答的问题。

有意义学习：个体获得有逻辑意义的文字符号的意义，是以符号为代表的新观念与学生认知结构中原有的观念建立实质性的而非人为的联系。

陈述性知识：有关事实、定义、程序以及规则是什么的知识。

程序性知识：有关如何行动的知识。

需要层次理论：马斯洛提出人有七种基本需要，即生理需要、安全需要、归属与爱的需要、尊重需要、求知的需要、美的需要和自我实现需要，这些需要从低级到高级排成一个层级。

自我实现：指一个人力求变成他能变成的样子，即"成为你自己"。

个体(认知)建构主义：强调学习者积极主动地构建知识并理解信息意义的观点。

维果斯基的社会—文化学派：重视人与社会的互动，以及心理工具在人的心理发展中的重要性。

社会建构主义：强调知识是个体通过社会性相互作用来获得的一种建构主义观。

社会—文化认知观：强调知识(或学习)与文化、历史和风俗习惯背景之间存在密切联系的一种建构主义观。

社会建构论：从社会层面而非心理水平上来研究社会交往对学习影响的一种建构主义观。

合作学习：由几个能力不同的学生组成小组共同学习，并强调学生之间的互动。

教学对话：学生通过与教师和其他学生的互动而学习。

认知师徒法：指新手在专家的指导下获得知识和技能。

互惠教学：在示范的基础上，传授阅读理解策略的一种方法。

本章结构

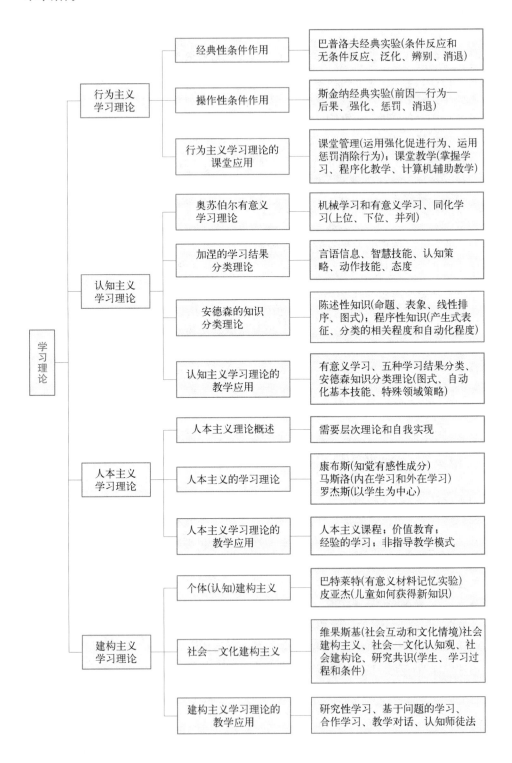

学习理论是心理学里非常古老且重要的主题。学习理论是探究人与动物学习本质及其形成机制的心理学理论。它是重点研究学习的性质、过程、动机、方法、策略以及影响学习的各种因素的一门学说。心理学家们从观察个体的学习活动中提出不同的学习理论，反过来，又依据学习理论给予教师关于学生如何进行科学高效学习的建议。

一百多年来，心理学家在探讨学习的规律过程中，由于其哲学基础、学科背景、研究手段的不同，产生了对学习的各种不同观点。这些不同观点形成了不同的学习理论流派。行为主义学习理论、认知主义学习理论、人本主义学习理论以及建构主义学习理论是影响最为深远的几种学习理论，它们分别从不同的角度阐述了何为学习、学习如何发生、如何引导学习等问题。其中，行为主义学习理论主张学习是因环境而导致的行为的改变，强调条件反射的形成和强化的重要影响。这其中以经典性条件作用和操作性条件作用的学习理论最具代表性。认知主义学习理论主张，学习是个体头脑中认知结构的改变，是对外部刺激的意义的理解和建构，以有意义学习理论和学习结果论等为其代表性理论。人本主义学习理论强调人类学习过程中的一些情感因素、动机因素、人际关系和沟通的作用，其中以康布斯、马斯洛和罗杰斯等人的学习理论为主。建构主义学习理论则更加关注学习者如何以原有的知识经验、心理结构和信念为基础来建构知识，更加强调学习的主观性、社会性和情景性，以认知建构主义和社会—文化建构主义理论为代表。

本章共分四节，分别介绍上述四种理论派别的代表性学习理论。需要注意的是，各个学派的学习理论分别是从不同角度来解释学习以及学习的规律和特点的，我们需要客观地看待这些不同的学习理论。没有哪种学习理论是完全正确，能够解释学习活动中的所有情况的。教师们应该结合各个学派学习理论的观点，灵活地看待学习活动，依据合适的教学策略引导学生学习。

第一节　行为主义学习理论

行为主义认为，学习是由经验引起的可观察行为的相对持久的变化。该定义强调可观察的行为，体现了行为主义的特点，即不考虑学习者内部的认知结构，只重视考察可观察的外显行为。本节首先介绍两种行为主义的学习过程：经典性条件作用和操作性条件作用，随后探讨行为主义学习理论在课堂中的应用。

☞知识延伸

如何训练
大脑

一、经典性条件作用

巴甫洛夫（Ivan. P. Pavlov）是俄国著名的生理学家，他在对狗的消化系统研究中发现，可以通过某种方式来控制狗分泌唾液的反应。最初，狗只有见到食物，唾液分泌量才增加；后来则发展到只要见到送食物的实验助手，甚至听到实验助手的脚步声，唾液分泌量便开始增加。巴甫洛夫将狗的这种提前分泌现象称为"心因性分泌"，并由此开始了其著名的经典性条件作用（classical conditioning）的研究。

（一）巴甫洛夫的经典实验

在巴甫洛夫的一个经典实验中，研究人员将狗置于严格控制下的隔音实验室内，通过遥控装置将食物送到狗的面前，然后通过仪器随时记录狗的唾液分泌量（如图4-1所示）。实验开始后，研究人员首先向狗呈现铃声刺激，铃响半分钟后便给予其食物，然后

01. 巴甫洛夫

巴甫洛夫（Ivan P. Pavlov, 1849—1936）俄国生理学家、心理学家、高级神经活动学说的创始人，高级神经活动生理学的奠基人。1904年因消化腺生理学研究的卓越贡献荣获诺贝尔生理学奖，这是第一位在生理学领域获诺贝尔奖的科学家。巴甫洛夫是用条件反射法对动物和人的高级神经活动进行客观实验研究的奠基者。他的主要著作有《心脏的传出神经》（1883）、《主要消化腺机能讲义》（1897）、《消化腺作用》（1902）、《大脑两半球机能讲义》（1927）等。

观察并记录狗的唾液分泌反应。当铃声与食物如此匹配呈现多次以后，当研究人员仅向狗呈现铃声而不提供食物时，狗也会做出唾液分泌反应。

在这个实验开始时，只有食物可以诱发狗的唾液分泌反应；这时，可以把食物称为无条件刺激（unconditioned stimulus, UCS），因为食物和唾液之间的自然联结不需要任何条件或先前的训练就能建立起来。由食物诱发的唾液分泌反应被称为无条件反应（unconditioned response, UR），因为它是自动发生的，不需要任何条件。而铃声不能诱发狗分泌唾液，所以铃声被称为中性刺激（neutral stimulus, NS）。

在实验过程中，当铃声与食物多次配对之后，单独呈现铃声而不出现食物时，狗也会分泌唾液，此时，中性刺激的铃声因能诱发原来仅受食物制约的唾液分泌反应，因而变成了条件刺激（conditioned stimulus, CS），而把单独呈现这一条件刺激便能引起的唾液反应叫作条件反应（conditioned response, CR）。以上就是经典性条件作用的形成过程。

图 4-1

巴甫洛夫关于经典性条件作用研究的实验装置

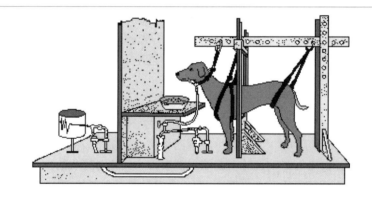

专栏 4-1

教学中的接近性

假如有人问："7×8是多少？"你很快会反应回答："56。"这种反应就是学习的结果，它是通过接近性或简单的刺激（S）—反应（R）配对发生的。接近性原理就是如果两种或两种以上感觉经常连续出现，那么它们就会联结在一起。随后，当一种感觉（刺激）出现时，另一种感觉也会被记起。刺激可以是视觉的、听觉的、嗅觉的或其他的感官从环境中接受的影响，反应则是联结所导致的行为。

结合上述乘法问题，如果经常把"7×8"与"56"相匹配，那么当你看到或听到"7×8"（刺激）时，就会得出"56"（反应）。当教师将刺激与反应匹配成对，例如在使用教学卡片的教学活动中，教师用数字7和8的卡片引导学生将其联想成7和8的乘积，结果为56，那么，学生以后看到7和8就很容易想到56。在经典性条件作用中，接近性起了主要作用。

（二）泛化、辨别和消退

巴甫洛夫也研究了经典性条件作用过程中的另外三个过程：泛化（generalization）、辨别（discrimination）和消退（extinction）。泛化是指对相似的刺激以同样的方式作出的反应。例如，狗学会了对某一特定声音作出分泌唾液的反应之后，在听到或高或低的音调时，也会作出分泌唾液的反应。

辨别是指对相似但不同的刺激作出不同的反应。例如，当某种音调出现之后呈现食物，其他音调出现则不呈现食物，狗开始学会作出辨别——只对某种音调作出分泌唾液的反应，而对其他音调不作出该反应。

消退是指刺激出现而反应不再出现或消失的过程。例如，在条件作用建立以后，如果条件刺激反复呈现而没有无条件刺激相伴随，则条件反应会变得越来越弱，直至最终消失。但是，这种消退现象只是暂时的，休息一段时间以后，当条件刺激再次单独出现时，条件反应仍会以微弱的形式重新出现。当然，随着进一步消退训练，这种自发恢复了的条件反应又会迅速变弱。然而，要完全消除已经形成的某种条件反应比获得这个反应要难得多。

巴甫洛夫及其后来的研究者认为，经典条件作用对个体的认知和情绪发展很有意义。这是因为在经典性条件作用中，个体可以获得对各种情境的情绪或态度的反应，也就是说像事实和观念一样，情绪和态度也可以通过学习获得，而情绪的获得反过来又会影响事实和概念的学习。例如，有些学生一想到考试就会生病，或者一参加考试就感到焦虑不安。再如，如果教师不断关心和鼓励学生，学生则会逐渐把学习与这些鼓励联结起来，从而在心目中会对学习和学校形成好感。上述这些反应都是通过经典性条件作用形成的。

此外，学生的某些情绪或行为习惯也是由泛化、辨别和消退等方式来形成的。如泛化，有些学生参加数学考试时感到紧张，后来在参加化学考试时也会产生这种感觉，这是因为紧张情绪泛化到了其他科目中。如辨别，有些学生参加化学考试时感到紧张，但是参加英语和历史考试时则没有这种感觉。如消退，有些学生在课堂上具有强烈的发言愿望，积极举手，如果教师不满足他们的愿望，那么他们发言的愿望就会消退，以后很可能不再举手发言。

在课堂教学中应用经典性条件作用

专栏4-2

☞ 把学习任务与积极、快乐的事件相联结
- ✓ 与个体竞争相比，要更加重视群体竞争与合作。许多学生对个体竞争有消极的情绪反应，这可能会泛化到其他学习活动当中。
- ✓ 创造一个舒适的读书角，吸引学生主动地阅读。
- ✓ 提供温暖、舒适的课堂环境，使学生产生温馨的感觉，进而泛化到学习活动中。

☞ 帮助学生成功地摆脱产生焦虑的情境
- ✓ 给害羞的学生分配更多与其他同学交往的任务，例如分发作业本或试卷，辅导其他同学功课等。
- ✓ 设计小的步骤，实现大的目标。例如，如果有位同学害怕在全班同学面前讲话，可以先让这位学生在小组同学面前坐着读一个报告；接着站着读一个报告；后来让这位学生根据笔记内容作一个报告。最后，再让他到讲台前给全班同学作报告。

✓ 向不愿意回答问题或成就动机低的学生提问时，可以提一些征求性问题，如："对于这个问题你们注意到什么了？""你会如何比较这两个例子？"教师可以对学生作出的任何提议给予积极的评价，帮助学生建立自信心。

☞ 帮助学生认识情境间的差异性和相似性，以便适当地辨别和泛化。

✓ 有些同学参加关键的考试会感到紧张，教师可以适当引导学生，让他们保持与日常小测验一样的心态。

二、操作性条件作用

02. 斯金纳

斯金纳（Burrhus F. Skinner, 1904—1990），美国心理学家，新行为主义心理学派的创始人，操作性条件反射理论的奠基者。他对有机体的行为分析的核心观点是在用"斯金纳箱"对动物实验研究的过程中，发展了巴甫洛夫的经典性条件作用理论后发现和揭示的。他引入了操作条件性刺激来与传统的条件刺激相区别，并强调强化在学习中的重要性。其主要著作有《有机体的行为》（1938）、《科学和人类行为》（1953）、《言语行为》（1957）、《强化程序》（1957）、《教学技术》（1968）、《关于行为主义》（1974）、《超越自由和尊严》（1971）等。

巴甫洛夫的经典条件作用理论主要探讨个体自主的无意识反应，例如分泌唾液和感到恐惧等。但人类的学习并非都是自主的、无意识的或者是被动引发的，大多数行为是有意而为的。也就是说，人们往往可以积极地作用于环境以产生不同结果，这种涉及主动行为的学习过程就称为操作性条件作用（operant conditioning）。

（一）斯金纳的研究工作

桑代克早期以猫的实验来研究动物的联结式学习，为操作性条件作用奠定了基础。而对操作性条件作用进行系统且深入研究的却是斯金纳（Burrhus. F. Skinner）。从发生过程来看，行为受两类环境的影响：在行为之前的环境（或事件），即前因（antecedents）；在行为之后的环境（或事件），即后果（consequences）。这种关系可简单地表示为"前因—行为—后果"。随着行为的发生，前一轮的后果就是下一轮"前因—行为—后果"过程的前因。

斯金纳及其同事的早期工作集中于"后果"的研究，并通常使用白鼠或鸽子作为被试（如图4-2所示）。为此，斯金纳设计了一种特殊的仪器，即一个阴暗的隔音箱，并将其称为斯金纳箱。在这个斯金纳箱内，有一伸出的杠杆，下面有一个食物盘，只要箱内的动物按压杠杆，就有一粒食丸会滚入食物盘内，动物即可得到食物。实验时将饥饿的白鼠关在箱内，白鼠便在箱内不安地跑动，活动中偶然按压了杠杆，便可得到一粒食

图 4-2

斯金纳箱

丸。以后白鼠再次按压杠杆,又可得到食物。由于食物强化了白鼠按压杠杆的行为,因此白鼠后来按压杠杆的频率迅速上升。由此斯金纳发现,反应之后出现的结果对有机体作出的反应起着控制作用,它能影响以后反应发生的概率。

斯金纳认为,经典性条件作用仅能解释人类学习行为中一小部分的内容,大多数是操作性条件作用的结果。进而,两个条件作用的区别在于:经典性条件作用只能描述现存的行为如何与新的刺激匹配,但它不能解释新的操作行为是如何获得的(具体见表4-1)。

比较范畴	经典性条件作用	操作性条件作用
主要代表人物	巴甫洛夫	斯金纳
行为	无意的,如人不能控制情绪的、生理的行为	有意的,如人能控制的行为
顺序	行为发生在刺激之后	行为发生在刺激(后果)之前
学习的发生	中性刺激与无条件刺激的匹配	行为后果影响随后的行为
教学案例	学生将课堂(开始是中性的)与教师的热情联结在一起,于是课堂能产生出积极情绪	学生回答问题后,受到表扬,于是其回答问题的次数增加

表4-1

经典性条件作用和操作性条件作用的比较

(二) 操作性条件作用理论

1. 前因

在操作条件作用中,前因能提供一些信息,表明哪种行为将导致积极的后果,哪种行为将导致消极的后果。鸽子学了在灯亮的时候去啄圆盘,以此获得食物,但是在灯灭的时候则不会作出如此反应,因为在灯灭的时候在圆盘内没有食物出现。换句话说,鸽子学会了使用前因(灯光)作为线索,去辨别啄圆盘的结果。那么鸽子啄圆盘是由灯光刺激所控制的,这与经典性条件作用的辨别有什么不同呢?主要区别在于这里所说的啄圆盘是有意的行为,而不是像动物分泌唾液那样的条件反射。在日常生活中,每个人都学会了辨别不同的情境,比如什么时候向你的朋友借自行车最合适?是在你们刚发生分歧之后,还是在你们愉快地参加过聚会之后呢?答案显而易见是后者。

课堂教学中的线索和提示

专栏4-3

在课堂中,教师应该有意地使用一些线索。例如,在教学场景中经常会有这样的情况发生,教师提出问题要求学生回答,如果学生能正确回答,教师便予以强化,但是,学生时常回答不出来或者回答不正确,这种情况时常发生在成就动机比较低的学生身上,那么教师应该怎样解决这个问题呢?可以用提示来促进学生给出令人满意的答案。下面是一堂关于副词的语法课的案例。

教师在黑板上写了这样一句话:当小明听到了他的名字时,就迅速地站了起来。这时，教师问小云："这句话中哪个是副词?"小云没有回答。于是教师继续问小云："看这句话，小明做了什么?""他站了起来。"教师继续引导学生："怎么站起来的?""嗯……迅速地。""那么哪个是副词呀!""……迅速地。""对，很好，小云。"这位教师通过这样一步步的引导，引出了教师可强化的满意行为。

帮助学生以适当的方式对某一线索作出反应，其目的在于使线索成为可辨别的刺激，这种提供额外线索的方法叫作提示，它发生在线索之后。在使用线索和提示来教学时，有两个基本原则：第一，确保作为线索的环境刺激即刻出现在所使用的提示之前，以便学生能对线索作出反应，而不是对提示作出反应；第二，尽可能地淡化提示，避免学生依赖于提示。

2. 行为后果

后果在某种程度上能决定人们是否会重复某一特定的行为。后果的类型及出现时间的选择能加强或减弱该行为。按照所发生行为的增减，可把后果分为强化（reinforcement）与惩罚（punishment）两类。

（1）强化。强化物（reinforcer）并非仅仅指奖励，它在心理学中有特殊的含义。强化物就是后果，可以加强随后的行为。也就是说，只要被强化的行为在频率或持续性上增加了，行为的结果就是强化物。例如，食物能增强饥饿动物的进食行为，因而在这一场合下，食物是最好的强化物。但是，强化物（行为后果）能否强化行为，这有赖于个体对事件意义的理解。例如，学生甲和学生乙上课时随便讲话，引起同学们哄堂大笑，但学生甲把这一后果（哄堂大笑）当作强化物，则可能继续随便讲话的行为；而学生乙认为这不是他所期望的后果，因而会收敛随便讲话的行为。

一般来说，有两种形式的强化：正强化（positive reinforcement）和负强化（negative reinforcement）。正强化就是在某一行为后通过呈现令人满意的刺激来加强行为的过程。例如，鸽子啄红色键得到食物，儿童穿一套新衣服得到更多的称赞等。而在某一行为后通过移去令人厌恶的刺激来加强行为的过程称为负强化。例如，犯人通过积极改造以争取减刑，儿童努力学习以避免父母的责骂。值得注意的是，在正强化和负强化中，"正"是指满意刺激的出现，"负"是指厌恶刺激的消失，"强化"则指引起行为增加的过程。

（2）惩罚。负强化经常与惩罚相混淆。首先应当区分，无论是正强化还是负强化，都是加强行为的过程，而惩罚则相反，是减少或抑制行为的过程，也就是说，被惩罚行为在以后相似的情境中很少得到重复。惩罚也有两种形式：呈现性惩罚（presentation punishment）和移去性惩罚（removal punishment）。呈现性惩罚是指在行为之后，出现的刺激会抑制或减少该行为的发生，也就是通常意义上所说的惩罚。例如，对小偷小摸行为加以斥责。而移去性惩罚，实际上并非将惩罚移走，而是移去某一刺激，以减少不当行为。例如有些儿童爱打架，家长就不让他们看电视，以此减少儿童因模仿而产生的这种攻击性行为。可见，两种形式的惩罚，其结果都是导致受惩的行为减少。

当行为发生之后，若不给予任何强化，则此行为可能消退。在经典性条件作用中条件刺激已经建立起来,而如果条件刺激再次出现,无条件刺激没有紧随其后,那么久而久之,条件作用就会消失。在操作性条件作用中,如果撤去强化,人或动物将不会持久表现某一特定的行为,最终这个行为将会消失。例如,推销员挨家挨户地推销一种机器,但是几周都没有卖出一台,他很可能就会放弃推销。可见没有强化发生,将会导致人的某种行为消退。

学校情景中的强化和惩罚

专栏4-4

☞ 正强化
  - ✓ 学生的某些积极行为,如某学生准时交作业,教师则加以表扬,这就是正强化过程。
  - ✓ 学生的某些消极行为,如某学生从椅子上滑落,可能引起同学们的大笑,教师如果处理不当,这类行为也可能得到正强化,进而使学生不断出现此类问题行为。
☞ 负强化
  - ✓ 学生的某些积极行为,如某学生上课积极发言,教师说其不专心学习的可能性降低,就是负强化过程。
  - ✓ 学生的某些消极行为,如有的学生总是在考试前生病,这样可以使他们逃避其厌恶的情景——考试,于是生病这一行为得到负强化,以后凡是有考试,学生就会常找这样借口。
☞ 呈现性惩罚
  - ✓ 教师批评学生的错误行为,留大量的惩罚性作业,罚学生跑圈等,这些都是呈现性惩罚。
☞ 移去性惩罚
  - ✓ 教师和父母经常会因为孩子行为不当而收回他们的一些"特权",这就是在使用移去性惩罚。

值得注意的是,同样一个行为后果,不同的人对"强化"与"惩罚"的理解不同。如同样对放学后被留校谈话,有些学生认为这是一种惩罚,而有些学生却根本不在乎这件事。所以,教师在课堂教学中运用"强化"与"惩罚"时,要注意学生对同一刺激的不同理解。同时,有的学生喜欢受人关注,经常扰乱课堂纪律,教师如果想通过消退这一方式来消除该生此行为,那么就在他捣乱时忽视他,但这个过程需要很长的时间。往往情况是,教师最终放弃忽视,转而重新开始关注他。如果这样,"重新"的强化开始发生,就是继续鼓励了学生的捣乱行为。

---

3. 强化程序

所谓强化程序(reinforcement schedules),是根据个体的学习特征,合理地安排各种形式的强化。例如在学习新行为时,每一个正确反应都要得到强化,就要采用连续强化;而在新行为掌握后,为了更好地保持这种新行为,则需要间断强化而不是连续强化。一般来讲,存在两种基本的间断强化类型,第一种是时间程序——以强化物之间所经历的时间量为基础,另一种是比率程序——以强化物之间学习者须作出的反应数为基础。时间程序和比率程序既可以是固定不变的(可预测的),也可以是变化的(不可预测的)。表4-2总结了5种可能的强化程序(1种连续程序和4种间断程序)。

表 4-2

强化程序表

程　序	定　义	例　子	反应建立的方式	强化终止后的反应
连续强化	在每个反应后都给予强化	一打开电视机便看见图像	迅速地学会反应	反应几乎没有持续性,并迅速地消失
定时强化	在一固定的时段后给予强化	周测验	随强化时间的临近,反应数量迅速增加,强化后反应数量迅速降低	反应具有很短的持续性;当强化时间过去且不再有强化物出现时,反应速度会迅速降低
不定时强化	在不定的时段后给予强化	随机测验	反应建立缓慢、稳定,强化后反应不会暂停	反应具有更长的持续性;反应降低的速度缓慢
定比强化	在固定反应数后给予强化	计件工作	反应建立迅速,强化后反应会暂停	反应具有很短的持续性;当达到预期的反应数或不再有强化物出现时,反应速度迅速降低
不定比强化	在不定反应数后给予强化	赌博机	反应建立的速度很快,强化后几乎不会暂停	反应具有最长的持续性,且保持在很高的水平上,难以消失

可以看出,习得行为持续性有赖于强化的可预测性,连续强化、定比与定时强化是完全可预测的。个体预期在某一时刻或任务上发生强化,但强化并没有出现,就会很快地放弃这一行为。为了鼓励行为的持续性,不定的强化程序最适合,这是由于出现的强化并不固定,所以个体必须始终保持反应状态。事实上,如果强化程序渐渐改变,直至强化仅在个体作出许多反应或有一较长时间后才会出现,那么个体就能持续表现某一行为,这与人们玩赌博机的道理是一样的。

专栏 4-5

在课堂中应用操作性条件作用

☞ 使用行为方法时,要尽可能地使用强化,而不使用惩罚;必须使用惩罚时,要使用移去性惩罚,而不使用呈现性惩罚。例如,在每周开始时,教师可以给学生一定的"操行分数",如果学生违规,扣掉一分,一周后所剩的分数可换取自由活动的时间。

☞ 选择有效的强化物。例如,教师可以采用问卷,调查学生最喜欢得到什么奖励。

☞ 鼓励学生比较不同的例子和信息,促进泛化和辨别。例如,小学三年级的学生自己注意到了青蛙和蟾蜍的区别,教师应该予以表扬。

☞ 适当使用强化程序。例如,为了避免在固定间隔强化后学习效果迅速降低,代数教师可以使用一些随机测验。

☞ 对学生提供明确反馈。例如,语文教师要对每位学生的作文予以评分,并详细解释他为什么得这个分数,而且要认真地批改学生作文中每句话的表达和字词的运用。

☞ 塑造所期望的行为。例如,当学生小有进步时,教师应立即予以表扬,这种表扬会使学生的行为逐步指向他所期望的方向。

自定步调学习时间的习惯性反应：来自眼动的证据[1]

专栏4-6

习惯性反应指学习者根据自身阅读习惯来进行学习时间分配,它通常由词对位置这一外部线索激发。自定步调学习时间是指学习者对所学项目进行自由分配的学习时间。本研究运用眼动记录技术,采用 Metcalfe 范式探讨词对位置和难度对学习时间分配的影响,以检验自定步调学习时间的习惯性反应。结果发现,在自定步调总学习时间上,学习者倾向于对难度越大的项目分配越多的学习时间;而在前期自定步调学习进程上,当词对位置为"易——中——难"条件时,学习者倾向于优先在容易项目上分配较多的学习时间,接着是中等难度项目,最后是困难项目;当词对位置为"难——中——易"条件时,结果相反。这说明学习者的自定步调总学习时间受项目难度驱动,而前期自定步调学习时间受习惯性反应影响。

三、行为主义学习理论的课堂应用

应用行为主义学习原理来改变学生的行为,被称为行为矫正。从理论上讲,应用行为分析需要清晰地描述所要改变的行为,细致地测量行为,分析不当行为的前因和后果,然后按照行为矫正的原理进行干预,以期改变行为,最后细致地测量行为的变化。

(一)课堂管理

1. 运用强化来促进行为

对于学生表现出的良好行为,教师应通过强化促进这种行为发生的可能性,并使其稳定下来成为学生的习惯。以下是一些可用的强化方法。

(1)普雷马克原理(Premack principle)。虽然课堂中有许多可利用的强化物,如教师的注意,与其他同学聊天,玩游戏等等,但如果教师任意地提供这些强化物,则可能丧失其强化的作用。普雷马克原理就是用来帮助教师选择最有效的强化物的一种方法,它是指用高频行为(学生喜欢的行为)作为低频行为(学生不喜欢的行为)的有效强化物。例如,让喜欢看电影的学生在每次按时完成作业(不喜欢的行为)后,给他们看喜

---

[1] 李伟健,等.自定步调学习时间的习惯性反应：来自眼动的证据[J].心理科学,2013,36(5):1043-1047.

欢看的电影(喜欢的行为)。但要注意的是,同一强化物对一个学生有效果可能对另一个学生没有效果;此外,如果过度使用强化物,强化物可能会丧失其原有的效力。教师可采用如表4-3中所罗列的内容来了解学生在课堂上最喜欢的事情或事物。

表4-3	你喜欢什么?		
	姓　　名	年　　级	日　　期

了解学生对不同强化物的看法的调查表

请你尽可能地完成所有问题的回答:

1. 我最喜欢的学校科目是:
2. 在学校里我最喜欢做的三件事是:
3. 假如在学校每天都有30分钟的自由时间,我喜欢做:
4. 我喜欢吃的两种点心是:
5. 在课间休息时我最喜欢去(三件事):
6. 如果有1元钱要花掉,我会买:
7. 在课堂上我喜欢的三件事是:
8. 在学校我最喜欢与之一起学习的两个人是:
9. 在家里我真正喜欢(三件事):

……

(2)适时表扬。教师忽视违规的学生,表扬守规矩的学生,这可以改进学生的行为。虽然表扬和忽视很有效,但并不能解决课堂管理中的所有问题。有研究表明,当教师使用正强化(多数为表扬)作为课堂管理的唯一策略时,违反课堂纪律的行为仍然存在。为进一步发挥其作用,教师的表扬必须令人信服,并且在时间上接近要强化的行为,教师要明确地说明所强化的行为,这样才会产生积极的效果。换句话说,表扬应该是对明确而良好行为的真诚认同,这样学生才能够认识到,为获得这种认同该做些什么。

(3)行为塑造。对复杂行为,教师一般采用塑造(shaping)的方法;这是一种通过强化每一个小的进步来达到预期行为目标的有效方法。在行为塑造的过程中,教师可以采用任务分析。其一般过程是,把期望学生掌握的复杂任务,分解为一系列小步骤,并按等级把任务分解为基本技能和子技能的系统。在课堂管理中,教师要描述各个小步骤的逻辑顺序,并在进行每一步骤之前,要明确学生是否已掌握了必要的前提技能,还需要了解导致学生困难的原因。在任务分析的基础上,教师可以从以下三方面进行行为塑造:① 强化每一子技能;② 提高强化的准确性;③ 强化行为的持续时间。应当注意的是,塑造需要较长时间,并且适用于在持续性、准确性与速度上需要大量练习才能获得的技能。

(4)正面练习。正面练习是帮助学生用一种行为替换另一种行为的策略。这种方法尤其适用于学生的学业错误。学生犯了错误,教师必须尽可能地纠正,让学生执行正确的行为;这是因为他们有时候并不知道正确的行为是什么,所以才会不恰当地采取了错误行为。学生违反课堂纪律时,教师也可以使用同样的方法。但要注意,学生需要的是改正行为,而不是受到惩罚。

运用强化来促进行为的方法

☞ 通过学生认可的方式来认同积极的行为
  ✓ 教师提出课堂纪律，遵守纪律就有积极的结果，违反纪律就会产生消极的后果。
  ✓ 教师以提供第二次机会的方式，让学生对承认错误的行为进行认同。如教师对承认抄写他人作文的学生说："由于你承认了抄别人的文章，我将再给你一次机会重新写一篇文章。"
  ✓ 教师对学习努力的学生给予令人满意的回报。比如，额外的休息时间、免除作业或测验、额外加分等。

☞ 当学生面对新的学习材料、尝试使用新技能时，教师应给予大量的积极强化
  ✓ 对学生首次尝试之事，教师应找到正确的行为并加以评述。
  ✓ 对学生间的相互促进予以强化。如教师在课堂上对学生说："初次学习英语发音会感觉比较难，而且很绕口，当有同学勇敢地尝试读新单词时，大家不应当嘲笑他，而是应该互相帮助。"

☞ 在新行为确立之后，教师可通过使用不可预测的强化程序表，来促进行为的持续性
  ✓ 教师对课堂上表现好的学生给予额外的奖励。
  ✓ 教师可以在上课前提出一个简短的问题，不要求学生必须回答，但如果某位同学回答得好，就额外加分。
  ✓ 确保学习出色的学生可以不时地得到称赞，但也不要给其造成得到称赞是理所当然的印象。

☞ 使用线索帮助学生形成新的行为
  ✓ 教师在课堂上给出幽默的暗示，以提醒学生遵守纪律。
  ✓ 学年开始时，教师以清单的方式提醒学生上课需要带的材料。

☞ 确保所有学生(包括经常惹祸的学生)的良好行为，能够得到一些表扬、"特权"或其他奖励
  ✓ 教师应不时地翻看点名册点名，确保所有学生都能得到强化。
  ✓ 教师应为强化设立标准，目的在于使所有学生都有机会得到奖励。

☞ 建立种类繁多的强化物
  ✓ 教师让学生自己提出强化物或从众多强化物中自主选择。
  ✓ 教师与父母或其他教师讨论孩子的强化物。

☞ 使用普雷马克原理，确定有效的强化物
  ✓ 教师可观察学生在自由时间都做了些什么。
  ✓ 教师应注意学生喜欢和谁一起学习，这是因为和朋友一起学习是一个好的强化物。

2. 运用惩罚来消除行为

教师应考虑运用惩罚以减少学生不良行为发生的可能性。以下提供了一些可用的惩罚方法。

（1）餍足。餍足就是坚持让学生持续做某一行为，直到他们厌倦为止。教师使用此方法时应十分慎重，因为强迫学生持续某些行为，可能会给学生的身体和情绪造成伤

害,甚至可能产生意想不到的危险。教师在使用餍足策略时应当注意:第一,学生未完成规定行为之前,不要放弃和降低标准;第二,所餍足的行为应是将要消除的不良行为。

(2)斥责。一般来说,在不同场合教师采取同样的斥责方式可能会起到不同的效果。例如,在公开场合大声斥责学生可能制止某些行为,但有时私下里温和地斥责学生将会产生更好的效果。教师认为在课堂上大声斥责犯错误的学生,并且使全班同学都能听到,这样会起到"杀鸡儆猴"的效果。但有时,学生正希望借助这种斥责来引起他人的注意,这样能体现自己非常有"胆量",于是就会表现出更多的不良行为。所以,教师是否使用斥责以及如何使用斥责,应根据不同场合而定。

(3)代价。代价就是个体由于违反某一规则,将失去一些强化物(金钱、时间、权利、快乐)。例如,随地吐痰后被罚款。而在课堂上,教师应该明确地表明学生因不良行为可能要付出的代价。例如,首次违反课堂纪律,教师给出警告;二次违反课堂纪律,教师在点名册上做一标记,这一标记意味着违反纪律的这个学生将失去2分钟的课间休息时间;最后,当违纪的标记达到一定数目,可能意味着该学生将失去与同学们一起郊游的机会。

(4)孤立。社会孤立就是将课堂上爱捣乱的学生从班级中隔离出来。例如,把该生独自关在一间空房里,让他觉得毫无乐趣可言;还可以要他到校长办公室或者限制他坐在教室的某个角落里,等等。一般来说,孤立惩罚的持续时间不宜过长,否则将可能导致学生的极端行为。

案例4-1	课堂教学中的餍足

　　在一堂初中数学课上,教师突然注意到有4个学生总是在做各种奇怪的动作。于是教师就追问他们,这些学生终于承认他们正在扔一个网球,该教师假装以极大的热情询问并接受这种活动,同时建议全班同学都来一起玩。起初,学生一边笑、一边扔网球,过了一分钟,笑声停止了,有一名学生甚至停下来不扔了。尽管如此,教师仍坚持让所有的学生继续扔网球。5分钟后,多数人都因疲惫而提出不想再扔网球了,这时教师让学生都停了下来。那堂课上再没有人玩网球了。

　　如果这些学生的行为没有打扰到班级里的其他同学,教师可以不理睬这些学生,让他们继续这一行为,直到他们自己停下来。当然,教师也可以忽视这些不良行为,但忽视本身很可能强化了此种不良行为,因为教师没有提供给学生感到不愉快的信号。

专栏4-8	运用惩罚来消除行为的方法

☞ 努力构建使用负强化的情景,而不是使用惩罚
　　✓ 当学生达到一定的能力水平时,教师应允许他们逃脱不愉快的情景
　　　(如:做额外的作业、进行周测验等)。

　　　✓ 教师要坚持行动、不要许诺,不要让学生说服你改变原有协议的条件。
　☞ 在惩罚的使用上要保持一致
　　　✓ 避免不经意地强化要惩罚的行为,私下批评学生的目的在于避免学生成为在公众面前反抗教师的"英雄"。
　　　✓ 为年龄小的学生张贴主要的课堂纪律,让学生提前知道违纪的后果。
　　　✓ 惩罚前先告诉学生只给他们一次警告的机会,以平静的方式警告学生,然后按原计划进行。
　☞ 惩罚学生的行为,而不要指责学生个人的品质
　　　✓ 教师应以平静的方式斥责学生,但语气要坚决。
　　　✓ 教师应避免对学生使用讽刺或报复的语言和语气。
　　　✓ 教师要向学生强调其应该停止的问题行为,但不能表现出不喜欢这个学生的意思。
　☞ 当学生违规时要适当地使用惩罚
　　　✓ 教师应忽视没有扰乱课堂的小错误。
　　　✓ 教师不能使用家庭作业作为错误行为(如上课说话之类的行为)的惩罚。
　　　✓ 当某一学生的错误行为获得同伴认可时,把该生从朋友群体中隔离出来可能会有效地阻止该行为,因为这事实上把该生从强化情景中隔离出来了。
　　　✓ 如果学生的问题行为仍然继续,教师则要分析这个情景并试用一种新的方法。可能你的惩罚恰好不是惩罚,或者你可能不经意地强化了这种行为。

(二) 课堂教学

　　行为主义学习理论通过强化来塑造行为的思想也体现在课堂教学中,例如,掌握学习、程序化教学、计算机辅助教学等。

1. 掌握学习

　　掌握学习(mastery learning)的基本假设是,给予学生充分的时间和适当的教学,大多数学生能够掌握任何学习目标。所谓"掌握",意味着在一项测验中获得80%—90%的分数,或者满足其他的测评标准。学生只有达到最低掌握水平后,才可以学习下一单元内容,并依次进行。

　　根据学生前面学习内容的掌握程度,决定是否继续以后的学习内容,符合维果斯基"最近发展区"的思想。例如,在数学教学中,一些学生没有真正地理解分数加法,如果再往下进行更高层次内容的学习,这些学生会越落越远。这样他们学习分数除法时则可能根本学不会。

2. 程序化教学

　　程序化教学直接体现了学习的行为主义思想。它是建立在这样一种假设上的:人们通过正确地回答问题,可以得到积极的强化,因此更加可能重复学习到的行为。教师逐渐增加新的学习材料,并随即向学生提出其能正确回答的问题,通过这种方法学生能够渐渐地学到大量的新材料。程序化教学材料可以以印刷的练习册、电脑学习软件、手机App等形式出现。假如教师能够细致地建构学习材料,精确地控制材料的呈现顺序,那么学生就不会完全依赖教师,而是能独立地进行学习。从控制学生学习的角度来看,程序化教学在很大程度上是自我教学方法的一种。

案例 4-2

程序化教学案例[①]

体操教学大纲中的体操项目各有特点,动作形式多样、难度各异、技术复杂,但各类动作间存在着内在联系。我们可以把技术结构相类似的动作分成若干个动作群体,在同一动作相类似的群体中再根据其难易程度分为若干层次或教学"步子",使不同的动作在同一项目中按教学程序逐步沿纵向延伸和发展。同时,又在不同项目中沿横向扩展与移植。体操动作之间的这种群体与层次、横向与纵向关系的特点,为制订程序化教学目标方案提供了理论依据。程序化教学的实质就是提高学生掌握体操技术过程的控制性,即将体操教学大纲或同体操教学大纲有关的各门知识、技术优化组合,使教师在体操教学过程中控制好正常的教学程序,按预定目标发展。因此,程序教学的先决条件是科学合理地设计出教学模式,即目标方案(如表4-4所示)。

表4-4 体操教学的目标方案

编号	动作	内容	编号	动作	内容
	技巧	双杠		单杠	跳马
1	俯撑单腿摆越同时转体180°成仰撑	跳上成支撑前摆外侧坐	2	支撑单腿向前摆越成骑撑	向左(右)斜进助跑直角腾越
3	俯撑双腿经侧摆越成仰撑	支撑摆动前摆下	4	骑撑单腿向前摆越转体90°下	向左(右)侧腾越
5	前滚翻	前滚成分腿坐	6	支撑前倒翻下	俯腾越
7	单元测试		8	单元测试	
9	头手倒立	肩倒立	10	骑撑前回环	纵箱前滚翻
11	头手倒立前滚翻	肩倒立	12	骑撑后倒挂膝上	分腿腾越山羊
13	侧手翻	肩倒立前滚翻成分腿坐	14	助跑挂膝上	分腿腾越横马
15	考试	肩倒立侧翻下			

表中的编号为单元(课时)授课内容,即第一单元为俯撑单腿摆越同时转体180°成仰撑和双杠跳上成支撑前摆外侧坐;第二单元为单杠支撑向前摆越成骑撑和跳马向左(右)斜进助跑直角腾越。上述目标方案共设计出24个动作,每个单元教2个动作,共15周,其中3周为课时检查与考核。

3. 计算机辅助教学

计算机辅助教学(Computer Aided Instruction, CAI)是一种在计算机的辅助条件下进行的教学活动,通过对话与学生讨论教学内容、安排教学进度、进行教学训练的技术。

---

① 冉清泉,宛利,李承毅. 高校体育专业体操课程序化教学的实验研究[J].北京体育大学学报,1998,3:64-67.

其特点是：声、图、影像等工具的灵活使用，使整个学习活动具有更高的生动性、交互性和趣味性，教学过程更为直观。学生可以依据自己的知识状况，自主灵活地安排学习内容（个别化教育）和时间（自主性）。此外，该技术可以加速教学进程，缩减学制，能够扩大学习的范围，并且使教学效率提高。

第二节　认知主义学习理论

"认知（cognition）"一词来源于拉丁语"cognoscere"，意为"对……的认识"。与持行为主义观的学者不同，认知心理学家们更重视研究学习者处理外部环境刺激的内部过程与机制，而非外显的刺激与反应。他们一般强调，学习是认知形成、重组和使用的过程。

一、奥苏伯尔有意义学习理论

（一）有意义学习

美国教育心理学家奥苏伯尔是皮亚杰思想的追随者。他将认知方面的学习分为机械学习与有意义的学习两大类。机械学习的实质是形成文字符号的表面联系，学生并不理解文字符号的实质，其心理过程是联想。这种学习在两种条件下产生：一种条件是学习材料本身无内在逻辑意义；另一种条件是学习材料本身有逻辑意义，但学生原有认知结构中没有适当知识基础可以用来同化它们。

03. 奥苏伯尔

奥苏伯尔（D. P. AuSubel，1918—2008），美国心理学家，纽约市立大学研究生院荣誉教授。奥苏伯尔在语言学习研究方面作出了巨大贡献，他提出的"同化论"理论体现了外因是变化的条件、内因是变化的依据的辩证思想。奥苏伯尔根据学习的材料与学习者的原有知识的关系，把学习分为机械学习与有意义的学习；又根据学习进行的方式，把学生的学习分为接受学习与发现学习，主张遵循从一般到个别，再呈现具体材料以重组学生认知结构要素的教学顺序，提倡"先行组织者"的教学策略。他的主要著作有《儿童发展的理论与问题》、《自我发展与人格失调》、《有意义言语学习心理学》（1963）、《教育心理学：认知观》（1968）、《学校学习：教育心理学导论》（1969）等。

与机械学习相比，有意义学习的实质是个体获得有逻辑意义的文字符号的意义，是以符号为代表的新观念与学生认知结构中原有的观念建立实质性的而非人为的联系。所谓实质性联系，是指新知识与学习者原有知识网络中的符号、表象、概念、命题建立联系。这种联系是意义联系而非字面联系。所谓非人为联系，指新知识与原有知识的内在联系，而非任意杜撰的联系。所以，与材料的逻辑意义相比，个体获得的心理意义才是重要的。而有意义学习过程就是个体从无意义到获得心理意义的过程。

奥苏伯尔指出，有意义学习取决于学生能否将新知识与原有认知结构建立实质性联系。教学法教学不一定会导致学生机械地接受学习；发现法教学也并非是保证学生有意义学习的灵丹妙药。如果学生只是机械地记住解决问题的"典型的步骤"，而对自己正在做什么、为什么这样做却稀里糊涂，他们也可能得到正确的答案，但这并不比机械学习或机械记忆更有意义。需要注意的是，有意义学习与机械学习不是绝对的，而是处在一个连续体的两端。学校的许多学习，往往处于这两端之间的某一点上，如图4-3所示。

（二）同化学习理论

奥苏伯尔提出知识学习的同化理论。他认为，有意义的学习是以同化方式实现的。所谓同化是指学习者头脑中某种认知结构，吸收新的信息；而新的观念被吸收后，使原有的观念发生变化。

图 4-3

有意义学习
和机械学习

新知识与原有知识网络中可以利用的适当观念可以构成三种关系：第一种，原有观念为上位的，新知识是下位的；例如：原有概念为鸟类，新知识为麻雀。第二种，原有观念是下位的，新知识是上位的；例如：原有观念为牡丹，新知识为植物。第三种，原有观念和新知识是并列的。例如：原有观念为三角形，新知识为矩形。新旧知识的三种关系就导致了三种形式的学习，即下位学习、上位学习和并列学习。下位学习指新知识被吸纳到原有认知结构之中。上位学习指新知识相对整合性强，是在原有认知结构中的一些具体知识基础上形成的。并列学习指新知识与原有知识是并列关系，既不是上位也不是下位概念（具体如图4-4所示）。

图 4-4

三种同化学
习模式[①]

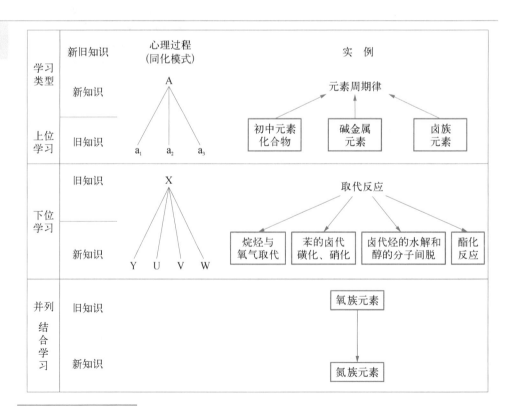

———————————

① 孙建新.新课程下化学课堂教学结构优化的研究.辽宁教育行政学院学报［J］.2005,22（3）:65-67.

值得注意的是,上位学习、下位学习和并列学习是三种不同的学习形式,这主要是为了讨论的方便,事实上它们之间并不是彼此孤立的,三者之间有着密切的联系,常常体现于同一学习活动之中,只是某些时候以下位学习为主,某些时候以上位学习或并列学习为主。例如,在小学数学学习过程中常是先上位学习后下位学习,如运算法则一般都是先用上位学习从具体计算过程概括出法则,然后通过下位学习将法则运用于具体计算。在实际学习中,学生要注意根据具体情况灵活运用几种学习形式,从而更好地掌握数学规则。

二、加涅的学习结果分类理论

美国心理学家加涅认为,人类学习现象极其复杂,不可能用一种理论解释全部学习现象,必须对学习做分类研究。1965年在他出版的《学习的条件》一书中,加涅将人类学习的结果分为以下五种类型。

(一)言语信息

言语信息是指能用言语(或语言)表达的知识,可分为三个小类:(1)符号记忆,包括人名、地名、外语单词、数学符号等的记忆,如上海的简称是"沪",苹果在英文中叫"apple"等。(2)事实的知识,如"中国的首都是北京"等。(3)有组织的整体知识,如影响稻谷生长的原因等知识。

(二)智慧技能

智慧技能是指个体运用概念和规则办事的能力,共分为五个小类:(1)辨别。区分事物差异的能力,如区分两张不同的面孔,区分b与d这两个不同字母的音和形等。(2)具体概念。识别同类事物的能力,如从大量餐具中识别"碗"和"杯子",从大量动物中识别"马"。具体概念一般不能下定义,其本质特征是人们在日常生活中逐渐发现并归纳出来的。(3)定义性概念。指运用概念定义对事物分类的能力,如圆周率(其符号为 π),这类概念不能直接通过观察习得,必须通过下定义的方式,即 $\pi=c/d$(圆周率(π)是圆的周长与其直径之比,而且不论圆的大小,这个比值是固定不变的)。(4)规则。当原理或定律指导个体的行为,个体按原理或定律办事时,原理或定律变成了规则。如圆的面积(s)等于圆的半径(r)的平方乘以 π,即 $s=\pi r^2$。当学生运用这个定律(公式)做事时,则该定律变成了指导个体行为的规则。(5)高级规则。由若干简单规则组合而成的新规则。如 $(a+b)(a-b)=a^2-b^2$,由如下简单规则组合而成:符号相同的两个变量相乘,积为正,如 $a \times b=ab$;符号不同的两个变量相乘,积为负,如 $a \times (-b)=-ab$;单项式乘多项式即用多项式中的每一项乘以单项式,如 $(3a)(3a+5b+6c)=9a^2+15ab+18ac$;同类项应合并。

(三)认知策略

认知策略是指运用有关人们如何学习、记忆、思维的规则支配人的学习、记忆或认知行为,并提高其学习、记忆或认知效率的能力。例如,SQ3R方法是一种有效的阅读策略。这里S指浏览全文(Survey),略知文章大意;Q指提出疑难问题(Question);3R中第一个R指带着问题阅读课文(Read),第二个R指对重要文段进行诵读(Recite),最后一个R指回顾或复读课文(Review)。如果学生用这套方法(或规则)进行阅读,改进了自己的阅读方法,并提高了阅读效果,就可以认为学生掌握了这种阅读策略并提高了阅读学习的能力。

（四）动作技能

动作技能是指通过练习获得的、按一定规则协调自身肌肉运动的能力。例如，背越式跳高能力就是以动作技能为主的运动能力。动作技能中含有两个成分：一是运动规则，如背越式跳高这项技能中有如何助跑、单脚蹬地、腾空、身体过竿等复杂规则；二是肌肉协调，如背越式跳高中手、脚、身躯甚至呼吸之间有复杂的肌肉协调。动作技能学习的实质是通过练习，使操作规则支配学习者的肌肉协调，最后达到自动化。

（五）态度

态度是指习得的对人、对事、对物、对己的反应倾向。例如，父母给幼儿讲大灰狼假装兔妈妈闯进小白兔家里吃小白兔的故事。故事中大灰狼的形象是狡猾、凶残的，而小白兔的形象是天真可爱的。故事重复多次以后，幼儿一听到大灰狼就会感到憎恶，说要打死大灰狼。一提到小白兔，幼儿就会表现出愉快的表情，以及想接近它的意愿。这两种反应倾向表明，幼儿习得了对不同动物的两种不同态度。

上述五种学习结果中，前四种属于能力范畴。人的能力有天生成分和后天习得的成分。后天习得的能力是由习得的言语信息、智慧技能、认知策略和动作技能构成的。这四种成分中前三种属于认知领域，第四种即动作技能，属于心因动作领域。第五种即态度，属于情感领域。

04. 安德森

安德森（John. R. Anderson，1947—），美国卡内基梅隆大学的心理学和计算机科学教授。他以其认知架构（cognitive architecture）和ACT-R理论被广为人知，并提出心智技能的三阶段理论：认知阶段、联结阶段、自动化阶段。主要著作有《认知架构》（1983）、《认知心理学及其影响》（1985）等。

三、安德森的知识分类理论

美国心理学家安德森对知识在人的头脑中的表征性质做了两种最基本的划分：陈述性知识（知道某事是什么）和程序性知识（知道如何做事）。

陈述性知识是有关事实、定义、程序以及规则是什么的知识，其表征形式主要有命题、表象、线性排序和图式四种。前三种形式是陈述性知识表征的基本单元，而第四种形式，即图式是陈述性知识的高级表征形式，是综合前三种形式而形成的。

（一）陈述性知识

1. 命题

意义在人的记忆中如何得以表征？这主要以命题的形式表现。命题是意义或观念的最小单元。一个命题大致对应于一个观念，它由两部分组成：关系和主题。如在"小明买书"这个句子中，包含一个命题，其主题是"小明"和"书"，关系是"买"，具体如图4-5所示。

应当注意的是，命题的形式与句子相似，但不能将它与句子等同起来。一个命题可能是一个完整的句子，但也可能不是。如"蔚蓝的天空"是一个命题，但它却不是一个句子，仅仅是一个短语。同样，句子可以是一个命题，也可以包含多个命题。如"他正津津有味地看电视"，这个句子就包含两个命题，即命题"他正看电视"与命题"津津有

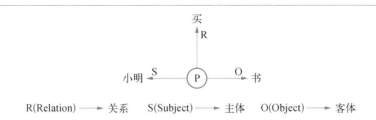

图 4-5

命题举例

R(Relation) ──→ 关系　　S(Subject) ──→ 主体　　O(Object) ──→ 客体

味地看"。而多个命题则借助共同成分,即共同主题来形成命题网络。如命题"那个瘦男孩正在看报纸",用命题表示为"瘦男孩"与"男孩正在看报纸"。由于这个命题共享"男孩"这个概念,因而用命题可表示为如图4-6所示的内容。

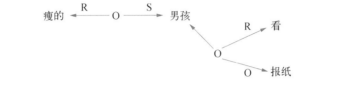

图 4-6

命题网络
举例

R(Relation) ──→ 关系　　S(Subject) ──→ 主体　　O(Object) ──→ 客体

2. 表象

　　虽然个体常以命题的形式来处理或保存自己所知道的知识;但在另一些情况下,也经常会采用表象这种非言语的形式来处理或保存知识。与命题建立在事物抽象意义的基础上而不必保留对象的知觉信息不同,表象建立在对事物知觉的基础上,保留了事物的知觉特征。从适应角度来看,当需要对陈述性知识所描述的物体的连续性加以表征时,"表象"显得比命题更加经济有效,图4-7比较了这两种表征形式。

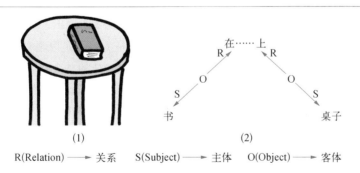

图 4-7

表象与命
题两种表
征形式的
比较

R(Relation) ──→ 关系　　S(Subject) ──→ 主体　　O(Object) ──→ 客体

　　显然,图4-7的两幅图都表达了"书在桌子上"这一意思。但在表象中(图(1)),它还直观地表明书在桌子上的位置,以及书和桌子的形状等。因此,表象与命题相比传递了更多的信息。表象具有如下特征:第一,表象能够表征不断变化的信息,能够更现实地表征客观对象的三维空间特征及各个维度上连续的细节特征。第二,表象能够承受各种施加于它们的心理运作,如对表象作旋转、扫视或有层次的组织与分解等;第三,尽管表象能够表征不断变化的信息,但与实际的知觉相比,这种表征形式可能会比较模糊和概括,或者说更欠完整和精确。

3. 线性排序

线性排序是不同于命题与表象的又一种陈述性知识的表征形式。这种表征结构是对一些元素所作的线性次序的编码。例如,在2016年巴西奥运会上,金牌总数第一的国家是美国,第二名是英国,第三名是中国。如果别人问你,在那次奥运会上,英国与中国哪个国家获得的金牌总数更多? 你会很快回答出"英国"。这是因为你在头脑中已对它们作了线性排序,在需要时能很快地从头脑中提取出来。

与前面两种表征形式相比,线性排序与命题的区别在于: 命题保留了命题中所提及的元素(主题)之间的基本语义关系,不必排定元素的次序。例如既可以说"书在桌上",也可以说"桌在书下",两个元素间不需排序。线性排序与表象的区别在于: 表象保留了知觉特征之间的间隔关系(即各个特征之间的相对距离),线性排序则排定了一组元素从头至尾的顺序,并不涉及各元素之间的间隔大小。例如,看到奖牌榜的内容后,你就知道了各国的排名(如中国排第一),而对于各名次之间的间隔则需要进一步加工计算才能得出结果。

4. 图式

前述的命题、表象、线性排序仅是陈述性知识表征的基本单元,它们各自在陈述性知识表征中扮演着不同的角色。但是,陈述性知识在表征时往往不是单独以某一种形式出现,更多是三种表征形式兼而有之。例如,如果要对上课的经验进行表征的话,头脑中出现的上课的一般情景,除了命题外,还有表象、线性排序(如图4-8所示)。

图 4-8

头脑中各种上课情景的表征

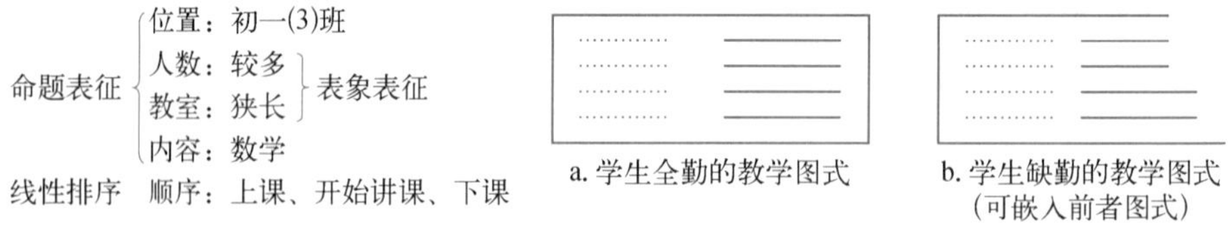

命题表征	位置：初一(3)班 人数：较多 教室：狭长 内容：数学	表象表征
线性排序	顺序：上课、开始讲课、下课	

a. 学生全勤的教学图式　　b. 学生缺勤的教学图式(可嵌入前者图式)

在这种情况下,命题、表象或线性排序任一种表征方式不足以独自表征这一情景。于是,图式这一概念被提了出来。图式是陈述性知识表征的一个整合单位,它包括命题、表象和线性排序这三种基本表征形式。图式具有如下一些基本特征: 第一,图式中含有变量。如在上例中,人数、内容都是该图式的变量。上课的人数可能不一样,上课的内容也会发生一些变化。第一次上课或许有60人,而第二次则可能只有57人。但这些变化不会影响图式的形式。第二,图式可以按层次组织起来,并可以嵌入其他图式当中。例如,上课的图式可被嵌入整个教学图式中。第三,图式有助于推理。例如,如果我们对"鸟"这一图式有较深刻的理解(即有羽毛,有翅膀,是会飞的动物等),我们便能很快推论出"麻雀也属于鸟类"。

在学校教育情境中,学生一般会面临三种图式的学习:自然范畴图式、事件图式和文本图式。自然范畴图式指一些客观存在的实体范畴图式。这既包括自然界本身就有的,如动物、植物等范畴,也包括人类社会创造的,如汽车、飞机等。事件图式指对多次与我们发生联系的典型活动及其顺序的表征。如对三角形全等的一般证法,通常是先找出要求哪两个三角形全等,然后再看要证全等还缺哪些条件,接着是找出这些条件,最后得出证明。文本图式指对各种文本的一般规律的表征,如要表征一则新闻,需要注意"时间"、"地点"、"人物"、"经过"、"事件"等内容。

(二)程序性知识

1. 程序性知识的结构特征

程序性知识是关于如何行动的知识,它在头脑中的表征形式是产生式。一个产生式就是一个"如果—那么"规则。当"如果"得到满足,"那么"就得以执行。一个完整的产生式具备以下三点特征:第一,它的结构特征是"如果—那么"形式。第二,可以是条件与行为的内外表达。这就是说,它们可以不以外部动作表现出来,而是在头脑中进行操作。明白产生式不一定以外部形式表现出来,就可以更好地理解它在人们认知过程中的作用。第三,目的性。任何一个产生式的执行都必须有一定目标,否则就可能成为无头苍蝇,难以系统完成所需解决的任务。

一个产生式只能表征一小块知识,当需要执行一个大的程序时,人们往往需要许许多多相关的产生式,在目标等级的控制下,构成一个产生式系统(具体如表4-5所示)。

P_1	如果	目标是要证明$\triangle ABC \cong \triangle A^1B^1C^1$
		但不知道哪些对应边与对应角相等
	那么	建立子目标以寻找哪些对应边与对应角相等
P_2	如果	目标是要寻找相等对应边与对应角
		已知$AB = A^1B^1$　　$A^1C^1 = A^1C^1$
		不知道$\angle BAC$与$\angle B^1A^1C^1$是否相等
		不知道边BC是否等于B^1C^1
	那么	建立子目标寻找$\angle BAC$是否等于$\angle B^1A^1C^1$或边BC是否等于B^1C^1
P_3	如果	目标是要寻找$\angle BAC$是否等于$\angle B^1A^1C^1$或边BC是否等于B^1C^1
		$\angle BAC$与$\angle B^1A^1C^1$是对顶角
	那么	得出$\angle BAC = \angle B^1A^1C^1$
P_4	如果	目标是要证明$\triangle ABC \cong \triangle A^1B^1C^1$
		已知$AB = A^1B^1$　　$A^1C^1 = A^1C^1$
		$\angle BAC = \angle B^1A^1C$
	那么	得出$\triangle ABC \cong \triangle A^1B^1C^1$

表4-5

产生式系统举例(证明三角形全等)

产生式P_1、P_2、P_3和P_4构成了一个产生式系统。从该产生式系统中,我们可以清楚地看到:产生式系统通过许多子目标,控制产生式的流向。尤其应当注意的是,产生式系统的这种监控式表明,它并不需要一个外在的监督系统,它的监控蕴藏于运行之中。

2. 程序性知识的分类

程序性知识的划分可以依据两个维度(如图4-9所示)。第一个维度是知识与领域的相关程度,可分为特殊领域的程序性知识与一般领域的程序性知识,前者仅在特殊领域内适用,而后者广泛适用于各个领域。第二个维度是程序性知识执行的自动化程度,可分为自动化程序性知识和有意识监控的程序性知识。这样可有三种程序性知识:(1)自动化的基本技能。例如,成人在阅读文章时,对一些较简单的单词或词汇的意思一看便知;一些动作技能(如打字、骑自行车、游泳等)通过长期训练变得熟练且无需意识监控。(2)特殊领域的策略。例如,解剖小白鼠的方法、文本阅读策略、证明三角形全等的策略等。这些策略适用于特定领域,且通常需要有意识监控其执行。(3)一般领域的策略。例如,手段—目的分析法、逆推法、假设检验法、尝试错误法等,他们广泛适用于各个领域,可以解决生活、学习、工作中的各种问题。需要注意的是,适用于广泛领域的程序性知识因为适用情境不断变化,人们在执行时必须意识到这种情境的差异,所以这些知识是有意识监控的,即不存在适用于一般领域且又是自动化执行的程序性知识。

图 4-9

程序性知识的分类

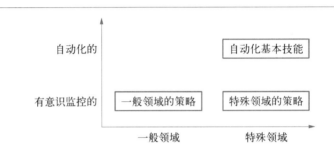

四、认知主义学习理论的教学应用

认知主义学习理论对于学校教学有很多重要的启示。

第一,奥苏伯尔理论认为有意义学习的心理机制是原有知识对新知识的同化。因此,为了促进有意义的学习,应该促使学习者将新知识与其原有知识联系起来。例如,在教授新的学习内容之前,教师应该分析学生是否具备学习该内容所需的知识背景。当学生缺少有关的先前知识背景时,教师可以先向学生呈现"先行组织者",使学生具备同化新知识的认知结构(关于如何呈现"先行组织者",请见第三章迁移部分)。

第二,加涅区分了五种学习结果,他对每种学习结果类型进行了相应的学习条件分析。表4-6呈现了五种学习结果的必要条件和支持性条件,教师参照该表可以很方便地分析自己的教学任务所需的必要条件和支持性条件是否得以满足,并进一步指导自己的教学设计。

表 4-6

五种学习结果的必要条件和支持性条件①

学习结果的分类	必 要 条 件	支持性条件
智慧技能	较简单的智慧技能的构成成分(规则、概念、辨别)	态度、认知策略、言语信息
言语信息	有意义组织的信息	言语技能、态度、认知策略
认知策略	某些基本心理能力和认知发展水平	智慧技能、态度、言语信息
态度	某些智慧技能和言语信息	其他态度、言语信息
动作技能	部分动作技能、某些操作规则	态度

① 皮连生.教育心理学(第四版)[M].上海:上海教育出版社,2011:394.

专栏 4-9

教学目标中的学习任务举例及其所代表的学习类型①

利用加涅的学习结果分类理论指导任务分析,可以把中小学各门学科涉及的教学目标中的教学任务分别归到其划分的五种学习结果之中。

学习任务	学习类型
1. 陈述灭火器的主要种类及其用途	言语信息:交流经过组织的知识,使其意义不发生错误
2. 举例说明在恒温条件下有关气体的压力和体积关系的规则	智慧技能:将规则应用于一个或多个具体例子
3. 创作一篇论述环境保护的论文	认知策略:创造一种处理问题的新方法
4. 用活动扳手拧紧螺帽	动作技能:执行一项连贯的操作
5. 选择阅读小说作为课余消遣活动	态度:个人对一类事件选择行动方向

第三,安德森所提出的知识分类理论,启发教师对不同类型的知识进行针对性的教学。

(1)图式的形成与改变,关键在于新旧图式发生冲突。为了更好地帮助学生重建图式,教师需要重视学生头脑中原有图式的表征,需要为学生提供觉察旧图式不适用的情境。

专栏 4-10

教师如何促进学生获得新图式

当原有图式与新图式发生冲突时,学生可能采取三种行动:忽视、容忍或解决。为了更好地帮助学生重建图式,有研究者提出了促进新图式学习的八步教程,以作为对图式再建的一种指导。

第一步,对现有图式进行诊断。如向学生询问一些问题来探查其原有的概念知识。例如,桥是什么?

第二步,让学生正视原有图式。教师可给学生提供一些其不能解释的现象,以挑战他原有的观念。例如,立交桥虽然不是建造在水上,但为什么却依然称之为“桥”?

第三步,让学生探查这些现象。教师可为学生提供探查的机会,给他们呈现一些可用来得出新解释的数据材料。例如,有关桥的来源,建造目的之类的材料。

第四步,让学生产生自己的观点。要学生概括并口头表达他们自己的一些假设,并对结果进行推测。如学生在了解有关桥的材料之后,让他们自己表达桥的样式。

第五步,组织系统询问。这种指导允许学生独立地考察,而又避免了其走

---

① 皮连生.教育心理学(第四版)[M].上海:上海教育出版社,2011:394.

进死胡同或简单地得出结论的情况。它鼓励学生要更加具有系统性。例如，全面询问学生对桥的理解情况，可以了解他们图式的形成状况。

第六步，要求学生简要汇报他们的解释和概念，这将鼓励学生反映他们的经验，并尝试着把新经验与他们以前的知识联结起来。

第七步，简要描绘认知过程。要求学生考察他们所参与的过程，并口头表达出来。例如，学生对"桥"的理解最初是怎样的，后来又是怎样发展的。

第八步，拓展学生原有的图式。教师把这些新理解与它们的概念联结起来，从而拓展学生原有的图式，形成一个新图式。例如，把对桥的新认识与桥的概念相连，从而丰富学生对桥的理解。

新图式的形成，除了需要一定的方法和技巧外，它还与原有图式在个体头脑中的表征有关。表征越深，其知识联结也越丰富，因而难度也越大。例如，"地心说"在一些人的心中根深蒂固。他们在解释天文现象时均会用"地心说"的观点。在这种情况下，要求他们接受"日心说"很难。所以，对于新图式的形成，有时不是一蹴而就的事情，而是需要较长时间的训练。

（2）自动化基本技能的获得过程分为认知阶段、联系阶段和自动化阶段三个阶段。教师应分解出该技能所需的前提子技能，给学生提供机会让其将一些小程序合成大程序，引导学生练习整个程序中所含的一系列步骤，最终促使学生达到技能自动化的程度。

专栏4-11　　　　　　**促进自动化基本技能获得的教学措施**

从技能获得的三个阶段出发，可以提出一些促进自动化基本技能获得的教学措施，具体有三种：

首先，让学生掌握子技能或前提子技能。教师从需要传授的技能中分解出它的子技能，从这些子技能中又再次分解出它们的子技能。例如，可以将代数看作微积分的子技能，而算术又是代数的子技能，基本的计算技能又是算术的子技能。而成功的教学设计，关键在于确定这类子技能的层级，教学的宗旨就是分别传授这些层次中的各种子技能。这样做的目的在于让每个学生学会必要的前提知识，并为掌握新的复杂技能提供所需的子技能。

其次，促进组合。教师给学生提供机会，让他们将一些小程序合成大程序。例如，在实现技能程序化的联系阶段中，为形成大的产生式，促进组合的产生，教师必须使两个小的产生式能够在工作记忆中同时或连续地处于激活状态。再如，在帮助学生合成基本技能时，教师要根据学生的需求来提供适时的反馈。另外，教师利用计算机来提供反馈，将有助于学生及时纠正错误，避免使错误成为已经在其头脑中编辑好的基本技能中一个自动化的成分。

最后，促进程序化。为促使整个技能的自动化，教师应该引导学生练习整个程序中所包含的一系列产生式步骤，而不是单独练习部分的产生式。随着一次次成功地执行这种动作序列，整个程序中各个步骤的联系也会更多地依靠前后步骤的匹配，而非有意识的思考或搜索。技能越是趋于程序化，学生对下一步骤的执行就越是充满自信，用语言来清楚表达自己知道该做什么的能力也会相对减弱。

（3）特殊领域策略的获得过程同样经历认知阶段和联系阶段，但必须避免策略的自动化，因为策略的"定势效应"（set effect）有消极影响。教师在给学生提供问题时，应在呈现条件方面有更多的变化，即让学生有能在尽可能多的情境中尝试运用策略的机会。此外，在学习一开始，教师就应当给予学生练习策略使用的机会，这样做的目的在于使学生一开始就懂得在何时、何地使用何种方法的重要性。

专栏4-12

一题多变

教师在教学中运用一题多变的教学方式，可以充分调动学生学习的积极性和主动性，使学生能根据条件的变化，灵活和及时地运用和调整思维策略，减少思维定势带来的消极影响。

例如：在梯形 ABCD 中，AB∥CD，AB=2，BC=3，CD=1，E 是 AD 中点。求证：CE⊥BE。

对于这样一个问题，教师可以通过改变习题的假设或者结论，来引导学生从不同角度，用不同的策略来解决同一个问题。变式如下：

变式1：在梯形 ABCD 中，AB∥CD，BC=AB+CD，E 是 AD 中点。求证：CE⊥BE。

变式2：在梯形 ABCD 中，AB∥CD，CE⊥BE，E 是 AD 中点。求证：BC=AB+CD。

变式3：在梯形 ABCD 中，AB∥CD，BC=AB+CD，CE⊥BE。判断：E 是否是 AD 的中点？为什么？

变式4：在梯形 ABCD 中，AB∥CD，BC=AB+CD，E 是 AD 的中点。求证：CE⊥BE。

☞知识延伸

学习新技能就在关键的前20小时

第三节　人本主义学习理论

20世纪下半叶人本主义心理学（humanistic psychology）思潮在美国兴起。这种思潮既反对行为主义机械的环境论，又反对精神分析本能的生物决定论。人本主义强调心理学应该研究人的本性和潜能、尊严和价值，强调社会文化应促进人的潜能的发挥以及普遍的自我实现。

一、人本主义理论概述

人本主义心理学派的主要代表人物是马斯洛和罗杰斯（Carl. R. Rogers, 1902—1987）。马斯洛主张对人类的基本需要进行分类，将之与动物的本能加以区别，提出人的需要是分层次发展的。他按照追求目标和满足对象的不同把人的各种需要从低到高安排在一个层次序列的系统中，最低级的需要是生理需要，最高级的需要是自我实现的需要。马斯洛和罗杰斯均特别强调人类的自我实现，认为人类有一种天生的"自我实现倾向"（self-realization tendency），即一个人发展、扩充和成熟的趋力，它是一个人最大限度地实现自身各种潜能的趋向。简言之，人本主义心理学派特别强调人的尊严、价值、创造力和自我实现，把人的本性的自我实现归结为潜能的发挥，而潜能在其看来具有一种类似本能的性质。人本主义心理学派的突出贡献是主张人的心理与人的本质的一致性，主张心理学必须从人的本性出发研究人的心理。

（一）需要层次理论

1943年，马斯洛在《人类激励理论》论文中首次提出了需要层次理论（hierarchy of needs）。马斯洛认为人有七种基本需要，分别是生理需要、安全需要、归属与爱的需要、尊重需要、求知的需要、美的需要和自我实现需要。这些需要从低级到高级排成一个层级，如图4-10所示。马斯洛认为，一个人只有在低级需要得到部分满足后才会寻求高级需要的满足。例如，如果一个人同时缺乏食物、安全、爱和尊重，通常他对食物的需求量是最强烈的。此时人的意识几乎全被饥饿占据，所有能量都被用来获取食物。在这种极端情况下，人生的全部意义就是吃，其他什么都不重要。只有当人从生理需要的控制下解放出来时，才可能出现更高级的、社会化程度更高的需要。

图4-10

马斯洛的需要层次图

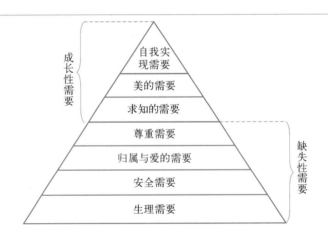

上述七种需要可分为两级，其中生理需要、安全需要、归属与爱的需要、尊重需要属较低一级的需要，称为缺失性需要。它们是个体生存所必需的，必须得到一定程度的满足。这些需要一旦得到满足，个体有关这方面的动机就将减少甚至消失。求知的需要、美的需要和自我实现需要是高级需要，称为成长性需要，它们永远得不到完全的满足。实际上，求知和理解世界的需要满足越多，个体学习知识的动机也就越强。例如，越是有才华、有成就的人，越觉得自己本领不足。原因可能在于个人的知识半径越长，其所感知的未知世界就越多，故而越发觉得需要求知好学。

当某一层次的需要相对满足了，人的需要就会向高一层次发展，追求更高一层次的需要就成为驱使行为的动力。追求需要的满足是推动人们行动的力量。例如，一名初一新生积极争取加入学校广播台，可能是为了满足他的爱与归属的需要。也即，参加到由同龄人组成的、有共同兴趣的小组中，有助于他与同伴之间形成一种支持性的社会关系。

个体目标的设置也常常受到多种需要的影响。一般来说，个体设置的目标可以同时满足两种或多种需要。例如，一位学生参加足球队可以同时满足三种需要：通过与队友和体育老师建立一种有意义的联系而满足归属的需要；成为足球队员从而使他赢得同学们的尊重，从而满足尊重需要；足球队与学校团体的稳定性有助于满足他的安全需要。

马斯洛等人认为，一个国家多数人的需要层次结构是同这个国家的经济发展水平、科技发展水平、文化和人民受教育的程度直接相关的。在发展中国家，生理需要和安全需要占主导的人数比例较大，而高级需要占主导的人数比例较小；在发达国家，则刚好相反。

（二）自我实现

自我实现是人本主义心理学说的核心理论。马斯洛认为，自我实现（self-actualization）就是一个人力求变成他能变成的样子，即"成为你自己"，也就是说，自我实现者是"更真实地成为了他自己，更完善地实现了他的潜能，更接近于他的存在核心，成了更完善的人"。

马斯洛的自我实现有两层含义：（1）完满人性的实现。完满人性（full humanness）指人类共性的潜能，包括友爱、合作、求知、审美、创造等特性或潜能。由于此种潜能都得到了充分的发展，个体内在的本性自由地表现自己而没有被歪曲、压抑或被否定，因而自我实现是真正的人性的实现。（2）个人潜能或特性的实现。个人潜能或特性的实现是指作为个体差异的个人潜能的自我实现。所谓个人潜能（personal potency）是指个人未来可能发展的潜在能力，亦可称为个人特性（personal feature）。马斯洛把人的潜能或本性视为共性与个性的统一体。

自我实现的途径有如下八种：（1）无我地体验生活，全身心地献身于事业;（2）作出成长的选择，而不是畏缩的选择;（3）承认自我存在，让自我显露出来;（4）要诚实，不要隐瞒;（5）能从小处做起，要倾听自己的志趣和爱好，勇气与选择;（6）要经历勤奋的、付出精力的准备阶段;（7）发现自己的天性，使之不断成长;（8）高峰体验是自我实现的短暂时刻。

马斯洛把自我实现分为两种类型：其一，健康型自我实现。指更务实、更能干的自我实现者。他们以实用的态度待人接物和处理问题；他们通常是实践家，而不是思想家；他们很少有超越的体验。其二，超越型自我实现。指更经常意识到内在价值、生活在存在水平或目的水平而具有丰富超越体验的人。他们更重视整体论的世界观，更关心人类的命运，更重视自己的精神生活。

自我实现者的人格特征①　　　　　　　专栏4-13

马斯洛列举了世界近代史上的38位名人，他们包括：林肯、罗斯福、史怀哲、爱因斯坦、贝多芬等人，并归纳出了这些自我实现者的15项积极特征：

（1）准确和充分地认知现实；

（2）悦纳他人、自己和周围世界；

---

① 车文博.人本主义心理学［M］.浙江.浙江教育出版社,2003.

（3）自然地表达自己的情绪和思想；

（4）超越以自我为中心，而是以问题为中心；

（5）具有超然独立的性格；

（6）对自然条件和文化环境具有自主性；

（7）清新永隽的鉴赏力；

（8）常有高峰体验；

（9）真切的社会感情（关心认同社会和他人，有强烈的同情心）；

（10）深厚的人际关系；

（11）具有民主风范，尊重他人意见；

（12）具有强烈的道德感及伦理观念；

（13）具有哲理气质及高度幽默感；

（14）具有创造力，不墨守成规；

（15）对现有文化具有批判精神。

马斯洛也认为自我实现者具有一些消极特征：

（1）往往有挥霍、憨直或粗心的习惯；

（2）可能刚愎自用、易烦恼和令人厌烦；

（3）有一点虚荣、自夸和偏袒亲人的毛病，有时也会发脾气；

（4）有时还会表现出令人吃惊的冷酷无情和铁石心肠；

（5）未完全摆脱内疚、焦虑、烦恼和冲突。

二、人本主义的学习理论

人本主义的学习理论从全人教育的视角阐释了学习者整个人的成长历程以发展人性，注重启发学习者的经验和创造潜能，引导其结合认知与经验，肯定自我，进而达到自我实现。人本主义学习理论重点研究如何为学习者创造一个良好的环境，让其从自己的角度感知世界，发展对世界的理解，达到自我实现的最高境界。

（一）康布斯的学习理论

人本主义心理学家康布斯（Arthur W. Combs, 1912—1999）认为，个体的行为基本上是由他对自己和周围世界的知觉而定的。认知主义心理学家所指的知觉是一种基本的认知过程，是理性的；而人本主义心理学家则把知觉解释为个人对其所知觉到的对象产生的一种感受，是感性的。对事物的知觉会影响个体的行为，因此要想改变一个人的行为，不能只从行为表现上去加以矫正，而必须着手设法改变他们的知觉或信念。

在学校教育情境中，教师要想了解学生在某种情况下表现的某种行为，必须了解学生是如何知觉该情境的。学校的要求有时不被学生认同，学生不遵守校规校纪，往往是由于学校对学生的这些要求并不符合学生的知觉和信念。例如，学生明知打架是违反校规校纪的行为，但仍然会那样去做，可能是因为他们知道自己无法以优异的成绩取悦于老师，因此宁愿用反常的行为来获得朋友的赞赏。所以，教师必须站在学生的角度去了解教育情境对学生的意义。

站在学生的角度看问题

案例 4-3

情境：王老师要为小学生小乔讲解一个数学问题

问题：在△ABC中，∠A=66°，∠B=66°，那么∠C的外角是多少度？

小乔知识水平：知道三角形的三个内角和为180°，但不记得"三角形的某一个内角的外角的度数等于另外两个内角度数和"这一性质。

于是出现了以下情况：

（1）小乔同学百思不得其解，怎么样都解不出这个问题，急得想哭。

（2）王老师看到小乔解不出这么简单的题目，感到非常惊讶，觉得小乔不认真解题，学习状态不认真，于是发脾气批评了小乔。

对于上述情况，如果王老师站在小乔的角度去了解小乔的知识储备状态，询问小乔他做题的思路以及碰到了什么困难。这样，王老师就会知道小乔不记得"三角形的某一个内角的外角的度数等于另外两个内角度数和"这一性质，那么王老师就会理解小乔为什么解不出这么简单的一道数学题，而不是简单地批评小乔不认真学习。

康布斯主张，个人的知觉与其学习行为有着密切的关系。对学生而言，学习有两种含义：其一，学到一种新知识；其二，新知识使个人产生了新意义。在实际的教学活动中，学生并不一定会按教材的安排来学习，因为"意义"并不存在于教材内容的字面意思里。学生往往只有专注其中，深入理解其背后的含义，才能真正获得意义。由此可见，成功的教学不在于教师教给学生多少知识，而在于教师能启迪学生使知识个人化，从而获得意义。

康布斯还主张，教育的目的绝不只限于教师教授学生知识或谋生技能，更重要的是针对学生的情感需求，使他能在认知和情感方面均衡发展，从而培养健全人格。

（二）马斯洛的学习理论

马斯洛特别关注教育目的，所以教育目标论构成了其教育观的核心。马斯洛认为，教育的目的及"人的目的"从根本上说是"唤醒存在的价值"，促进"完美人性的形成"和"个人达到最佳状态"。基于这种目的之下的教育，学生会变得更坚强、更健康，具有完美人性和完善人格；他们能够在很大程度上掌握自己的命运，对生活承担更大的责任，主动去改造社会，成为世界公民。

马斯洛将学习区分为内在学习（internal learning）和外在学习（external learning）。内在学习指依靠学生内在驱动、充分开发其潜能、使其达到自我实现的学习。这是一种自觉的、主动的、创造性的学习模式。例如，小何出于对世界的强烈求知欲，非常积极、主动地去学习课内和课外关于世界地理的知识。外在学习是单纯依赖强化和条件作用的学习，其着眼点在于灌输而不在于理解所学内容，属于一种被动的、机械的、传统的教育模式。在马斯洛看来，外在学习在学校情境中非常普遍，例如，学生认真学习可能只是为了获得好分数，读一本书可能是为了获得家长或老师的表扬，参加小组学习活动可能只是为了获得学分。

马斯洛主张，学校和教师应反对外在学习，倡导内在学习。通过内在学习，学生可以打破各种束缚人发展的"清规戒律"，自由地选择和学习他想学的任何课程，充分发挥其想象力和创造性。通过内在学习可以发现一个人的自我同一性，并发现一个人的兴趣和未来发展方向，这是学校和教师应追求的使命。

（三）罗杰斯的学习理论

20世纪60年代，罗杰斯将他的"来访者中心疗法"用于教育领域，创立了"以学生为中心"（student centered）的教育和教学理论。他强调将学生视为教育的中心，学校为学生而设，教师为学生而教。他认为，学生们各有求知向上的潜在能力，只需要创设一个良好的学习环境，他们就会学到他们所需要的一切。

在罗杰斯看来，教育的目标在于促进学生的发展，使他们成为能够适应变化、知道如何学习的"自由人"（即功能完备的人）。罗杰斯认为，当代社会正在加速变化并充满矛盾，变化是唯一可以作为确立教育目标的依据。在这种变化的情境下，学校教育应该使学生意识到没有知识是绝对可靠、能解释万物的。同时，寻求知识的过程是贯穿一生的，应该使学生学会学习以及适应社会的变化。

罗杰斯把学习分为两类，分别处于意义连续体的两端。一类学习是无意义的学习。罗杰斯认为传统学校教育片面强调认知的学习就是一种无意义的学习，因为这类学习只涉及心智（mind）的学习，不涉及感情或个人意义，与完整的人无关。另一类学习是意义学习（significant learning），这是一种使个体的行为、态度及个性发生重大变化的学习。它不仅增进个体的知识，也与每个人各部分的生活经验都融合在了一起。

需要特别指出的是，罗杰斯的意义学习理论与认知学派的有意义学习（meaningful learning）是不同的，二者比较如表4-7所示。

表4-7

认知主义和人本主义范畴下两种意义学习的比较[①]

比较范畴	认知派的有意义学习	人本主义的意义学习
代表人物	奥苏伯尔	罗杰斯
概念	意义学习是符号所代表的新知识与学习者认知结构中原有的知识建立非人为和实质性联系	意义学习是指所学的知识能够引起变化、全面渗入人格和人的行动中的学习
学习结果	它是在对事物理解的基础上，依据事物的内在联系所进行的学习，即将新的学习材料如何纳入已有的知识系统之中	学习不仅局限于知识的简单积累，而是渗入到个人的行为之中，渗入到他为了未来而选择的一系列活动之中。学习使其态度和人格引起变化，是德智融为一体的人格教育和价值观的熏陶
概念范畴	属于认知的范畴	属于知情统一
举例说明	如果只是让教师在课堂上教授学生"烫"这个词的意义，在教学中使用只对教师有意义的材料，学习的速度将会很慢，而且不容易在学生的记忆中长期保存	当一个儿童接触到一个取暖器时，他就可以学到"烫"这个词的意义，同时也学会了以后对所有的取暖器都要当心。迅速学到的这些内容和意义都会长期保留在儿童的记忆中

① 陈琦,刘儒德.教育心理学(第二版)[M].北京:高等教育出版社,2011:185.

　　罗杰斯特别强调"自由学习"的原则,认为学习原则的核心就是让学生充分自由地学习。他认为,只要教师信任学生,信任学生的学习潜能,并愿意让学生自由学习,学生就会在与老师的交往中形成适应自己风格的、促进学习的最佳方法。罗杰斯提出了自由学习的10个原则和促进自由学习的10种方法。

自由学习的10个原则[①]

　　罗杰斯认为,要想使学习生动活泼且有意义,就应该让学生自由地学习。他认为,具有自由性的意义学习是以下10条学习原则为基础的。

　　1. 人类生来具有学习的潜能,只要条件适当,这种潜能就会释放出来。

　　2. 当学生觉察到学习内容有意义,并且与其学习目的之间有关系时,意义学习便会产生。

　　3. 学生倾向于拒绝那些引起自我组织变化的学习,尤其是当这种改变带有明显的外部威胁性时,更容易受到抵制。

　　4. 当外部威胁逐渐降低时,学生比较容易觉察和同化那些引起自我组织改变的学习内容。

　　5. 当外部环境对自我的威胁很微弱时,学生倾向于以辨别的方式来知觉经验,意义学习就能顺利进行。

　　6. 大多数意义学习的方式是"做中学","做中学"是改进学习的最有效的方法。

　　7. 当学生负责任地参与学习过程时,意义学习就能得到促进。

　　8. 学生的情感和理智全部投入的学习,是自动发起的学习,也是最持久、最深刻的学习。

　　9. 当学生以自我评价作为学习的主要依据时,其独立性、创造性和自主性就会得到发展。

　　10. 学会学习的过程(learning the process of learning),对经验持续开放并将自己与变化的过程相结合,是现代社会最有效的学习。以此为基础,学生就能自由学习,从而使身心得到全面发展。

　　根据以上原则,罗杰斯认为,教师的任务不是教给学生知识(这是行为主义强调的),也不是教给学生学习的方法(这是认知派强调的),而是要为学生提供学习的手段,由学生自己决定如何学习。教师应该是一个促进者,为学生提供各种学习资源以及促进学习的气氛,使学生知道怎么学。

---

① 伍新春,冯忠良. 人本主义教育心理学与教学改革[J]. 宁波大学学报: 教育学科学版,2000 (1): 21-26.

专栏4-15

促进自由学习的10种方法①

罗杰斯列举了10种有助于促进学生自由学习的方法。

1. 创设真实的情境。罗杰斯认为,要使学生全身心地投入学习活动就必须让学生面临对他们个人有意义的或有关的问题。对教师来说,应该去发现那些对学生来说是现实的,同时又与所教课程相关的情境。

2. 提供学习资源。教师应该为学生准备各种学习资源,包括书籍、杂志和实验室设备等。其中,最重要的是要为学生提供人力资源,即可能有助于学生学习和学生感兴趣的人,而教师就是最重要的资源。

3. 使用合约。使用合约有助于学生在自由学习的气氛中保证学有所得并对学习承担责任。合约允许学生在课程允许的范围内制订目标,计划他们自己想做的事,并确定最终的学习目标。一般来说包括这样六个要素:(1)决定合约的期限;(2)为合约拟定一个一般的格式;(3)收集资料的信息;(4)在学生的学习过程中给学生一定的反馈;(5)在合约中表明将如何评价学生;(6)从一个学生开始,如果成功的话,再推广到其他学生身上。

4. 利用社区。社区可以提供学习的真实性情境,还可以提供其他一些人力和物力资源。

5. 同伴教学。同伴教学对教学的双方都有好处。

6. 分组学习。学生既应该有主动学习的自由,也应该有被动学习的自由。一种简单的方法是将学生分成两组:自我指导组和传统学习组,学生可以自由地选择、自由地进出这两个组。

7. 探究训练。变化是当代社会的特征,因此教学的目的应该是让学生不把科学看成是绝对的、完全的和永久的东西,而要形成探究的意识。在这样的教育目的下,教师对学生进行探究训练,为学生制订探究的步骤、形成探究的环境,尽可能使学生达到自主的发现,从而使学生在简单层次上成为"科学家"。

8. 程序教学。罗杰斯认为,好的程序教学可以有助于学生直接体验到满足感、掌握知识内容、理解学习过程,以及增强自信心,感到任何内容都是可以学习的。在他看来,强调即时强化和奖励,而不是惩罚和评价,这是程序教学最有利的因素。

9. 交朋友小组。交朋友小组有助于形成一种意义学习的气氛,使每个参与者都面临一种与人坦诚交流的情境,从而有助于解除各种戒备心理,以便在人与人之间形成一种自由的、直接的和自发的沟通。

10. 自我评价。罗杰斯认为,只有当学习者负责自己决定评价的准则、学习的目的以及达到目的的程度等时,他才是在真正地学习,才会对自己学习的方向和速度真正负责。

三、人本主义学习理论的教学应用

(一)人本主义的课程理论

人本主义的课程理论反对"以学为中心的课程(learning-centered curriculum)",认

---

① 陈琦,刘儒德.教育心理学(第二版)[M].北京:高等教育出版社,2011:187-188.

为其强调课程的知识性,要求学生掌握"探究—发现式"的研究方法,这会导致学科内容的高度理论性与抽象性,造成"在过早的时期,过急地教授过多的内容"的现象。许多学生难以理解学科内容,这导致学生厌学和恐惧。

相比之下,人本主义课程理论强调人的情感(或意志)、情绪和感情的重要性,坚持课程从"面向完整的学生"这一立场出发,主张统一学生的情感和认知、感情和理智、情绪和行为,强调开发人的潜能、促进人的自我实现。人本主义课程理论的主要特点包括:尊重学习者的本性与要求;强调认知与情感的整合发展;承认学生的学习方式同成熟者的研究活动有重大的质的差异;学校课程必须同青少年的生活及现实的社会问题联系起来。

人本主义主张开设的三类课程[①]　　　　　　　　　　　　专栏 4-16

1. 认知课程(或文化知识课程)(academic curriculum)

认知课程指理解和掌握自然科学、社会科学及人文科学的学术(科学)知识的课程。这不仅是学问中心课程所追求的内容,而且是人性中心课程所应包含的学术水准。

2. 情感课程(或自我认识课程)(affective curriculum)

情感课程指健康、伦理及游戏这一类旨在发展非认知领域的能力的课程。它包括发展人的情绪、态度、价值、判断力、技能熟练、音乐、美术,以及经过部分改革的体育、健康教育、道德、语文(文学)、家政等学科。

3. 体验课程(或整合课程)(experiential curriculum)

体验课程指通过认知(或知识)与情感的统一,旨在唤起学生对人生意义的探求以实现整体人格的课程,也称为自我实现课程(curriculum of self-realization)。它包括综合地运用各门学科的知识,在新辟的课时里(含校外活动)的体验性学习。

(二)价值教育

价值教育是为了培养独立自主、慎谋能断、重视人类价值和尊严、有道德的人而进行的教育价值教育应着力增强学生沟通(communication)、共情(empathy)、问题解决(problem solving)、批判(criticism)、决策(decision)和个人一致(personal consistency)等六种能力。

斯尔瓦(M. Silver)认为,价值教育主要有价值灌输、价值澄清、道德推理及认知道德发展、价值分析、社会价值的角色扮演、统合教育和行动学习七种实施方式。以下重点介绍价值灌输和价值澄清两种。

价值灌输是将社会与文化价值灌输给学生。具体方法包括:示范、积极及消极的强化、解释和操纵等。价值灌输主要是增进学生对价值的自我觉察、认同并获取符合个人、社会与文化的价值,通过各种经验的学习,从师生分享价值、澄清价值的教学过程

---

① 陈琦,刘儒德.教育心理学(第二版)[M].北京:高等教育出版社,2011:190-191.

中,了解人类价值及尊严的重要性。教师在其中的作用是营造一个支持接纳、情绪安全、友爱、亲切的学校气氛,增进教学的效果。

价值澄清是由美国心理学家雷斯等人(Raths et al.)提倡的,它鼓励学生检讨分析自己的行为和信念间的关系,以澄清自己的价值观。其教学侧重于个人的自由、自发和健康全面的成长,尊重他人的价值以及社会、文化的价值。

专栏4-17

<h3 align="center">价值澄清的方法①</h3>

“价值清单”是一种帮助学生澄清自己的价值观的独特自审形式。

以环境教育中的一次性筷子危害为例,其价值清单如下:

1. 一次性筷子为环境带来了严重危害,你认为这是事实还是危言耸听?

2. 你经常使用一次性筷子吗? 你决定继续使用它还是愿意做出一些改变?

3. 请你将继续无限制使用一次性筷子的后果和减少使用一次性筷子的生活不便分别列出来,说明哪一种后果你更能接受;

4. 你能不能想到可行的材料或办法来替代一次性筷子?

5. 你认为还有哪些商品像一次性筷子这样既浪费资源又污染环境,请举例说明。价值清单的独特性表现为其兼顾到了学生面对道德问题的不同思考路径和选择两难的情境,在不断梳理事实和价值的过程中启发学生寻找替代性选择,而不断扩大选择范围的目的是让学生自己做出选择,最终在所有事实和价值得到澄清的过程中了解真相、认清现实,最终自愿做出那个唯一的选择。

在价值澄清的过程中,教师应不断地引导学生表明对某一件事的态度价值,要接纳学生所表现出来的思想、情感和信念,而不是对其妄加批评,最后教师再提出问题,协助学生慎思其所坚持的价值。

(三) 经验的学习

人本主义理论强调主观的意识经验是一切知识的根源,侧重个别化和主观的认知。该理论在教学上重视经验的学习,认为学习的过程是个人知觉改变的历程,主张教材内容的编排应尽量符合学生的认知经验。

罗杰斯认为,经验的学习是自发主动的学习,对学生较具有意义性和趣味性。经验学习的主要目的是将认知经验和个人需要相结合,以培养创造性,使学生在不断变化的社会中具有良好的适应能力,促进各种能力的全面发展。

为了促进学生的经验学习,教师首先要鼓励学生面对问题,思考生活中的各项问题如何解决,以便启发学生的创造性;其次应具备真诚、接受、移情和理解的心理及态度,肯定学生的价值,只有这样学生的自我概念才会健全发展;再次要建立自由的学习气氛;最后教师应该多向学生提供与其认知经验相关的教学资料。

---

① 兰章宣.价值澄清:师生德育互动的问题解决智慧[J].教育理论与实践,2017(35):19—21.

专栏 4-18

经验学习的局限性①

经验学习虽然具有重要的发展价值,但它在人的身心素质的发展中也存在局限性。这主要表现在以下三个方面。

第一,经验学习会使得学习者的学习与发展囿于个体经验的水平。因为个体在生命活动中靠自身直接经验所及的事物是有限的,因此仅凭经验学习,个体的学习与发展难以达到人类已有的水平。

第二,纯粹的经验学习可能是试误式的学习,这会使得学习过程走弯路和出现低效率。由于个体生命和精力有限,完全凭借个人经验只能学习到非常有限的东西。

第三,并非事事、处处都需要个体去经验,同时很多事物也不能单靠个体经验去学习。如对历史事实、宏观宇宙和微观世界及一些危险的场景和行为等。

(四) 非指导教学模式

非指导教学模式强调个体形成独特自我的历程。这种模式认为,教育要帮助个人发展自我与环境的关系,形成自我的独特看法,发展良好的人际关系,以及更高效的信息处理能力。学习环境应该鼓励学生学习而不是控制学生学习,教学旨在发展个人人格与长期的学习方式,而不是仅仅只为短期的教学目标。因此,教学应注重如何增进学生学习。

专栏 4-19

非指导性教学在小学语文教学中的运用②

1. 认可学生在学习中的主导作用

例如,在课文《哪吒闹海》的教学过程中,教师可在学生阅读之前,提出以"闹"为核心,让学生在阅读过程中,找出与"闹"相关的内容,并加以概述;同时,让学生对哪吒的性格特点进行分析;还可以引导学生依据小标题,划出重点词句进行研读。教师引导学生自主探究课文内容,最后再提出问题:你通过课文认识到的哪吒是一个什么形象? 在描写哪吒搅龙宫、打夜叉、裹太子等情节中,用了哪些动词? 最后,教师给学生分组讨论的时间,得出合理的答案。通过这种教学方式,能够培养学生的独立思考的能力,有助于提高小学生的自主学习和分析能力。

2. 营造和谐、轻松的学习环境

教师设计学生感兴趣的教学内容和问题,是营造和谐、轻松课堂氛围的关键之一。例如,在讲解《卧薪尝胆》这一课文的过程中,教师可以先让学生对"卧薪尝胆"这一成语的含义进行自己的理解与表达,然后引导学生在阅读过程中,对自己的认知进行验证,并在阅读过程中,寻找文章的行文线索:文章的主人公是谁? 卧薪尝胆的目的是什么? "兵败、受辱、卧薪尝胆、卷土重来"在

① 陈佑清. 符号学习与经验学习在学生发展中的关联与互动[J].华东师范大学学报:教育科学版,2010 (2):24-32.
② 胡敏. 非指导性教学方法在小学语文教学中的运用[J].中外交流,2017(21):187.

文章中的具体表现有哪些？学生在阅读过程中，自主解决这些问题，能够提升学生对语文学习的兴趣，也有助于提升学生的独立思考能力。

3. 指导方式多样化

例如，在《每逢佳节倍思亲》的教学过程中，教师可以在学习过后，开展课后拓展学习，让学生自己通过各种方式、渠道收集与我国传统习俗、节气等文化相关的文章或名句。这种拓展学习的方式，有助于激发学生的学习兴趣和探索欲望。老师可以采用分组方式，让学生在合作探索、讨论的过程中，取长补短，学习彼此的优势，相互对照，改进自己的缺点。增强学生合作意识的同时实现共同进步。

第四节　建构主义学习理论

建构主义是一个广泛而模糊的术语。哲学家、教育学家和心理学家等都使用过这个术语，但他们对这一个术语的理解并不相同。目前不存在一个清晰而单一的建构主义理论体系，存在很多并不一致的理论。这些理论大致可归纳为两种研究取向：个体（认知）建构主义（individual/cognitive constructivism）和社会建构主义（social constructivism）。

05. 巴特莱特

巴特莱特（Frederic C. Bartlett, 1886—1969），英国心理学家，剑桥大学第一位实验心理学教授。他在推动英国实验心理学研究方面做出了重大贡献。巴特莱特认为记忆不只是再现，而是反复推敲的构造。在理论上，他强调记忆过程的主动作用，突出了心理作用的整体性；把思维比之于技能的操作，具有一定的指向性。主要著作有《心理学与原始文化》（1924）、《记忆：一个实验的与社会的心理学研究》（1932）、《思维：一个实验的和社会的心理学研究》（1958）等。

一、个体（认知）建构主义

个体建构主义者关心个人是如何建构自己的认知或情绪成分的，通常他们对个人的知识、信念、自我概念等主题很感兴趣。

（一）早期的个体建构思想

认知领域的建构思想，可以追溯到巴特莱特（Frederic. C. Bartlett）的记忆实验。在方法论上，他反对艾宾浩斯的无意义音节实验，即"剥离"已有知识经验的做法；采用了比较接近日常生活的图画和故事，用重复回忆的手段来考查记忆"构造"的过程。在理论上，他强调个体在记忆过程中的主动作用，突出了心理作用的整体性。例如，巴特莱特提出"图式"，注重过去反应或过去经验的主动组织，其作用不仅使个别成分一个接着一个联系起来，而且使组织成为一个统一的整体。因此，学习是运用心理图式引导且据此解释事件的构建过程。

在一次演示实验中，巴特莱特采用图画复绘的方法测验记忆质变的情形（如图4-11所示），图中左边的为刺激图形。测试时先给被试中的第一个人看，要求他凭记忆将图绘出，再将第一个人所绘的画给第二个人看，第二个人看后同样凭记忆将其看到的画绘出，然后给第三个人看，如此继续进行，直到第十八个人为止。图4-11中垂直线右边的八个图形，就是该实验中的第1、2、3、8、9、10、15、18个被试所绘的图形。从这些所绘图形中可以看到，被试的记忆内容，在量上并未减少，甚至反而增加了，但从记忆内容的质上看，却发生了很大的变化，变化的方向越来越显示出图形的意义，但却也越来越远离了事实。

图 4-11

记忆质变图

　　因此,巴特莱特认为人们的报告似乎主要依赖于个人背景及其反应偏好,而不是图画内容本身。回忆出现错误是理所当然的,而回忆与初始事件毫厘不差反而是不正常的。人们常常执着于先前的理解,而不是根据实际知觉的图画内容。从量和质上的分析来看,人们保持这种记忆环节,并不是信息在脑中的被动的、简单的印留,而是主动的、复杂的加工过程。

鬼　战

专栏 4-20

　　巴特莱特在一个实验中,让大学生(英国)阅读印第安民间故事"鬼战"(the war of ghost),在间隔一段时间后要求学生根据自己的记忆复述这个故事。

　　一个晚上,有两个从伊古拉来的青年男子走到河里想去捕海豹,当时,天空充满了浓浓的雾气,非常平静。然后,他们听到了战争的嘶喊声,他们想"也许有人在打仗",于是他们逃到岸边,躲在了一根木头后面。就在这时,有几艘独木舟出现了,他们听到了摇桨的声音,看到其中一艘向他们驶来,船上坐着 5 个人,那些人问道:
　　"我们想带你们一起到河的上游去跟敌人打仗,你们觉得如何?"
　　其中一个年轻人说:"我没有箭。"
　　他们说:"箭就在船上。"
　　这个年轻人说:"我不想跟你们去,我可能会被杀死,我的亲戚朋友都不知道我去那里,不过你……"
　　他转向另一个人说:"可以跟他们一起去。"

因此，一个年轻人就跟他们走了，另一个年轻人回家了。

当战士们沿河而上到达卡拉马另一端的村庄时。村庄的人涉水而来，开始战斗，许多人因此被杀死。就在此时，这个年轻人听到其中的一个战士说："快，我们回家去！那个印第安人被打死了。"这时年轻人想："哦，他们都是幽灵。"他并没有感到任何不适，但他们却说他被射死了。

于是，这些独木舟回到了伊古拉，这个年轻人上岸后回到家里，并且点起了炉火，他告诉所有人说："看！我跟这些幽灵一起去打仗，同伴中有许多被杀死了，攻击我们的对方也死了不少人。他们说我被射中了，但我并没有感到任何的不适。"

他讲完这些话之后，安静了下来。当太阳升起的时候，他倒在了地上，有黑色的东西从他的嘴里流出来，他的脸扭曲变形。人们跳起来，大声呼叫。

他死了。

对于这个故事，巴特莱特发现：随着时间增加，故事内容往往被略去一些，一些玄妙的内容被舍弃了；更有趣的是，被试还增加一些新的材料，甚至加入一些伦理内容，使故事变得更自然合理。他认为，对"鬼战"的曲解和增删，主要是由于大学生被试（英国）没有对原故事建立正确的图式；同时，由于对北美印第安文化理解较少，只是形成了一个关于该故事的抽象表征；该表征一般被个人的信仰、情绪以及过去经验所同化，因此许多故事细节被略去，其他的则同化于长时记忆系统的信息结构。

图 4-12

儿童的建构
行为①

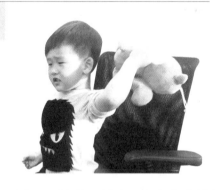

（二）皮亚杰关于知识建构的思想

在心理学领域，皮亚杰思想促成了认知建构主义理论观点的兴起。皮亚杰关于儿童如何获得新知识的观点，被称为认知建构主义（见第五章）。他认为，人们是在自身经验的基础上建构自己的知识的；人们需要亲身探索和经历事物的机会。例如，在父母看来，儿童经常往地上扔玩具是一种"调皮"行为，但其实有时他们可能正在体验物体的重力现象以及自由落体的过程（如图4-12所示）。从这一观点来看课堂，学生同样需要各种通过经验和实践来学习的机会。有证据表明，在物理教学中，教师如果仅给学生解释各种概念，可能会导致学生形成"死的知识"（inert knowledge），因此，在某些教学内容上，给学生以实践的机会，让他们自己去发现，是很有必要的。

皮亚杰学派的建构主义观点属于心理的/个体的，对个体建构起来的意义更感兴趣，而较少关注"正确"的表征。皮亚杰认为，知识既不是客观的也不是主观的，不能直接从环境中习得，它们来自个体的反思和协调自己的认知。也就是说，认识并非大脑

---

① 通过扔玩具，儿童可能体验物体的重力现象以及自由落体的过程。

对于客观事物或现象的简单、被动的反映,学习也不是个体获得越来越多外部信息的过程,而是一种主体的、主动的建构活动,学习者从中学到越来越多的有关自己认识事物的程序,即建构了新的认知图式。皮亚杰感兴趣于一般知识的建构,如守恒性和可逆性等,同时,他也认为社会环境是发展的一个重要因素,但不认同社会互动是思维发展的主要机制这一思想。

(三)个体建构的研究共识

虽然具有不同研究背景的学者都使用"建构主义"这一术语,但目前并没有形成统一整合的建构主义的理论,人们对其的意义解释存在一些差异。但在一些关键问题上,他们还是达成了一些共识。

1. 关于知识与课程

大多数建构主义观点对知识的客观性和确定性提出了质疑,他们认为,知识并不是对现实的准确表征,它只是一种解释或假设,随着人类的进步而不断变化。同时,知识并不能对关于世界的法则进行精确的概括,而是需要针对具体情境进行再创造。此外,建构主义认为,虽然知识能用语言符号的形式来表述,但知识仍不可能以实体的形式存在于具体个体之外,这意味着不同学习者对同一知识会有不同的理解。所以,对知识的理解只能由个体学习者在自己的经验背景的基础上建构起来,这取决于特定情境下的学习历程。

建构主义的这种知识观反映在课程上,则提供了这样一个视角:课本知识只是一种关于各种现象的较为可靠的假设,而不是解释现实的"模板",虽然有些科学知识包含真理,但并非绝对正确,只是对现实的一种较为正确的解释而已。因此,在对课程知识的教学上,建构主义认为习得的知识:(1)并非预先确定的,更非绝对正确;(2)只能以自己的经验、信念为背景;(3)需要在具体情境的复杂变化中不断深化。

2. 关于学习

大多数建构主义者认为,学习是学生建构自己的知识的过程,通常以新旧知识经验的相互作用来解释知识建构的机制。学习过程并不是简单的信息输入、存储和提取,而是新旧知识或经验之间的相互作用的过程,这主要涉及同化和顺应。

也就是说,在建构新知识的过程中,学生不仅需要从头脑中提取与新知识一致的知识经验,作为同化新知识的固定点,而且要关注到已有的、与当前知识不一致的经验,看到新旧知识之间的冲突,并通过调整来解决这些冲突,有时甚至需要转变原有的错误观念。因此,一方面,学习不仅要理解和记忆新知识,而且要分析其合理性、有效性,从而形成自己对事物的观点,形成自己的思想;另一方面,学习不仅是新知识经验的获得,同时还意味着对既有知识经验的改造。

3. 关于学生与教师

大多数建构主义者强调,学生并不是"空着脑袋"走进教室的,他们有在日常生活或先前学习中获得的丰富经验与知识,即使出现一些从未接触过的问题,他们也会从自己的经验背景出发来提出合乎逻辑的假设。同时,由于经验背景的差异,学生对问题的理解常常各不相同,然而在一个学习群体中,这种差异本身便构成了一种宝贵的学习资源。

因此,建构主义的观点大多认为,教师不仅仅是知识的呈现者,更应重视学生自己对各种现象的理解,倾听他们现在的想法,洞察他们这些想法的由来,以此为根据,引导学生丰富或调整自己的理解。有时,教师需要与学生针对某些问题共同进行探索,并在此过程中相互交流和质疑,了解彼此的想法,彼此都作出某些调整。值得注意的是,建构主义虽然侧重个体的自我发展这一特性,但并不否认外部引导(如教师或同伴)对学生学习的影响。

4. 关于教学

持建构主义观点的研究者大多提倡转变传统教学的重心,把学生自身的努力放在教育的中心地位上;学校教育的目的除了使学生掌握各类知识或能力外,还应培养学生的思维和研究能力,并促使他们意识到自身在知识建构中的作用。

具体到教学方法与措施上,建构主义者认为,教师应提供富有挑战性的学习环境和真实任务,让学生面对复杂的学习环境,解决一些真实的、不明确的问题。这是因为真实世界中的问题通常比较复杂,而且有多种解决途径,每一步行动又会带来一系列新的问题。同时,学校教育应该让每个学生都有机会尝试解决复杂的问题,教师可以从旁协助,如提供资源、记录学生的进展情况、指导学生细化分解问题等。

二、社会—文化建构主义

(一)维果斯基的社会—文化学派

维果斯基的社会—文化学派认为,人的社会建构主要通过与他人的互动来完成(见第五章)。具体来说,在人的社会性形成过程中,要获得自我表达与自我参照等能力,但更重要的是掌握这些能力所需的心理工具与言语技巧。

例如,当婴儿有某种意愿时,成人或年长的儿童就会以一定的方式帮助他表达或作出反应,教授这个社会的言语表达与物品名称;如此下去,婴儿原本混乱无序的心智活动就会逐渐发展成为具有一定结构模式的成熟心智活动。可见,在他人提供帮助的前提下,儿童的心理工具与言语技巧逐渐发展,促使他能在这个世界上独立进行活动与感知。

维果斯基的社会—文化学派认为,工具的制造和使用改变了人类的生存地位和心理构成。不仅是物质工具(如耙子和器具)的产生,更重要的是社会实践与语言(工具中的工具)的产生。这些工具作为一种中介,存在于个体的活动、目标与任务之中。在这种观点下,文化包含了社会个体在历史发展过程中所创造的所有物质与社会实践。因此,在他们看来,人类的种系发展、历史演变和个体发展,都离不开我们祖先工具的使用、人类历史中劳动和符号中介的产生,以及在社会文化背景下个体言语技能的获得。

应当指出的是,与起源于皮亚杰理论思想的认知建构主义一样,维果斯基的社会—文化理论是另一取向——社会文化建构的源泉;维果斯基虽然与皮亚杰一样,将知识和学习视为外部环境与主体相互作用的结果,但他更重视社会互动和文化情境在学习中的作用。也就是说,个体在社会文化背景下,主动建构自己的认识与知识。

(二)社会—文化学派的后续发展

在维果斯基的社会—文化学派思想的基础上,后续发展出社会建构主义(social constructivism)、社会—文化认知观(social-cultural cognition)、社会建构论(social constructionism)等思想。

1. 社会建构主义

社会建构主义学派强调知识不仅通过个体与物理环境的相互作用,而且通过社会性的相互作用来建构。其中,知识分为"自下而上的知识"和"自上而下的知识"两类。"自下而上的知识"就是学习者在自己的日常生活、交往和游戏等活动中形成的大量个体经验,经由具体水平向高级水平的发展,走向以语言实现的概括。而"自上而下的知识"是在人类的社会实践活动中形成的公共文化知识,以语言符号的形式在个体学习活动中出现,由概括向具体经验领域发展。社会建构主义认为,儿童知识经验发展的基本途径就是,在与成人或比他稍成熟的社会成员的交往活动(特别是教学活动)中,依靠他们的帮助,解决自己还不能独立解决的问题,理解体现在成人身上的"自上而下的知识",并以自己已有的知识为基础获得新知识的意义,从而把"最近发展区"变成现实的发展。

2. 社会—文化认知观

社会—文化认知观特别注重知识(或学习)与文化、历史和风俗习惯背景之间的密切联系,强调知识的主要来源是不同的社会实践活动。也就是说,在一定的社会交往、社会规范、社会文化产品等的背景下,个体以自己原有的知识经验为基础,通过一系列的活动,解决出现的各种问题,最终达到活动的目标。社会—文化认知观特别指出,学习应该像实际活动一样展开,在为达到某种目标而进行的实际活动中,解决遇到的实际问题,从而学习某种知识。学生在问题的提出及解决中都处于主动地位,而且在此过程中可以获得一定的外部支持。

3. 社会建构论

社会建构论将社会置于个体之上,在社会层面而不是在心理水平上,研究社会交往对个体学习的影响。该理论认为,知识根本不存在于个体内部,它属于社会,并以文本的形式存在,而所有的人都以自己的方式解释文本的意义。社会建构论关注人际之间语言的交流,将谈话视为人们形成新意义、发现已有意义符号的心理工具,并且正是这些谈话方式才组成了人类的经验。

(三)社会—文化建构的研究共识

1. 关于学生

学生是造就的(constituted),其途径是积极参与认识(participation)众多社会文化制品(artifacts)和习俗(practices)。制品是人为制造的各类物品,习俗是各种习惯的活动程序或行为方式。以"语言"这个特殊的文化制品为例,儿童一旦获得,就会将转换其能力与行为。通过语言,儿童就能与他人一起从事互为主体的活动,学习自己文化的交流习惯。

从这一观点出发,个体发展就是人接受所处文化中各类制品和习俗的过程,其途径是自己在社会文化环境和生物物理环境中的活动或互动。具体到正规教育,学习者就是教育环境和文化环境中的积极参与者,逐渐从"新来者"向"老资格"转变;他们不断变化的知识、技能和话语,也成为习俗社群的一部分内容。所谓习俗社群(community of practice),就是具有共同习惯活动程序或行为方式的群体。

2. 关于学习过程

学习是一些轨迹(trajectories)。按照莱夫和温格(Lave & Wenger)的说法,学习发生在一些有意义的参与轨迹之上,后者又处于特定社会活动之中。根据这一认识,社会—文化研究者大多关注学习者在学习社群中随时间而变化的参与活动,以及通过参与活动而展现的发展轨迹。

在学校教育环境中,学习过程被认为是社会文化参与过程的延伸。同时,学习(教学)过程就是为了确保儿童和青少年获得知识、能力与个性,以及相应的公民道德与个人责任。在这一意义上,教育就是某个社会文化中习俗社群的"学徒活动",即向新人或门外汉逐步展示各类再现、转换和变化的习俗活动。

另外,学生新入学校成为班级一员,就要依各类或明或隐的规则条例来行事。他们要积极参与到教学过程和课堂活动之中,采用自己社会文化环境和教育环境中存在的各类形式、结构与策略,熟悉社会文化制品和习俗。通过这样的学习活动,学生会越来越像成人一样来应对这个社会文化中的问题,而学校教育中各类习俗社群,就越来越像所处文化中成人的习俗社群。

3. 关于学习的条件

在学校教育环境下,教育者必须安排各种适合学习者当前能力和兴趣的教学条件,从而促使他们能积极参与其中。这些条件包括教师行为,教学材料、活动的选择与运用、学习与教学发生的社会场景,等等。进一步,这些条件不仅要使学生从课堂学习经验中充分受益,而且要与之后的公民职责、民主参与等活动发生场景联系起来。此外,社会文化环境中的他人,如教师和父母,对学习者的学习也有重要影响。

(四)建构主义学习理论的教学应用

建构主义学习理论对教学的影响是全面的,尤其是对课堂教学模式产生了重要影响。

1. 研究性学习

杜威(John Dewey,1859—1952)提出了研究性学习的基本形式——learning by doing(做中学)。研究性学习包括以下内容:(1)形成假设以解释事件或解决问题;(2)搜集数据验证假设;(3)得出结论;(4)对问题和解决问题的思维过程进行反思。在研究性学习中,学生学会的不仅是知识,更重要的是探究过程本身。

2. 基于问题的学习

基于问题的学习(Problem-Based Learning)是一种基于现实世界的以学生为中心的教育方式。它强调以学生的主动学习为主,设计真实性任务,强调把学习设置到复杂的、有意义的问题情景中。将学习与任务或问题挂钩,使学习者投入问题中去解决问题。同时,还强调通过学习者的自主探究和合作来解决问题,从而让学习者学习隐含在问题背后的科学知识,形成解决问题的技能和自主学习的能力。表4-8表示的是基于问题学习的五个阶段。

表4-8 基于问题学习的五个阶段

阶　段	教师的行为
第一阶段:引导学生了解问题	说明学习目标,提供必要资源,鼓励学生自己选择解决问题的方法
第二阶段:组织学生学习	指导学生确定与问题相关的学习任务
第三阶段:协调学生独立调查和小组调查	鼓励学生搜集恰当的信息,开展实验研究,寻找解释和问题解决的途径
第四阶段:开展假设并交流	协助学生准备结果报告、录像素材或模型等,鼓励他们相互交流
第五阶段:分析评估解决问题的过程	引导学生反思调查和解决问题的过程

3. 合作学习

合作学习是指由几个能力不同的学生组成小组共同学习,并强调学生之间的互动。为了使合作学习小组真正发挥作用,教师必须注重以下几点:(1)面对面的互动。学生围坐在一起,进行面对面的沟通交流。(2)良性的内部依赖。让学生体验到自己需要同伴的支持、解释和指导。(3)各成员的职责。一开始小组成员共同合作、相互帮助,但最终必须能够独立学习,各人都要承担学习的职责。(4)合作技能。如提出建设性的反馈意见、达成共识、发动所有成员参与等技能。(5)成员监控。小组成员要监控活动和人际关系,以保证小组富有成效地工作。合作学习中各成员的角色和任务如表4-7所示。

角　色	任　务
鼓励员	鼓励害羞或不情愿的学生参与活动
表扬员	赞赏他人的贡献、肯定其取得的成果
看门员	平衡参与,保证没有个别学生支配整个小组
教练	解释说明相关的学习内容和概念
问题控制员	保证所有学生都提了问题并得到解答
审查员	检查小组成员的理解情况
任务控制员	使小组的活动围绕任务展开
记录员	记录角色、观点和解决方案
反思员	使小组意识到自己的进展情况
纪律员	控制小组讨论的声音
材料管理员	领取和归还材料

表4-9

合作学习中的成员角色

在合作学习过程中可能出现的偏差

专栏4-21

要发挥合作学习的优势,就必须保证每个成员都参与其中并相互合作。应当注意的是,教师即使将学生分组,也不一定产生合作行为。如果对合作学习理解不当,将会导致一些错误的教学措施。教师如果没有精心地计划和监控,小组互动甚至会阻碍学习,影响同学间的关系。例如,小组中地位较低的学生提出的观点可能被忽视甚至遭到嘲笑,而地位高的学生的观点则被采纳。小组中出现遵从现象或个别学生主导整个小组的现象,这些都可能导致小组采纳错误的或不完整的观点,并形成肤浅的认识。

总的来说,运用合作学习不当时,可能产生如下问题:

- ✓ 一两个学生包办了整个小组的任务;
- ✓ 学生更喜欢合作的过程,而不是学习知识;
- ✓ 学生没有对错误的概念提出质疑并加以修正;
- ✓ 学生的社会互动和人际交往偏离了学习的主题;
- ✓ 学生仅仅把依赖的对象从教师转为小组中的"专家";
- ✓ 进一步增大了学生间地位的差异。

4. 教学对话

所谓教学对话,就是学生通过与教师和其他学生的交流来学习的一种教学方法。教学对话的理论基础是维果斯基的理论。维果斯基认为,学习与理解需要互动和对话。具体来说,学生在各自的最近发展区中尝试解决问题时,需要通过与教师或其他学生的互动来获取帮助,而教学对话为这种互动提供了机会。这是因为,教学对话首先属于教学范畴,其目的在于促进学习;其次,教学对话有别于传统的授课或讨论形式,在该教学形式中,教师起到的仅是引导作用。

案例 4-4

教学对话中教师的引导

下面是某小学三年级双语教学班上的一个教学片段。这个片段说明了参与者是如何通过对话来相互调控学习的。

教师:你们觉得这个故事怎么样?

圆圆:我觉得他们非常关心他。

教师:什么意思? 你是说他的父母吗?

圆圆:是的。

教师:你从故事的哪些地方看出来的?

圆圆:因为他们确实很为他担心。

教师:谁还想来谈谈自己的看法? 我希望听到每个人的观点,然后再决定我们接下来讲什么。林林?

林林:我认为作者很小的时候就有这种想法了,或者是在现实生活中他的一个朋友失踪了。

教师:"他有这种想法"是什么意思?

林林:作者让故事里的父母认为孩子失踪了。

教师:你的意思是作者或作者认识的人曾经失踪过?

林林:是的。

教师:哦,很多时候作者的灵感来自其真实的生活。方方,你是怎么看的?

方方:这像是一个道德故事,说明一个人不能太贪心,不能期望得到所有的东西。但在故事中,当他恐慌的时候似乎一切都发生了。

教师:你从哪里看出他很恐慌?

方方:他看到狮子的时候,变得惊慌失措。

敏敏:是的,他把自己变成了一块石头。

方方:对,他说:"我希望变成一块石头!"

教师:结果真的变成石头了,是吗?

敏敏:他真的很愚蠢。

教师:可能他没有想得很远。如果是你,你想许什么愿望?

......

师生之间的对话仍然继续着,学生们提出了各种解释。教师在总结中指出:"圆圆讲到了故事中的人物和他们的感受;林林从作者的角度出发谈了自己的看法;方方认为这是某一类故事。"可见,在教学对话中,教师的职责是促使每个学生参与讨论。在上面这段对话中,教师时时都在引导着对话;当学生熟悉了这种学习方法后,就可以让他们更多地相互交谈。

5. 认知师徒法

认知师徒法指新手在专家的指导下获得知识和技能。学校中的认知师徒法主要围绕认知技能而展开，如阅读理解、写作或数学问题的解决。认知师徒法有多种模式，但一般都具有以下特点：(1) 学生观察专家（通常是教师）的示范行为；(2) 学生获得外部支持（包括暗示、反馈、示范和提醒等）；(3) 学生接受概念性的支撑，并随着学生胜任能力加强，逐渐减少这类支撑；(4) 学生学会表达他们的知识——用语言表述他们对所学内容和程序的理解；(5) 学生反思自己的进步，比较当前表现、专家表现和原有表现之间的差异；(6) 学生尝试以新的方式（不是师父教的）应用所学的内容。

在教学中应该如何运用认知师徒法呢？互惠教学（reciprocal teaching）是认知师徒法的一个成功的例子。以阅读理解为例，教师的教学目标之一就在于帮助学生深入地思考和理解阅读的内容。要达成这一目标，阅读小组中的学生必须学会四种策略：总结段落的内容、对中心思想提问、解释材料的难点和预测后面的内容。一般来说，熟练的阅读者（学生）能自动地使用这些策略，而阅读技能较差的阅读者（学生）则很少运用或不知如何运用。要使学生有效地使用这些策略，教师可以进行直接的指导和示范，并让他们在真实的阅读场景中练习。具体来说，教师首先讲解、示范这四种策略并鼓励学生反复练习；接着，教师和学生一起默读一个段落，再次示范总结、提问、解释和预测这四种策略；然后，教师让学生阅读另外一个段落并尝试使用这些策略，有些学生在最初回答时可能会犹豫、出错，教师应该及时给予其提示、指导、鼓励和支持；最后，每个学生都能独立运用这些策略来理解文章的意思。

互惠教学的实例

专栏 4-22

在互惠教学开始不久，教师引导小组中一名学生对某一段落的中心思想进行提问。所学的课文内容是："这只雌蜘蛛的配偶比她小多了，身体是暗棕色的，大部分时间他就坐在蜘蛛网的一边。"

小林：（没有问题）

教师：这个段落讲了什么？

小林：雌蜘蛛的配偶。他在……

教师：很好，继续说。

小林：雌蜘蛛的配偶比较小，他在……我该怎么说呢？

教师：别急，慢慢说。你对雌蜘蛛的配偶和他做了什么有些疑问。

小林：他们大部分时间坐在那里做什么？

教师：问题应该这样来提：雌蜘蛛的配偶大部分时间在做什么？现在，你再来复述一下这个问题。

小林：雌蜘蛛的配偶大部分时间在做什么？

随后学生逐渐开始承担教学的责任。下面这个例子就是第一、二节课后，另一学生小敏在课上的表现。课文内容："另一种最古老的食盐生产方法是开采。早期的开采方式非常危险、困难，而现在有了专门的机器，开采工作变得更加容易和安全。"

小敏：用两个词语来形容早期的食盐开采。

小亮：危险和困难。

小敏：对了。这个段落对过去的和现在的食盐开采方法进行了比较。

教师：好极了。

小敏：我有一个猜测。

教师：你说。

小敏：我想文章可能讲到了食盐是什么时候被发现的……嗯，还有它是由什么东西以及怎么做成的。

教师：好的。还有哪个同学愿意来做小老师？

专栏4-23

建构主义学习理论对语文阅读教学的启示[①]

建构主义学习理论与新课标对语文阅读教学的阐述有着紧密的联系，新课标强调多义的阅读文本。阅读是学生、教师、文本之间的对话过程，教师引导学生阅读、感知、分析和理解，学生在教师的指导下，借助先前的经验，根据自己的认知、辨析和理解，对文本进行多义性的解读；另外，强调学生个性化的阅读行为和阅读实践，并在实践中感悟和思考，以获得知识。学生的阅读所得因人而异，每个学生在阅读中的体验和收获是不一样的。在进行语文阅读教学时，教师应该树立正确的阅读观，解放课堂，提升学生的认知结构。用建构主义学习理论来审视语文阅读教学，这样会得到更多的启示。

1. 树立新的知识观和教学观

在阅读作品时，学生带着已有的知识和经验进行阅读学习，在一定的情景下对外部信息进行主动地选择、加工和处理，从而获得自己的意义。阅读一篇文章，教师应该充分尊重学生原有的知识经验，要让学生有多样化的思考，允许学生有不同的理解和分析。教师要把学生当成一个鲜活的人，而不是装知识的容器，所以教师的教学不能是灌输，不能采用"填鸭式"的教学方法，把自己对文本内容的理解硬塞给学生，而是积极引导学生对作品的深层含义进行探究，让学生获得丰富的认识和多样化的理解。

2. 选择多样化的教学方法

建构主义学习理论认为，学生是信息加工的主体，是意义的主动建构者，在学习过程中必须充分地与他人交流和合作。因此，我们在阅读教学中，要改革传统教学方法，要摒弃"老师讲，学生听"、"老师问，学生答"、"老师说，学生记"的阅读教学方式，要尊重学生的主体地位，让学生自主阅读。教师在指导学生阅读时，要采用各种方法鼓励、促进、组织学生之间的交流与合作，要采用多样化的教学方法，适合采用启发式、参与式、合作式、探究式的教学方法。

3. 教师在语文阅读教学中的特殊作用

建构主义学习理论认为，建构主义教学不是学生个体经验水平上的盲目摸索，它需要教师的干预、指导和点拨。在阅读过程中，学生常常因受到阅历、经验和不成熟心智的影响，对作品的理解往往比较狭隘，学生应在充分理解文本的基础上进行合理感悟。在语文阅读教学中，只有教师发挥好引导的作用，学生才会有更大的阅读收获。

---

① 刘明知.建构主义学习理论在语文阅读教学中的应用探究［J］.楚雄师范学院学报,2016,31（12）:69-72.

参考文献

［1］胡谊,郝宁.教育心理学——理论与实践的整合观［M］.上海:华东师范大学出版社,2009.

［2］陈琦,刘儒德.教育心理学(第二版)［M］.北京:高等教育出版社,2011.

［3］皮连生.教育心理学(第四版)［M］.上海:上海教育出版社,2011.

［4］陈琦,刘儒德.当代教育心理学(修订版)［M］.北京:北京师范大学出版社,2007.

［5］邵瑞珍.教育心理学(修订本)［M］.上海:上海教育出版社,1998.

［6］冯忠良,伍新春,姚梅林,王健敏.教育心理学［M］.北京:人民教育出版社,2000.

［7］潘菽.教育心理学［M］.人民教育出版社,1980.

［8］皮连生.学与教的心理学(第二版)［M］.上海:华东师范大学出版社,1997.

［9］吴庆麟,等.认知教学心理学［M］.上海:上海科学技术出版社,2000.

［10］莱斯利·P·斯特弗,杰里·盖尔.教育中的建构主义［M］.高文,等译.上海:华东师范大学出版社,2002.

［11］罗伯特·斯莱文.教育心理学理论与实践［M］.姚梅林,等译.北京:人民邮电出版社,2004.

［12］戴尔·H·申克著.学习理论:教育的视角［M］.韦小满,等译.江苏:江苏教育出版社,2007.

思考题

1. 教育学中有一个著名的定律——效果率,是由教育心理学家桑代克提出的。这是一个适用于一切有机体学习行为的规律,其主要内容是:在一个既定的情境中,引起满足的任何动作会逐渐同这个情境联结起来,以致当这个情境再出现时,这些动作也比以前更容易发生;反之,在一个既定的情境中引起不适的任何动作会逐渐从这个情境中分离出来,以至当这一情境再出现时,这些动作不如以前那样容易再发生。

请结合实际,谈一谈学生教育中惩罚和榜样的运用及其作用。

2. 阅读下列文字,回答问题:

李老师发现班上有几个学生的作业总是潦草脏乱。为了帮助这些学生,李老师专门准备了2枚印章和一些奖状,每当这几个同学交上来的作业工整干净时,她就在练习本上加盖一朵小红花,连续得到3朵小红花,就加盖一个"一级棒"的大印章,连续得到2次"一级棒"的印章,就奖励一张优秀奖状,连续得到3张优秀奖状,李老师就会把该学生的作业放在光荣榜上展览。

请结合所学的心理学理论,对李老师的这一做法进行分析。

扫一扫二维码

获取思考题
答案要点

3. 侯老师是一名生物老师,他很喜欢在课堂上开展小组讨论,但效果却不是很好。他常常会看到以下这些现象:(1)学生常常是前后桌4人为一小组,展开讨论。往往座位的编排是按照学生的高矮次序、男女生性别搭配而成的。(2)抛出问题后,教室里立即发出一片嗡嗡声,感觉小组内每个人都在发言。(3) 讨论结束后,小组代表总结发言,学生一张口就是:"我觉得……"、"我认为……"。

　　请用建构主义学习理论,对以上现象分别作出评析,并提出改进措施。

··

第三编

学生心理如何发展

第五章

认知与智力
的发展

学习目标

1. 阐述皮亚杰认知发展理论的基本观点；
2. 解释儿童在皮亚杰提出的四个发展阶段上的思维差异；
3. 总结皮亚杰理论的教学启示；
4. 阐述维果斯基认知发展理论的基本观点；
5. 总结维果斯基理论的教学启示；
6. 简述经典智力理论中的不同观点；
7. 阐述加德纳的多元智力理论及其教学含义；
8. 阐述戴斯的PASS智力模型及其教学含义；
9. 阐述斯滕伯格三元智力理论及其教学含义。

关键词

发生认识论:研究认识如何发生或起源以及如何逐渐发展的一门学科。

同化与顺应:个体认识外部世界,依赖于图式,即经过组织而形成的思维以及行为的方式。同化是对环境中的信息进行整合,吸收到图式中去的过程(一种量变);顺应是环境中刺激导致图式调整或重构的过程(一种质变)。

皮亚杰的认知发展阶段:皮亚杰认为,儿童的认知发展要经历四个阶段,包括:感知运动阶段、前运算阶段、具体运算阶段和形式运算阶段。

最近发展区:是指认知发展的真实水平与认知发展的潜在水平这两者间的距离。

教学支架:是指儿童试图解决超出他们当前知识水平的问题时,教师所给予的支持和指导。支架式教学就是一种帮助学生顺利通过最近发展区的教学模式。

智力:是个体认知方面各种能力的综合,如记忆能力、学习能力、解决问题能力、抽象逻辑思维能力、推理能力和应付新情境的能力等。抽象逻辑思维能力是智力的核心。

经典智力理论:将智力视为人脑的内部特性和有待发现的心理结构的理论,如斯皮尔曼的智力两因素理论、卡特尔的液态智力与晶态智力理论、瑟斯顿的智力群因素理论、吉尔福特的智力三维结构模型等。

现代智力理论:认为智力是人脑对各种信息进行加工、处理的能力,并对智力的内部活动过程进行深入研究的理论。如加德纳的多元智力理论、戴斯的PASS智力模型、斯滕伯格的智力三元理论等。

认知方式:又称为认知风格,是指个体在知觉、记忆、思维和解决问题等认知活动中,加工和组织信息时所表现出来的独特而稳定的行为方式。

本章结构

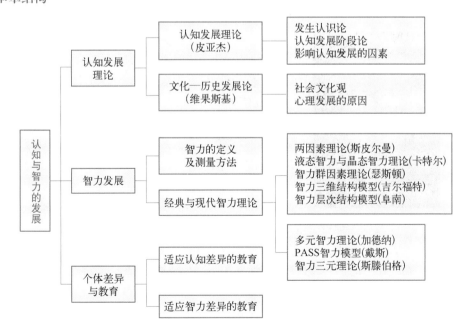

认知发展理论认为，随着儿童年龄及其经验的增长，他们的行为以及思维会发生量与质的变化。因此，认知发展理论对认知发展做了阶段性的划分，认为在不同的阶段之间，儿童的行为及其思维不仅存在着量的差异，更有质的不同，是量变的累积达至质变并在此基础上开启新一轮量变的辩证统一。此外，这类理论还认为，每个儿童会以相同的顺序经历时间大致相同的发展阶段。

如今，各式各样的智力理论层出不穷，不断更新发展，这一方面表明了人类对自身智慧能力的认识不断深入，另一方面也反映出研究者尚未达成令人满意的一致和共识。尽管如此，心理学家们对智力的有限认识，仍然为了解人类心理作出了贡献，同时也为教育的理论和实践工作提供了诸多有意义的启发。本章概述了智力与智力理论，如经典智力理论和现代智力理论，并说明了这些理论对当前课堂教学的启示。

不同学生的认知发展轨迹，各不相同，这体现出了个体的差异性。这些差异使得每个人的认知方式、知识结构各不相同，也造就了天才学生和智力落后学生等。正是这些差异，才使一个个学生展现出具有突出特性、鲜活形象的生命体，各自具有特殊的成长与发展需求。教师在课堂和学校中应充分认识这些差异，依据不同的学生特点，来设计与调整自己的教学方法和教学策略。

第一节　认知发展理论

本节将详尽介绍心理学中最具影响力的两个认知发展理论：皮亚杰的认知发展理论和维果斯基的认知发展理论。皮亚杰的理论告诉教师，学生能够学习什么，以及什么时候可以开始这一学习；而维果斯基的理论则突出了社会因素（如教师和父母）以及语言在儿童认知发展中的作用。

01. 皮亚杰

皮亚杰（Jean Piaget，1896—1980），瑞士心理学家、生物学家、哲学家，"发生认识论"的创始人。他开辟了心理学研究的一个新途径，对当代西方心理学的发展和教育改革具有重要影响。皮亚杰一生曾获多项殊荣：1968年，美国心理学会授予其心理学卓越贡献奖；1977年又授予他该会的桑代克奖；1972年，荷兰授予他"伊拉斯姆士奖"。皮亚杰主要著作有《儿童的语言和思想》（1923）、《儿童关于世界的概念》（1929）、《儿童的空间概念》（1948）、《建构主义》（1968）等。

一、皮亚杰认知发展理论

皮亚杰是20世纪杰出的认知发展心理学家、发生认识论专家。他的研究把众多心理学家的目光引向了认知过程，促使研究者重新思考人的认知发展是如何发生的这一问题。皮亚杰一生著述极丰，出版了近50部著作，发表了200多篇论文。他一生致力于个体认识发生发展的研究，将心理学视为连接认识论和生物学的桥梁，成功地创立了"发生认识论"。而该理论的核心内容——"儿童认知发展理论"成了最具影响力的儿童心理学理论。

（一）皮亚杰理论的基本观点

1. 发生认识论

在皮亚杰的那一时代，心理学界主要流行精神分析学派及行为主义学派的思想。精神分析学派的心理学家认为，人的天性是非理性的，人的行为取决于无意识的需求和欲望；而行为主义者由于不研究人头脑内部的事件，认为人是否具有理性无关紧要，在他们看来，只要对环境中各种刺激进行精心的安排，引出有机体的反应并加以及时强化，就可以控制和塑造人的行为。

与上述两种观点不同,皮亚杰认为,人总是试图积极地、理性地学习。他把儿童看作是积极的学习者,他们会主动去建构有关外部世界的知识。在皮亚杰看来,儿童就像小科学家,他们通过对自己的假设进行检验来发现世界是如何运作的。因此,人生而理性,人总是企图了解周围世界,这就是皮亚杰对人的根本看法。

从这一观点出发,皮亚杰认为,智慧或思维的本质是"生物适应性的一种特殊表现",儿童的思维(智慧)不是单纯地来自客体,也不是单纯地来自主体,而是来自主体对客体的动作,即来自主体与客体的相互作用。这种对于认识起源实质的回答,强调了儿童本身的主动性和能动性。可见,知识(认识)不是人脑对外物的简单摹写,而要通过人与环境、人与其他人的相互作用才能获得。

所以,在皮亚杰看来,发生认识论有充分的理由作为一门独立学科而存在。他认为,"发生认识论就是企图根据认识的历史、它的社会根源以及认识所依赖的概念与运算的心理起源,去解释认识尤其是科学认识的一门学科"。也就是说,发生认识论研究人的认识的发展,它要解决人(群体和个体)的智慧是通过何种机制、经历怎样的过程、怎样从低级水平过渡到高级水平的这类问题。总之,发生认识论研究的主题是,认识是如何发生或起源的,以及认识是如何逐渐发展的。

2. 儿童认知发展阶段论

经过对各年龄阶段儿童的多年观察,皮亚杰提出了著名的儿童认知发展阶段论。皮亚杰在阐述儿童认知发展的过程中,常涉及一些关键概念,诸如认知发展、认知结构与图式、认知机能、组织、适应、同化与顺应等,它们之间的关系如图5-1所示。

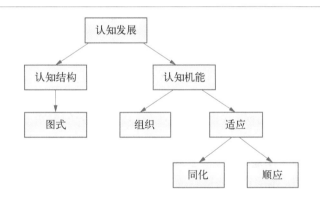

图5-1

皮亚杰关于认知发展的重要概念之间的关系图

任何事物的发展都包含结构和机能的辩证统一,儿童认知的发展也是如此。图5-1表明,认知发展包括认知结构和认知机能两个部分,皮亚杰通常把认知结构称为图式,而把认知机能进一步区分为组织和适应两种;组织和适应代表着认知机能相辅相成的两个方面,组织代表着认知机能的内部方面,适应代表着认知机能的外部方面。组织和适应这两种机能和认知结构紧密联系在一起,因为通过认知的组织机能才使认知结构得以组织起来,而适应过程促使认知结构不断地得到丰富和发展。

在皮亚杰的理论中,智慧的适应是通过同化和顺应两种方式完成的。通过同化,有机体的认知结构得到了丰富;通过顺应,有机体的认知结构得到了改造;通过同化和顺应过程,有机体的认知结构发生了量变和质变,而后者又构成了认知发展阶段的基础。

下面我们详细介绍适应(同化和顺应)和图式这两个概念。

(1)适应。皮亚杰认为,适应由同化和顺应两种过程构成。当我们同化某物时,对它进行整合,然后加以吸收。以吃饭过程为例,食物进入口腔后,先要进行一番咀嚼,使之适合我们的食管、消化道等生理结构,然后进入肠胃,被人体消化吸收,成为人体的一部分。学生的同化学习过程也是如此,对于课本中的知识、教师讲课的内容、黑板上的板书以及多媒体呈现的信息,学生根据自己的图式主动地对它们进行整合,使之符合自己的认知结构,就好像咀嚼食物以适合我们的生理结构一样,学生把这些知识吸收到自己的认知结构之中。

适应还有另外一种形式,即顺应。例如,有些人开始喝苦丁茶时,会腹泻,说明这些人的肠胃无法同化苦丁茶,但如果再坚持喝几天,苦丁茶会使这些人的生理结构产生生物化学变化,从此,有些人喝苦丁茶再也不会拉肚子了。同样地,当我们和周围环境中的刺激相互作用时,一方面我们改变了刺激物,但同时刺激物也会改变我们原有的认知结构。

皮亚杰认为,个体的认知发展就是通过同化和顺应来适应日益复杂的环境而达到平衡的过程。当个体面临环境中新的刺激,总是先试图去同化,如果同化成功,便得到暂时的平衡;如果原有图式无法同化新刺激,个体便会做出顺应,即调节原有的图式甚至重建新图式,以达到新的平衡状态。通过不断的同化和顺应,个体图式沿着平衡—不平衡—更高水平的平衡状态一直向前发展,这也是人的智慧发展的实质所在。

(2)图式。图式是个体经过组织而形成的思维以及行为的方式,它有助于我们适应外在的环境,并可能表征着行动和经验的某种固定形式。儿童最初的图式是先天的,即皮亚杰所说的"遗传性图式";它只有少量的几种,如"吸吮图式"和"抓握图式"等,正是依靠这些"遗传性图式",儿童作出了最初的反应,开始了构造图式的漫长历程。例如,儿童天生具有"抓握图式",他会伸出小手去碰触物体,如果他碰触的是毯子,在一次又一次碰触毯子的过程中,儿童逐渐知道了毯子的一些属性,如它的重量、大小以及质地。换言之,儿童构建了有关这条毯子的图式。从此例可知,个体后天建构的图式最初源于动作,这种"主体和他周围环境相互作用"的观点构成了皮亚杰理论的核心。具体来说,个体主动地组织图式去同化环境中新的信息,如果同化成功,图式得到丰富;如果同化失败,则原有图式得到改造或建构新的图式。随着同化和顺应的进行,儿童的认知能力不断得到发展。

3. 影响认知发展的因素

在皮亚杰看来,影响认知发展的因素主要有四类:成熟、物理环境、社会环境和平衡化。

首先,有机体的成长,特别是神经系统和内分泌系统的成熟,为儿童形成新的行为模式和思维方式提供了生理基础。例如,儿童只有手眼能够协调时,其动作图式才可能建构。但成熟只给儿童的认知发展提供了可能性,如要使可能性转变为现实性,则依赖于个体的练习和经验。

其次,个体从与物理环境的相互作用,尤其从对物体发出的动作中获得经验。皮亚杰把这种经验分为两类:一类是物理经验,指个体作用于物体,获得物体的特性,如物体的大小和重量等；另一类是逻辑—数理经验，它是个体对动作与动作之间关系的理解的结果，这类经验来源于动作，而不是来源于物体。例如，一个处于具体运算阶段的儿童在沙滩上摆放鹅卵石，通过反复的摆放，他会发现，不管他把鹅卵石摆放成什么形状，不管他从左数还是从右数，鹅卵石的总数保持不变。这个儿童通过对各个摆放动作关系的理解，明白了一组物体的总和与这组物体中各个成分的空间排列位置无关，也与计数的先后次序无关。

再次，人与人之间的相互作用和社会文化的传递，即社会环境也会加速或阻碍认知的发展。社会环境与物理环境一样，它要对主体的认知发展发挥作用，必须建立在能被主体同化的基础上。因而，皮亚杰强调，教育必须适合儿童的认知结构，"只有当所教的内容可以引起儿童积极从事再创造的活动，才会有效地被儿童同化。"显然，教育的关键在于，对不同发展阶段的儿童提出恰当、不超出儿童的同化能力，而又能促使他们向更高阶段发展的、富有启迪作用的"适中问题"。此外，儿童与其他人（包括老师、成人、同龄人）之间的相互作用，可以使他们分享一些观念，并获得新的认识。

最后，具有自我调节作用的平衡化过程对认知发展起关键作用，皮亚杰特别强调这一因素。所谓平衡化，就是指一种动态的认知过程，其目标是要达到更高水平的平衡状态。其具体的历程是：当个体已有的认知结构能同化环境中新的信息时，他在心理上处于暂时的平衡状态；但如果个体已有的认知结构不能同化环境中新的信息时，他在心理上处于不平衡状态，这种不平衡会使个体产生一种自我调节的内驱力，推动个体调整或者建构新的认知结构，直到能同化环境中新的信息为止。此时，个体的心理处于较前水平更高的平衡状态，其结果自然是个体的智慧发展水平得到了发展。因此，皮亚杰认为，具有自我调节作用的平衡过程是智力发展的内在动力。

（二）皮亚杰的认知发展阶段理论与教育

皮亚杰提出，人的认知（思维）发展依次经过四个主要阶段，每个阶段都大致地对应一定的年龄范围，而且每个阶段都以行为的质变为特征。皮亚杰认为，儿童思维发展既是连续的，又是分阶段的，每个阶段是前一阶段的自然延伸，也是后一阶段的必然前提，发展阶段不能逾越，也不能逆转，认知（思维）总是朝着必经的途径向前发展。

1. 感知运动阶段

这一阶段（0—2岁）的儿童只有动作层面上的智慧，语言和表象尚未产生。本阶段的主要特征是：儿童仅靠感知动作的方式来适应外部环境，并构筑感知动作的图式。也就是说，儿童这时只能通过看、听、触、摸、尝、嗅等方式来探索周围世界。感知和动作是他们用以获取信息的直接而有限的方式。在该阶段中，感觉和运动经验使儿童获得技能并发展图式，到本阶段结束，儿童开始使用符号和语言。

处于感知运动阶段的儿童，在认知上会获得两大成就：主体与客体的分化及因果关系的初步形成。首先，在儿童的眼中，世界最初只是一幅幅走马灯式的、变动的画面，在他们看来，只有自己看得见的东西才存在，看不见的东西就不存在。所以，儿童最初的世界不存在永久的客体。直到两周岁左右，儿童才表现出会将眼前消失的物体仍然视为存在，例如，这时儿童能够找到绕着沙发迂回滚到沙发下面的一只球。儿童之所以会这样做，是因为他虽然看不见球了，但他仍能在自己的内心想象球滚动的轨迹。这表明儿童已建立了"客体永久性"。这标志着儿童已经把主客体分化开来，这对其认知发展来说意义重大，以至于皮亚杰称之为儿童完成了"哥白尼式的革命"，此时他们已能将自己看成是无数客体中的一个。

其次，早期儿童把一切事物的运动都看成是自己动作或欲望的延伸，即把自己的动作看成是一切事物运动的唯一原因。到后来，他们在自己的动作与客体的不断相互作用中，逐渐能够对动作与动作的结果进行区分，之后又扩展到客体之间的运动关系。当儿童能运用一系列协调的动作实现某一个目的时，就意味着因果性认识已产生了，例如，儿童会用手拉动面前的毯子，拿到放在毯子上的玩具。

2. 前运算阶段

与感知运动阶段相比，处于前运算阶段（2—7岁）儿童的思维有一个质的飞跃。处于前一阶段的儿童只能对当前感知到的事物施以实际的动作而进行思维；而处于本阶段的儿童，由于语言的出现和发展，他们逐渐开始用表象符号来代替外界事物，开始出现表象或形象图式。在这一阶段，儿童能够从事许多象征性游戏，如唐诗有云："郎骑竹马来，绕床弄青梅。"在两小无猜的幼年时代，一根竹竿就是一匹骏马。前运算阶段，又可具体分为两个子阶段：前概念或象征性思维阶段（2—4岁）和直觉思维阶段（4—7岁）。

在前概念或象征性思维阶段，儿童已能运用概念进行思维，但儿童运用的概念与成人运用的概念有很大的差异。儿童的概念往往是把初学到的语言符号附加到一些事物上而形成的。在这一阶段，儿童的概念是具体的、动作的，往往游离于概念的一般性和个别样例之间，所以，该阶段的儿童不能做出合乎逻辑的推理，只能从个别现象推到另一个别现象，皮亚杰称之为"传导推理"。例如，儿童看见别人戴的帽子与自己的相同，就认为是自己的帽子，因为在儿童看来，"帽子"这个概念仅表示他的那顶帽子（样例），不具有普遍性。

在直觉思维阶段，儿童思维的主要特征是，他们的思维直接受到感知到的事物表面显著特征的影响。因此，儿童的判断基于直觉活动，还不能真正认识事物，这一点在皮亚杰的守恒任务上表现得尤为突出。如图5-2所示，桌子上放两个形状一样矮而宽的杯子，再放一个高而窄的杯子，当着4岁或5岁儿童的面，将两个矮而宽的杯子倒满水，儿童知道这两个杯子里的水一样多，然后将其中一杯水倒入高而窄的杯子，另一杯水倒入矮

图 5-2

水的守恒
任务

① 将同样多的水倒入　② 将同样多的水倒入　③ 哪个容器的水多
　等同大小容器　　　　不同容量的容器

而宽的杯子,再问他们:两杯水是否一样多? 部分儿童会说矮而宽的杯子中水多,另一部分儿童会说高而窄的杯子中水多。这种现象表明,此时儿童的思维极易受到事物表面特征的影响。

此外,处于前运算阶段的儿童的思维往往是以自我为中心的。他们认为万事万物不仅为他所设,还为他所控制。例如,儿童认为太阳和月亮是跟着他走动而走动的;天为什么会下雨呢? 那是因为他要天下雨。此外,儿童的自我中心思维还表现在其不能从他人的角度考虑问题,以为每个人看到的世界都和他自己看到的一样。例如,皮亚杰请儿童坐在一座山的模型的一边,将玩具娃娃放在另一边,要求儿童描述玩具娃娃所看到的景色,结果儿童所描述的玩具娃娃看到的景色和他自己看到的景色完全相同。

对处于前运算阶段的儿童的教学   专栏5-1

☞ 使用具体事物和视觉辅助物
  ✓ 在讨论"部分"、"整体"或"一半"这些概念时,使用纸板做成的形状进行说明。
  ✓ 在学加法和减法时,让儿童使用小木棒、石头或糖果。
  ✓ 采用行动,缩短直接说教的时间。
  ✓ 如果教师想让幼儿学会课间休息后如何进入教室并准备学习,就可以让一名幼儿做演示,教师请他安安静静地走进来,直接走到自己的座位上,然后把课本、纸和笔放在课桌上。
  ✓ 使用行动而不是语言来解释游戏规则。
  ✓ 教师向幼儿说明作业要求时,准备一份符合要求的作业并使用投影仪向他们展示。
☞ 注意不同幼儿在从他人角度来看待世界的能力上存在个体差异
  ✓ 常识、语言等课的内容与儿童已有经验的差距不应过大。
  ✓ 使幼儿明确其所要学习的规则及使用的材料,但教师要避免对规则的一般原理作过长解释。
☞ 关注幼儿可能为同一个字词赋予不同含义,也可能用不同的字词来表达同一个意思。同时,应注意到幼儿也期望每个人(包括教师)都理解他们创造的字词
  ✓ 如果幼儿说:"我不打瞌睡,我要休息。"注意幼儿这里说的"打瞌睡"可能是"换上睡衣,躺在床上"的意思。
  ✓ 要求幼儿解释他们自创的字词。
☞ 在学习一些复杂技能如阅读时,让幼儿有机会大量地练习基础性的子技能
  ✓ 使用图片进行识字教学。
  ✓ 在算术学习中除了使用纸笔任务,还可以附加一些需要测量和简单计算的活动,此外可以设立课堂活动展览区,并平均分配资源。
☞ 在概念和语言的学习中,为幼儿提供各种体验
  ✓ 带幼儿去动物园、花园、电影院和图书馆;邀请他人进课堂讲故事。
  ✓ 用字词描述幼儿正在做的事,包括幼儿听到的、看到的、触摸到的、尝到的和闻到的。

3. 具体运算阶段

处于具体运算阶段（7—11岁或12岁）的儿童正在小学阶段读书，此时的儿童认知结构中已经具有了抽象概念，因而能够进行逻辑推理。但是，他们的逻辑推理是具体的，不是抽象的。他们只能对具体事物、具体情境进行思考，如果在纯粹语言叙述的情况下进行推理，儿童就会感到困难。例如，当成人说，要对某些想法"泼泼凉水"时，他们可能会立即问"为什么要弄湿它"。与处于前运算阶段的儿童相比，处于具体运算阶段的儿童在分类、排序、推理、守恒等任务上都有所不同。

首先，处于具体运算阶段的儿童能够根据客体各种较为抽象的特征来分类，能够根据物体的相似性来划分事物的种类。例如，根据动物出现的地点来分类（农场动物、丛林动物、家庭动物等）。相比之下，处于前运算阶段的儿童就只能在客体的物理特征（大小、形状、颜色等）的基础上进行分类，而不能在抽象特征的基础上进行分类。此外，处于具体运算阶段的儿童已能很好地理解整体与部分的关系。

其次，具体运算阶段儿童能够按照逻辑上的顺序给客体排序。当教师给他们一些长短不一的小木条时，他们就会从短到长依次排列出来，反之亦然，甚至无需教师提出这种要求，他们也会自动按顺序排列。而前运算阶段儿童，即使要求他们按顺序排列，他们也只能够随机地摆放这些小木条。

再次，具体运算阶段的儿童已能进行递推性思维。例如，7或8岁的儿童被提问：假定A>B，B>C，那么A和C哪个大？他们可能难以回答这个问题。但如果问他们，小明比小刚高，而小刚又比小伟高，问他们"是小明高还是小伟高"，处于具体运算阶段的儿童能回答这个问题，而处于前运算阶段的儿童则需要亲眼看到这三个人才能得到正确答案。

最后，处于具体运算阶段的儿童出现守恒观念也是这个阶段的标志之一。所谓守恒是指儿童已认识到无论客体的外形发生什么变化，但其特有的属性不变。其根本原因是儿童已能够同时考虑到问题的多个维度。皮亚杰曾做了许多守恒实验，用来检验不同阶段的儿童是否已形成守恒观念。以儿童判断不同形状的杯子中的水是否相等的实验为例（第196页已介绍），处于前运算阶段的儿童尚不能正确判断，处于具体运算阶段的儿童已形成了守恒观念，几乎都可以完成皮亚杰设计的各种守恒任务。

专栏5-2

对处于具体运算阶段的儿童的教学

☞ 使用具体的事物和视觉辅助物，尤其在教复杂内容时
  ✓ 在历史课中使用时间列表，在自然科学课中使用立体模型。
  ✓ 使用图表说明层级关系，例如政府下面的各个机构，机构下面的各个部门。
☞ 继续为学生提供操作的机会
  ✓ 安排简单的科学实验（燃烧和氧气关系的实验），提问："当你从远处吹蜡烛，但又不将蜡烛吹灭，这时火焰会发生什么变化？"或者问："如果

用一个瓶子罩住蜡烛,将会出现什么结果?"

　　✓ 若有条件,可让学生亲自体验一些我国传统的手艺活,并以此说明我国古代劳动人民的职业特点。

☞ 表述和阅读材料应简短且逻辑性好

　　✓ 让学生阅读的故事或书籍,篇幅应短且要有逻辑性,只有当学生具备了一定的阅读能力时,才可考虑让他们阅读篇幅较长的阅读材料。

　　✓ 教师在表述说明过程中要注意停顿,讲新内容前让学生复习先前学习的内容。

☞ 使用学生熟悉的例子来说明复杂的观念

　　✓ 比较学生的生活与故事中人物的生活。例如在读完有关一个女孩独自在荒岛上成长的真实故事后,提问学生:"你们曾经独自一人待过很长时间吗? 有什么感受?"

　　✓ 在教"面积"这一概念时,让学生亲自去测量学校两间教室的面积。

☞ 让学生对复杂水平递增的物体和观念进行组合和分类

　　✓ 把段落中每个句子分别写在每张小纸条上,让学生把这些句子重新组织成完整的段落。

　　✓ 把人类身体的各个系统与其他物质系统进行比较,例如大脑与电脑,心脏与水泵;把故事分解成各个成分,包括:作者、人物、情节、主题、地点、时间、对话、描写、行动。

☞ 呈现一些需要逻辑思维和分析性思维的问题

　　✓ 使用谜语、脑筋急转弯等问题。

　　✓ 讨论开放性问题,以激发学生的思考,例如"大脑和心理是同一回事吗"、"城市应该如何处理流浪的动物"、"最大的数字是什么"。

4. 形式运算阶段

　　处于形式运算阶段(11或12岁以上)的儿童,倾向于从可能性开始,然后再进展到现实。当面临问题时,他们会细致地考察问题情境,并试图确定所有可能的解决办法,然后再来系统地检验哪一种方法才是可行的。可见,此时的儿童已懂得衡量解决办法的可行性。这一阶段的儿童还能运用逻辑思维来处理抽象的、假设的情境。例如,他们可以回答诸如"如果巨大的行星与地球相撞将会怎样"等一些抽象的、假设的问题。显然,处于形式运算阶段的儿童,其思维的最大特点是已经摆脱了具体事物的束缚,能根据种种可能的假设进行推理,相信自己推理得到的结论,使认识指向未来。

　　此外,处于具体运算阶段的儿童,虽然也能够产生、理解和验证命题,但是在处理命题的方式上,他们只能个别地考虑命题,根据相关的经验材料逐个地检验命题。由于每一个命题只是关于外部世界的个别论断,因此皮亚杰将具体运算思维称为命题内思维,即儿童的思维被限制在某个单一命题内的思维。而处于形式运算阶段的儿童还能够推论两个或更多命题之间的逻辑关系,皮亚杰称之为命题间的思维,更为重要的是这种思维形式至少在原则上可以不受现实和情感因素的影响。

专栏5-3

对处于形式运算阶段的儿童的教学

☞ 继续使用具体运算阶段的教学策略和材料
  ✓ 使用图表和插图等视觉辅助物，可以增加图表的复杂程度。
  ✓ 比较故事中人物的经历和学生自己的经历。
☞ 鼓励学生探索人为假定的问题
  ✓ 让学生写表明立场和态度的短文，然后与持对立观点的同学交换文章并阅读；讨论一些社会热点话题——环境、经济、国家医疗保险制度等。
  ✓ 让学生写下对乌托邦的个人看法；想象并描述人类灭绝后的地球。
☞ 创造机会让学生科学地推理及解决问题
  ✓ 安排小组讨论，让学生自己设计实验以解答问题。
  ✓ 让学生确定关于"动物权力"这一主题的两种立场，并提供符合逻辑的论据。
☞ 教学内容不应仅限于事实，而应逐渐加入一些普遍性的概念，尽可能利用接近学生生活的材料和观念
  ✓ 鼓励学生思考及讨论为什么中国在鸦片战争后会沦为半封建半殖民地的国家。
  ✓ 在流行歌曲中选择一些能反映社会问题的歌词，引导学生对流行音乐在文化中的位置等问题展开讨论。

专栏5-4

基于皮亚杰认知发展理论的教学方法

根据皮亚杰的认知发展理论，教育界提出了几种行之有效的教学方法，包括：活动法、自我发现法、认知冲突法和同伴影响法。

1. 活动法

从前面内容已知，皮亚杰认为思维（智慧）发端于动作，而主体的活动（动作）就是连接主客体的桥梁，也是智慧的根本来源。在教学过程中实施活动原则，就应该放手让儿童动手、动脑去探索外物，获得丰富的逻辑—数理经验，逐步形成、发展自己的认知结构。活动越多，认知结构同化外来信息的功能就越强。对教师来说，强调活动就意味着应着眼于儿童认知结构的发展，而不必拘泥于某一事物的精确记忆。

2. 自我发现法

根据皮亚杰理论，只有儿童自我发现的东西才能被积极地同化，进而产生深刻的理解。对于某些学习内容，较之于"呈现学习的材料，强化正确答案"的传统学习方法，自我发现法的学习效果要好得多。皮亚杰曾指出："每次过早地教给一些儿童自己日后能够发现的东西，会使他不能有所创造，结果也不能对这种东西有真正的理解。"要实施自我发现教学，教师要根据儿童的认知发展水平来创设适当的教学情境，给予儿童自我探索、自我发现的机会，使儿

童通过积极的同化和顺应，获取对外界事物的认识。

3. 认知冲突法

认知冲突法（或认知失衡法）是让儿童学习那些与自己已经具有的知识有所不同的新事物，前面论及的平衡化思想可以说明这一点。平衡化是一种动态平衡过程，它是影响认知发展的重要因素。处于某一发展阶段的儿童具有一定水平的认知结构，儿童运用这些结构去同化输入的信息，有些能同化，有些则不能。于是，在能够同化与企图同化的两种信息之间就有了矛盾，导致认知结构内部的不平衡。这种内部的不平衡接着又可能引起认知结构的变化（即顺应作用），这样就使结构得到了发展。

运用认知冲突法，要注意材料引发的认知冲突的适当性，即材料的适度新颖原则，这样才能激起儿童求知的欲望，增强学习的动机。从激发学生学习动机的角度来说，新旧知识的衔接、承启、组织是十分重要的。欲望、动机、兴趣，甚至意志，都是认知活动不可忽视的动力方面，都是教师在教学中应当注意和需要加以利用的。

4. 同伴影响法

皮亚杰一贯重视儿童之间的互教和相互影响。儿童之间对彼此看法的交流，可以使他们不断了解他人的观点。在同一认知水平上的其他儿童似乎比成人更能够促进儿童从自我中心解脱出来。因此，鼓励儿童多与自己年龄相仿的儿童一起活动、一起游戏、一起学习，可以有效地促进儿童认知水平的发展。

二、维果斯基认知发展理论

维果斯基（Lev Vygotsky，1896—1934）是苏联杰出的心理学家，也是一位享誉世界的大学者。他一生主要研究儿童心理和教育心理，着重探讨思维与语言、学习与发展的关系问题。在其短暂的学术生涯中，他以马克思主义哲学为指导，创立了著名的社会文化历史学派。在他去世80多年后的今天，维果斯基在西方重新声名鹊起，被公认为是当今社会建构主义和情境学习理论的先驱。

02. 维果斯基

维果斯基（Lev Vygotsky，1896—1934），苏联心理学家，"社会文化历史"学说的创始人之一，该理论认为，在人类历史进程中形成的物质文化和精神文化，对人的心理发展有重要作用。他在多篇论文中多次阐述了教学与发展的关系，提出了"最近发展区"、"教学必须走在发展的前面"等观点。主要著作有《心理学危机的含义》（1926）、《儿童期高级注意形式的发展》（1929）、《心理学讲义》（1932）、《高级心理机能的发展》（1960）等。

（一）维果斯基理论的基本观点

1. 社会因素在儿童认知发展中的作用

维果斯基创立了"文化—历史发展理论"，用以解释人类与动物有本质差异的高级心理机能，诸如思维、逻辑记忆、概念形成、随意注意、意志等。维果斯基认为，在个体心理（行为）的发展过程中，融合了两类心理机能：低级的心理机能和高级的心理机能，这两类心理机能分别依赖于生物进化和人类发展的历史。维果斯基强调，研究儿童心理的发展，必须依据历史的观点，在社会环境中考察儿童高级心理机能的发生发展过程，特别是心理结构的质变过程。

维果斯基提出了著名的"两种工具"说，即"物质生产工具"和"精神生产工具"。精神生产工具即心理工具，是指人类社会特有的语言和符号，它能使人的心理机能发生质的变化，使人在低级心理机能的基础上上升到高级阶段，从而形成各种高级心理机能。由于语言符号是人类社会文化历史发展的产物，它必然受社会文化历史发展规律的制约，因而个体心理尤其是人的高级心理机能的发展，也必然受社会文化历史发展的制约。

在维果斯基看来，儿童自出生以来就处在其周围特定的社会环境的影响之中，其成长过程必然伴随着所处社会文化环境中语言文字符号的学习。在此过程中，以其所掌握的心理工具为中介，高级心理机能逐步从低级心理机能的基础上开始发展。在整个认知发展过程中，虽有生物成熟因素的影响，但生物成熟的影响更多的是对低级心理机能（如各类感知觉）的制约作用，而高级心理机能主要受社会文化环境的影响。

总之，个体的心理（认知）发展，是在特定社会文化环境的影响之下，以逐步掌握的各种心理工具为中介，在低级心理机能的基础上，逐步发展其高级心理机能的过程。而在整个儿童认知发展过程中，社会文化环境因素的影响可谓举足轻重。

2. 心理发展的原因

维果斯基认为，心理发展就是指个体的心理在环境与教育的影响下，在低级心理机能的基础上，逐渐向高级心理机能的转化过程。那么儿童的心理机能发展的原因何在？维果斯基强调以下三点。

其一，是受社会文化历史发展以及社会规律制约的结果。儿童生来就处在一定的社会文化环境之中，在社会文化环境的影响下，在物质生产活动中，在与人的交往中，儿童才逐步发展起新的行为系统（高级心理机能）。所以，个体行为（心理）起源并受制于社会文化历史的发展，心理的发展是物质生产过程中发生的人与人之间的关系和社会文化历史发展的结果。

其二，是儿童在与成人交往的过程中，掌握了能对高级心理机能起中介作用的工具（即语言、符号）的结果。通过与社会环境（包括组成社会的人）的相互作用，儿童逐步掌握了心理工具（语言符号），由此获得了向高级心理机能发展的工具。一旦掌握了这种心理工具，儿童的低级心理机能向高级心理机能的转化就有了可能。

其三，是高级心理机能本身不断内化的结果。维果斯基是"内化"学说的最早提出者之一。他指出，教学能够激起和推动儿童一系列内部的发展过程，从而使儿童把人类经验内化为儿童自身的内部财富。他认为，儿童早年的心理活动是"直接的和不随意的、低级的、自然的"，只有掌握语言这个工具以后，才能转化为"间接的和随意的、高级的、社会历史的"心理机能。所有高级的、社会历史的心理活动形式，首先都是作为外部活动的形式，而后才内化为在头脑中进行的内部活动。

（二）维果斯基理论与教育

1. 语言与发展

（1）语言作为发展的媒介与思维的工具。语言是维果斯基认知发展理论的核心，维果斯基认为，语言在儿童认知发展中起关键作用。他相信，拥有高度语言发展能力的人，可以完成那些文盲不能完成的复杂任务，这是因为人们在学习语言时，不仅仅在学习语词,同时还在学习与这些语词相连的思想。因此,语言是儿童用来认识与理解世界的一种中介工具,也是一种思维的工具。

语言使得人们能够向其他人学习,并提供获得其他人已有知识的途径。所以,语言为学习者提供了认知工具,使得他们能够对世界进行思考并解决问题。同时,语言作为一种中介物,不仅能促进儿童认知的发展,还能帮助儿童建构与自己有关的世界的知识,并对这一知识进行检验、精制和反思。此外,语言也提供了分享观念、精炼想法的机会。

(2)语言作为社会交往与活动的工具。语言在发展中还有另外一种功能,即使得儿童能与他人进行交往,从而开始人与人之间的文化交流或观念交换。维果斯基认为,文化在发展过程中起到重要的作用,而社会交往是文化得以分享并传递的主要途径。

成年人(尤其是父母亲和其他照顾孩子的人)以及同伴在文化的传递过程中均起到了重要作用。成年人对其进行解释,给予指导,向其提供反馈并引导其交流。而同伴则在游戏与课堂情境中,通过对话来促进儿童之间的合作。所以,社会交往一方面可交换信息,另一方面也提供了各种观念的反馈。

"活动"这一概念也是维果斯基理论的一个重要因素。儿童从"做"中学,即通过与更有能力的人一起进行有意义的活动来学习。活动提供了对话可能发生的情境,通过活动来进行对话,个体之间相互交流思想,个体便得以发展。

(3)语言作为自我调控与反思的工具。语言在发展中还有第三个作用,即为人们提供了对自己的思维进行反思与调控的工具。所有的人都会自言自语,但维果斯基认为,这种"自言自语式"的外在言语是个人言语内化的先兆,个人言语能引导个体进行思维与行为的自我谈话。皮亚杰在年幼儿童中也观察到了这种现象,他称个人言语为"自我中心式言语",皮亚杰认为,这种形式的言语只是思维的一种副产品,它缺乏指向性,是认知发展不成熟的一种表现。

但是,与皮亚杰的自我中心式言语观点不同,维果斯基对个人言语作了不同的诠释。他认为,这些仿佛没有目标的"自言自语",其实是个人内部言语的开端,而且这种语言在自我调控的发展中起重要作用。个人言语,最初是自言自语式,然后逐渐被内化,进而成为复杂认知技能的基础,这些技能包括保持注意(例如"我得注意了,这很重要")、记忆新信息(例如"如果我重复说这个数字,我就能记住它")和问题解决(例如"我应该先做什么呢")。

专栏5-5

维果斯基有关语言的观点在课堂教学中的运用

在课堂教学中,语言的中介作用体现为学生逐渐内化成人的自我指导性言语,由此控制自己的行为。例如,教师可能教授或演示一些自我监控和自我指导的规则,而学生通过观察、模仿或实践,就逐渐学会问自己:"现在应该干什么?我们在语文课之后要做什么?语文课中有没有一些没有实际用处的内容,或者是否需要收集一些材料,为下节课做准备?"

在帮助儿童学会把语言作为中介过程来使用这一方面,父母和教师起相当重要的作用。研究发现,3—4岁天才儿童的父母,往往会鼓励孩子使用语言来预测、监控和检测他们自己的行为,而同龄的一般儿童的父母亲却不这样做。例如,天才儿童的父母,通常会提这样的问题"你认为故事下一步会发生什么事"或"爸爸这样做之后,你应做什么呢"。与此类似,在儿童预测、自我监控和自我改正时,教师或父母也可鼓励他们用语言表述出来,这样有助于儿童发展自己的高级思维技能。

2. 学习与发展

在实际课堂教学情景中,不同学生虽然"现有"能力相当,但在解决一些"超前"类问题上则表现出较大差异。一些儿童在引导性问题、例子及演示等的帮助下,可较容易地解决超过其认知发展的问题,而另一些儿童则不能。此外,教师通常会发现,与自己独立完成某些任务的学习形式相比,学生在和教师或小组同伴一起学习时可能会表现更好。维果斯基将这种现象解释为,人类认知过程在个体和群体两种水平上可能表现出不同功能。他进一步认为,至少应确定儿童的两种发展水平,第一种水平是儿童现有的心理机能的发展水平(儿童实际的发展水平);第二种水平是在成人的指导和帮助下所达到的解决问题的水平(儿童潜在的发展水平),也就是通过教学所获得的潜力(如图5-3所示)。

图5-3

维果斯基的"最近发展区"

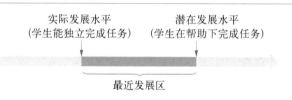

根据这两个发展水平的界说,维果斯基提出了"最近发展区"这一概念,其意指认知发展的真实水平(由独立解决问题所决定)与认知发展的潜在水平(由在成人的指导下或与其他更能干的同龄人合作解决问题所决定)两者之间的距离。最近发展区存在个别差异和情境差异。也就是说,不同个体之间,最近发展区有所不同;在不同情境中,同一个体也可能有不同的最近发展区。

专栏5-6

维果斯基的"最近发展区"观点在课堂教学中的运用

作为教师,应当尽力弄清每个学生的最近发展区。在个别教学过程中,通过提问或者提出一些建议,来促使学生向他们认知发展的潜在水平方向发展。此外,教师还应营造合作性的学习情境使学生们相互指导和帮助。也就是说,教师应当通过教学或合作性学习情景的创设，来促进儿童跨越其最近发展区，从而促进儿童认知的成长与发展。

以下就是运用"最近发展区"来教授百分比的教学实例。

在百分数教学中，教师与小林、小丽和小亮一起进行小组学习。小林很快做出了答案；小丽还在自言自语，埋头苦做；小亮已经放弃努力，在四处张望了。此时教师没有和往常一样对小丽和小亮讲解如何解题，他让小林说一说解题的过程。

"我是这样想的，要求卖掉的书的百分比，我先要得到一个分数，有了一个分数，我就把它化成小数，然后就得到百分数了。你们看，我第一步是这样的……"

小林在说的时候，小丽和小亮一直在跟着小林的思路。

接下来，教师就对小丽和小亮说："现在你们两个帮我来解这道题目，芳芳有12颗糖，送给小明9颗，那么芳芳送掉的糖的百分比为多少？"

"首先，"教师接着说，"我们要找到一个分数，然后就能得到一个小数，接着就知道百分数了，小丽，我们为什么需要一个分数？"

"因为……如果……如果我们有了一个分数就能得到小数，然后是百分数。"

"很好，那么芳芳给小明的糖是几分之几呢，小丽？"

"12分之9。"

"太好了，小亮，我们怎么把这个分数化成小数呢？"

……小亮还是在摇头。

"再看看这个分数，怎么化呢？"

此时教师就看到小丽很快就得出了答案0.75，而小亮仍不知道如何去做。

从这个教学实例可以看出，学生从教学中得益的程度是有差异的。同样是百分数问题，对小林而言，这类问题完全在其实际发展水平之内，他不需要额外的帮助就能解决问题；小亮则处于潜在发展水平之外，即使有教师的帮助仍不能解答这类问题；小丽恰好处于这个"最近发展区"之内，在教师和同伴的帮助下学会了解题方法。可见教学应该瞄准儿童的"最近发展区"，在师生的共同合作之下促进学生潜在水平的发展。

3. 教学与发展

维果斯基把"教学"概念分为广义和狭义两种。广义的教学是指儿童通过活动和交往掌握"精神生产工具"的过程，它带有自发的性质；而狭义的教学则是有目的、有计划、有系统的交际形式，它"创造着"儿童的发展。另外，根据儿童的不同发展阶段，维果斯基还把教学划分为三类：针对3岁前儿童的教学为自发型教学，儿童按自身的"大纲"来学习；针对学龄前期儿童的教学是自发反应型教学，大多数要考虑儿童自身的需要或兴趣；针对学龄期儿童的教学为反应型教学，是一种按照社会的要求来进行的教学，儿童以向老师学习为主要形式。

与皮亚杰认为"儿童认知发展必须先于教学，儿童只有处于特定的阶段，才能掌握某些概念"的观点相反，维果斯基认为，发展和教学相互影响，甚至教学要先于发展。显然，维果斯基更强调教学在儿童认知发展中的重要作用。那么，教学如何促进发展呢？基于维果斯基认知发展的理论，教师可以采取教学支架（teaching scaffolding）。

教学支架就是在儿童试图解决超过他们当前知识水平的问题时，教师所给予的支持和指导。给予教学支架的目的就是使学生最终能够独立完成任务，帮助他们顺利通过最近发展区。在操作上，教学支架应该考虑学生的需要，当学生需要更多的帮助时，教师就进一步提供"支架"；当学生需要较少的帮助时，教师就不提供"支架"，以便学生能独自完成任务。从功能发挥角度来说，教学支架扩展了学习范围，使学习者能完成一些在其他条件下不可能完成的任务。所以，这种支架式教学是一种教学模式，它要求为学生提供一定的帮助，使他们能够完成不能独立完成的任务。

在课堂上，支架式教学一般采取的方式有：教师把学生要学习的内容分割成许多便于掌握的片段，向学生演示要掌握的技能，提供有提示的练习，在学生准备好之后让他们自己活动等。在支架式教学中，教师的作用在于为学生自己完成任务提供恰到好处的支持和帮助。如果教师提供的帮助太多，学生独立思考或操作能力就得不到充分发展；相反，如果提供的帮助不够，学生又会因失败而泄气。所以，有效的教学支架必须是灵活的，必须适应学生通过最近发展区的需要。

专栏5-7

支架式教学类型及其实例

☞ 示范解题步骤，让学生知晓有效解题的方法

通过演示如何解决问题，教师就可以给学生提供专家是如何解决问题的具体例子。例如，美术课老师先演示如何绘制两点透视图，然后要求学生自己去画。

☞ 进行"出声思考"，让学生理解操作时的思维过程，并进行模仿

这一技术有助于学生在自己解决问题时，模仿使用教师有效的思考方法。例如，一位物理课教师在黑板上解答动量问题时，口述自己解题思路。

☞ 使用"提问"，激发学生的思维

通常，在学生自己努力解决问题的时候，教师提出问题来引导他们，或者把学生注意力引向关键之处，或者给予一些选择性建议等。例如，在示范和"出声思考"以后，物理老师让学生思考一些涉及重要知识点的问题。

☞ 改变教学材料，层层递进发展学生能力

改变教学材料的一种形式就是改变任务要求。例如，在教学生如何对阅读材料进行提问的时候，教师先提出关于单个句子的问题，然后是关于段落的问题，最后是关于整篇的问题。再如，在体育课上，教师调低篮框，让学生练习投篮，一旦练习熟练后，再升高篮框。

☞ 提供书面或口头的提示和线索，引导学生思维

如在幼儿教育中，常常用"小兔子绕洞跑，跑了一圈跳进去"的小口诀来教儿童如何系鞋带，等等。

专栏 5-8

基于维果斯基认知发展理论的教学方法

　　维果斯基的理论对教育工作者之所以具有吸引力，是因为它本身就十分强调成人在指导儿童认知成长过程中的积极作用，以及教师在帮助学生成为更成熟思考者的过程中的潜在作用。

　　☞ 确定每个学生的两种水平：一是他们能够独立而有效地完成作业的水平；二是他们在指导下能够有效地完成作业的水平

　　也就是说，要弄清每个学生认知发展的实际水平和潜在水平。认识到学生的最近发展区将有助于教师制订教学计划，以促进学生实现其潜在水平。例如，如果教师知道学生能够独自完成"异分母分数的加法运算"，那么在教师帮助下，学生可能会完成"异分母分数的减法运算"，甚至不久之后，他们将无需帮助也能完成。

　　☞ 定期与每个学生一起探讨那些能提供"教学支架"的问题

　　向学生呈现新任务时，提供言语指导并演示新技能，安排好学生进行小组作业，使他们能够相互学习。群体学习能够诱发动机，社会交往可以激发学生使用语言来交流他们的看法、为自己的观点辩护以及阐述相关问题，小组合作则可以教会学生团队工作、同意和反对以及从不同角度看待事件。

　　☞ 鼓励学生在解决问题时使用内部言语

　　"对你自己说"或"大声说出解决问题的步骤"有助于学生认识到问题的关键方面、判断可能的解决办法、发现其推理过程中的破绽或矛盾。

　　☞ 把班级营造成为学习者团体

　　通常，教师能够指导学生，但实际上，学生们自己也可以相互指导。教师应当鼓励学生在结对学习或小组学习中相互支持。

　　此外，教师或成人在帮助儿童学习时，还可以通过以下途径进行：① 示范行为以供学生模仿。② 在学生表现出所期望的行为时给予奖励。③ 给予学生其作业的反馈，允许他们修正和改进自己的作业。④ 为学生提供其必须学习的信息。⑤ 提出一些需要学生积极阐述并予以回答的问题。⑥ 为学生组织和理解新知识提供必要的认知结构，这种结构可能是宏大的，例如一种理论、世界观或哲学；也可能是简易的，例如指明一个概念。

☞知识延伸

知识的增长

第二节　智　力　发　展

　　人类对自身的智力及其发展问题始终表现出浓厚的兴趣，对人类智力的探索也一直是心理学研究中较为活跃的领域。近百年来，智力研究者们从心理学、心理计量学、认知科学、信息加工等不同角度和水平，对人类智力问题进行了种种探索，发展各类智力测验手段，提出一些智力理论，并对学习和教学产生深刻影响。

一、智力概述

　　智力（intelligence）又称智能或智慧，是心理学工作者普遍关注的概念，但由于它的复杂性，至今还没有统一的定义。目前，心理学家多采用综合性的定义，认为智力是个体认知方面的各种能力的综合，例如记忆能力、学习能力、解决问题能力、推理能力、抽象逻辑思维能力和应付新情境的能力。抽象逻辑思维能力是智力的核心。

19世纪末到20世纪初，各式各样的智力测验不断涌现，到目前为止，世界上的各种智力测验难计其数，其中影响最大、使用最为广泛的是斯坦福—比奈智力测验和韦克斯勒编制的智力测验（WPPSI，WISC-Ⅲ，WAIS-Ⅲ，WAIS）。以韦克斯勒编制的儿童智力量表（WISC）为例，它采用离差智商（deviation IQ）来确定被试的智力在同龄人中的相对位置，实际上就是一个人的成绩和同年龄组被试的平均成绩比较而得出来的相对分数。韦氏儿童智力测验分为言语测验与操作测验两部分，其中言语测验包括常识、类同、算术、词汇、理解和背数六个项目，操作测验分为填图、排列、积木、拼图、译码和迷津六个项目。在得到言语智商和操作智商两个分数之后，可以合成一个总智商分数，代表被试的智力发展水平。

智力测验在世界各国中得以广泛应用，是心理学对社会、对人类做出的贡献，但是，滥用测验和夸大测验功能也为社会带来诸多不良后果。比如，20世纪二三十年代，我国就曾出现过"测验热"，什么都测，似乎什么都能测，结果导致测验的滥用，带来不良的社会影响。自1978年以来，我国心理测验工作又蓬勃开展，并得到了社会的广泛重视。但值得注意的是，目前在某些地方，尤其是在某些学校中，也开始出现"测验过热"的不良势头。我们应当牢记前车之鉴，避免这种不良倾向。

专栏5-9

对智力测验分数的正确认识

☞　智力测验只是对一般学习倾向的评定

学生之间的微小分数差异可忽略不计。同一学生的不同分数，也会由于各种原因而发生变化，例如测量误差等。

由于总分代表在几类测题上的平均分，所以在中等或者平均水平以上的分数，既可能意味着这名学生在每类问题上的表现都处于中等或平均水平，也可能说明这名学生在某些领域表现非常好，而在其他领域表现差。

☞　智力测验分数反映的是一名学生过去的经验与知识

教师应将智力测验分数视为对学生学业能力的预期，而不是对他们先天智力的测量。

如果一名学生平时成绩不错，不要因为他某项分数偏低就改变对他的看法或者降低对他的期望。

对少数民族学生以及母语不是中文的学生，在做智力测验时要尤其小心。很有可能由于社会文化因素导致这些学生的测验得分偏低。

二、智力的理论

关于智力的理论研究有两大模式：心理地图模式和计算模式。心理地图模式将智力视作心理地图，由此得到智力的结构理论（经典智力理论）；而计算模式将智力视作具有信息加工功能的计算性装置，以此为基础构建了智力的信息加工理论（现代智力理论）。

（一）经典智力理论

该类理论认为，智力是人脑的内部特性和有待发现的心理结构。建构这种理论的主要方法是因素分析法。所谓因素分析，是从一组变量或不同测验的实验数据中，找出其中潜在的起决定作用的共同基本因素。通过因素分析，研究者们得到的智力因素结构各不相同，这也就形成了不同智力结构理论间的分歧与争论。

1. 斯皮尔曼的智力两因素理论

英国心理学家斯皮尔曼（C. E. Spearman）在因素分析的基础上，于1927年首先提出了智力的两因素理论。他认为，智力由一种单一的G因素（一般因素）和一系列S因素（特殊因素）构成，完成任何一项任务都必须依靠这两种因素。他认为，G因素是智力的首要因素，基本上是一种推理因素，而且在相当程度上是遗传的；S因素有五类：口语能力、数算能力、机械能力、注意力、想象力。此外，还可能有第六种因素，即心理速度。他指出，每个人的G因素和S因素都不相同，即使拥有同一种S因素，但在水平上也会有所不同。例如，人们在多种测验中的得分表现出正相关，有些人在几乎所有的测验中得分都很高，有些人则总是居中，还有些人总是得分很低。这种不同测验得分之间所存在的一致性，为G因素提供了依据。有时，同一个人在有些测验上却比在另一些测验上得分高，这又为S因素的存在提供了依据。但是，G因素与S因素是相互联系的，其中G因素是智力结构的关键和基础。

2. 卡特尔的液态智力与晶态智力理论

20世纪50年代，美国心理学家卡特尔（R. B. Cattell）等人认为，仅凭G因素无法为智力提供足够的解释，他们在因素分析中发现了前人没有注意到的一个重要事实：一般智力因素不是一种，而是两种，即液态智力和晶态智力。液态智力是指与基本心理过程有关的能力，例如知觉、记忆、运算速度和推理能力等，它排除了文化因素，几乎可以参与到一切活动中去，因而被称作液态智力；晶态智力是经验的结晶，它是在一定的社会文化背景中习得的，是液态智力应用的结果，例如在学校学习获得的词汇能力和计算能力等。在卡特尔看来，液态智力大多是先天的，依赖于大脑的神经解剖结构，不大依赖于学习；而晶态智力则依赖于后天的学习和经验。这两种智力通常包含在任何一种智力活动中，难以分开。个体的液态智力随生理成长而变化，随机体的衰老而衰退，在14岁左右达到顶峰，然后就逐渐下降。相比之下，晶态智力的衰退则要缓慢得多，它随年龄不断增长而保持，直到60岁左右才开始缓慢衰退。

3. 瑟斯顿的智力群因素理论

美国心理学家瑟斯顿（L. L. Thurstone）凭借多因素分析的方法，突破了过去智力因素理论的框架，于1938年提出了一种"智力七因素"的结构模型。他认为，智力存在着7种"基本能力"：计算（N）、语词流畅（W）、语词理解（V）、记忆（M）、推理（R）、空间知觉（S）和知觉速度（P）。瑟斯顿认为，斯皮尔曼的两因素理论过分强调G因素，达不到区分个体差异的目的。因此，他提出智力由以上七种基本心理能力构成，并且各基本能力之间彼此独立，这是一种多因素论。后来，瑟斯顿通过测验发现这些能力之间并非是独立的、彼此无关的，而是有不同程度的正相关，似乎仍可提取出更高级的心理因素，而这种因素很可能就是斯皮尔曼的G因素。瑟斯顿的智力理论成了后来多重智力理论的前身，从某种意义上讲，这一理论也能说明学生在智力的某些方面表现出不足，但在另一些方面往往又很优异的现象。

4. 吉尔福特的智力三维结构模型

美国心理学家吉尔福特(J. P. Guilford)否认 G 因素的存在,坚持智力因素的独立性。他认为,智力结构应该从操作、内容和产物三个维度去考虑。他于1959年提出了智力结构模型,1977年修改后,确立该模型含三个维度共150种独特的智力因素。第一个维度是操作,即心理活动或过程,包括:认知(发现或认识)、记忆(保持)、发散思维(求异思维)、集中思维(求同思维)和评价(判定知识的适当性);第二个维度是内容,即心理加工的信息材料类型,包括:视觉(视觉图像信息)、听觉(听觉声音信息)、符号(词或数字)、语义(言语含义或概念)和行为(与人交往的智力行为);第三个维度是产物,即心理加工所得到的结果,包括:单元(一个单词、数字或概念)、类别(一系列有关的单元)、关系(单元与类别之间的关系)、系统(用逻辑方法组成的概念)、转换(对安排、组织、意义的修改或改变)和蕴含(从已知信息中观察某些结果)。

5. 阜南的智力层次结构模型

英国心理学家阜南(P. E. Vernon)于1960年提出了智力层次结构模型。他继承和发展了斯皮尔曼的两因素论,反对吉尔福特的三维智力结构论,认为智力结构是按层次排列的。他把智力划分为四个层次:最高层次是智力的普遍因素(G 因素);第二层次分为两大因素群,即言语和教育方面的因素、机械和操作方面的因素;第三层次分为几个小因素群,包括言语理解、数量、机械信息、空间能力和手工操作等;第四层次指各种特殊因素(S 因素)。

前述的各种经典智力理论主要是对智力结构进行静态描述,由于建构这些理论的方法(以因素分析法为核心)存在不足,因而这些理论很少涉及智力活动的内部心理过程。同时,这些理论也难以得到整合,往往给人零散琐碎之感。此外,根据这些理论编制的智力测验也只停留在测量各种反映个体差异的智力构成因素,难以进一步揭示内在心理过程。20世纪60年代以来,信息加工心理学蓬勃发展,心理学家们对智力研究的重点也开始转移到对内部活动过程的分析当中,提出许多新的智力理论。这些理论大都属于智力的计算模型,认为智力是人脑对各种信息进行加工、处理的能力,并对智力的内部活动过程进行了深入探讨,因而被称为现代智力理论。

(二)现代智力理论

1. 加德纳的多元智力理论

美国心理学家、哈佛大学教授加德纳(Howard. Gardner)认为,人有七种智力:言语智力、逻辑数理智力、音乐智力、空间智力、身体动作智力、人际智力和自省智力。他还认为,人的智力除前述七种外,还包括自然智力、精神智力和存在智力。在他看来,前七种智力包括自然智力都有经验证据的有力支持,而精神智力和存在智力的证据稍显薄弱。虽然加德纳对智力进行类别划分带有传统智力理论的一些痕迹,但相比之下,他的智力划分,在更为宏观的水平上进行,且更多地从各专门领域所需专长角度来研究智力,因而也与当代认知心理学有着密切联系(各种智力详见表5-1)。

03. 加德纳

加德纳(Howard Gardner, 1943—),美国当代教育心理学家,哈佛大学心理学与教育学教授,"多元智力理论"(The theory of multiple intelligence)的创始人,哈佛大学"零点项目"负责人。主要著作有《超越IQ:人类智力的三元理论》(1985)、《心智的架构:多元智能理论》(1983、1993)、《多元智力》(1993)、《心智的发展与教育》(2006)、《多元智力:理论与实践的新视野》(2008)等。

智力种类	运　用
言语智力	如何让学生就这一主题写下观点或发表意见
逻辑数理智力	如何引进数字、逻辑和分类来鼓励学生对这一观念进行量化或阐述
音乐智力	如何帮助学生使用周围环境的声音或者将观念嵌套于节奏与旋律中
空间智力	如何帮助学生想象、画出这一观念或者让他们在空间上将这一思想概念化
身体动作智力	怎样帮助学生用整个身体来运动或者让他们能按照教师口头传授的经验来运动
人际智力	怎样用同伴、跨年龄的学生或者合作学习来帮助学生发展他们的交互技能
自省智力	怎样让学生思考自己的能力与感情以使他们更加明白自己作为人和学习者的特点
自然智力	怎样提供一些经验来让学生对各种不同的物体进行分类并且分析他们分类的图式

表5-1

加德纳的多元智力的种类及其运用

　　根据加德纳的观点，每个人都或多或少地拥有上述8种智力，不同人在有些智力上表现出高水平，而在有些智力上表现出低水平。这些智力相互独立，能够用来解释不同个体的能力差异。加德纳等认为，社会和学校教育仅重视言语智力和数理智力，而对其他类型的智力关注较少，如果要全方位发展学生的各种智力，学校应从其他类型的智力角度来激励学生，并为学生提供更多获取成功的额外机会。

专栏5-10

基于加德纳多元智力理论的教学方法

　　多元智力理论要求学科教学采用多种方式进行，在学生学习某个主题时提供不同的切入点。教师解释或教授某个主题的方式越多，学生的理解也就越深刻。例如，加德纳（1991）在《未经教育的头脑》(The Unschooled Mind)一书中曾指出，对任何内容至少可用以下五种方式来教授：叙述、逻辑分析、动手经验、艺术探索和哲学考验，后来他还增加了参与合作的经验或人际经验的方式。例如，学习"进化论"这一知识点，可以通过以下不同的途径：阅读关于达尔文及其旅程的故事（叙述）；考察繁殖的显性和隐性特征的数量关系（逻辑分析）；饲养具有某种特征的果蝇（动手经验）；寻找果蝇翅膀的相同点和不同点，并画出图像（艺术探索）；思考一些基本问题，如是否所有事物的进步都由进化导致（哲学考验）；在某个项目上一起工作，承担不同的角色（人际经验）。

　　值得注意的是，在运用多元智力理论于课堂教学时，应注意一些错误运用的观念或方法，如：① 想使用所有的智力来教授所有的概念或学科；② 假定使用一种智力就够了；③ 将一种智力当作其他活动的背景，例如当学生在做数学题的时候放音乐；④ 将智力与其他的教师期望的品质混合起来；⑤ 直接评价甚至不考虑情境就对智力进行评估。因此，为正确运用多元智力理论，教师应持有个别化教学的观念，运用各种不同的方法来让学生获得概念、主题知识和学科知识，培养学生多方面的能力。

2. 戴斯的PASS智力模型

加拿大的心理学家戴斯(J. P. Das)等人把信息加工理论、认知研究新方法与智力研究的传统方法(因素分析)相结合,通过大量的实验研究探讨了智力活动中的信息加工过程,于1990年提出了人类的智能活动的三级认知功能系统的智力模型:"计划—注意—同时性—继时性加工"模型(Planning-Attention-Simultaneous-Successive Processing Model),即PASS模型。该理论认为,智力有三个认知功能系统,即注意—唤醒系统、同时—继时编码加工系统与最高层次的计划系统(如图5-4所示)。

图5-4

戴斯的
PASS智力
模型示意图

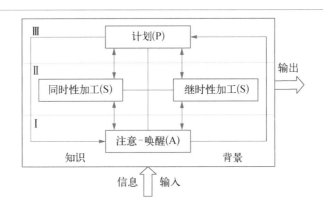

根据戴斯的观点,注意—唤醒系统是影响个体对信息进行编码加工和作出计划的基本功能系统,在智力活动中起激活作用。

编码加工系统负责对外界刺激信息的接收、解释、转换、再编码和存储,是智力活动中主要的信息操作系统。它的认知功能可根据其加工方式划分为两种基本类型:同时(并行)性加工,指若干个加工单元同时对信息进行处理,或把一组有序信息形成一个单一编码,如儿童认识到"猫、狗、金鱼都是宠物"时,就是进行同时性加工;继时(序列)性加工,指几个加工单元相继对信息进行加工处理,或把要输入的信息生成为一组有序信息并保存它,如将数字列成一个电话号码,或遵照一系列指令行事,这时就是进行继时性加工。

最高层次的是计划系统,它是整个认知功能系统的核心,负责认知过程的计划性工作,在智能活动中确定目标、制订和选择策略、对操作过程进行监控和调节。它对前两者都起着监控和调节作用。三个功能系统在一定的知识背景中执行各自的功能,但它们又是相互影响、共同作用的。

专栏5-11

基于戴斯PASS智力模型的教学设计原则与教学方法

戴斯等人曾指出与教学设计有关的一些原则。第一,个体策略的获得是一个归纳和渐进的过程,学习者只有理解策略的特点,并且知道它在什么情境下有用,才可能保留并有效使用这种策略;第二,策略的归纳过程是在一系列经验的基础上进行,而且个体应当有机会去试图进行策略的迁移,从这个角度讲,教师向学生提供了在广阔背景基础上学习的机会,并指出归纳、概括的方法,学生就有可能发生远迁移;第三,教学应该在儿童对任务的解决方法有所理解之后才开始,应当让学生理解"老"方法和"老"策略的无效性,以及发展"新"策略的必要性;第四,策略和技能的学习应以小步调进行为宜,从熟悉的和亲切的内容入手,复杂性应当逐步地增加;第五,认知过程教学应从非学业内容入手,但也应逐步加入学业内容,以便在每一阶段都能有效地显示一般认知过程的应用状况。

戴斯等还指出,为提高学生的认知功能,必须重构学生的思维习惯,那么,教师在学生学习时要作出一定程度的干预。教师在引导学生正确学习方面应做到以下几点:

① 与学生互相影响。作为教师,要了解学生对课程目的的想法:学习目的是什么、教师自己的想法是什么、完成任务的最好方法是什么、最差方法是什么等。必要时,教师要给予学生形式灵活的表扬。

② 原理是可迁移的,而技能则不能迁移。技能通常与各种具体任务相结合,这并不利于技能的迁移,而各种基本原理则具有良好的迁移性。因此,让学生在理解过程中,通过归纳或推理来形成基本原理,可以说是一种有效的教学手段。

③ 将正式教学的知识和自发知识联系起来。为了促进保持和迁移,书本知识必须与学生自发获得的知识相结合,在把两者不断结合起来的学习过程中,教师应该给予相当的帮助,无论是什么学科,都应当尽力做到这点。

④ 注重一般过程训练,并将其与具体内容的课程教学相结合。为了促进对所学信息的同时性或继时性加工的发展,教师首先要给学生呈现一批继时性加工任务,然后设计适合一般过程任务的教学。

当然,在教学活动中应该根据具体的实际情况,灵活地运用,不刻板遵循这些原则,这样才有助于实现教学目标,提高学生认知功能、重构他们的思维习惯。

3. 斯滕伯格的智力三元理论

美国耶鲁大学的斯滕伯格(Robert. J. Sternberg)教授通过"成分分析"的方法,力求通过类推、系列问题等复杂任务来理解智力。在大量研究的基础上,他于1985年提出了"智力三元理论"。该理论由三个亚理论组成:情境亚理论、经验亚理论和成分亚理论。它们分别针对智力行为发生的外部环境、智力行为的内部与外部的中介和智力行为的内部认知过程等方面。这三个亚理论的结合,描绘出一个较为全面的智力构成图,其关系见图5-5所示。

04. 斯滕伯格

斯滕伯格(Robert. J. Sternberg,1949—),美国认知心理学家。他提出了人类智力的三元理论,认为智力包括三个部分:成分、经验和情境,它们代表了智力操作的不同方面,同时认为智力是适应、选择和塑造环境背景所需的心理能力。主要著作有《智力、信息加工和类比推理》(1977)、《成功智力》(1997)、《思维方式》(1999)等。

(1)情境亚理论。智力的情境亚理论将智力与个体的外部世界相联系,它针对的是这样一些问题:哪些行为对个体而言是智慧的表现,这些行为在何处才显示出智慧。情境亚理论明确了智力行为在其发生的社会文化情境中是如何被定义的,明确了哪些行为体现了智慧特征或构成了智慧行为的内容。斯滕伯格认为,情境智力行为包括三个方面:① 对现实环境的适应;② 对更优环境的选择;

图 5-5

斯滕伯格的
智力三元
理论

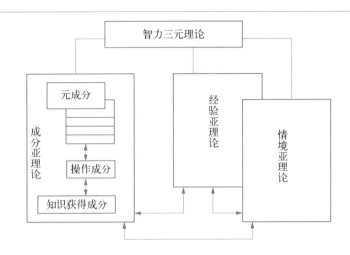

③改造现实环境,使之更适合自己的能力、兴趣或价值取向。也就是说,在任何社会文化背景下,聪明的个体总是努力去适应、选择和改造有利于自身发展、有利于扬己之长和避己之短的环境。

(2)经验亚理论。经验亚理论将智力与个体内、外部世界均联系起来,它回答了"行为何时才是智慧的"这一问题。该理论表明了在某项任务或情境中,智力与经验量之间的联系。斯滕伯格认为,当个体面临一个相对(但非完全)新异的任务或情境时,或在特定任务或情境的自动化操作过程中,其智力才能很好地展现出来。所以,不能将一个任务或情境的应对简单归类为需要或不需要智力,而应当考虑该任务或情境需要多大程度的智力参与,这取决于个体具有多少关于该任务或情境的经验。

(3)成分亚理论。成分亚理论将智力与个体的内部世界联系起来,它回答了"智力行为是如何产生的"问题。这一理论明确了构成智力行为的心理机制,而不论其行为的内容。成分亚理论是智力三元理论的核心,是对构成智力行为的内部(认知)结构和机制的刻画。斯滕伯格指出,成分亚理论中有三种成分:元成分,它控制信息加工过程,并使个体监督和评价这一过程;操作成分,它执行元成分构建的计划;知识获得成分,它进行选择性编码,联结新信息,并选择性地比较新旧信息,以使个体学习新信息。从本质上说,元成分是一种策略构造机制,支配操作成分和知识获得成分,对后两者进行协调,使之指向一定的目标。因此,斯滕伯格认为元成分构成了智力的主要基础,并以"元成分功能落后"来解释个体的智力落后现象。

专栏 5-12

基于斯滕伯格智力三元理论的教学及评价方法

基于智力三元理论,斯滕伯格又提出了"成功智力"(successful intelligence)这一概念,认为成功智力是对现实生活产生重要影响的智力,是用以达成人生中主要目标的智力。成功智力包括三个方面:分析性智力,用于解决问题和判定思维成果的质量；创造性智力，帮助个体从一开始就形成好的问题和想法；实践性智力，将思想及其分析结果以一种行之有效的方法加以实施。

在学校教育中，学生通常在成功智力的三方面有所差异：有的人分析能力很强，有的人创造能力很强，有的人实践能力很强。但是，通常的教学大多针对那些擅长通过记忆来学习的学生，对那些拥有很强的分析能力、创造能力或者实践能力的学生却不能或没有很好地顾及。因此，教师要以各门学科具体内容为基础，选择一系列分别强调记忆能力、分析能力、创造能力、实践能力的活动，并把它们有机整合，从而构成整个教学活动。下面就是一个体现不同能力培养的教学评价实例。

☞知识延伸

智力的争议

☞　记忆活动
- ✓　勾股定理的内容。
- ✓　9×6 是多少？
- ✓　距离、时间和速度的关系是什么？

☞　分析活动
- ✓　如果你从付出的20元钱里得到4.52元的零钱剩余，请问你花费了多少？
- ✓　如果 $3x+9=30$，那么 x 是多少？
- ✓　用3进制表示46是多少？

☞　创造活动
- ✓　设计一个测验题目来测量学生对因式分解的理解。
- ✓　创造一种新的数学运算（除了四种常用的运算加、减、乘、除以外），并说明如何使用。
- ✓　设计一种操作材料帮助学生学习数字，并说明它如何使用。

☞　实践活动
- ✓　如何在桥梁建设中应用三角学？
- ✓　以第87号公路某处为起点向北直走30公里就到达第48号公路，再沿第48号公路向西直走45公里到达目的地，如果第94号公路直接连接起点和终点，一个人以60公里每小时的匀速驶车前进，问走94号公路可以节省多少时间？

第三节　个体差异与教育

学生之间既有共性，也有各种差异。这些差异导致学生个体具有不同的认知特征，而教师应当采用不同的教育方法或措施。结合本章前述内容，本节将主要介绍两种适应个别差异的教育：适应认知差异的教育和适应智力差异的教育。

一、适应认知差异的教育

认知方式又称为认知风格，是指个体在知觉、记忆、思维和解决问题等认知活动中，加工和组织信息时所显示出来的独特而稳定的行为方式。学生之间的认知方式差异主要包括场独立型与场依存型、冲动型与沉思型、整体型与序列型、辐合型与发散型等。

第一，场独立型认知方式的学生，常常利用自己的内部参照来判断客观事物，不易受外来因素的影响和干扰,其认知独立于周围的背景,更倾向于在抽象的和分析的水平上进行信息加工,独立对事物作出判断。场依存型认知方式的学生,则更倾向于以外部参照作为信息加工的依据,他们的态度和自我知觉更容易受周围的人们,特别是权威人士的影响和干扰,善于察言观色,注意并记忆言语信息中的社会内容。

第二,冲动型认知方式的学生,倾向于用自己所想到的第一个答案来回答问题,想到什么就回答什么,但错误比较多,他们具有迅速抓住整体和快速概念化的特点。沉思型认知方式的学生,倾向于小心地对待所面临的问题,仔细考虑所观察到的现象及所面临的问题,致力于在行动前将问题考虑清楚,因而做出认知决定的时间长,但错误比较少,能根据事物之间共同的关键特征进行分类。

第三,整体型认知方式的学生,通过使用说明性例子和类比的方法来达到对学习材料的总体把握,阅读的注意范围大,具有"整体大于部分之和"的观念,往往先根据自己的理解来构建总的意义框架,然后再分析细节的位置与整体关系。而序列型认知方式的学生则通过连续或相继地注意材料的细节,把握材料各个部分,具有"整体由部分构成"的观念,相信只要准确把握了材料的细节,必然能够准确地把握整体意义。

第四,辐合型认知方式的学生,在解决问题过程中,表现为搜索或综合信息与知识,运用逻辑规律,指向一个方向,逐步缩小解答范围,直到找到最适当的唯一正确的答案。而发散型认知方式的学生则使自己的思维沿着许多不同的方向拓展,使观念发散到各个相关方面,最终产生多种可能的答案而不是唯一正确的答案,因而容易产生有创意的新颖观念。

上述认知方式差异,只是学生对信息加工方式的某种习惯性偏好,个人可能并不一定觉察到。而且认知方式不同的人可以取得同样好的学习结果,表明认知方式没有优劣好坏之分,它主要影响学生所采取的学习方式。

首先,认知方式影响学生对认知通道的选择,如有的学生主要利用视觉,有的学生主要利用听觉;其次,认知方式影响学生对学习环境的选择,如有的学生习惯于安静的环境,有的学生则喜欢有背景声音的环境;再次,认知方式影响学生对学习内容组织程度的偏好,如沉思型学生比较适合需要详细分析的学习材料,而冲动型学生比较适合不太需要注意细节或应急的学习任务;最后,认知方式也影响学生对学科选择的偏好,如场独立型学生倾向于选择数学、自然科学等,而场依存型学生倾向于选择人文科学、社会科学等。

专栏 5-13

适应个别差异的教学

适应认知差异的教学组织形式

从认知差异出发,可以将能力和知识水平接近的学生组成教学班,而非传统教学中划一的按年龄分班的做法。在我国,有些学校流行的快慢班,实质上是一种同质分组。其优点是在一个班里缩小了学生之间的认知差距,能较好地适应学生的个别差异,便于在统一的进度和方法下进行教学,但这种教学组织形式一方面很难找到一种理想的分组标准,另一方面也会给学生贴上不同的标签,而使程度好的学生骄傲自满,程度低的学生自尊心受损,不利于学生的健康发展。

适应认知差异的教学方式

个别化教学是适应认知差异的最佳教学方式，如布卢姆提出的掌握学习就是其中一种。掌握学习的基本假设是，给予学生充分的时间和适当的教学，大多数学生能够掌握任何学习目标。教师在运用掌握学习时，要将课程分解为小的学习单元，每个单元包括需要掌握的具体学习目标。所谓"掌握"，意味着在一项测验中获得80%—90%的分数，或者满足其他的测评标准。因此，教师应告知学生将要达到的目标和标准。而学生只有达到最低掌握水平后，才可以学习下一单元内容，并依次进行。

在掌握学习中，教师必须拥有丰富的材料供学生循环使用，以此达到没有完成的目标。一般来说，只是重复相同的材料不会对学生有多大帮助。此外，每一单元都应该有几种不同的测评方案。从实践上来看，掌握学习不能消除学生间的成绩差异，除非教师减慢学习快的学生的速度，让学习慢的学生赶上来，但这没有实践意义。而掌握学习是把更多的学习空间留给学生：一些学生会学习得更多，理解得更好；一些学生会利用这样的学习机会努力地学习；而另一些学生却由于不断重新学习而受到挫折，最终失去了学习兴趣。

适应认知差异的教学手段

程序化教学是一种体现了适应认知差异的教学手段。它一开始让学生用已习得的知识来回答问题，然后以非常小的步骤引入新的信息，并随即提出一些新的问题。程序可能是线形的，也可能是多分支的。在线形的程序中，所有的学生将按着固定顺序的教学目标进行学习。在多分支的程序中，学生要参加小测验，以确定他们是否再继续学习同样的学习目标，还是进行下一个学习目标。程序化教学尤其有助于学生学习有一定困难的学科，如统计学。教师一般在开始时给学生提一些问题，要求学生以简单的数学操作进行回答，像加法和减法，随后渐渐引入统计学上的概念。

许多教学软件程序都遵循着程序化教学设计的原则，学生接受一些教学材料，随后呈现小的测验。如果学生回答正确，他们就会继续进行下一课的学习；如果回答错误，就会重复这一课的学习或者涉及同样材料的不同课的学习。这种方法就称为计算机辅助教学（CAI）。相对于建立概念和促进理解而言，计算机辅助教学更适用于技能和实践的学习。研究表明计算机辅助教学除用于正规课堂以外，它还能够改善学生的学习态度、学习动机和学业成绩。

二、适应智力差异的教育

由于智力是个体的先天因素与后天因素相互作用的结果，个体的智力发展存在着明显的差异，主要指个人与其同龄人比较时表现出来的差异。大量研究表明，学生的智力水平呈正态分布：少数学生天赋异禀，被称为超常学生或天才学生；大多数学生的智商分数处于中等水平；还有少数学生智力低下，被称为智力落后学生。本节主要介绍智力发展水平的两端，即天才学生和智力落后学生，以及相应的教育方法。

（一）天才学生

在心理学研究中，通常将天才和高智商联系在一起。在过去近百年里，"聪明"与否成为解释一个人的杰出能力乃至未来成就的最简单归因。这种研究传统起始于推孟（L. M. Terman）的研究工作，他利用斯坦福—比纳智力测验甄选出智商（IQ）高于140分的1 500名儿童，经过长期追踪研究后发现，这些儿童在成人阶段有更好的适应性与更高的成就。自那以后，智商140以上的儿童就被称为天才儿童。

在以IQ解释天才的理念下，天才被视为天生的、特殊的、超常的、高智商的个体，而教育机构和学校应当通过IQ测验将天才儿童挑选出来，给予他们专门设计的特殊教育，如允许跳级、提供更多学习资源等，以促使其快速成为未来各领域中的精英。

1. 训练造就观

加涅提出一种基于训练或解释天才的理论构想。他认为，人类具有四种遗传的或天生的能力：智力、身体能力（包括感觉与运动能力）、创造能力、社会影响能力（如领导力），并指出，与天生能力相对应的是"系统发展起来的、刻画个体在某领域活动中行为特征的能力，如钢琴家、教师、记者、木匠、游泳运动员、飞行员等所表现出的能力"。依据加涅的观点，如果儿童在四种遗传能力中具备至少一种高水平的能力，该儿童就可被称为"聪慧"的儿童，但只有那些在系统发展起来的能力上具备极高水平的成人，才是真正应当赋予价值的天才。

加涅进一步提出，个体在成人阶段杰出能力的发展基于上述四种天生能力，但并非自然而然发生的，会受到四方面因素的影响：生理成熟；在问题解决情境中长期历练；非正式训练与练习；正规训练与练习。可以看出，在这四种影响因素中，有三种因素涉及后天的训练和学习。因此，在加涅看来，训练与练习在天才发展中起到重要作用，他说："聪慧意味着儿童发展的可能性，而天才则是这种可能性在成人阶段的实现，天才的发展过程也就是聪慧的个体追求更高水平能力的系统训练与教育的过程。"

2. 发展阶段观

费尔德曼（Feldman）提出一种在发展心理学的框架内解释天才的理论构想。他认为，一个人要想获得某领域的卓越才能，需历经一系列的发展过程，即逐步掌握水平递增的、按层级排列的不同发展阶段；每一阶段均以个体对该领域知识技能的心理重构（mental reorganization）为标志，且各阶段并非所有个体均可达到（即是非普遍性的）。

费尔德曼认为，正是这种能力的非普遍性发展，解释了"天才水平"的行为表现，他说："对于普通人来说，他在某领域中所经历并掌握的阶段，明显少于那些天才的个体。"他进而强调，如果一个人要达到行为的杰出水平，成为某领域的天才，必须接受积极的、专门设计的环境刺激（如家庭支持、学校教育及其他获得该领域技能的机会等），这对他经历并掌握每一个发展阶段是至关重要的。

天才的发展阶段观具有重要的理论价值，它将天才视作一种具备发展性特征的普遍现象，类似于在人类个体身上所发生的其他发展性现象，从而消除了天才所具有的神秘色彩。

3. 非智力因素观

波兰心理学家达波维斯基（Dabrowski）认为，某些人具有超出一般水平的天生特质与潜力，表现为"极度兴奋性"（overexcitability），具体体现在精神运动、感官、智力、想象力和情感五个方面。极度兴奋性具有双重作用：一方面，具有极度兴奋性的个体，可能因其情感丰富、想象力独特等而表现出较高的发展潜力；另一方面，这些超常的因素也可能在不利的发展环境中诱发和强化神经官能症。

美国哥伦比亚研究团队借用了达波维斯基理论，认为天才通常具备某种或某几种极度兴奋性，尤其具备情感的极度兴奋性，这使得他们有更强烈的冲动、更敏锐的内心体验、更具爆发力的情感冲突，因此他们能够写出深邃细腻的诗歌、画出色彩绚丽的图画、谱写热情似火的音乐。也就是说，这些极度兴奋性与他们的认知能力结合在一起，造就了天才的行为表现。

4. 心理社会观

泰伦鲍姆（Tannenbaum）依据社会的需求区分出四种才能：(1)罕见的才能（scarcity talents），指人类社会总是需要但却一直短缺的才能，这种才能能使人类的日常生活更加舒适、安全、便利及推动社会进步，如爱迪生、富兰克林等具备的才能；(2)过剩的才能（surplus talents），指能够将人类精神文明带入新的高度，但对日常生活的延续并非必要的才能，如哲学家、艺术家、文学家的才能；(3)定额的才能（quota talents），指具有专精技艺以产出社会所需产品与服务的才能，如工程师、律师、建筑设计师的才能；(4)异常的才能（anomalous talents），指社会较不赋予特殊价值的才能，如有些人具有超常的心算能力或奇特的记忆能力，但这些才能对社会发展不具有特别的价值。

这种分类，体现了泰伦鲍姆关于天才的心理社会观（psychosocial），他认为："尽管可以确定某些高水平潜能的存在，但却是社会决定着这些潜能得以实现的方向，因为社会可能对某些潜能造就的成就赋予很高的价值，但对另一些潜能所造就的成就忽略不计。"也就是说，泰伦鲍姆承认个体潜能上的差异，但认为这些潜能只有发展为社会认可其价值的成人阶段的杰出能力方可被视为天才，天才的内涵和价值是由社会文化决定的。

这种观点也得到了其他研究者的赞同。培恩特（Painter）认为，天才的个体是那些具有在他们的社会中被高度赞扬的有才能的人；斯滕伯格也说，天才儿童是被我们发明的而非发现的。

天才儿童的鉴别与教育   专栏5-14

　　鉴于各种鉴别手段均存在某些局限性，所以教师综合利用多种鉴别手段甄选天才儿童是一种较合理的做法，分为三个阶段。

　　第一，初选阶段。教师利用已有的信息，如学生的日常表现、学习成绩、其他教师的推荐、获得的奖励等，提名某些学生作为天才儿童的候选人。该阶段的目的是广泛撒网，利用一般性标准将更多优秀学生挑选出来，避免遗漏某些潜在的天才儿童。

　　第二，选择阶段。利用各种鉴别手段进一步收集更详细、更可靠的信息，在该阶段应注意：针对不同类型的天才儿童，选择不同的鉴别手段；所选的鉴别手段应尽可能为教育方式提供更多信息；选择信效度高的量表或测验；避免测验中的天花板效应和文化不公平性。

第三，评估阶段。该阶段目的在于评估选择阶段的有效性，考察选择阶段是否遗漏了某些天才儿童，及是否甄选出真正的天才儿童。应评估如下问题：选择出的某类天才儿童是否在相应领域或任务上获得成功；选择阶段是否遗漏在相同领域或任务上获得成功的其他学生；选择出的天才儿童在长期历练之后是否在相应领域达到极高水平。

通过综合利用上述多种手段，教师发现某些学生具有各自的天赋，是不同类型的"天才儿童"，如高智力型、创造型、学业成就型、绘画型、音乐型、运动型等，那么教师应该怎样对其进行教育，促进其更好又快地发展呢？

最有效的做法是个别化教学。目前主要有三种针对天才儿童的个别化教学方案：① 抽离方案。即将天才儿童单独编班，进行有针对性的教育，如各种少年班、实验班、特殊能力班等。② 丰富方案。即天才儿童在普通班中随班就读，但有几天时间对其进行知识的扩展教育，如更丰富的学习材料、更难的学习内容、更高的学习要求等。③ 加速方案，即让天才儿童提早入学、跳级或缩短学制。在目前"全纳教育"的理念下，丰富方案受到多数研究者的赞同，且有研究表明抽离方案和加速方案不利于天才儿童的社会化和心理健康发展。

（二）智力落后学生

智力落后又称智力滞后或弱智，是指人的智力明显低于一般人的水平，并表现出适应行为的障碍，通常发生在发育时期（18岁以前）。在该定义中，"一般智力水平明显低于平均水平"是指在标准化智力测验中智商得分低于平均分数（100）两个标准差以上；"适应行为方面的障碍"是指通过标准化的社会适应行为量表，对个体作出评定，以具体的数值表示个体的社会适应能力，如果数值低到一定限度便视为适应行为障碍。值得注意的是，智力分数不是鉴别智力落后的唯一标准，智力落后的诊断标准，除了考虑智力外，还应考虑个体的年龄和在典型环境中的表现。

当前，对智力落后分类的方法有很多种，而我国参照世界卫生组织和美国智力落后协会的分级标准，制定了相应的分级标准（如表5-2所示）。

表5-2 我国智力落后分类标准	级　别	分　度	与平均水平差距-SD	IQ	适应能力
	一级智力落后	极重度	≥5.01	20或25以下	极重适应缺陷
	二级智力落后	重　度	4.01—5	20—35或25—40	重度适应缺陷
	三级智力落后	中　度	3.01—4	35—50或40—55	中度适应缺陷
	四级智力落后	轻　度	2.01—3	50—70或55—75	轻度适应缺陷

说明：SD是英文标准差（standard deviation）的缩写，-SD即减标准差；IQ分数值左边为韦克斯勒智力量表测得，右边为盖塞尔量表测得。

在人群中究竟有多少智力落后学生？根据智力落后的定义和按智力的常态分布曲线计算，这个比例应该为2.27%。然而，实际的调查由于受到定义、研究方法、社会状况、年龄、性别、地理环境等因素的影响，各个国家和地区得出的数值不尽相同。就中国而言，1987年中国残疾人抽样调查结果表明,中国智力落后人群(包括成人)的比例为0.965%。另外,根据1988年11月公布的中国0—14岁学生的智力落后流行病学调查结果,学生智力落后患病率为1.07%,其中城市为0.75%,农村为1.46%;男性学生为1.13%,女性学生为1.01%。

智力落后学生的特点主要体现在以下几方面:

在认知方面,研究表明,智力落后学生存在注意缺陷,即注意范围狭窄、持续时间短、分配障碍等。在记忆上,智力落后学生工作记忆容量比正常学生的要小,加工信息的效率低,不能充分地获取有关任务的信息。这一不足在对需要深层次加工的信息材料进行记忆时尤其明显。在语言上,虽然遵循了同样的发展过程,但智力落后学生进程要缓慢得多,发展水平也低得多,往往表现为发音不清晰,表达不清楚等。这种障碍的严重程度,随智力落后程度的加重而越加显著。

在个性方面,智力落后学生的主动性较差。同时,他们的自我控制能力比较差,有时对外部环境的某一事件常常以冲动的、瞬时产生的、不假思索的行动作出反应。在对个人欲望的追求方面,常常是不达目的誓不罢休,表现出极大的冲动性和顽固性。他们对周围人带来的影响也通常表现出一种冲动性的特点,他们会不加思考地接受周围人的驱使和建议,无理智地、盲目地服从他人意见。他们也经常表现出顽固的特点,毫无理由地与合情合理的意见对抗,这种固执有时还表现为缺乏随机应变的能力,遇事反应刻板,缺乏弹性。

正是由于上述认知和个性上的问题,智力落后学生与正常学生相比,所掌握的有关外部世界和学业领域知识较贫乏,不太容易形成学习策略,或者对已掌握的策略不能灵活地加以应用。同时,他们不善于支配和管理自己的行为,哪怕是很小的困难,常常也要在老师和父母的督促、鼓励下才能完成某件事情。他们不会按照长远的目标去行动,只有近期目标才能对他们起激励作用。

在面对失败时,智力落后学生比智力正常学生更倾向于谴责自己。失败导致智力落后学生对自己解决问题的能力产生怀疑,并因此愈加希望他人能够帮助自己,提供解决的办法。值得注意的是,这种依赖对智力落后学生却是一个很难处理的问题,由于智力落后学生对自己作为学习者和问题解决者的自信心很低,所以这些学生比正常学生更不愿意向他人寻求帮助,这样他们就处于一种矛盾之中:一方面,他们需要帮助,另一方面,因为怕被别人看不起,又不愿意主动寻求帮助。

专栏 5-15

针对智力落后学生的教育

1. 学习兴趣与动机的培养

教师要把学习环境与智力落后学生感兴趣的知识领域结合起来,努力发现什么才是对学生重要的,然后在教学中尽可能运用那些重要的发现,以激发学生的新奇感和对事物的兴趣,明确学习动机。教师在对特殊学生实施教学的过程中,学生学习积极性的高低会直接影响学习的成效。在日常生活中,智力落后学生由于遭受的失败经历比较多,这种挫折加深了他们的自卑感,造成心理上的压抑。因此,特殊学校的教师或普通学校随班就读的教师可以采取这样一系列的办法,来恢复他们的自信心,激发其学习积极性和主动性。

此外,还可以利用明确的奖励机制,这种奖励可以是物质、荣誉或精神奖励。物质奖励是指对表现良好的学生给予各种小物品,如书籍、铅笔、玩具或食品等;荣誉奖励则是让学生担任某些带有荣誉性的工作;精神奖励主要是指口头表扬和各种象征性的符号奖励。

2. 提供成功的经验以培养自信心

智力落后学生常常自信心不足、畏缩、经不起挫折、对学习不感兴趣,这与他们时常遭受失败的经验有关。既然失败的经验使他们产生一些消极情绪和行为,教师就应该向他们提供更多的成功机会,提高他们的自信心,激发他们产生积极的情绪和行为。提供成功的经验感受,并不是说要降低对智力落后学生的要求,而是为他们提供合适的教材内容、教学方法和作业等。在课堂提问中,让他们回答比较容易的问题或重复比较困难问题的正确答案,使他们体会成功的喜悦,最终提高学习兴趣。此外,教师应该给智力落后学生灌输促进认知和使用策略的积极信念,如"如果我制定计划并付出努力,我就能做好这件事",而不是恪守被动的信念,如"我很笨,我为什么要努力"。

3. 具体而针对性强的教学方法

由于智力落后学生的抽象认知贫乏,思维长期停留在直观形象阶段,以至于他们在学习抽象知识的时候感到特别困难,因此,加强直观教学就显得尤为重要。如在数学教学中,在教授"4+3"这样的加法时,可以使用各种具体直观的教具进行辅助教学。用具体形象的例子帮助学生把加法过程视觉化,使得答案更直观。使用这种方法可以使抽象水平比较高的学习变得更具体和简单易行。

同时,智力落后学生虽然有可能与正常学生在一起学习,但这两类学生学习特点却有很大差别,教师应该根据智力落后学生的学习特点,使用多种技巧帮助他们学习以提高学习效果。下列技巧可供参考:尽量减少因学习环境引起的注意分散情况;提供更多的复习机会;尽量简化有关的指示、命令等;把学习任务分解成小单元进行;在练习过程中,采取同伴辅导的方式;尽量使用幻灯片、录像资料等有利于提高教学直观性的教具帮助学生学习;提供有关阅读材料的重点提纲;适当使用色彩符号;在开始新的课文学习任务前介绍新词汇,尤其是那些比较难的词汇;避免判断式的测验类型,因为这种测验要求对语言有很好的理解,而智力落后学生在这方面的能力比较差,有的甚至没有这方面的能力。

4. 促进自我表达与人际交往

与正常学生相比,智力落后学生在自我表达方面存在不少困难。他们学习语言的能力又低于正常水平,这一缺陷在要求用言语表达时最容易表现出来,有些教师因此避免让学生进一步自我表达,这种做法是不可取的。教师应该为智力落后学生创造条件,利用任何可能的机会鼓励学生进行言语表达,提高他们的言语表达水平。

言语功能的发展需要经验的积累,与正常学生相比,智力落后学生需要更多的言语经验来发展言语能力以达到正常水平,特别是对言语能力发展较差的智力落后学生来说,更应该为他们提供机会发展言语能力,当然这种机会应该生动有趣、适合学生发展的水平。研究和教学经验表明,这种机会在小学阶段、低年级的教学中更为重要。

（三）智力的群体差异

智力除了表现为个体差异,还表现为群体差异,即指不同群体之间的智力差异。这包括智力的性别差异、年龄差异和种族差异等,如男性智力分布的离散程度大于女性,男女智力分别有各自优势领域。

应当承认,智力是影响学习的一个重要因素,但对其发挥的作用应注意以下几点:首先,学习成绩与智商分数之间的相关程度,在不同年级是有区别的,年龄越小,影响越大;其次,智力对学习的影响与学科的性质有着密切的关系,如阅读、作文成绩与智商的相关,就比写字、画图和体育成绩与智商的相关,表现出更紧密的联系;最后,智力并不影响学习是否发生,即智力不是影响某一知识是否被学生学会的因素,它主要影响学生学习的速度、数量、巩固程度和学习的迁移,进而影响学习成绩。

案例 5-1

适应智力落后儿童高效课堂设计[①]

在智力落后儿童的教育中,语文是十分重要的一门课程,学习过程可以分为感知阶段和理解阶段,接下来将分析语文课堂的教学案例来阐述结合具体而针对性强的教学方法,设计适应智力落后儿童高效课堂的可行性。智力落后儿童的理解能力和接受能力偏差,因此,在学习新的内容时,需要循序渐进,让学生从简单的感知阶段逐步深入到理解阶段。感知阶段就是让同学们有一个初步的感觉以及对接下来所要学习的知识有一个大概的认知,理解阶段就是让学生对老师所讲的内容深入理解,此阶段中,教师可以通过一些比喻等多方面的描述来开阔学生的思维,以达到学生理解的目的。除此之外,教师在课堂教学的环节中也应有所设计,根据学生不同的理解能力和接受能力,教师可以将学生分组,让学生发挥自己的特长,以学生为教学主体,实现高效课堂的意义。

根据学生的表现和特点,教师将学生分成三组:A组理解能力较好,会读课文;B组理解能力较差,但表达能力好,会书写;C组只会简单的读,写。在预习课文的过程中,A组的同学可以给B、C组的同学阅读课文,指导B、C组学生完成对于课文的初步理解,通过对文章深入的理解可以让B组学生组织语言进行回答问题,在A组的领导下,可以让C组对于课文有更深刻的理解。结合具体而针对性强的教学方法,简单的分组活动既可以加强学生之间的交流与合作,也对提高智力落后儿童在课堂中的学习效率有很大的帮助。

以《桂林山水》文章的讲解作为案例。在正式讲解课文之前,教师运用多媒体设备给学生展示一些桂林山水的图片,有条件的也可以播放相关的视频,并且对桂林山水进行相关的介绍,使得学生对所学的知识有一个形象的感知,这为接下来的理解学习起到良好的铺垫作用。接下来,对文中的生字加拼音,引导A、B、C组学生共同认读,学生认读结束后,教师提出问题,让同学带着问

---

① 刘燕华.智障儿童高效课堂的案例分析[J].中华少年,2016:295-296.

题去读课文,比如"课文中的哪些地方体现出来桂林山水甲天下?"环节结束后由A、B组同学进行示范阅读,A、B组同学的语言表达能力相对较好,所以读完之后会对课文有整体的认识。接下来提出问题2:"通过对文章的理解,桂林山水给你留下了什么样的印象,自己概括或者从文中找到概括的句子。"这个问题交由A组的同学回答。教师要引导学生去理解课文,如讲到"船桨激起一道道水纹,扩散出一圈圈涟漪的时候,才让你感觉到船在前进,岸在后移",教师可以以石子举例,将石子投入水中,会溅起水花,并且产生了环形的波纹,同样的道理,船桨进入水中也会产生环形的波纹;在解释后半句的时候,教师可以以学生在生活中的例子进行讲解,比如学生在道路上行走,路两旁种满了树,树是不动的,当你往前走的时候,树就好像是在往后走。这样通过简单的介绍,学生就理解了这句话,对于文章其他部分的讲解,教师也可以采取举例或列举的方法,如"桂林的山真奇啊,一座座拔地而起,各不相连,像老人,像巨象,像骆驼,奇峰罗列,形态万千"这一部分可以列举桂林山水的相关图片以及老人、巨象、骆驼的照片,二者相对比,让学生更直观地对桂林山水的特点有印象,从而运用自己的语言表达的优势更好地将自己的理解表达出来。C组的学生只会简单的读写,所以根据他们的特点,让他们认识拼音,抄写生字等巩固所学的知识,增加简单的理解部分,不断地提高对于知识的获取能力,这时也可以让A组的学生检查C组的生字完成情况,从而促进C组的学习。

参考文献

[1] 刘金花.儿童发展心理学(修订本)[M].上海:华东师范大学出版社,1997.

[2] 邵瑞珍.教育心理学(修订本)[M].上海:上海教育出版社,1997.

[3] 皮连生.学与教的心理学(第2版)[M].上海:华东师范大学出版社,1997.

[4] J·皮亚杰.发生认识论原理[M].王宪钿,等译.北京:商务印书馆,1981.

[5] R·凯斯.智慧的发展:一种新皮亚杰主义理论[M].吴庆麟,等译.上海:上海教育出版社,1994.

[6] J·P·戴斯,等.认知过程的评估:智力的PASS理论[M].杨艳云,等译.上海:华东师范大学出版社,1999.

[7] R·J·斯滕伯格.成功智力[M].吴国宏,等译.上海:华东师范大学出版社,1999.

[8] R·J·斯滕伯格.超越IQ:人类智力的三元理论[M].俞晓琳,等译.上海:华东师范大学出版社,2000.

[9] Woolfook, A. *Educational psyhchology (8th)*[M], Allyn and Bacon, 2001.

[10] Borich, G. D. & Tombari, M. L. *Educational psychology: A contemporary approach (2nd ed.)*[M], New York: Addison Wesley Longman, Inc, 1997.

[11] Eggen, P. & Kauchak, D. *Educational psychology: Windows on classroom (3rd ed.)*[M], Uper Saddle River, NJ: Prentice-Hall, 1997.

[12] Gardner, H. *Frames of mind: The theory of multi-intelligences*[M], New York: Basic Books, 1983.

[13] Sternberg, R. J. & Williams, W. M. *Intelligence, instruction and assessment: Theory into practice* [M], Mahwah, NJ: Erlbaum, 1998.

[14] Sternberg, R. J. *Beyond IQ: A triarchic theory of human intelligence* [M], New York: Cambridge University Press. 1985.

思考题

1. 有研究者在孤儿院做过研究，发现生活在孤儿院的儿童的智力发展较慢，智商平均只有53，而被领养的儿童智商发展较快，平均智商达到80，特别是年龄很小时被领养的儿童，他们的智商可达到100。请分析产生以上差异的原因。

扫一扫二维码

2. 开学第一周，周老师试图教一年级的学生在课堂上的基本规则。他说："当我提问时，你应该举起右手，我将会叫你回答。你们能够像我这样举起右手吗？"于是，周老师看到二十双手举起来了，但举的都是左手。

上文中的学生为什么会有如此表现？请依据儿童认知发展阶段进行分析。

获取思考题
答案要点

3. 人的能力表现早晚亦有差异，有的人"早成"，有的人"晚就"。少年成才者，如唐朝的王勃，6岁就善于文辞，13岁写下流传千古的《滕王阁序》。奥地利作曲家莫扎特，5岁开始作曲，8岁试作交响乐，11岁开始创作歌剧。美国的维纳，3岁会阅读，14岁哈佛大学毕业，19岁获得博士学位，成为控制论的创始人。有的人却"大器晚成"。比如，著名画家齐白石，40岁时才表现出绘画才能。摩尔根发表基因遗传理论时已经60岁了。达尔文50多岁时才开始有研究成果，写出了著名的《物种起源》。

请运用心理学知识谈一谈你对上文所述现象的理解。

扫一扫二维码
获取教师资格考试
同步练习题及参考答案

第六章

情绪与情感的发展

学习目标

1. 回忆情绪的基本含义与类型,并解释其教学含义;

2. 阐述与情绪有关的外在表现和神经系统活动;

3. 回忆情感的基本含义与类型,并解释其教学含义;

4. 分析情绪与情感的联系与区别;

5. 阐述情绪的生理学解释观点(詹姆士—兰格理论、坎农—巴德理论);

6. 阐述情绪的认知理论(阿诺德的理论、沙赫特的理论、拉扎勒斯的理论、动机—分化理论等);

7. 简述学生良好情绪的标准以及常见问题;

8. 阐述中小学生情绪发展的特点,并尝试可能的方法;

9. 阐述应对压力的方法和策略。

关键词

情绪:个体对所处环境的一种复杂应变模式,既有躯体上的也有精神上的,包括生理唤醒、感知觉、认知过程以及行为反应等。

情感:个体在社会活动中逐渐形成的一种稳定的、持续的、复杂的行为倾向或态度。情感体现了人与人之间的社会关系,并对个体行为产生正面或负面的影响。

心境:一种使人的一切体验和活动都感染上情绪色彩且持续长久的情绪状态。心境这种体验,不指向某一事物或人,而是体现在众多事或人上。心境具有一定的弥散性。

激情:一种强烈的、快速的、短促的情绪状态,如暴怒、恐惧、狂喜、绝望等。一般来讲,可以从激动到平静这一维度来衡量激情的表现。

应激:由意料之外的事件所引起的一种情绪状态,如遇到害怕之物(如血迹)时的恐惧。应激这一情绪形式,可以从紧张到轻松这类情绪来度量。

情绪的躯体反应理论(詹姆士—兰格):在一个刺激引起的自动唤醒和其他躯体行为后,个体才会有所体验(对唤醒的知觉和对行为的解释),然后才产生特定的情绪感受。

情绪的中枢神经过程理论(坎农—巴德):中枢神经系统(即大脑)在情绪刺激和情绪表达(如行为、体验)中,会起重要作用;来自丘脑的信号(刺激)到达大脑皮层某一位置,产生情绪感觉(如体验),到达另一位置则引起情绪的表达(如反应)。

情绪的评定—兴奋理论:情绪与个体对客观事物的评估联系着。同一刺激之所以引发不同情绪,在于对情景的认知和评定;该评定的实质是刺激情景对人的意义,如对人的需要、愿望或渴求的满足。

情绪的三因素理论:个体要产生某个情绪,有三个因素必不可少。第一,体验到高度的生理唤醒;第二,对生理状态的变化进行认知评价;第三,相应的环境因素。

情绪的认知—评价理论:情绪体验不仅是大脑对外部刺激情景的反应,而且还涉及这些情景与认知评估,以及与评估所处的环境的关系。这些评价涉及利害关系、控制能力、反馈效果等。

情绪的动机—分化理论:该理论以情绪为核心,以人格结构为基础,论述了情绪的动机性功能与适应性功能。

良好的情绪标准:正确的情绪表达、适度的情绪反应、较强的情绪转移能力和符合身份的情绪特征。

本章结构

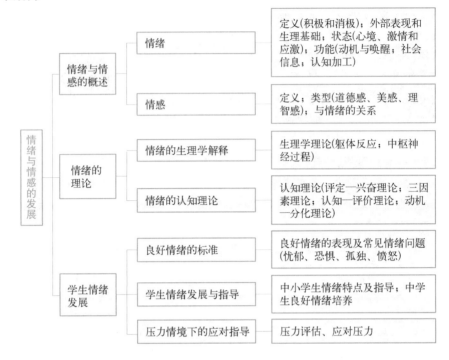

情绪和情感伴随着人的认知活动,赋予"认知"以"温度"。人的情绪和情感是有机体在心理和生理的许多水平上的整合,不仅反映了独特的主观体验,也有丰富多彩的外部表现形式;同时,它们也依赖于复杂的神经生理、生化的机制。情绪与情感往往与知识、能力、智力等概念一起,在学习和生活中起着十分重要的作用。

人的情绪反应,与自主神经系统、边缘系统和大脑皮层的参与有关。从生理学角度,经典的情绪理论试图明确生理唤醒和个体的情绪体验之间的关系。与此相比,当代理论更多认为,在情绪体验中,认知的作用不可忽视;情绪可起激励作用,或者决定认知过程的内容和效率。而持动机—分化的观点则认为,在应对不断重复的情境中,情绪得以分化;在不同文化背景下,面部表情的产生具有普遍性。

在学校情境中,教师应注意培养学生的良好情绪,发现潜在的情绪和行为问题;在这一活动中,应注意不同学段学生的情绪特点,采取有针对性的情绪调节方法。同时,教师在了解到学生有各种学习和生活压力(如考试、升学等)后,要分析那些导致问题的压力源,帮助学生评估压力及所处情境,进而采取合适的应对方法和策略。

第一节　情绪与情感的概述

人有七情:喜、怒、哀、欲、爱、恶、惧。在这些情绪形式的基础上,可以派生出很多情绪形式,也可以出现很多复合的情绪形式;情绪还可以被赋予各种社会内容及意义,如骄傲与羞耻、罪过与悔恨等,形成与特定社会规则联系的情感,如道德感、美感等。

一、情绪及其分类

（一）情绪的定义

情绪（emotion）是一种躯体和精神上的复杂应变模式，包括生理唤醒、感觉、认知过程以及行为反应；这些是个体对所知觉到的独特处境的反应。从生物进化的角度看，人的情绪可分为基本情绪和复合情绪。

基本情绪是先天的，不学而能的。基本情绪是人与动物共有的，在发生上有着共同的原型或模式（如图6-1所示）。普拉切克（Plutchik）提出了恐惧、惊讶、悲伤、厌恶、期待、愤怒、快乐和信任八种基本情绪（如图6-2所示）。每一种基本情绪都可以根据强度上的变化而细分。

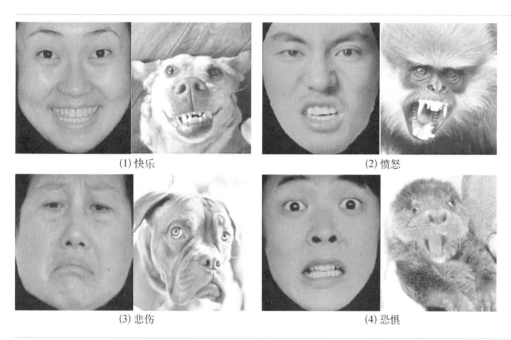

(1) 快乐　　　　　　　　　　　(2) 愤怒

(3) 悲伤　　　　　　　　　　　(4) 恐惧

图 6-1[①]

人和动物共有的基本情绪示例（见本书彩页）

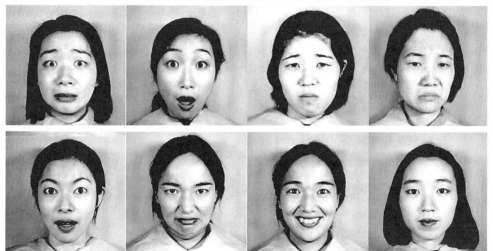

图 6-2[②]

恐惧、惊讶、悲伤、厌恶、期待、愤怒、快乐和信任

---

① 图片来自中国情绪面孔系统（CAFPS）。
② 图片来自日本女性面部表情数据库（JAFFE）。

　　基本情绪又可分为两类：积极情绪和消极情绪。积极情绪是指促进个体正面发展的心理体验，包括快乐、兴趣、满足和爱等，它往往与趋近行为相伴。积极情绪有三个重要的适应功能，即支持应对、缓解压力、恢复被压力消耗的资源。积极情绪可以增加注意广度、提高行动效能，有助于个体获得各种资源（身体、智力和社会等）。积极情绪对认知有组织功能，会影响到思维过程，促进个体高效率地思考和解决问题。

　　消极情绪是指对个体造成负面影响的心理体验，如痛苦、悲伤、愤怒、恐惧等，它往往与回避行为相伴。消极情绪并非一无是处，有时适度的消极情绪对人的健康和社会适应反而有些许益处。如学生在适度焦虑下，人的大脑和神经系统兴奋增加，思考活跃，反应速度加快，学习效率有所提高。但是，过于强烈和持久的消极情绪，必然会对人产生害；它会抑制大脑皮层的兴奋性，使人的认知活动（如推理、辨别）迟滞，自制力降低；学生在这一情境下，甚至不能正确评价自己行动的意义及后果，学习效率大打折扣。

　　研究发现，个体的认识活动和解决问题，在积极情绪（如愉快）下会更有效、更富创造性。例如，研究者招募了两组被试：一组给礼物（如糖果），另一组不给；收到礼物的组比没有得到的另一组，体验了更多的快乐情绪，而且在创造测验中表现更好。该研究提示教师，如果让学生保持良好的情绪，他们在学校的表现，可能会更好、更有效率。

　　复合情绪则由基本情绪的不同组合派生出来，往往是由两种以上的基本情绪组合而成。一种基本情绪可与相邻情绪进行混合，产生某种复合情绪；也可与相距更远的情绪进行混合，产生更复杂的复合情绪。比如，恐惧与期待混合在一起，可产生焦虑情绪；与悲伤混合在一起，则产生绝望情绪。

专栏6-1　　　　　　　　　　**保持积极情绪**

　　积极情绪（比如快乐、兴趣、满意等），来自乐观的生活和学习态度；积极情绪的作用，不仅是身体上的，如肢体放松和面容平静等；更是精神上的，如思想开放和性情柔和等。举例来说，积极情绪有如下三个作用：

　　1. 促进认知灵活，激发创造思维

　　积极情绪能扩大注意范围，增强思维活动，产生更多思想。积极情绪能帮助个体增加积极资源，包括身体资源（如身体技能、健康）、智力资源（知识、心理理论、执行控制）、人际资源（友谊、社会支持网络）和心理资源（心理恢复力、乐观、创造性）。个体在积极情绪下，表现出更高的创造性，问题解决的效率更高，决策更全面。

　　2. 增强心理弹性，提高主观幸福感

　　积极情绪促进个体采用以问题为中心的应对策略，这一策略有助于有效解决压力问题，进一步提高积极情绪的水平，从而提升主观幸福感。在日常生活中，个体如处在积极情绪下，会比在消极情绪下具有更高的心理弹性，更有活力，生活得更幸福。

　　3. 唤醒内在动机，主动改变未来

　　积极情绪抑制消极观念，使人自我感觉良好，同时也唤醒了趋近个体自然、趋近社会的动机。积极情绪改变了思维方式，进而改变对未来的期待。在心情良好、心情舒畅觉得精力充沛时，更愿意去感受身边的世界，思维开阔，富于想象。

（二）情绪的外部表现和生理基础

1. 表情

与情绪相联系的外部表现称为表情，如面部表情、姿态表情和语调表情（涉及声调和音色）。这些表情虽是一些可观察的外部表现，但与机体的内部变化密切关联。例如，人在愤怒时，身体直立，胸部挺起，紧握拳头，鼻孔张大，咬牙切齿（如图6-3所示）。这些表情与呼吸、血管、肌肉系统等方面的机能活动有关。

图 6-3

愤怒

达尔文在《人类和动物的表情》一书中，论证了表情是人类和动物进化过程中适应的产物。最初，表情只是生存适应的结果。例如，嘴角下歪可能源于啼哭时的面形，其功能在于在困难中求援；后来，该表情就成为一种代表不快乐的情绪表达。又如，呕吐时的面部表情与厌恶时的面部表情十分相似，这寓意着两个表情可能有共同的生物学根源。

许多最基本的情绪，如喜怒悲惧的原始表情，则是普遍存在于全人类的。也就是说，在相同刺激情境下所引发的表情动作，在人类所有种系的成员之间具有高度的一致性和普遍性。以痛引发的情绪为例，研究者观察了美国和日本的5—12个月大的婴儿。实验者对每个婴儿采用了一套相同的实验程序：将每个婴儿的手腕抓住并交叉叠放于腹部，并对整个过程都进行了录像。结果发现，两种文化下的婴儿运动面部肌肉的方式都相同——带来了高度相似的痛苦表情。日本和美国的婴儿在发出负性的声音和身体上挣扎的频率上也很相似。

面部表情、姿态表情和语调表情等，构成了人类的非言语交往形式，心理学家和语言学家称之为"体语"。人们之间除了使用语言沟通达到互相了解之外，还可以通过由面部、身体姿势、手势以及语调等构成的体语来表达个人的情绪（如图6-4所示）。

图 6-4

人类身体语言——表达快乐

表情兼有原始适应和后天习得的性质。习得的表情可能会掩蔽其自然形式，明显地受文化和社会交往的影响。例如，研究发现，先天盲人具有一些原始表情，能表达基本的喜怒悲惧之情；但是，他们的表情又是呆板的、无"情"的；后天盲人（即出生后几

图 6-5

体现社会含义的各类表情符号

年中没有视觉障碍而后来致盲的人）的表情则与正常人稍有接近，表达内容较为丰富。同时，社会发展会赋予表情动作新的意义。例如，在微信圈，各种表情符号的通用（如呲牙、微笑、生气等符号），可以表达说话者的态度、心境和意向等（如图 6-5 所示）；而在各种年幼群体中，新兴语言的使用，则使人与人之间的语义表达更为生动，如"囧"、"美颜"等。在现实生活中，舞蹈家、戏剧家和演员是最善于学习和运用表情，以此来刻画不同人物的心理活动、个性特征等。而心理学家则研究演员的典型表情，观察这些表情与情绪、表情与认知之间的关系；因此，心理学家常用表情来测量与评估人的心理活动。

专栏 6-2

微表情的识别①

　　微表情是人类试图压抑或隐藏真实情感时，所泄露的非常短暂的、不能自主控制的面部表情。它与普通表情的区别在于，微表情持续时间很短，仅为 1/25 至 1/5 秒。因此，大多数人往往难以察觉到它的存在。微表情既可能包含普通表情的全部肌肉动作，也可能只包含普通表情肌肉动作的一部分；它是一种自发性的表情作用，表达了六大基本表情——高兴、厌恶、愤怒、恐惧、悲伤、惊讶。

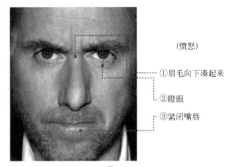

（愤怒）
①眉毛向下凑起来
②瞪眼
③紧闭嘴唇

微表情（愤怒）②

　　由于微表情能够表达被压抑掩藏的真实情绪，因此往往被视为很好的谎言识别的有效线索。目前国际上主要用于微表情识别和研究的测验主要有：短暂表情识别测验（BART）、日本人与高加索人短暂表情识别测验（JACBART）。这两种测验常被用来考察人们对微表情的识别能力。2002 年，艾克曼（Ekman）开发了微表情识别训练工具（METT）。

　　在美剧《别对我说谎》（Lie to me）中，主人公似乎可以通过微表情，轻而易举地洞察一个人掩藏的心思和谎言。微表情一直是科研人员和媒体大众以及国防关注的重点；基于以往的研究发现，使用 METT 训练程序，能在 1.5 小时内提高个体的微表情识别能力，成绩平均提高 30%—40%。而且微表情识

① 纪宇.微表情与身体语言［M］.北京：机械工业出版社，2013：1—19.
② 摘自中国政法大学微反应研究小组博客。

别能力高的个体,其谎言判断能力也比较高。另外,微表情的识别能力也与个性有关:外向、乐观自信、不墨守成规、乐于独立思考的个体,其微表情识别能力更强。但是微表情作为谎言识别线索的有效性,有待进一步确定。个体微表情的表达,会受到自身撒谎动机的影响:一个人越是想掩饰自身真实情绪,其微表情就越可能暴露他的谎言;但如果是善意的无恶意的谎言,微表情测谎的准确性就有所下降。撒谎是一种非常复杂的心理和行为现象,其心理过程受到诸多主观因素的影响;而且撒谎行为也多种多样,目前在流传的一些"微表情心理学"其实并没有太多的科学依据。

除了和谎言的关系之外,微表情与人类内在的情感过程紧密相关;微表情的出现和消失预示着个体内心某种情感的转变过程。但是,人是否能意识到自身出现了微表情呢?换句话说,人是否能意识到自己潜意识里被压抑的感情过程呢?目前,对微表情的识别过程及其神经机制的认识也知之甚少。探知微表情的内在神经机制以及微表情的识别与表达,是微表情识别系统开发的科研价值所在。

2. 生理基础

一个人愤怒时,他的心率和呼吸会加快,嘴发干,肌肉紧张,甚至发抖。除了这些可见变化外,人的身体还有许多内在反应,如神经系统活动,它们是上述外在反应的机体原因。

情绪与自主神经系统(ANS)有关。该系统通过交感神经系统和副交感神经系统的活动,为情绪反应做好准备。当刺激引起轻微的不愉快,交感神经系统活跃;当刺激引起轻微的愉快,副交感神经系统更加活跃;当刺激的强度增大时,系统的活动增强。在面对诸如恐惧和愤怒一类强烈情绪反应时,两种神经系统都激活;交感神经系统负责引导肾上腺释放激素(肾上腺素和去甲肾上腺素),促进内部组织释放血糖,升高血压,增加汗液和唾液分泌;事件过后,副交感神经系统会抑制这些激素的释放以平静情绪;应注意,在经历了强烈情绪事件后,上述激素不会马上消失,仍在血液循环当中,因此个体将维持一段时间的唤醒状态。

情绪受中枢神经系统所调节。激素和神经唤醒由下丘脑和边缘系统控制。在边缘系统中,杏仁核的作用尤其突出,起着情绪通路和记忆过滤器的作用。杏仁核针对来自感觉的信息,赋予它意义,这尤其体现在对负性刺激的理解上。例如,当观看一幅恐怖面部表情的图片时,杏仁核激活水平会随着该面部表情强度的增加而提高;相反,快乐面部表情强度的增加,则不会使杏仁核的激活水平上升。

情绪与人的大脑皮层活动直接相关。大脑皮层负责整合各种心理体验和生理反应。一些脑成像研究表明,不同情绪联系着不同的大脑反应(如图6-6所示)。例如,快乐和悲伤既是同一皮层位置的两种相反反应,又是不同大脑区域的反应。任何区域的大脑损伤都不会阻碍识别快乐情绪(绿色:正常),而每回的损伤(紫色)则会阻碍悲伤情绪的识别。而不同的情绪刺激源,如内部刺激(情绪记忆带来的行动)和外部刺激(观看一部动情的电影),会导致不同的大脑反应;在电影引发的情绪中,杏仁核得以激活,这种激活要强于记忆引发的情绪激活。

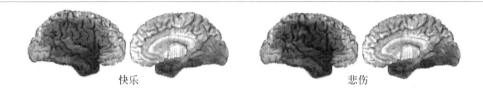

图 6-6

情绪与大脑
的关系图①
（见本书彩页）

快乐　　　　　　　　　悲伤

（三）情绪状态

1. 心境

心境（mood）是一种使人的一切体验和活动都感染上情绪色彩且持续长久的情绪状态。心境这种体验，不指向某一事物或人，而是体现在众多事或人之上。心境具有一定弥散性，个体处在某种心境中，往往以同样的情绪状态看待一切事物或人。

引起心境的原因，大多是对个体具有重要意义的事情，如工作顺逆、事业成败、人际相处状况、健康情形，甚至是自然环境的影响，等等。过去的片段回忆，无意间的浮想翩翩，也会导致与之相联系的心境重现。有时，个体对引起心境的原因并不都能清楚地意识到，但这并不影响它对人的心理活动产生弥漫而持久的作用。

图 6-7

"一直都好郁
闷啊！"

个体的心境不同，生活和学习状况也有所不同。良好心境将使人乐观、主动、富于创造性；乐于处理各种事务，且应对自如；同时，学习效率也较高。不良心境将使人厌烦、消沉，易被激怒；对事提不起兴趣，被动应付各种事情；同时，学习效率低下（如图6-7所示）。保持良好心境，或者克服不良心境，还与性格和意志的培养有关，也是性格修养的一个组成部分。

案例 6-1

学生和教师的良好心境②

许多研究都表明，音乐与良好心境联系一起。教师可以通过音乐教授，为学生创设良好的心境，进而培养各种思维。例如，通过音乐可以激发学生参与学习、从事各类角色分工的活动。例如，在教授歌曲《小雨沙沙》时，从游戏入手，教师请学生扮演种子、小雨，通过表演种子喝到雨水长大的欢喜过程，引导学生体验种子、小雨的喜悦心情。学生在扮演角色的过程中情绪是放松的，因此他们的表演非常可爱，有感染力、想象力，同时学生们乐于参与。再如，音乐

---

① Adolphs R, Damasio H, Tranel D, et al. Cortical systems for the recognition of emotion in facial expressions[J]. Journal of neuroscience, 1996, 16(23): 7678-7687.

② 庄妮璇. 音乐教师课堂教学中良好心境的培养[J]. 读写算: 教育教学研究, 2013(38): 210.

可激发学生的想象力,同时激发他们对生命、生活无限的热爱之情。例如,欣赏了大提琴独奏《天鹅》,会使他们联想到平静的湖面、高雅的天鹅;如泣如诉的旋律打动了孩子们,从而使他们更富有爱心、同情心,产生对生命的敬慕之心;在教学的过程中,聆听《天鹅》带给了学生们愉悦的心境,从而激发他们的想象力。

对教师而言,心境不仅影响自己,也会影响学生。如果教师带着不良心境授课,纵然课前准备得再充分,课堂上也会出现压抑、憋闷的感觉,必然会影响到教学效果。如果教师自己的孩子生了重病,上课时老师的心里会七上八下的,那么课堂教学就会不舒畅。如果在良好的心境中授课,教师驾驭课堂、控制课堂气氛的能力便会增强,教学思路会更开阔,可以促进课堂教学效益的提高。例如,教学生欣赏《杜鹃圆舞曲》时,教师先启发学生用语言描绘美丽的春天,激发学生想象,再给学生看春天的画面;完整欣赏过音乐后,让学生身体随音乐节奏自由摆动;最后全班被分成三个小组,每组同学都设计了自己的动作表现了音乐,同时他们体验了赞美春天的美好情感。下课后学生们都不愿意离开,还想再表演。可见,教学中教师的良好心境的确具有传递作用,它能感染学生并带动学生去追求完美的人生,使教学进入最佳状态。

2. 激情

激情(passion)是一种强烈的、快速的、短促的情绪状态,如暴怒、恐惧、狂喜、绝望等。一般来讲,可以从激动到平静这一维度来衡量激情的表现。引起激情的因素,通常是个体生活中具有重要意义的事件,如升学、结婚等;而对立意向的冲突(如悲喜交加),或过度的抑制(如恐惧),也容易引起激情。激情的产生还与机体状态有关,如疲劳或精力过剩等。

激情有明显的外部表现,如动作猛烈、表情夸张、声调过高等。个体处于激情状态下,通常会局限于那些引起激情的认识对象,认知范围有所缩小,如注意狭窄、记忆力不佳等;进而,个体的理智分析能力受到抑制,自我控制能力减弱;既不能约束自己的行为,也不能正确地评价自己的行动及其后果。此时,个体要有意识地控制自己,转移注意力,以缓解激情爆发后的情绪、动作与语言。当然,有些激情是积极的,如热情对音乐表演的影响;这时,激情可以使人全身心地投入到活动中,专注于所做的事情,取得意外的良好效果;在这种场合下,就没有必要去抑制激情了。

课堂中的激情[①]

案例 6-2

　　课堂激情可以激发学生学习的积极性、主动性、创造性,对提高课堂效益是十分重要的,而且可以调动起学生极大的热情去参与;反之,不注意培养学

---

① 郑国平.激情教学在课堂中的价值作用[J].考试周刊,2008(22):70-70.

生的学习兴趣,让学生苦学,使学生厌学,则严重阻碍了学生学习能力的提高,当然更谈不上课堂效益的提高。

激情会激发兴趣,兴趣是入门的导向,是自主学习的动力。没有兴趣的学习,必然是强迫式的灌输方式,自主又从何谈起? 在《爱护水资源》这一课的学习中,为了充分调动学生的积极性和兴趣,教师要注意多媒体课件的运用,图文并茂。同时,要将淡水资源的匮乏,导致水体污染的原因、防治措施,节约用水的观念,还有安南的致辞:“水——二十亿人生命之所系”等内容结合起来;这些都极易调动学生学习的激情。

讨论式的教学也能调动学生的学习激情。如有教师在教授“水的净化”一课时,组织学生讨论“明矾能够净水,这其中的机制和原理是什么”。学生们通过讨论后:有的说明矾可以净水,能吸附水中的悬浮物质形成沉淀。有的说明矾可以净水,是产生了 $Al(OH)_3$ 胶体的缘故。此时,学生们依然议论纷纷,感到他们所回答的理由不够充分。接着又有学生站起来回答说:明矾的净水原理是明矾溶于水后发生了电离: $KAl(SO_4)_2 \cdot 12H_2O = K^+ + Al^{3+} + 2SO_4^{2-}$,产生的铝离子发生如下水解: $Al^{3+} + 3H_2O = Al(OH)_3$胶体 $+ 3H^+$,其净水原因是与铝离子水解形成带正电荷的氢氧化铝胶体,能够吸附水中的悬浮物质生成较大颗粒而发生凝聚,从而达到净水的目的。学生们通过相互补充,形成了以上共识。接下来,学生们又讨论了漂白粉对污染河水的杀菌消毒原理,课堂气氛非常活跃。

实践证明,激情教学运用于课堂活动,是教育活动手段的一种体现,时刻激励着学生旺盛的斗志,来取得一个又一个学习成果。

3. 应激

应激(stress)是由意料之外的事件所引起的一种情绪状态,如遇到害怕之物(如血迹)时的恐惧。应激这一情绪形式,可以从紧张到轻松这类情绪来度量。本质上,应激是一种反应模式,当刺激事件打破了个体已有的身心平衡,或者超过了个体的能力所及,就会体现为压力。这些刺激事件称为应激源或压力源,包括各种各样来自外界或内部的情形,如一辆车迎面而来、教师临时要求提前交作业、学生突然辞去班长一职,等等。

为了应付这些突然的改变,个体往往要在一瞬间作出决定,利用过去的经验,作出各种适应性改变(生理、行为、情绪和认知等),如急速闪避、加班学习、加大工作量;此时,个体还要集中注意力,当机立断,采取最合适的行为或动作。

应激往往与紧急情境下的变化有关;这会快速改变躯体的唤醒水平,如心率加快、血压升高、肌肉绷紧,进而引起情绪高涨、行动高效。在这种情况下,应激有时比一般的激情造成的负面影响更大,如认识狭窄,较难实现符合目的的行动,易作出不当反应,等等。存在两种应激:急性应激和慢性应激。急性应激是一种短暂的唤醒状态,伴随着典型的进攻或撤退模式。例如,学生面对教师搞的突击考试,会非常紧张,甚至是极力抵制。慢性应激则是一种长期的唤醒状态,会持续很长时间,使人感到即便各种资源(无论个体还是社会的)加在一起,也不能够应对当前压力;也就是说,当一个人总是觉得无法完成所做之事,就会体验到一种持久的沮丧感,这就构成了一种慢性应激。例如,学生作业不能完成时,就时常会有拖延感。

在慢性应激中,重大的学习和生活变化将持续发挥作用,这会对身心产生不利甚至是危险的影响。加拿大生理学家谢尔耶(G. Selye)认为,应激状态的延续,将会破坏个体的生物化学保护机制,使人抵抗力降低,易于为疾病所侵袭,这被称为一般适应综合征(General Adaption Syndrome)。

在一般适应综合征中,人的应激反应可分为三个阶段:首先是惊觉阶段,个体表现为肾上腺分泌增加、心率上升、体温上升和肌肉弹性下降,血糖和胃酸度暂时性增加;情况严重时,会出现临床休克状态。其次是阻抗阶段,机体会激发许多保护系统,促进抗体的增长和代谢水平的提高,如增加肝脏中血糖的释放;这个阶段持续下去的后果,是身体糖储存被过度消耗,或者下丘脑、垂体和肾上腺系统的过度活动;这将给内脏带来损伤,如出现胃溃疡和胸腺退化等。最后是衰竭阶段,机体的适应储存被耗尽,严重的话会产生疾病甚至导致死亡。

针对这些慢性应激状态,个体通过某些认知活动(学习目标和生活态度),可以加以控制,在一定程度上克服慢性应激状态的不良影响。例如,一个学生在多次考试不理想的情形下,会身心疲惫,饱受周围人的质疑;但是,其仍以持续的努力,继续学习,目标不改;最终,取得好成绩,也体验到成功带来的喜悦,得到他人的赞扬。

产生应激反应的一个根源,是个人生活或周遭环境的重大改变。不仅是一些消极事件,如亲人故去,而且一些积极事件,如考上理想的高中或大学,抑或是父母生二胎,都会对个体的学习和生活产生重要影响。

产生应激反应的另一个根源,是某些灾难性或创伤性事件。例如,汶川大地震对处于灾区学校的中小学生,会有程度不一的生理和心理上的影响。这被称为创伤后应激障碍(post-traumatic stress disorder, PTSD)。该障碍是一种应激反应,即个体会不断地以某种形式,比如闪回或噩梦,重复之前体验到的创伤事件。患者对日常的生活事件感情麻木,与他人疏远。重大变故后的情绪伤痛,将导致各种症状的出现,比如失眠、注意力涣散、极端的惊恐反应、对于幸存的内疚感,等等。创伤后应激的情绪反应可能在灾难后立即发作,在数月后平息;也可能会一直持续,变成慢性综合征,称为残余应激模式(residual stress pattern)。这一残余应激模式,甚至可能在数月甚至数年后还有。例如,在对经历汶川大地震的学生进行研究之后发现,PTSD受到日常生活事件的影响,特别是一些负性生活事件的影响;在地震的6年之后,被调查的学生的PTSD症状较地震4年之后有明显的缓解;学生的学习压力会增加PTSD的风险,而人际关系则表现出负向预测,即较差的人际关系更容易诱发学生的PTSD(相关诊断与应对,见第八章)。

应注意,还存在一些持续很长时间的慢性应激源。例如,某个学生被其他学生欺负,起初这是一个急性的应激事件;但是当该学生不断地担心再次被打时,该事件就变成了慢性的心理反应。研究发现,癌症患者身上就有此模式,即患者在诊断和治疗过程中产生了一种慢性焦虑,这对健康造成的损害要远大于疾病本身。此外,还有一些导致慢性应激的社会和环境因素,如学生的家庭贫穷、学校不好、班级学习氛围差等。研究发现,慢性应激还会影响儿童的智力发展。在一项实验中,研究者评估了6—16岁年龄组儿童的压力水平,同时用IQ测验测量了他们的智商。数据显示,压力和IQ测验中的语言/理解能力上存在负相关:平均而言,儿童生活压力水平越高,他们在这些测验中的表现越差。显然,较强的慢性应激对儿童的认知表现起到了干扰作用。数据还表明,压力的一些不良影响要通

图 6-8

各种各样的
应激源

过社会方法(如与他人交谈、积极态度)才能抵消。

最后,存在一些与日常生活挫折有关的应激源(如图 6-8 所示)。例如,学生弄丢了笔记本或课本,上课迟到了,或者被老师批评,或者课桌周围同学太闹影响了自己的学习,或者跟同学吵架。这些虽然是些日常小事,但会影响学生的身心状态。研究表明,一个人如果经常有挫折且程度严重,其生理和精神健康状况就越差;这种不良影响在儿童早期就发生了,如常被嘲笑的人,其攻击行为和破坏行为就越多;而当日常挫折减少时,一个人的健康状况就会有所好转。

(四)情绪的功能

一个人为什么会有情绪?情绪对人的心理活动有什么影响?如果无法体验或理解情绪,生活将变成什么样子?一般来讲,情绪有三方面功能:动机和唤醒、社会信息传递和认知加工。

1. 动机与唤醒功能

为什么会生气?例如,学生在课堂上捣乱,不听教师劝,这时教师会斥责学生,并要求其立即安静下来。为什么会开心?例如,教师经过自己的努力,终于获得一次公开课比赛的奖项,这时教师则会欣喜若狂、激动不已。根据前面章节的内容,我们知道这可能与行为动机有关,"因为我生气了"、"因为我很失望",或者"因为我很开心"、"因为我很兴奋"。此时,情绪成为行为的原动力,即通过唤醒某个经验,引导并维持行为,直到达到特定目标。

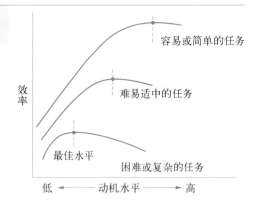

图 6-9

耶克斯——多
德森定律[1]

研究表明,情绪唤醒水平和行为绩效之间,存在着倒 U 型曲线的关系。这一曲线预测,唤醒水平过低或过高,都会损害绩效。例如,如果接受的刺激过少,情绪唤醒就低,从而无法有效组织行为;如果接受的刺激太多,情绪唤醒就高,但这也会阻碍认知。上述曲线关系,受工作难度的影响(如图 6-9 所示)。有些简单工作,在高唤醒水平下操作最好,有些中等难度的工作,则需要较为缓和的唤醒水平;在一些困难或复杂任务中,当唤醒水平较低时,才能达到最高绩效。上述关系被称为耶克斯——多德森定律(Yerkes-Dodson law)。该定律指出,随着唤醒水平的提高,困难或复杂工作的绩效将会降低,而简单工作的绩效则会提高。所以,由情绪环境引发的生理唤醒,既可能有助于个体达到较高行为绩效水平,也可能阻碍一个人行为水平的发挥。

---

[1] 陈琦,刘儒德. 当代教育心理学(第 2 版)[M].北京:北京师范大学出版社,2007.

2. 社会信息功能

情绪在社交活动中，可以传递信息；根据这些信息的含义，个体作出不同行为反应。有时，情绪是社会的黏合剂，促使个体主动接近他人；有时，情绪是社会的防水剂，阻隔人与人之间的交往。当某人暴怒时，我们会自动后退，加以避让；当某人微笑时，我们会靠近，以示友好。

某一特定情绪所传达的社会信息含义，在不同情境中会有所区别。研究发现，一个人向陌生人提出某一请求，这在愉快、中性或负性的情绪中，会有不同的含义（如图6-10所示）；就是说，处在悲伤情绪中的人，其在提出请求时，会相对更加礼貌（例如，"你介意我得到这个吗"）；而处在愉快情绪中的人，则相对不礼貌（例如，"我需要这个"）。

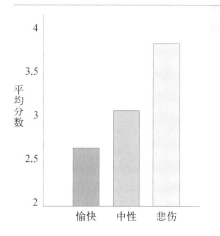

图6-10

不同情绪对礼貌请求的社会含义

情绪还会影响亲社会行为。个体处于积极情绪（如高兴）时，会更愿意做出助人行为。而个体处在消极情绪（如内疚）时，会更愿意在未来提供帮助；反过来也是如此。即人的亲社会性会影响其情绪。例如，当个体回忆起曾经拒绝过别人时，他们的情绪会变得更加消极；当他们拒绝的人是好友、家人或者爱人时，这一现象尤为明显。

3. 认知加工功能

情绪对人的注意活动、自我知觉、理解他人、记忆事件等都有影响，其主要表现就是对生活经历进行组织和分类。以记忆为例，研究者提出了一个情绪信息加工过程模型。该模型假设，当一个人在特定情境下体验到某种情绪时，该情绪就会同事件一起储存在个体记忆中；此时，情绪与记忆内容的关系，就像背景与图形之间的关系。

在上述记忆表征模式中，涉及情绪一致性处理和情绪依赖性记忆。情绪一致性处理是指个体在提取某个内容时，如当前情绪与内容所代表的情绪一致时，就会对此内容进行有选择的、敏感化的处理；被加工的内容更容易被注意和加工，所生成的联系也更加多样。之后，如果需要回忆时，当前情绪与过去情绪一致时，之前被存储的事件更容易被提取，这就是情绪依赖性记忆。

以某研究为例，实验采用欢快音乐或严肃音乐，来引发被试的愉快情绪或不愉快情绪。被试一旦处在某个情绪时，研究者就用16个中性探测词，来引导他们回忆之前的个人经历。比如"玫瑰"，被试就要努力回忆与之有关的个人事件。结果表明，在带有快乐情绪的个体回忆中，有72%被评定为积极记忆；而带有不快乐情绪的个体回忆中，只有52%被评为积极记忆；该结果显示了情绪一致性提取。两天后，被试回到实验室。研究者用音乐再次引发被试的情绪，一半音乐在两次实验中是匹配的（比如，两次都是愉快心情），另一半音乐是不匹配的（如第一次实验是不愉快情绪，第二次则是愉快情绪）。结果表明，在情绪匹配下，被试回忆起了35%的内容；在情绪不匹配下，被试只回忆了26%的内容；该结果预示着情绪依赖性记忆。

专栏6-3

情绪智力①②

有研究者提出了情绪智力,以阐述情绪对人的学习、工作和生活的影响。所谓情绪智力,就是个体监控自己及他人的情绪和情感,并识别、利用这些信息指导自己的思想和行为的能力(Mayer & Salovey, 1990)。美国心理学家戈尔曼(Goleman, 1995)在《情商》(*Emotional Intelligence*)一书中较系统地论述了情绪智力的内涵、生理机制、对成功的影响及情绪智力的培养等问题,初步形成了他自己的情绪智力的理论体系和基本观点。

戈尔曼将情绪智力界定为五个方面:(1)认识自己情绪的能力;(2)妥善管理自己情绪的能力;(3)自我激励的能力;(4)理解他人情绪的能力;(5)人际关系的管理能力。他认为情绪智力对个体成就的作用比智力的作用更大,而且可通过经验和训练得到明显的提高。戈尔曼说:"情绪潜能可以说是一种中介能力,决定了我们怎样才能充分而完美地发挥我们所拥有的各种能力,包括我们的天赋智力。"

除了提出了上面所提到的观点外,戈尔曼还在《工作情商》(*Working with Emotional Intelligence*)一书中对情绪能力(emotional competence)与情绪智力加以区分。他认为"情绪能力是以情绪智力为基础的一种习得的能力,而情绪能力又能使得人们在工作上取得出色的成绩"。他说情绪智力决定了我们学习那种依赖于情绪智力的实际技能的潜能,而情绪能力则反映了我们通过学习、掌握技能以及把智力应用到工作中时,我们能够意识到的这些潜能又有多少。以下是情绪能力结构表:

戈尔曼的情绪能力结构表

	自我 个体的能力	外界 社会能力
鉴别力	自我意识	社会意识
	情绪自我意识	● 移情
	● 准确的自我评价	● 服务取向
	● 自信	● 组织意识
调节	自我管理	关系管理
	自我控制	帮助他人
	可信赖	影响力
	尽责	沟通的能力
	适应性	解决冲突的能力
	成就动机	领导的能力
	主动性	改革的能力
		建立关系
		团队协作

---

① 彭正敏,林绚晖,张继明,等.情绪智力的能力模型[J].心理科学进展,2004,12(6):817.

② 徐小燕,张进辅.情绪智力理论的发展综述[J].西南大学学报(社会科学版),2002,28(6):77-82.

二、情感及其类型

（一）情感的定义

对个体而言,情感是在自身发展过程中逐渐形成的稳定的、持续的复杂行为倾向或态度。个体情感的形成与社会发展状况有关。比如,不断提高的社会生活水平、正确引导的社会道德风尚、完美的艺术体验及享受,将会使人产生积极情感,如愉快感、满意感、赞赏感、幸福感等;而社会生活中道德败坏的现象、凶暴行为、侵略战争,则会使人产生消极情感,如愤恨感、恐怖感、不快感等。这些情感反映着人类独有的社会活动,体现了人与人之间的社会关系,并对人的社会行为起着正面或负面的影响。

（二）情感的类型

情感是与一定社会规则和要求相联系的,如对国家和集体的热爱,对美好事物追求的权利,等等。虽然这些规则或要求有时被意识到,有时可能意识不到,但个体会按自己的理解、掌握并身体力行(当然也可能违反)这些规则和要求,与周围人进行交往,处理各种事务。一般来讲,人的社会性情感可以分为道德感、美感和理智感。

1. 道德感

人的社会生活,依赖于一定的社会道德行为准则,如尊老爱幼。道德感则是关于人的举止、行为、思想、意图是否符合社会道德行为标准和客观的社会价值而产生的体验。例如,对祖国的自豪感和尊严感,对损害他人利益的愤怒感,都是重要的道德感。在不同时代、不同文化、不同社会制度中,道德标准和行为准则有所不同,故道德感的内容也有所不同。例如,在家庭道德方面,古代社会有比较复杂的人伦常理,现代社会则注重成员之间的独立与个性。

在教育活动中,学生需要发展各种道德感。例如,主动承担各类公共事务,就是一种责任感和义务感的体现;在不同班级之间竞争时,为自己班级争光,就是一种集体感和荣誉感的体现;在同学有困难时,能毫不吝啬地施以援手,就是一种友谊感和同志感的体现。甚至在校外,助人为乐,就是一种社会道德感(如图6-11所示)。所有这些道德活动,都是学生对自己的生活、愿望与要求在感情上的反映。

图 6-11

道德感（助人为乐）

2. 美感

美感是对事物或人的美的体验。美感有时在观察自然景物中产生,如去一个地方旅游,看到美丽的自然风光和人文建筑;有时在欣赏艺术作品时产生,如绘画、陶瓷、雕塑、电影等;有时也会在体验社会和谐时产生,如家庭和睦、恋人拥吻、团队合作等。

美感与道德感一样,受社会生活条件的制约。不同的社会背景、历史文化、宗教信仰、政治制度和风俗习惯等,都会影响对客观事物的美的评价标准(如图6-12所示)。例如,唐代和宋代两个朝代对美女就有不同标准,唐代以胖为美,宋代以瘦为美;再如,美感具有民族的差异性,我国有五十六个民族,每个民族都有自己的特点,有不同的习惯和不同的打扮。

图6-12

不同时代的
美感

汉朝　　　　　　　唐朝　　　　　　民国时期

　　在教育情境中，存在各种形式的美感。例如，学生在阅读美文时，能有轻松、愉快的体验；在仔细听讲时，能感受到教师的眉飞色舞和激情讲解。教师在课堂里看到学生认真学习、沉浸其中，在课外又看到年轻人活力四射，无不闪现一幅幅美丽画面。而美感也是目前教育活动中一个重要的培养内容。

案例6-3

中小学生的美感①

　　中小学生正值豆蔻年华，他们对美有强烈的追求欲望。美的教育体现在教学的方方面面，让学生通过美的眼睛来培养美的情感，从而能够让学生有一双发现美的眼睛。如果在学习中、生活中用美好的东西去引导他们，将会有助于他们树立正确的人生观、世界观和价值观。

　　在美术教学中，首先要培养学生的审美意识，让学生学会欣赏美。例如，美术教师在进行第一节课程教学时，没有直接进行新课的学习，而是利用多媒体给学生展示了国内外名家的作品，让学生感受美术的神奇和魅力。而在小学高年级的美术教学中，则通过引导学生欣赏艺术作品来培养和发展学生的审美观，提高学生的欣赏水平。

　　其次要激发学生的参与精神，让学生体验美。在教学《鸟语花香》时，美术教师给学生设计了绘画、制作等一系列综合体验活动，让学生进行体验和感知，并参与到活动中来。在教学的第一个环节，可以主要让学生去欣赏、观察鸟和花的形状、特征，把握基本结构，然后再观察鸟在运动过程中的形态，头部、羽毛、姿势等；在教学的第二个环节，则是让学生通过动手操作来画出自己最熟悉的鸟与花，并把特征体现出来，可以是绘画，也可以是制作头饰，还可以是进行表演。这样学生就能在活动过程中体验和感受美就在我们身边。

　　最后要鼓励学生的创作热情，使其表达美。学生对美的感受是通过作品表现出来的，表现的途径是多方面的，可以是绘画，可以是小制作，也可以是对

① 任何芹.谈美术教学中学生美感的培养［J］.小学教学参考,2015(9):61.

鉴赏的分析。如在学习《风景写生》一课时，美术教师将课堂放到了校园里，让学生自主选择一个最能体现学校特点的场景进行构图，画出对学校的感情。不同的学生选择了不同的建筑物。这样的教学效果很明显，学生通过自己的思考，并对所要表现的场景进行细致的观察，就不会出现千篇一律的现象。

3. 理智感

理智感是人在认识活动中产生的体验。这一类情感与人的求知欲、兴趣满足和追求真理有联系。例如，学生在学习活动中有新发现时，会产生喜悦感；对科学实验中出现的不解现象，会产生怀疑感或惊讶感；在不能做出判断时，会产生犹豫感；诸如此类，都属于理智感。

在学校情境中，理智感尤其与知识学习紧密联系，当一个人认识到知识的价值和意义，会主动去获得知识，感受其中乐趣。个体一旦在追求真理过程中拥有这种幸福感，就会不计名利得失，以一种忘我的奉献精神，投入到学习和工作之中。例如，我国两弹一星功臣在制造出原子弹、氢弹和人造卫星的艰辛历程中，他们所体验到的理智感，不是一般人所能拥有的。

（三）情绪与情感的关系

情绪和情感是从不同的角度来表示感情这种复杂的心理现象。要严格区分二者，有点困难，但可以从不同的侧面来对二者加以说明。

情绪的产生，通常与个体的先天需要是否获得满足有关系。例如，饮食的需求可引起满意的情绪；危险情景有时可引起恐惧的情绪，有时是与搏斗相联系的愤怒的情绪。在这层意义上说，情绪是人和动物共有的。但是，人的情绪在本质上是社会的，这与动物的情绪有所不同。即使是人类最简单的情绪（如快乐），其产生和影响过程，都受人的生活方式、社会习俗和文化教养的影响和制约。由于这个原因，人在基本需要得到满足时，其情绪会依赖于其所处的社会场景，具有特定的社会含义。例如，臭豆腐有股难闻的气味，一般会引起厌恶的情绪，但在有些人看来，却是另外一种美味；素雅整洁的房间，一般使人产生恬静舒适的心情，但是对有些耐不住寂寞、喜欢亮色的人看来，可能会产生单调无味的心情。

与之相比，情感则是个体受稳定社会关系所制约的态度的反映。这种稳定社会关系是长期形成的，具有一定的社会历史特征。例如，集体感、荣誉感、责任感、羞耻心、求知欲等都是人们在特定社会生活条件下所形成的高级情感。因此，情感具有一定的稳定性和深刻性。而情绪则常用于情感的表现形式，具有较大的情景性、激动性和短暂性。因此，当谈到狂热的欣喜、强烈的愤怒或持续的忧郁等的时候，常用情绪这一术语来表示；而对诸如高尚的道德情操、精湛的艺术感受之类的体验，则用情感这一术语来表达。

上述这种区分并非绝对。一方面，人所具有的高级情感，也可能以鲜明的、暴发的形式表达出来，体现为一种情绪。例如，在校际比赛中，学生为了母校荣誉，会努力做好个人以及团队的事情。这一集体荣誉感的表达，既是学生对学校的热爱，又是个人的情绪表达。另一方面,那些与人的生理需要相联系的情绪,在被赋予某个社会内容或意义后,会体现出某种情感。例如,学生遇到需要帮助的人,尽管自己身心疲惫(学业负担导致),但是他们仍然会提供帮助。这类事情之所以被提倡,不仅是良好的个人表现,更体现了真正高尚的道德情操,所以教育活动要重视学生的道德培养。

第二节　情绪的理论

情绪为什么会产生? 是生理原因? 还是生理作用于心理,然后才产生? 或者是认知所导致? 本节将介绍情绪之所以发生的各种解释,即生理学解释和认知理论,以及心理学中关于情绪与智力之间关系的阐述。

一、情绪的生理学解释

在情绪发生时,躯体会出现一系列反应。但是,不同情绪会伴随哪些表情动作? 躯体反应与情绪有什么关系? 这在情绪心理学的诸多理论中,则有不同回答。

(一)情绪的躯体反应理论

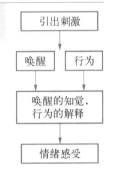

图 6-13

詹姆士——兰格的躯体反应理论

常识上,人们会有这种认识,先体验到某个情绪,然后才会作出某个身体反应或行为。例如,对某事感到气愤(体验),然后才会冲某人大叫(反应)(情绪体验→情绪反应)。但是,詹姆士(W. James)和兰格(C. Lange)则认为,这个顺序是反的,我们的躯体反应是先于情绪体验的(情绪反应→情绪体验);这一关点早在亚里士多德时代就已提出过。詹姆士说:"我们感到难过,因为我们哭泣;气愤因为我们斗争,害怕因为我们颤抖。"根据这一理论,在一个刺激引起自动唤醒和其他躯体行为之后,个体才会有所体验(对唤醒的知觉和对行为的解释),然后才产生特定的情绪感受(如图6-13所示)。该理论被看作是外周主义的理论,因为它将情绪链中最重要的角色赋给了机体反应(如内脏反应),而控制该反应的则是人的自主神经系统。

专栏6-4

暂缓消极情绪小妙招

我们都知道老师在课堂上的情绪会对自己的教学效果和学生的学习产生非常大的影响。老师带着良好的情绪进入教室,给同学们带来一堂精彩的课堂,那么同学们也会在课堂上收获丰富的知识;但是如果老师将负面、消极的情绪带入课堂的话,对于课堂中的教学也会造成负面的影响,同学们的课堂学习效果也可能大打折扣。

但是在学习和生活中,我们总会不可避免地产生消极情绪,比如家人生病了,很焦虑;工作上受到了批评,很沮丧。有的时候消极情绪可能来得很突然,但是教师又必须尽量不将自己的消极情绪带入课堂,这时我们该怎么做呢?根据詹姆士—兰格的躯体反应理论,我们的情绪反应是由于我们的生理变化所导致的。"我们感到伤心是因为我们哭泣,恐惧是因为我们战栗。"那么,如果你情绪上感觉不开心,一定会有一些躯体或者生理上的反应,你可以尝试着先从身体或生理上变得开心,比如开心地坐直身体,并尽量很开心的样子说话或行动——如果你的行为散发的是快乐,就不可能在心理上保持忧郁。理论上这叫作"情绪的动作反馈"。

有研究者进行过一个小实验,让被试默读笑话,一组不做要求,一组咬着笔帽(类似于笑的一个动作),一组噘着笔帽(类似于噘嘴的一个动作)。最后咬着笔帽的被试对笑话好笑程度评价最高,噘着笔帽的对笑话好笑程度评价最低。这说明情绪的确是会受到身体行为的影响。

所以,教师在遇到自己被负面情绪所困扰而又不想将其带入课堂传染给同学们的时候,可以试一试在进入课堂之前做一些开心的动作或行为,暂时缓解自己的消极情绪,避免其对课堂产生影响。

(二)情绪的中枢神经过程理论

对詹姆士—兰格理论中行为先于情绪,甚至行为导致情绪的主张,坎农(W.B. Cannon)和巴德(P. Bard)则提出不同意见。首先,他们认为自主神经系统对情绪体验的影响并非必然。例如,通过手术切断内脏同自主神经系统的联系,实验动物仍然会继续存在情绪反应。他们还认为,单单是自主神经系统,不足以成为引发情绪的源头。因此,他们提出,中枢神经系统(即大脑)在情绪刺激和情绪表达(如行为、体验)中,会起重要作用;来自丘脑的信号(刺激)到达大脑皮层某一位置,就产生情绪感觉(如体验),到达另一位置则引起情绪的表达(如反应)。

其次,他们认为行为与情绪之间的关系在某种程度上是相互独立的。例如,内脏反应不是情绪反应的主要内容。一个情绪唤醒的刺激同时产生两种效应,即通过交感神经系统导致躯体上的唤起,并通过皮层得到情绪的主观感受。也就是说,情绪刺激产生的两种同时反应,唤醒和情绪体验,它们之间没有因果关系(如图6-14所示)。例如,对某事生气时,既会心跳加快,又会想:"这太可气了",躯体反应决定不了心理内容,心理内容也决定不了躯体反应。

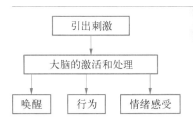

图6-14

坎农—巴德的中枢神经过程理论

二、情绪的认知理论

从20世纪50年代起,心理学家越来越关注认知活动(如评价)在情绪活动中的作用;这一关注,主要体现在下述理论之中。

(一)情绪的评定—兴奋理论

美国心理学家阿诺德(M. Arnoid)提出了情绪的评定—兴奋学说。她认为,情绪与个体对客观事物的评估相互联系。所谓情绪,就是一种趋利避害的体验倾向;伴随这种体验倾向,则是一种接近或退避的生理变化模式;该模式在不同的情景中是不一样的。例如,在森林里看到一只熊引起恐惧,而在动物园里看到一只关在笼子里的熊就不产生恐惧。同一刺激之所以引发不同情绪,则在于对情景的认知和评定;该评定的实质是刺激情景对人的意义,对人的需要、愿望或渴求的满足。

因此,这种理论认为,刺激情景并不直接决定情绪的性质,从刺激出现到情绪的产生,要经过对刺激的估量和评价;情绪产生的基本过程是"情景→评估→情绪"。同一刺激情景,由于对它的评估不同,就会产生不同的情绪反应。评估的结果可能认为对个体"有利"、"有害"或"无关"。如果是"有利",就会引起积极情绪,并企图接近刺激物;如果是"有害",就会引起消极情绪,并企图躲避刺激物;如果是"无关",个体就予以忽视。

阿诺德阐明她的理论时,是把大脑皮层与皮层下的活动联系在一起的。她认为情绪反应包括机体内部器官和骨骼肌的自主变化。与詹姆士—兰格学说一样,该理论认为对外周变化的反馈是情绪意识的基础;不同之处则在于:詹姆士—兰格的反应序列为"情景→机体表现→情绪",而阿诺德则认为这个序列应当是"情景→评估→情绪"。阿诺德认为情绪的来源是对情景的评估,而认识与评估都与皮层活动有关;大脑皮层是情绪的主要原因;阿诺德的学说则称为情绪的评定—兴奋理论。

案例 6-4

评定—兴奋理论解释考试恐惧

作为一名心理健康老师,我时刻关注着学生们的学校心理问题。最近,我班上有一名学生在考试过程中经常以上厕所为名而溜出考场弃考,这引起了我的关注。

一天,中午休息的时候我趁人不多,把他叫到了咨询室,向他了解这段时间他总是弃考的原因。他低着头结巴着说,他害怕考试,非常害怕。我问他,为什么那么害怕考试呢?他说,因为怕考不好。考不好爸爸会生气,一生气就会对他不停的打骂,他太恐惧爸爸生气了。我思考了一会儿,问他:"之前你都没有出现弃考的情况,为什么就在这段时间那么频繁地出现了呢?"他带着哭腔说:"其实爸爸这样生气一共有两次,第一次是刚进小学的时候有一次考试没有考及格,爸爸发了很大的火,把我打了一顿,后来我就努力学习,成绩一直都在班上名列前茅,爸爸也就再也没有因为成绩而生气;但是前段时间的月考非常难,我也没有考出理想的成绩,回到家爸爸看到考试成绩又非常生气,不停打骂我,好像回到了小时候的那一次考试失败的情景。"从此以后,他就对考试产生了极大的恐惧,害怕考试,害怕出分数,最后就干脆不参加考试了。

最近一次考试失败的经历唤起了该生对之前考试失败经历的回忆,再加上父亲的生气和打骂,使得他对考试情景产生了消极的评估:要是没考好,又要受到父亲可怕的惩罚;导致了他对考试的恐惧进一步加重,负面情绪促使着他想逃离使他感到不舒服的情景,所以才会产生弃考等行为。

(二)情绪三因素理论

在沙赫特(S. Schachter)和辛格(J. Singer)看来,情绪的体验是一种生理唤醒和认知评价(cogntive appraisal)相结合的状态,两者对于情绪的发生同等重要。他们假设,所有唤醒都是一般的、没有差别的;唤醒是情绪产生的第一步;而对生理唤醒进行评价,决定了情绪感受内容,表达为何种情绪,意味着何种情绪体验;在这一活动中,环境又起一定作用(如产生愉快或愤怒的情境),给出一定的情绪线索(如图6-15所示)。

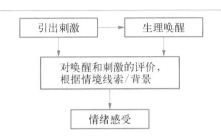

图 6-15

情绪三因素理论

所以,在他们看来,个体要产生某个情绪,有三个因素必不可少:第一,体验到高度的生理唤醒,如心率加快、手出汗、胃收缩、呼吸急促等;第二,对生理状态的变化进行认知评价,如该变化意味着什么、是否符合预期等;第三,相应的环境因素,如观察到什么现象,经历了何种事件,等等。

为了检验情绪的三因素理论,他们进行了实验研究。研究者把被试分为三组,给他们注射同一种药物,并告诉被试注射的是一种维生素,而研究目的就是观察这种维生素对被试可能发生的作用。但实际上,给被试注射的是肾上腺素,能影响他们的情绪。从注射角度来说,三组被试都处于一种典型的生理激活状态。然后,实验者向三组被试说明注射后可能产生的反应:对第一组,告知注射后将会出现心悸、手抖、脸烧等现象(这是注射肾上腺素的反应);对第二组,告知注射后除了身体有点抖、手脚有点麻外,就没有别的反应;对第三组,不做任何说明。接着,研究者把注射药物以后的三组被试,每组对半分,分别安排进入预先设计好的两种实验环境里休息:一种环境,令人发笑,轻松愉快(让人做滑稽表演);另一种,枯燥乏味,令人生气(强迫回答琐碎问题,肆意指责)。

结果显示,处于第二组和第三组的被试,在愉快的环境中显示愉快情绪,在愤怒情境中显示出愤怒情绪;而第一组被试则没有愉快或愤怒的表现和体验。对这一结果,研究者加以分析:如果情绪体验是由内部刺激引起的生理激活状态决定的,那么三组被试注射的都是肾上腺素,引起的生理状态应该相同,情绪表现和体验也应该相同;但结果并不支持这一解释。如果情绪是由环境因素决定的,那么不论哪组被试,进入愉快环境中就应该表现出愉快情绪,进入愤怒环境中就应该表现出愤怒情绪;而结果显然也没能一致支持这个解释。

所以,实验可能预示这样的解释:人对生理反应的认知或评价决定了最后的情绪体验;但是,这个解释并不否定生理变化和环境因素对情绪产生的作用;情绪状态可能是由认知过程(期望)、生理状态和环境因素在大脑皮层中整合的结果。这就是,环境中的刺激因素,通过感受器向大脑皮层输入外界信息;生理因素通过内部器官、骨骼肌的活动,向大脑输入生理状态变化的信息;认知过程则是对过去经验的回忆和对当前情境的评估。来自这三个方面的信息经过大脑皮层的整合作用,才产生了某种情绪体验。

案例 6-5

基于沙赫特情绪理论探讨《登鹳雀楼》教学①

二年级学生的脸就像是一张晴雨表，天真无邪的他们总会将情绪表现在脸上。教师根据他们的情绪变化去把握教学，运用情绪管理去调控教学，通过情感体验去丰盈教学是一种明智的做法。美国心理学家沙赫特提出的情绪理论认为情绪的产生是由于刺激因素、生理因素和认知因素三者之间的整合作用。作为学习个体的学生对生理变化的认知性解释对情绪体验起决定性作用。另外，孩子接收到情绪感染是一个逐步的过程，在这个过程中学生的认知和表达在相互作用。以下是基于沙赫特情绪理论探讨《登鹳雀楼》的教学尝试。

《登鹳雀楼》一课配有生动形象的插图，教师在上课开始就和学生聊童年，用贴近学生生活的有趣谈话引导学生观察画面内容，逐步将讲述重点、学生注意力引导到日落西山上来。并结合生活实际进行适当联想，谈出自己的初步感受。之后再将全注音的古诗全文和优美的插图进行结合，在学生借助拼音通读古诗的基础上引导他们将插图和古诗文字相对应。学生在意义对应的过程中，发现了其中的规律，此时，生动有趣的教学情境已经形成，学生的求知欲望和学习兴趣就被调动起来了，认知结构得以唤醒。

读的第二个层次是在对诗句内容的理解，教师让学生边读边思考，提出疑问也要做出自己的解释。在简单的四句诗中，"白日"一词有违学生的心理期待。根据原有的认知经验，学生多把"白"理解成白色。于是教师便问学生："如果你是诗人，你会把太阳描述成什么样子呢？"进而追问："太阳是红色的，为什么诗人说是白色的呢？"这时学生的认知矛盾便产生强烈的冲突，从他们蹙眉思考、聚精会神的样子，可以感受到他们剧烈的心理变化，尤其是情绪方面的焦虑、紧张等复合冲突。在这一过程中，"白日"等词语的解释就突破了学生原有的认知经验从而引发了学生情绪的变化。这种变化通过语音、语调、表情、眼神等表达出来，教师应当及时发现变化、把握变化，择机引导学生去体会这种变化。

如何去体会诗人的情感并以此悟出诗的哲理是一件很难的事情，这在心理学上实质就是控制条件调整心理机制以达到相似情绪体验的问题。根据沙赫特的情绪理论，"只有登高才能望远"。这种最朴素的情绪产生源于刺激因素、生理因素和认知因素三者的整合作用。其中认知因素中的对相似情景的评估和过去经验的回忆，在情绪形成中起着重要作用。因此，教师安排学生回忆自己登高望远的情景、评价诗人登高望远的情景进而体会意境。

对于低年级的学生而言，情绪是点燃兴趣之火，他们对学习最直接的反馈就是情绪。可以说，低年级古诗教学既要明句读又要悟情思。在情绪的激发、调整功能的引导下实现突破。

---

① 刘燕.白水明田外，碧峰出山后——基于沙赫特情绪理论的《登鹳雀楼》教学初探[J].教育文化论坛，2016,8(3):95-98.

（三）情绪的认知—评价理论

拉扎勒斯（R.S. Lazarus）认为，不能简单地将情绪体验理解为大脑对外部刺激情景的反应，而要考虑这些情景与认知评估，以及与评估所处的环境的关系。情绪是人与环境相互作用的产物；在情绪活动中，人不仅接受环境中的刺激事件对自己的影响，同时要调节自己对刺激的反应。

依据他的观点，个体需要不断地评价刺激事件和自身的关系；这有三个层次的评价：初评价、次评价和再评价。初评价是指确认刺激事件与自己的利害关系，以及这种关系的强度；次评价是指对自己反应行为的调节和控制，主要涉及控制事件能力，以及这种控制的程度；再评价是指对自己的情绪和行为反应的有效性和适宜性的评价，这实际上是一种对行为后果的判断。所以，三个层次的评价就涉及利害关系、控制能力、反馈效果等。

拉扎勒斯还强调，对生理唤醒和行为反应的评价，通常是在无意识状态下发生的。当过去经历与产生情绪的情境相关时（如我以前遇到过这种威胁），个体就无需再刻意对唤醒进行环境上的解释。

为检验这个理论，研究者做了个实验。首先，让一群男被试过两座桥，一座安全坚固，另一座危险不堪。这两座桥暗示着不同的情绪唤醒。之后，一名女主试立即对他们进行采访，假装要了解被试对安全与创造力关系的态度。实验做法是：给出一幅两可图形（某个女性），要求被试写一个简短的故事；写完之后，被试如想对该研究了解更多，可以给这名女主试打电话。

结果发现，与通过安全桥的被试相比，刚从危险桥上通过的男性能写出更多富有性幻想的故事，而且给女性主试打电话的人数也是前者四倍。这表明，情境唤醒内容影响了被试的认知活动。研究者解释到，之所以男被试会有这样的情绪化判断和行为（"我对这个女人感兴趣"），是可能来源于对生理唤醒源的错误归因（女性代替了危险的桥梁）。

之后，研究者还安排了第三组男被试；他们在通过危桥十分钟甚至更长时间后，才接受采访；这段时间足够平息他们的生理唤醒。结果发现，第三组被试没有显示出处于唤醒状态者表现出的认知反应。该发现表明，的确是先前生理唤醒在影响被试之后的认知活动与行为。

（四）情绪的动机—分化理论

前面内容提到，情绪具有动机的性质。这最早可以追溯到弗洛伊德，他将情绪与人的内驱力（如快乐、破坏等）联系起来。后来，汤姆金斯（S.S. Tomkins）和伊扎德建立了情绪的动机—分化理论，他们以情绪为核心，以人格结构为基础，论述了情绪的动机性功能与适应性功能。

根据该理论的观点，情绪就是动机。理论否定了把动机归结为内驱力的看法，着重指出内驱力需要通过情绪这一过程，才能激发个体采取行动；情绪比内驱力更加灵活，更加有力；它本身可以脱离内驱力，起到动机的作用。情绪的动机性功能和适应性功能，不仅是人格系统的组成部分，也是人格系统的核心动力。体验式情绪系统与人格的其他系统相互作用，对形成系统间的稳定和特定的联结有重要作用。

与认知—评价理论相比，动机—分化理论进一步阐释了情绪的适应性功能。该理论继承和发展了达尔文关于表情的学说，关注各种表情特别是面部表情的社会意义，以及面部反馈对情绪体验发生的影响过程；同时，该理论还从进化的观点引申出情绪的分化观，深化了各种情绪具有不同性质和功能的观点。

与认知理论相比，动机—分化理论更加强调情绪对认知的影响。在个体的情绪—认知—行为体系中，情绪对认知活动加以监督，对认知发展加以引导，激发一个人去认识世界和改造世界。例如，兴趣可引发好奇心，对认知选择和认知方向施加影响；痛苦、愤怒或紧张等情绪，则会使认知活动变得刻板和狭窄，限制知觉和思维，对可利用的线索和可采取的变式加以干扰。

动机—分化理论既说明了情绪产生的根源，又说明了情绪的功能，为情绪在心理现象中确立了相对独立的地位，尤其是对人类婴儿情绪发生和功能的阐释，具有创新性和极大的说服力。但是，动机—分化理论对情绪与认知的联系缺乏具体的论证和阐述，尚有不足之处。

☞知识延伸

感受所有
感受

第三节　学生情绪发展

与成人相比，儿童青少年的情绪表达能力、认知评估能力和自我调节能力还处于发展阶段。怎样才能使学生在学习和生活中，尽可能保持积极的情绪呢？如何应付各种消极情绪？这就需要教师了解这个年龄阶段学生的情绪特点，采用行之有效的情绪指导方法和策略。

一、良好情绪的标准
（一）良好情绪的表现

首先，个体能够进行正确的情绪表达。有良好情绪的学生能正确反映一定的外界环境或者刺激的影响，善于准确表达自己的情绪感受，能准确地表达出自己此时此刻的心情。此类学生的主导心境大部分都处于轻松、活泼、快乐的状态中。学生虽然会因为来自学习、生活中的挫折、失败或不幸而产生一些消极的情绪体验，如悲、忧、愁、烦等，但他们不会长期处于消极、悲观不可自拔的情绪中，更不会因此而产生自杀的想法。

其次，个体在面对环境或刺激能够产生适度的情绪反应。有良好情绪的学生能对引起情绪的刺激做出适当强度的反应。当一个学生受到老师的表扬时会表现出喜悦、愉快等情绪，而受到批评时会因为感到羞愧而脸红、不敢抬头等。这些表现都是符合当下现实刺激对学生产生的影响。适度的情绪反应，还可以反映在有能力适度地表达和控制自己的情绪上，能够做到喜不狂、忧不绝、胜不骄、败不馁、谦而不卑、自尊自重。不会因一时冲动而做出违反道德行为规范的事情，能在社会规范允许的范围内，满足自己的合理需要，保持稳定、乐观的情绪。

再次，个体能够表现出较强的情绪转移能力。有良好情绪的学生在遇到挫折和困境时，虽然会产生一些消极情绪，但会表现出较高的耐受性和平衡性，不会因此过多影响或改变自己的目标和正常的学习生活。他们能驾驭自己的情绪，做情绪的主人，以良好的意志力和坚持性，克服前进道路中的困难，主动采取适当的情绪转移策略，比如把注意力从产生消极否定情绪的活动或事物上，转移到能产生积极肯定情绪的活动或事物上去(如运动、听音乐等)，先不去想引发消极情绪的事件，通过改变注意的焦点从而排除影响学习和健康的情绪困扰，消除各种焦虑、紧张、恐惧、烦恼等情绪现象，使自己心理保持良好的平衡状态(如图6-16所示)。

图 6-16

良好的情绪转移方法

最后，个体有符合学生或者年龄身份的情绪特征。有良好情绪的学生的反应，需与其年龄阶段相符合，与其充当的社会角色相适应，保持一定年龄阶段的共性与个性。比如小学生的情绪稳定性逐步增强，他们逐渐能意识到自己情绪表现以及随之可能产生的后果；而中学生应能较好感知自我的情绪和理解他人的情绪，并可能会产生一些与该年龄段相关的情绪特点，如情绪的两极性等。如一个学生表现出来的情绪与所处年龄阶段应有的情绪不相符合，如过度抑郁，则须引起教师的注意，并采取相应的教育措施。

专栏6-5

从认知角度来培养积极情绪

情绪对学生的健康成长和发展有着举足轻重的作用。学生的需要得到满足时，他们会表现出乐观、积极的情绪，能够振奋自己的精神状态，提高学习效率；相反，他们会产生沮丧、萎靡不振、暴躁、焦虑、愤怒等消极情绪，会感到心神不宁，干什么都提不起劲来，学习效率必然降低，严重的还会导致抑郁症、焦虑症等心理疾病。从认知角度来看，健康情绪的培养主要包括以下几点：

丰富精神生活。个体有寄托，学习有动力，生活得充实，而且为了实现理想会自觉调整情绪，情绪就自然处于积极、稳定、乐观、向上的状态；提高思想文化修养，个体胸襟开阔，少猜疑，不嫉妒，不斤斤计较、寸利必得，情绪也就能够保持在健康、良性状态。

增强自我信心。自信心是一个人对自己积极的感受，是觉得自己有能力、有价值，自己看重自己。自信的人自然会表现出活泼的生气、乐观的情绪、轻松自如的神态。无论在什么境遇，只要保持自信就不会陷入沉重的抑郁和强烈的焦虑之中。自信是保持情绪健康的必备品质。

优化意志品质。意志品质对健康情绪的培养能产生深远影响。意志薄弱者永远只能做不良情绪的俘虏，只有意志坚强的人才能做自己情绪的主人。有的人说："我知道发火不对，可就是控制不住自己。"其实，如果你尝试把发火的时间推迟15秒钟，下一次再要求自己推迟30秒钟，以后不断向后推延。你只要能推迟动怒，便学会了自我控制，坚持这样做下去，你就能做自己情绪的主人。

调控期望值。情绪是人们需要满足与否的反应。在现实环境中，对他人、对自己、对事物期望值太高，势必难以满足需要而产生失望、绝望、不满等不良情绪。因此，要学会把期望值调整到适当的高度，要能够在一定范围内懂得知足。只要对人对事不苛求十全十美，并能够对自己拥有的一切心怀感激，就可以减少烦恼，保持良好的心境。

发展良好关系。良好的人际关系对于保持健康的情绪意义重大。一个人在良好的人际关系中获得的理解、尊重、同情、安慰等精神上的支持，可以减轻和消除心理应激带来的紧张、痛苦、焦虑、抑郁等不良情绪。良好的人际关系能够满足人的安全感和归属感的需要，使人情绪稳定，精神愉快。

（二）常见的学生情绪问题

1. 忧郁

学生表现为心境低落、心情悲观、郁郁寡欢、意志活动减退、思维迟缓、反应迟钝等，情绪的消沉可以从闷闷不乐到悲痛欲绝。忧郁情绪在学生群体中是一种比较普遍的消极情绪表现。长时间的忧郁会使人的身心损害严重，甚至使人无法正常参与到学习、工作和生活当中。

例如，有的学生自幼性格内向，加上父母离异、学习成绩不理想等因素，会情绪低沉，一声不吭；遇到突发事情（如被同学捉弄等），会自卑不已，手足无措；遇到更为严重的事件时（如成绩不理想、不被旁人不理解等），甚至会选择自杀。

2. 恐惧

在学生群体中，常见的恐惧情绪包括社交恐惧和学校恐惧。社交恐惧表现在害怕与他人打交道，遇到陌生人特别是异性时面红耳赤、神情紧张，严重时拒绝与任何人交流和接触，把自己孤立起来，对自己的日常生活、学习造成很大的阻碍。学校恐惧表现为对学校或者班级环境不适应，害怕去学校，一提去学校就产生紧张、焦虑的情绪，这种紧张情绪有时会导致学生心跳加快、呼吸困难、出汗发抖、腹痛腹泻等反应症状，个别特别严重者甚至会演变成情绪障碍。

例如，学生因与自己的好朋友发生了矛盾，便觉得人与人之间存在着太多的虚伪；有的青少年因曾在众人面前受过伤害，觉得丢了脸面，于是在这种心理压力驱使下，回避众人，逃避交往，甚至不出门，将自己孤立起来，不仅拒绝朋友、熟人，甚至泛化到陌生人。有社交恐惧心理的青少年大多性格内向，并且不同程度地带有神经质、自卑或自尊心、虚荣心过强的性格特点。

3. 孤独

孤独是学生青春期一种常见的情绪感受。从积极方面来看，孤独是自然的、正常的，这在一定角度也代表着学生的独立意识、自我意识的发展。但是，长期孤独会使人变得郁闷、空虚、萎靡不振、冷漠甚至绝望，不仅会影响学生的身心健康，而且会影响学生正常的学习、生活和人际关系。

例如，有些学生性格孤僻、害怕交往，常常觉得自己是茫茫大海上的一叶孤舟，或顾影自怜，或无病呻吟。他们不愿投入火热的生活，却又抱怨别人不了解自己、不接纳自己。一些学生很少和别人交往，常常一个人背着大家独自活动、寡言少语，他们人际关系疏远化和淡化，崇尚做"超人"和"怪人"，而他们的内心却感到孤独。

☞知识延伸

青春期为何特别容易情绪化？

4. 愤怒

学生的愤怒情绪，主要与其思维片面、偏激，控制冲动能力较差等因素有关。愤怒会紊乱人的神经系统，继而容易诱发神经衰弱等生理症状或其他疾病；严重时，暴怒会使人丧失理智，甚至导致违法犯罪行为的发生。

例如，现实生活中，有些青少年朋友常常会出现这样一种情况，本来只是一些鸡毛蒜皮的小事，在别人看来不以为然，而他却犯颜动怒，火冒三丈。为此，经常损害朋友之间或同学之间的感情，把一些本来能办好的事情搞糟，甚至对个人的身心健康、学习成败都有影响。

(1) 忧郁

(2) 恐惧

(4) 愤怒

(3) 孤独

图 6-17

学生常见的情绪问题

分析和解决学生的情绪问题

专栏6-6

　　教师可以采用情绪ABC理论来分析学生的情绪问题。外界刺激性事件（A）影响个体情绪和行为（C），往往通过个体对事件所持的观念或信念（B）。这里有两种信念：理性而合理的信念和非理性不合理的信念。前者导致积极的情绪和行为反应，后者导致消极的情绪和行为反应。实际上，苦恼和愉快、紧张和轻松、焦虑和安宁等，都是自己持有的信念所造成的或决定的。

　　所以，教师在处理学生的情绪问题时，可以采用如下四步：

　　首先，诊断问题。教师通过与学生的交流，收集各方面的信息，逐步明确造成学生问题的认知原因，包括错误思维方式、不合理信念等。

　　其次，领悟关系。教师与学生一起探讨存在的不合理的思维和信念，并帮助他们分析这些不合理的信念与不良情绪和行为困扰之间的关系。

再次,改变认知。教师综合运用各种认知、行为和情绪等心理技巧,帮助学生寻找并改变不合理的信念,调整认知结构,形成新的合理的认知。

最后,巩固认知。教师进一步强化学生在辩论和探讨中所建立的理性信念,使之内化为学生的价值观念,并产生某种人格的改变,避免再次遭受不合理信念的困扰。

二、学生的情绪发展与指导

(一)小学生情绪特点及指导

1. 情绪表达与自我

小学生的情绪表达逐渐与自我的认识产生联系。例如,小学生的自豪感会明显地被个人责任感所控制;对他们来说,自豪感的激发,不需要教师或家长在场;他们会将某些特定的事或人,视作导致他们成功或失败的原因;自豪感会激励小学生去接受更大的挑战。

类似的,他们会因为违反规则受到批评,感到羞愧;这种自责情绪,也脱离了成人的监督;他们不会像之前那样,一旦做错,就会告诉父母,承认过错;他们对社会规则,产生了更加成熟的意识;自责会督促他们不断改正错误,同时努力地进行自我完善。但是,产生过多的羞愧感,会使小学生过分看重自尊,把一次看似无足轻重的行为看成非常重要的事件,让他们产生无助感;所以,对那些引发羞愧情景的人,他们或是消极躲避,或是极度愤怒。

2. 情绪理解与认识

小学生开始用内在的心理状态,如与愉快或悲伤有关的想法,来解释情绪。他们逐渐认识到,人们的表情未必能够反映他们的真实情感。而且,小学生在面对那些看起来相互冲突的面部线索和情景线索时,开始学会分析和整合,进而来推测他人的情绪;他们还学会依据过往经验,来预测在新情境中会产生何种情绪与行为。

情绪理解与认识能力的提高,有赖于个体的认知发展和社会经历,又有赖于成人对儿童情绪的敏感程度,以及他们是否愿意和儿童讨论情绪问题。这些因素又会促进儿童移情能力的发展,尤其是观点采择能力的提高。在这一阶段,儿童不仅要学会对单一不幸事件产生移情,而且要对一般的普遍生活状况也产生移情。

3. 情绪的自我调节

小学生开始发展一定程度的情绪自我调节能力。例如,他们在把成绩和同伴作比较时,就必须学会去处理那些会威胁到自尊的负面情绪。在与父母、老师以及同伴互动的过程中,他们会逐渐学会用社会可接受的方式,如使用言语策略来表达自己的情绪,而不再是用哭闹、生气或攻击等情绪表达。伴随着情绪自我调节的发展,他们将会获得一种情绪自我功效感,即一种对他们自己的情绪经历能够掌控的感觉。

小学生形成一定情绪调节能力后,将使他们有信心来面对各种情绪问题的挑战。通常,他们心境愉快,移情能力强,受同伴喜爱,拥有积极的人生观。与之相反,情绪调节能力差的儿童,如被消极的情绪所控制,则会影响他们亲社会行为,同时会阻碍同伴接纳。女生情绪调节技巧差,常会陷入焦虑之中;男生则常会充满敌意地抱怨甚至是踢打。

(二)中学生情绪特点及指导

与小学生相比,中学生的情绪和情感趋于成熟,但是随着青春期的临近,又存在各种不稳定的因素。我国学者林崇德提出,青少年情绪表现出半成熟、半幼稚的矛盾性特定,其情绪的感受和表现形式不再像以往那么单一,但还不如成人的情绪体验那么稳定。

1. 情绪的两极

首先,中学生的情绪,是强烈、狂暴和温和、细腻共存。相同的刺激,有时会产生激烈的情绪反应,有时又表现出温和、细腻。相比于小学生,中学生已经拥有了较多的情绪经验,并能及时控制和管理一些消极情绪,或将某种情绪加以修饰,使其以相对缓和的形式表现。中学生已经逐渐克服了儿童时期的情绪体验的单一性和粗糙性,情绪表现变得越发丰富和细致,而且,有些情绪感受并非直接由外部刺激引起,而是加入了许多主观性因素。

其次,中学生的情绪也是可变性和固执性共存。他们的情绪体验是不稳定的,很容易从一种情绪转变为另一种情绪。情绪的这种易转变的特点,一般是由于个体的情绪体验不够深刻而导致的;中学生尽管在表面上情绪表现得很激烈,但体验的深度可能并没有表现的强度那么大,一种情绪容易被另一种情绪所取代。情绪的固执性是指情绪体验上的一种顽固性。由于中学生还会采用偏执的眼光去认识客观事物,因而使得其情绪带有顽固性的特点。

再次,中学生的情绪也是内向性和表现性共存。情绪的内向性是指情绪表现形式上的一种隐蔽性。中学生在情绪表现上已并不是那么的单纯和率真,在一些情境中,他们会将各种情绪如喜、怒、哀、乐等藏于心中而不会外露。情绪的表现性是指在情绪表露过程中,自觉或不自觉地带上表演的痕迹。中学生在团体中有时为了跟随他人的想法、做法或其他一些想法,会给情绪加上一层表演的色彩。

☞知识延伸

与负面情绪做朋友

2. 心境的变化

中学生因其生理上发生的巨大变化,在心理整合的持续性环节和统一性环节上都出现了暂时的混乱,结果导致了他们不能很好地接纳自己,出现了一些消极心境。

例如,中学生的烦恼突然增多。有时,他们迷茫于自己的形象,意在改变外在形象以达到改变自己在他人心中形象,但对于如何改变,则没有一个满意的答案;有时,他们有糟糕的亲子关系,越发感到想法不能被父母理解,甚至常遭到阻止和干涉;有时,他们在与同伴比较中产生困惑,如在小学时各方面表现都很优秀和突出,但是进入青春期之后,他们在同伴中的地位却降低了,产生了较大落差。

又如,中学生开始产生孤独的情绪。从青春期起,个体在心理上脱离父母的保护及对他们的依恋。学生拥有较多的内心冲突及在现实中遇到很多的挫折,对许多问题还不能依靠自己的力量和能力去解决,但是他们又不愿求助父母或其他人的帮助,担心有损独立人格,因此会导致一种孤独心境的产生。另外,此时学生产生了对亲密感的需求,但与之相关的社会关系还没有建立起来,因此,当他们陷入孤独的时候,常常难以自拔。

再如,中学生开始觉得压抑。进入青春期之后,学生产生了多方面的需求,其中包括生理方面和心理方面的。但有许多需求不能得以满足,其原因有多种,而这些因素会使得学生的自尊心易遭到打击,但他们又会争强好胜,在这种矛盾的情境下,他们经常处于压抑的心理状态。青春期早期学生情绪状态的积极性方面较少,到了青春期后期情绪稳定性增加,而且与青春期早期相比,这种情绪起伏变化逐渐趋缓。

3. 反抗的心理

图 6-18

中学生的反抗心理

反抗心理在中学生中普遍存在(如图6-18所示)。这主要表现为对一切外在力量予以排斥的意识和行为倾向。反抗心理之所以产生的一个主要原因,是因为自我意识的高涨。此时,他们更倾向于维持良好的自我形象,追求人格独立和自尊;但是,他们的某些想法及行为不为现实所接受,多次遭受挫折和阻碍,于是就产生了一种较偏激的思想,认为其行动的障碍来自不能被周围人承认;于是,便产生了反抗心理。

另一个原因是由于中枢神经系统的兴奋性过强。在青春期初期,个体的中枢神经系统处于过分活跃的状态,使学生在接受周围的各种刺激时,包括别人对他们的看法等表现得过于敏感,反应过于激烈。再一个原因是逐渐形成的独立意识。中学生急切地要求享受独立的生活,将父母曾给予的生活上的照顾及情感上的关爱视为独立的束缚,将教师及其他社会成员的指导和教诲也看成是自己发展道路上的阻碍。可以说,反抗心理在很大程度上是为了否认自己是年幼者,而确认自己已经是成熟独立的个体。

专栏6-7

认识中学生的反抗心理的表现①

青少年的反抗主要是针对某些心理内容的。一般在下列具体情况中易出现反抗行为:

第一,独立意识受到阻碍。青少年内心的独立要求很强烈,但父母没有这种思想准备或尚未来得及适应这种情况,仍以过去那种十分关怀的态度对待他们,结果导致反抗行为。

第二,自主性被忽视或受到妨碍。例如,父母不听取青少年的意见,将他们一味地置于支配、从属的地位。

第三,当个性伸展受到阻碍时,也将引起青少年的反感。

第四,当成人强迫青少年接受某种观点时,后者拒绝盲目接受,表现出对抗的倾向。

青少年的反抗方式也是多样化的,有时表现得很强烈,有时则以内隐的方

① 林崇德.发展心理学(第二版)[M].北京:人民教育出版社,2014:352-354.

式相对抗,常有以下几种具体表现:

（1）态度强硬、举止粗暴。这种反抗行为发生得十分迅速,常使对方措手不及。当时的任何劝导都无济于事,但事态平息后,这种强烈的反抗情绪也将较快地随之消失。

（2）漠不关心、冷淡相对。青少年的另一种反抗,不表现在外显行为上,只存在于内隐的意识中。这种情况常出现于性格内向的青少年身上。他们不直接顶撞要反抗的对象,而是采取一种漠不关心、冷漠相对的态度,将对方的意见置若罔闻。这种反抗态度和情绪不随具体情景的变化而转移,具有固执性。

（3）反抗迁移性。青少年反抗行为的迁移性是指,当某个人的某一方面的言行引起了他们的反感时,就倾向于将这种反感及排斥迁移到这个人的方方面面,甚至将这个人全部否定;同样,当某一成人团体中的一个成员不能令他们满意时,他们就倾向于对该团体的所有成员均予以排斥。这种反抗的迁移性常使青少年在是非面前产生困惑,在情绪因素的左右下,他们常常会排斥一些正确的东西,这给他们的成长带来不利。

（三）中学生良好情绪的培养方法

1. 敏锐觉察情绪

教师需要培养学生敏锐觉察情绪的能力,即能够自我觉察、了解自己当时的主要情绪,并能给情感予以命名,且大概知道各种情绪的前因后果。可以将自己的思想从身体里抽离出来,以一个旁观者的身份,去观察自己的身体,以及自己的想法和情绪。只有意识到自己的情绪及其产生的真正原因,才能对自己的情绪,特别是负性情绪作出适当的反应,进而给情绪一个排解的出口。可以通过以下方式了解自己的情绪:了解自己的人格特点;熟悉自身成长经历及早期经验;反思自己的情绪状态。

2. 平和接纳情绪

教师可以告诉学生,生命中的一切情绪都有它该有的意义,应该以平和的心态接纳在生命中产生的一切情绪。即使负性情绪也有它存在的价值,如恐惧提醒我们危险的存在,愤怒是一种强大的力量。情绪是负面的,只要我们接纳它,就是应对负面情绪的第一步;我们需要允许自己有情绪,等情绪平静后,可以再对存在的问题进行较理性的思考。坦然接受自己的由外界环境引起的内在情绪,不苛求隐瞒自己的情绪或者不允许消极情绪的产生,不过于追求完美,以平常心来面对自己在情绪上的波动。

3. 正确调整情绪

教师要帮助学生及时调整自己的不良心态。首先要求学生自己理智地思考消极情绪可能带来的不良后果。当消极情绪强烈爆发时,能较为理智地去控制、觉察一切,根据理智判断行为,尽可能减少消极情绪产生的影响。一个人能否保持清醒、冷静的头脑,正确支配和调整自己的情绪,与一个人是否有合理的认知有关;善于采用多种方式及时对自己的情绪进行宣泄;在遇到生活中的挫折时能够进行积极的自我暗示;或使自己的情感得到升华。有效控制情绪的方法包括宣泄、转移、调节和暗示等,具体如下：

情绪宣泄是采用一定的方法和方式把人的情绪体验充分表达出来。情绪的宣泄有直接和间接两种方式。直接宣泄就是针对引发情绪的刺激来表达情绪。当直接发泄对于别人或自己不利时，可通过间接发泄的方式，使情绪得到宣泄。

情绪转移是从主观上努力把注意力从消极或不良情绪状态转移到其他事物上去。当情绪的强度变强时，为了使它不至于立刻爆发，使自己有足够时间和机会去冷静分析和考虑问题，可以有意识地通过转移话题或做点别的事情的方法来分散注意力。

情绪调节主要是运用合理情绪疗法来改变个体对事件的认知。对自己习惯化的思维方式进行重解，从多角度看问题，以更宽广的视角理解自己、他人和外界的事件。

情绪暗示是运用内部语言或书面语言以内隐的方式来调节和控制情绪的方法。可以多用一些较为积极的词，如快乐、开心、健康、阳光、运动等。

4. 有效表达情绪

教师要帮助学生学会正确表达情绪。在恰当的时间以合适的方式表达自己的情绪体验。不要把情绪藏在心里，压抑情绪并不会让其消失，相反如果压抑的次数多了，时间长了会对身心健康产生巨大的影响；心中累积的情绪越多，心里的压力就越大，总有一天会爆发出来。在心中有了不平之事时，可以找老师谈话，也可以向同学、家长倾诉。广泛获取外界的反馈信息和社会支持，可以促进个体对情绪评价的能力，并有助于自己改变不适的行为。

情绪表达有以下三个原则：一是时间性原则，表达情绪要选择恰当的时间。例如对方在生气时不要表达，以免激怒对方，导致火上浇油的后果；自己正在气头上也不要表达，以免言语过激，节外生枝。可以给自己和对方一个情绪缓冲期，待大家冷静下来后再表达。二是同水平原则，表达情绪的强度尽量与引起情绪的刺激强度相符合，不可因小事而大怒，也不要对原则性问题一笔带过。三是无伤害原则，表达情绪时既不要伤害到自己，也不要对他人、环境造成伤害。

表达情绪主要有三个目的：一是触动对方的情感，使其能体会到我们的心情。二是希望对方对自己的行为进行反思，避免类似事件再次发生。三是为了促成当前问题的解决。因此，不能借问题进行攻击，更不能由此产生出新的问题。在表达情绪时要遵循就事论事原则，所表达的情绪与引起情绪的事件内容一致，一定不要把过去的、与此事无关的事情扯进来，避免问题复杂化，导致事态扩大。

5. 创造快乐情绪

教师可以通过陶冶学生的性情，激发其在某一方面的兴趣，或引导其参与体育锻炼，营造愉快的氛围，来帮助学生保持和创造积极快乐的情绪。在情绪不好时，学生可以向周围的人求助，与朋友聊天、娱乐可以暂时忘记烦恼；与曾经有过共同愉快经历的人在一起，则能引起对过往愉快体验的回忆。环境优美的地方及大自然也可以使人们的心情得到放松，产生愉悦感；还可以去那些曾经令人开心的地方，这会促使其想起愉快的事情。在学习和生活中，学生应积极参与集体活动，多陪伴家人，适当参与体育锻炼，让自己的每一天都充实起来，然后晚上进行总结：今天都收获了什么，尝试创造和保持积极的情绪。

专栏6-8

指导中学生进行有效的情绪调节

无论何种情绪,都始终存在于中学生的日常生活中,影响着他们学习和活动。情绪既可以起到促进学习和生活的积极作用,也可以起到妨碍学习和生活的消极作用。要让情绪对学生的学习和生活起到积极的作用,就需要教师的帮助和指导。通过教师的帮助和指导,学生认识到自己的情绪问题,调节好自己的情绪,使消极的情绪向积极的方面转化,让学生成为自己情绪的主人。

调节和控制情绪一般可以从以下几个方面进行:

教会学生形成适宜的情绪状态。用词语、理智控制自己情绪发生的强度。比如有人用座右铭"忍"字来时刻告诫自己不要感情用事。当沮丧的时候,想一想过去愉快的情景,消极的情绪能得到一些缓解。转移注意可以改变情绪、情感发生方向。一个人长期进行脑力活动后,从事一下体力劳动,情绪就能稳定下来。

丰富学生的情绪体验。教师应给学生创造一种过渡的情景,即从不紧张到稍微有些紧张,最后再到很紧张,使学生积累各种情景下的情绪体验,这样就能做到"临场不乱"。

培养学生正确看待问题的能力。由于学生分析问题的能力还不完善,对一个问题往往只从一个角度解释,所以容易遭受挫折。教师应该指导学生从多个角度看待问题,以发现问题的积极意义,从而产生健康的情绪。

三、压力情境下的应对指导

在压力情境下的解决办法,往往超越了学生的知识和能力。这就需要教师帮助其学会运用一些应对(coping)方法。对压力的应对,一般从对压力的认知评估开始,看看是什么造成了目前的压力体验,然后看看有何种应对方法和方式,采用何种应对原则。

(一)压力评估

在应付一个压力情景时,第一步是判定它们是怎样造成压力的。认知评估是对压力源的一个认知解释和评估的过程。认知评估内容,要看目标是什么,威胁有多大,以及具备的资源有哪些。有些压力源,比如考试不理想,几乎是每个学生都会遇到的。其他一些压力源,如家庭、朋友等,则取决于学生的学习和生活状况、核心目标与特定需求之间的关系,以及个体的能力和能力观。有些压力源,对另一个人来说,可能只是一种正常的生活方式而已。

一旦评估有压力,则需要对压力源的潜在影响进行估计:需要判定伤害是否已经发生,或者将要发生,或者是否需要采取一些行动。一旦决定了必须做些什么,则要估计自己的个人和社会资源是否能够有效地应对压力情境,并掂酌备选的行动方案。实施应对方案后,如果不奏效,压力没有消失,则要拿出新的反应,并对它们的有效性进行评价(如表6-1所示)。

表6-1	步　骤	关　键　问　题
	1.对挑战进行估计	如果我不改变,风险是否严重
压力评估的步骤	2.考察可选方案	这一选定方法对于应付挑战是否是可以接受的
		我是否已经充分考察了所有可能的选择
	3.权衡可选方案	哪个选择是最佳的
		最佳选择是否可以满足所需
	4.仔细考虑义务	我是否应将最佳选择付诸实施,并让他人知晓
	5.即使是消极反馈也要坚持	如果我不改变,风险有多严重
		如果我改变,风险有多严重

（二）应对压力

1.预先应对

如果预计某个潜在的压力事件将会发生,则可采用预先应对方式(anticipatory coping)的形式。例如,学生即将面临一场重大考试,并且该考试对某个学生非常重要,教师非常肯定它对该学生将是一个压力情境。这时,教师则可以预先与该学生交流,指导一些放松的方法或与学生谈心等。

2.应对途径

在问题发生之后,一般可以采用两种途径:问题指向的应对,即直接面对问题和解决问题;情绪指向的应对,即为了减轻压力产生的不适情绪。

问题指向的应对,也称为"擒贼擒王"的策略。这一方法通过直接的行动或行为,来改变压力源或相关的因素,要么战胜它(如摧毁、消除或削弱威胁),要么逃避(远离威胁);有时也采用磋商、讨价还价和折中的方法,如增加学生的承受能力、降低预期等。这类解决问题的努力对于那些可控制的压力源,通常是有效的,如平时考试、师生关系等。

情绪指向的应对,往往是应付那些不可控的压力源。比如学生在竞赛中失利,教师有责任去疏导学生。有缓解躯体症状的方法(如抗焦虑药物、生物反馈),有放松心理的做法(如分心、幻想、自我想象等)。对这些方法的认识越多,实际处理压力源的能力就越强。

3.改变认知的策略

有效适应压力的一个方法,是改变对压力源的评价,这包括两方面:一是重新评价压力源自身的性质,二是重新组织对于压力反应的认知结构。换一种方式来思考特定的压力源,重新理解,或者想象目前处在较小威胁的情境当中,这都是可以减小压力的认知再评价方式。例如,对大众场合不敢说话的学生来说,可以让他们想象对象不存在,或者对象是熟悉的朋友,这能在很大程度上削弱这个情境的威胁。

教师也可以告诉学生,可以通过改变对自己说的话或改变自己处理问题的方式来控制压力。认知—行为治疗师提出了一种分为三个阶段的应激思想灌输法。在第一阶段,人们首先要对他们的实际行为获得更多的认识:是什么引发了它,以及它的结果如何。做到这一点的最佳方法是记日记。通过了解事件的起因和结果,学生会对他们的问题有一个更明确的界定,这些记录将增加他们的可控感。比如说你会发现,你的成绩很低(一个应激源)是因为你几乎没有给课后作业留多少时间,自然难以很好完成。在第二阶段,学生开始认同那些可以抵消非适应性、自败行为的新做法。比如,学生安排一些固定的"学习时间",或者限制每晚打电话的时间只能有10分钟。在第三阶段,当适应性行为已经建立后,学生要对他们的新行为的结果进行评价,避免先前那种令人难堪的内心独白。

成功进行应对的另一主要因素在于建立对压力源的知觉控制力(perceived control),即个体对于可改变事件或经历的进程或结果的信念。如果学生相信自己可以影响一些不适或日常病痛的症状的进程,就有可能更好地适应这些紊乱症状。然而,如果学生相信压力的来源是那些你无法影响其行为的外人或一个你无法改变的状况,则对于自己的慢性症状的心理适应就可能更差。具有较强知觉控制力的学生,即使在面对重大的学习或生活挫折时,也会应对自如、情绪如常。

4. 寻求社会支持

社会支持是他人提供的一种资源。对学生来说,教师就是一种非常有效的社会资源。教师可以告知学生,他们是被爱、被关心、被尊重的,是生活在一个彼此联系且相互帮助的社会网络当中。除了这些社会情感支持的形式外,教师还可以给学生提供一些有形的支持(金钱、交通、房间)和信息支持(建议、个人反馈、资讯)。除了教师之外,家庭成员、同学、朋友和邻居等,都可以成为学生在需要时的社会支持网络的一部分。研究表明,个体有了社会支持后,压力会有所缓解。社会支持不仅有助于对压力事件的心理调节,还可促进个体从已确诊的身心疾病中康复。

案例 6-6

考试焦虑的案例分析[①]

小王的学习成绩一直优异。进入初三后,学校的要求高了,家庭的希望大了,他的心里不知不觉就变得沉甸甸的,总怕自己考不上重点高中。现在每一次考试前他就开始紧张,怕考不好,总是复习到很晚,而且还会失眠。进入教室就手发抖、出汗、心慌,总想上厕所。一拿到试卷,一旦有不会的题就大脑空白,明明会的东西也全部都忘光了。小王害怕看到老师和家长期待的目光,一遇到考试就十分紧张,唯恐出现失误,对不起学校和老师,对不起父母,对不起自己的努力,可他越紧张越考不好,考试的分数像一块巨石压在他心上。

分析诊断:这是典型的考试焦虑症。考试焦虑症是指在一定的应试测验激发下,受个体认知评价能力、人格倾向于其他身心因素所制约,以担忧为基本特征,以防御或逃避为行为方式,通过不同程度的情绪反映所表现出来的一种心理状态。其主要表现为:在考试前后或考试中,经常表现出情绪高度紧张、全身恐慌、胸闷、头昏,无法抑制自己焦虑的情绪,记忆困难,思想难以集中,原来复习

---

① 周显晶.关于考试焦虑的案例分析[J].课程教育研究,2013(27):255-256.

过的知识在考试时回忆不起来。该生有很强的自尊心,一心期望在考试中获得好成绩,在考试受挫后陷入极度的苦恼中。一般来讲,考试焦虑调节的方法:

(1)恰当认知。学生要端正考试动机,调整期待水平。学生可以尝试将考试动机调整到适当的水平,正确认识考试的目的。期待水平过高,超过自身的实际水平和能力,学生就会因没有把握实现目标而失去信心,影响复习效果和质量。

(2)自信训练。学生可以把自己对考试的所有担忧逐条写下来,意识到自己当前消极的自我暗示有哪些。然后向消极暗示中的不合理成分进行自我质辩,指出这种消极暗示的不现实性和不必要性,阐明由此对个人造成的危害,并明确今后应采取的态度,给自己积极的自我暗示。

(3)放松训练。实验表明,焦虑和放松是不会同时存在的。当你感到焦虑时就不能放松,当你完全放松时就不会焦虑。因此,经常进行放松训练,可以消除紧张状态克服考试焦虑使人的身心得到充分的休息或恢复,常见的放松法有意念放松法和肌肉放松法。

参考文献

[1]曹日昌.普通心理学[M].北京:人民教育出版社,1980.

[2]林崇德.发展心理学(第二版)[M].北京:人民教育出版社,2014.

[3]彭聃龄.普通心理学(修订本)[M].北京:北京师范大学出版社,2001.

[4]纪宇.微表情与身体语言[M].北京:机械工业出版社,2013.

[5]理查德·格里格,菲利普·津巴多.普通心理学(第16版)[M].王垒,等译.北京:人民邮电出版社,2013.

[6]E·贝克.婴儿、儿童和青少年(第5版)[M].桑标,等译.上海:上海人民出版社,2015.

思考题

1. 我国古代医书《黄帝内经》中已经记载了很多关于人类情绪情感的内容。《灵枢·百病始生》说:"喜怒不节则伤脏,脏伤则病起于阴也。"《素问·阴阳应象大论》说:"怒伤肝","喜伤心","思伤脾","忧伤肺","恐伤肾"。《三因极一病证方论·三因论》说:"七情人之常性,动之则先自脏腑郁发,外形於肢体。"

请你运用所学的心理学知识,谈一谈对以上文献的理解。

扫一扫二维码

获取思考题
答案要点

2. 三岁的小明上床睡觉前非要吃糖不可,妈妈一个劲儿地向他解释睡觉前不能吃糖的道理,可是小明一看妈妈不允许,就大声地哭了起来。妈妈生气地说:"再哭,我打你!"小明不但没有停止哭叫,反而情绪更加激动,干脆在床上打起了滚。

结合以上案例,分析探讨幼儿情绪表现的特点以及帮助幼儿调节不良情绪的方法。

3. 在考试时,尤其是一些重要的考试中,有的学生碰到了不会做的题目,就会陷入一片混乱之中,导致下面的题目即使非常简单也不会做了,而有的学生则能当机立断,先越过这道题,继续做下面的题目,丝毫不受影响。

请你运用心理学知识分析这个现象。

....

扫一扫二维码
获取教师资格考试
同步练习题及参考答案

学习目标

1. 回忆人格、气质和性格的含义及其分类;

2. 阐述人格特质的理论;

3. 阐述弗洛伊德人格结构理论(意识、前意识和潜意识,本我、自我和超我);

4. 阐述埃里克森心理—社会发展的八阶段理论及其教育含义;

5. 阐述父母教养方式的类型及其对教育的启示;

6. 简述青少年自我意识的内容与发展特征;

7. 回忆态度的含义,阐述促进态度形成与改变的方法;

8. 阐述皮亚杰道德认知发展阶段理论;

9. 阐述柯尔伯格道德发展阶段理论;

10. 简述青少年性心理发展的特点。

关键词

人格：个体在行为上的内部倾向，它表现为个体适应环境时的能力、情绪、需要、动机、兴趣、态度、价值观、气质、性格和体质等方面的整合，是具有动力一致性和连续性的自我，是个体在社会化过程中形成的给人以特色的心身组织。

气质：是人典型的、稳定的心理特点，这些心理特点以同样的方式表现在各种活动中的心理活动的动力上，而且不以活动的内容、目的和动机为转移。

性格：是对现实稳固的态度以及与之相适应的习惯了的行为方式。

弗洛伊德的人格结构理论：意识（这里指人格）由三个不同意识水平的成分组成：意识、前意识、潜意识。意识是人格的最表层部分，它由能随意想到、清楚觉察到的主观经验构成。前意识位于意识和无意识之间，有那些虽不能即刻回想起来，但经过努力可以进入意识领域的主观经验组成。潜意识是人格最深层的部分，它是不曾在意识中出现的心理活动和曾是意识的但已受压抑的心理活动。后期，弗洛伊德提出了本我、自我和超我的人格结构。

埃里克森心理—社会发展阶段理论：阐述人的一生从出生到死亡，由生物、心理和社会等三方面因素制约的人格和社会发展理论。

父母的教养方式：父母将社会价值观念、行为方式、态度体系及社会道德规范传递给儿童的方式。按照接受—拒绝、控制—容许这两个维度，可以将父母教养方式分为：权威型教养方式（接受＋控制）、专断型教养方式（拒绝＋控制）、放纵型教养方式（接受＋容许）和忽视型教养方式（拒绝＋容许）。

自我意识：是指人对自己的认识以及对自己和周围人的关系的认识，包括自我认识、自我体验和自我控制三个成分。

品德：即个人的道德面貌，是一个与道德有关的概念。道德是一种社会现象，是协调人与人之间，个人与社会、集体之间关系的行为规范和准则的总和。品德的心理结构主要包括道德认知、道德情感和道德行为三个既有区别又相互联系的成分。

本章结构

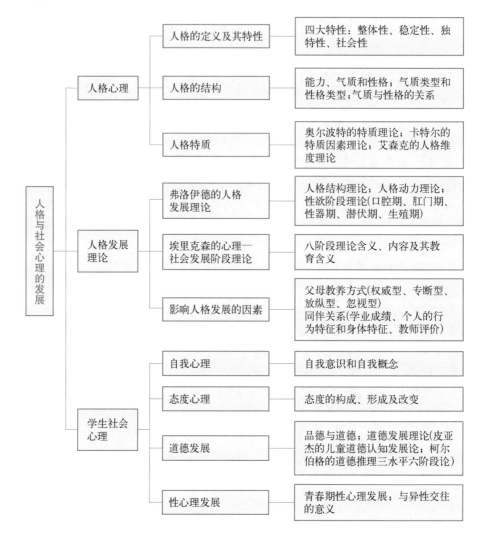

人格心理学是心理学中一门重要的分支学科。该学科主要探讨个体的思想、情绪及行为的独特模式；综合考虑影响个人的各种因素(如生物学的、发展的、认知的、情绪的、动机的和社会的)，以及这些因素交互作用；进而，对现实社会中的个体作整体性解释，例如气质和性格。

对个体独特发展的描述，存在两种不同视角：一是关注个体自身的内驱力及过往经历，其代表理论是弗洛伊德的人格结构理论，如对意识、自我、性心理的描述。二是关注社会情境对个体心理的影响，其代表理论是埃里克森的心理—社会发展的八阶段理论。目前，研究者大多认同，人格的形成存在特定的物质基础(如基因、脑结构或功能)，更与个体所处的社会环境密切关联，如父母教养方式和同伴关系，等等。

在教育情境中，教师应关注中小学生的人格与社会性的发展。首先是自我的发展，这主要是自我意识，包括自我认识、自我体验和自我控制等；其次是积极学习态度的形成与改变,以及青少年道德发展过程及其水平;在个体社会性发展的内容中,性心理的健康发展尤为重要。在了解这些理论后,教师可以有针对性地采取相应的教育措施和手段。

第一节　人格心理

人格心理所探讨的问题,主要涉及对人自身的了解。例如,人性是善还是恶,还是非善非恶? 人的气质和性格可以分为哪些? 是不变的,还是变的? 为什么每个人都很独特,是先天的,还是后天? 本节将对这些问题做初步探索。

☞知识延伸

人格测量

一、人格的定义及其特征
(一)人格的含义

人格(personality)是一种习惯化的行为模式,也是一种控制行为的内部机制,或是个人在社会中扮演的角色。人们也往往依据一定的角色和行为方法,去刻画某个人的人物形象及其人格特征(如图7-1所示)。目前,国内学者多采用这样的观点:人格是个体在行为上的内部倾向,它表现为个体适应环境时的能力、情绪、需要、动机、兴趣、态度、价值观、气质、性格和体质等方面的整合,是具有动力一致性和连续性的自我,是个体在社会化过程中形成的给人以特色的心身组织。

关羽红脸:象征忠义、耿直　　　　曹操白脸:象征奸诈、多疑

图 7-1

京剧脸谱与人格(见本书彩页)

(二)人格的特性

1. 整体性

人格的多种成分和特质,如能力、气质、性格、情感、意志、需要、动机、态度和道德等,在个体身上不是孤立存在的,而是紧密联系的。人的行为不是某个成分单独作用的结果,而是与各部分紧密联系,协调一致活动的结果。各部分综合成一个有机组织,由自我(self)进行协调和监控。如果各部分不能进行协调,就会产生心理障碍。例如,精神分裂症(schizophrenia)就是精神内部分裂、统一性的丧失的结果。

2. 稳定性

人格具有跨时间和空间的一致性。在幼儿期、青年期、中年期和老年期是如此;在家里、学校、公共场所更是如此。我们在描述一个人的人格时，总是指其经常、一贯的表现，而不是偶然、间或的表现。如讲某人处世谨慎，是说这个人一贯循规蹈矩，持事稳重；偶尔表现冒失，轻率，则不是其人格特征。这使得我们可以从儿童时期的人格，去预测其成人后甚至年老时的人格，正所谓"三岁看老"。

人格稳定性不意味着恒久不变，不排斥其发展和变化。这有三种情况：一是人格特征随年龄发展，表现方式有所不同：例如谨慎，儿时可能表现为少年老成，成人时则可能表现为少言寡语；二是对某些环境因素和机体因素，如社会经济地位的重大改变、丧偶、迁居等，往往会使人格发生较大甚至彻底改变；三是意志坚强的人有时会有意识地塑造自己的人格，使其向理想的方面发展。有一点需要注意，人格改变不同于行为改变。行为变化往往是表面的，由不同的情景引起；而人格变化是更深层次的、内在特质的变化。

3. 独特性

人与人之间的心理和行为是各不相同的，即个性（individuality）。世界上很难找到两片完全相同的叶子，也很难找到两个完全相同的人。每个人都有自己的个性。这是因为构成人格的各种因素在每个人身上的侧重点和组合方式是不同的。如有的人憨厚老实，沉着稳定，有主见，不人云亦云；有的人开朗热情，待人真诚，做事踏实，但缺乏开创精神；有的人多愁善感、优柔寡断，缺乏自信。

强调人格的独特性，并不排除人格的共同性；尤其对处于共同社会文化背景下的一群人，人格的共同性不可避免。人格的共同性是指某一群体在一定的自然环境和社会生活中形成的共同的典型心理特点，这涉及对人、对事、对己的共同态度和价值判断。事实上，人格是独特性与共同性的统一。

4. 社会性

人格是个体在社会化过程中形成的，是人特有的（相对于动物）。社会化（socialization）是个体与他人交往中掌握社会经验和行为规范、获得自我的过程。个体社会化在很大程度上受社会文化、学习内容和教育方式的影响。每个人的人格都打上了其所处的社会烙印。比如，"代沟"就是人格的社会性在个体身上的反映，具体表现为两代人由于具有不同社会发展内容，在交流和沟通上存在某些障碍。人格的社会性并不排除人格的自然性，毕竟人格是以其神经系统的解剖生理特点为基础的。

二、人格的结构

个体在生物学和环境因素影响下，逐渐形成自己的人格。人格具有鲜明的个体差异性，体现在能力、气质（temperament）和性格（character）上。（关于能力，在前面学习心理和认知发展中有所述及，在此不再赘述）

（一）气质

1. 气质的含义

我国古代学者将人做过分类。例如，孔子把人分为"狂"、"狷"、"中行"三类。"狂"者对事物的态度积极进取，言行于外；"狷"者比较拘谨，"有所谨畏不为"；"中行"之人介乎两者之间，"依中庸而行"（如图7-2所示）。我国古代的阴阳五行学说，按阴阳的强弱，把人分为太阴、少阴、太阳、少阳、阴阳和平五种类型；又根据五行法，把人分为"金形"、"木形"、"水形"、"火形"和"土形"。

狂者进取——范仲淹　　中庸之道——孟子　　狷者不为——陶渊明

图 7-2

狂、狷和中庸之人

现代心理学把气质理解为人典型的、稳定的心理特点,这些心理特点以同样方式表现在各种心理活动的动力上,而且不以活动的内容、目的和动机为转移。这种典型的心理特点很早就表露在儿童的游戏、作业和交际活动中。所以,气质被认为较多地受先天生理因素的制约;也正因为如此,气质在环境和教育的影响下虽然也有所改变,但与其他个性心理特征相比,变化要缓慢得多。

气质主要表现为人的心理活动的动力方面的特点。所谓心理活动的动力是指心理过程的速度和稳定性(例如,知觉的速度、思维的灵活程度、注意力集中时间的长短),心理过程的强度(例如,情绪的强弱、意志努力的程度)以及心理活动的指向性(有的人倾向于外部事物,从外界获得新印象;有的人倾向于内部世界,经常体验自己的情绪,分析自己的思想和印象),等等。气质仿佛使一个人的整体心理活动表现,都带上个人独特的色彩。

当然,心理活动的动力并非完全取决于气质特性,它也与活动的内容、目的和动机有关系。无论何种气质的人,遇到愉快的事情,精神振奋、情绪高涨、干劲倍增;遇到不幸的事,精神不振、情绪低落。从另一角度来说,有着某种气质类型的人,常在不同活动内容中显示出同样性质的动力特点。例如,一个学生每逢考试时就紧张,等待他人时就不安,参加比赛前沉不住气,等等。该学生情绪易于激动,具有相当固定的性质。此时,我们说,情绪易于激动是这个学生的气质特征。

2. 气质的类型

古希腊著名医生希波克拉特(Hippocrates)就观察到,不同的人有不同的气质。他认为人体内有四种体液:血液、粘液、黄胆汁和黑胆汁。四种体液协调,人就健康,四种体液失调,人就会生病。他根据哪一种体液在人体内占优势,把气质分为四种基本类型:多血质、胆汁质、粘液质和抑郁质。多血质的人体液混合比例中血液占优势,胆汁质的人体内黄胆汁占优势,粘液质的人体内粘液占优势,抑郁质的人体内黑胆汁占优势。

在日常生活中,我们确实能观察到上述四种气质类型的典型表现(如表7-1所示)。多血质的人,活泼、好动、敏感、反应迅速、喜欢与人交往、注意力容易转移、兴趣容易变换,等等;胆汁质的人,直率、热情、精力旺盛、冲动、心境变换剧烈,等等;粘液质的人,安静、稳重、反应缓慢、沉默寡言、情绪不易外露、注意稳定而又难以转移、善于忍耐,等等;抑郁质的人,孤僻、行动迟缓、体验深刻、善于觉察别人不易觉察到的细小事物,等等。

表7-1	多血质	外向,活泼好动,善于交际;思维敏捷;容易接受新鲜事物;情绪情感容易产生也容易变化和消失,容易外露
四种气质类型的典型表现	胆汁质	反应迅速,情绪有时激烈、冲动,很外向,脾气暴躁,好争论
	粘液质	情绪稳定,不动声色,有耐心,喜欢沉思,态度稳重,办事细致,自信心强
	抑郁质	内向,观察细微,情感丰富,富于想象,言行缓慢,优柔寡断

　　气质的分类,具有一定的生物学基础。巴甫洛夫根据高等动物大脑皮层基本过程的三种特性(强度、灵活性、平衡性)划分出高级神经活动的四种基本类型:(1) 强、平衡、灵活型(活泼型);(2) 强、平衡、不灵活型(安静型);(3) 强、不平衡型(不可抑制型);(4) 弱型。上述四种神经系统的基本类型是动物与人共有的。活泼型相当于多血质,不可抑制型相当于胆汁质,安静型相当于粘液质,而弱型相当于抑郁质。

　　构成气质类型的有几种特性:感受性、耐受性、反应的敏捷性、可塑性、情绪兴奋性、外倾性与内倾性。上述各种特性的不同结合,构成不同的气质类型。例如,多血质的人,感受性低而耐受性较高,不随意的反应性强;具有可塑性和外倾性;情绪兴奋性高,外部表露明显,反应速度快而灵活。胆汁质的人,感受性低而耐受性较高,不随意的反应性高,反应的不随意性占优势,外倾性明显,情绪兴奋性高,抑制能力差;反应速度快,但不灵活。粘液质的人,感受性低而耐受性高,不随意的反应性和情绪兴奋性均低;内倾性明显,外部表现少;反应速度慢,具有稳定性。抑郁质的人,感受性高而耐受性低,不随意的反应性低;严重内倾;情绪兴奋性高而体验深,反应速度慢;具有刻板性,不灵活。

　　应当指出的是,并不是所有的人都可按照这四种传统气质类型来划分,只有少数人是四种气质类型的典型代表,多数人是介于各类型之间的中间类型。因此,在判断某个人的气质时,并非一定要把他归为某种类型,主要是观察和测定构成他的气质类型的各种心理特性,以及构成气质生理基础的高级神经活动的基本特性。

专栏7-1

在教育活动中如何理解学生的气质

　　气质无好坏之分。在评定人的气质时,不能认为一种好,另一种不好。任何一种气质既可能有积极的意义,也可能有消极的意义。例如,多血质的人情绪丰富,工作能力较强,容易适应新环境,但注意力不稳定,兴趣容易转移。抑郁质的人工作中耐受能力差,容易感到疲劳,但感情比较细腻,做事审慎小心,观察力敏锐,善于察觉到别人不易察觉的细小事物。

　　气质不能决定一个人活动的社会价值和成就高低。例如,普希金属胆汁质,赫尔岑属多血质,克雷洛夫属粘液质,果戈理属抑郁质,但四个人都是俄国著名作家。气质相同的人可以成为对社会有用之人,也可以成为一事无成之人;可以成为先进人物,也可以成为落后人物。反之,气质极不相同的人也可能都是某一职业领域的能手或专家。

气质虽然不决定人从事何种实践活动,但会有一定影响。例如,多血质和胆汁质的人较为合适从事需迅速灵活反应的工作,但这对粘液质和抑郁质的人则较难适应。反之,粘液质、抑郁质的人则适合需持久、细致的工作,而多血质和胆汁质的人又较难适应。各种气质的人在一起活动,尽管各不相同,但互相补偿,因此对活动效率的影响并不大。例如,同样的实验操作,有些学生属于粘液质,虽然操作慢,但注意力稳定,学习中很少分心,这有利于发现实验操作中的问题;另一些学生属于多血质,操作快,这可弥补其注意易于分散的缺陷。要注意,一些特殊职业(例如飞机驾驶员、宇航员)因为要承受高度紧张,需要有极其灵敏的反应,敢于冒险和临危不惧的精神。此时,则需要测量人的气质特性,根据测试结果来预测一个人是否适合从事该种职业。这是职业选择和淘汰的根据之一。

由于学生的气质各不相同,所以教师要采取因材施教、个别对待的方法。例如,严厉批评对于胆汁质或多血质的学生,会促使他们遵守纪律,改正错误,但对抑郁质的学生,则可能产生自卑、消极心理。又如,在改变作息制度和重新编班时,多血质的学生较易适应,无需特别关心,而粘液质、抑郁质的学生则适应慢,需给予更多关怀和照顾。当然,也要考虑教育对人的活动影响,培养积极的学习态度,促使各种气质的人都可能在学习上取得好成绩。

(二) 性格

1. 性格的含义

性格是对现实的稳固的态度以及与之相适应的习惯了的行为方式。例如,一个人在十分困难的情况下表现坚强,面临危险情景表现勇敢,持续的劳动实践养成勤劳;而经常对待困难的退缩态度形成怯懦,对劳动持否定态度养成懒惰。这些坚强、勇敢和勤劳,或者怯懦、懒惰等,都反映着人的个性,标示着人的个体差异。

与气质类似,个体生活中的偶然表现不能被认为是人的性格特征。例如一个人在某个场合下表现出胆怯行为,不能据此就认为这个人具有怯懦的性格特征;一个人在特殊情形下发了脾气,也不能认为这个人具有暴躁的性格特征。只有那些经常的、习惯的表现才能被认为是个体的性格特征。

从个体生活的整个过程来看,性格的形成在不同的年龄阶段并非固定不变。例如,对他人的依恋关系这一特性,在人的一生中可以分成不同的阶段;一个开朗的儿童,以后不一定必然成为一个开朗性格的人。应当指出,性格作为个体稳定的心理风格和面貌,稳定性和习惯性的行为方式是其主要特征,而可变性是其从属特征。

性格是个性中表现出来的鲜明心理特征,足以用来标示一个人与众不同的、明显的和主要的差别。心理咨询师在面对来访者时,需要抓住他最本质、最核心、最具有代表性的性格特征,并加以分析,得出结论,作为后续心理咨询活动的重要参考;而导演或演员在其作品中,往往需要塑造鲜明的人物形象,尤其是性格上要有血有肉、活灵活现。

2. 性格的特征

性格是有着多个侧面,包含着多种多样的性格特征。这些特征在每一个个体身上都以一定的独特性结合为有机的整体。

(1)性格的态度特征。性格体现为现实的态度。这典型体现在处理各种社会关系方面,如在处理个人、社会、集体的关系上,友善交际、富有同情心、为人正直和诚实等;在对待学习、工作的态度上,有勤劳或懒惰,认真或马虎,细致或粗心,节俭或浮华等;在对待他人和自己的态度上,如谦虚或傲慢,自信或自卑等。

(2)性格的意志特征。性格也表现在对自己行为的自觉调节中。按照调节行为的依据、水平和客观表现,性格的意志特征可分为四个方面:明确行为目标并使行为受社会规范约束,如独立性、目的性、组织性、纪律性、冲动性、盲目性、散漫性等;对行为自我控制的程度,如主动性和自制力等;在紧急或困难条件下的表现,如镇定、果断、勇敢、顽强等;长期工作时表现情境,如恒心、坚韧性等。

(3)性格的情绪特征。性格还可表现对情绪的控制具有某种稳定性和一致性。这可从情绪活动的强度、稳定性、持久性和主导心境等四个方面来看。情绪的强度方面的特征表现为一个人受情绪的感染和支配的程度,以及情绪受意志控制的程度;情绪稳定性的特征表现为一个人情绪的起伏和波动的程度;情绪的持久性特征表现为情绪对人的身体和社会活动所存留的时间特征;主导心境方面的特征是指不同的主导心境在一个人身上的稳定表现。

(4)性格的理智特征。性格也体现在对感知、记忆、想象和思维等认知活动上。例如,在感知方面,有主动观察型(不易受外界干扰)和被动感知型(易受外界干扰),以及详细分析型(注意细节)、抽象概括型(事物整体),快速反应型(速度快)和精确判断型(敏锐和精确的思考);在想象方面,有幻想主义者(脱离现实)和现实主义者(联系实际),狭窄想象型(思维局限)和广阔想象型(开放思维),大胆想象型(敢于突破)和小心翼翼型(思维受阻)。在思维方面,可分为独立思考型(依赖自己)和墨守成规型(囿于过往),分析思维型(关注事物的不同)和综合思维型(关注事物的联系)。

3. 性格的类型

性格的类型是指在一类人身上所共有的性格特征的独特结合。一种分类法是按照理智、意志和情绪三者哪个占优势来确定性格类型。理智型的人善于理性思考,用理智衡量一切,并因此支配行动;情绪型的人,情绪体验深刻,言谈举止和想法受情绪左右;意志型的人具有较明确的目标,行为主动,且持续时间较长。也有些中间类型的人,例如理智——意志型等。

第二种是按个体心理活动倾向于外部或倾向于内部来划分的。这可分为外倾型和内倾型。外倾型人的特点是,心理活动倾向于外,开朗、活跃、善于交际;内倾型的人,心理活动倾向于内,沉静、反应缓慢、顺应困难。

第三种是按个体独立性的程度来划分类型。这可分为顺从型和独立型。属于顺从型的人,独立性差,易受暗示,容易不加批判地接受别人的意见,照别人的意见办事,在紧急困难情况下表现得张皇失措;而属于独立型的人,他们的主要特点是善于独立地发现问题和解决问题,不易为次要因素所干扰,在紧急困难情况下不慌张,易于发挥自己的力量。

（三）气质与性格的关系

气质是个人生来具有的心理活动的动力特征。它与人格的区别在于：人格的形成除了气质、体制等先天禀赋做基础外，社会环境的影响起着决定性的作用；而气质仅属于人格中受先天因素影响较大的那部分个性内容。性格是指个人的品行道德和风格。它是人格的一个重要组成部分，是个人有关社会规范、伦理道德方面的各种习性的总称，是不易改变的、稳定的心理品质。总之，气质是人格发展的先天基础、性格是个人后天形成的道德行为特征。

性格与气质互相渗透、彼此制约。气质更多地体现了神经系统基本特征的自然影响，因而在性格的形成过程中，气质影响着性格的动态方面，比较明显的是表现在性格的情绪性和表现的速度方面。例如同样是勤劳的人，具有多血质气质的人在劳动中容易情绪饱满，精力充沛；而具有粘液质气质的人则可能表现为踏实肯干、操作精细。气质的这种特点给同样性格的特征添上了独特的色彩。气质对性格的影响，还表现在气质可以影响性格形成和发展的速度和动态，例如对于自制力的形成，具有胆汁质气质的人需要经过极大的克制和努力，而对抑郁质的人则比较容易和自然。

反过来，性格也对气质产生影响。性格会在一定程度上掩盖和改造气质，使之服从于当前活动要求。例如，从事精细操作的外科医生应具备沉着的性格特征，这可能改造胆汁质容易冲动的特性。在良好的环境与教育的影响下，不同气质的人都可以培养积极的性格特征，从而说明性格对气质的重要作用。例如，学生在气质特征上，有的自制力和坚韧性强，有的自制力和坚韧性弱，但都可以形成同样的性格特征（如理智）。而在性格的培养中，良好的教育应当注意改造那些不适合某种性格特征的消极气质特性，发挥那些对某种良好性格特征适宜的气质特征。

三、人格特质

人格的特质范式（trait paradigm）以特质概念来假定行为的跨情景一致性和跨时间的持续性。虽然特质论与类型这一术语经常有联系，但特质论并不把人格分为绝对的类型，而通常认为存在一些特质维度。人们之间的差异，就在于在这些维度上表现程度的不同所形成的不同特质构型。

（一）奥尔波特的特质理论

美国心理学家奥尔波特认为，所谓特质，其实是一种神经—心理结构，它可以使一个人对多项外在和内在刺激在机能上等值。特质有共同特质和个人特质两种类型。共同特质是人类共有的特质，人人都具有，而个体之间的差异在于不同的人具备此特质的强弱程度不同。例如我们讲外向性，这意味着，任何人都可以在从极端内向到极端外向的这个维度上找到自己所在的点。个人特质是个人独有的，与共同特质相对，代表个人的行为倾向。奥尔波特将个人特质看作一种组织结构，不同的特质对于不同的人而言，在人格结构中处于不同的地位，与其他特质的关系也不同。他进一步区分了三类不同的个人特质：首要特质、核心特质和次要特质。首要特质是指个人生活中具有渗透性，占优势的特质。中心特质是指渗透性稍差一些，但仍具有相当概括性的重要特质。次要特质是指不太明显的、一致性和概括性较差的特质。

☞知识延伸

人格特质
理论

奥尔波特极力主张健康的成人人格原则上不能由动物、儿童神经症的研究引申而来。神经症和健康人的动机之不同,在于前者的动机在过去,而后者的动机则在未来。奥尔波特提出健康人格具有六个特点:广泛的社会交往能力;与他人热情交往的能力;情绪上的安全感和自我认同感;具有现实性知觉;比较客观地观察自己;有一致的人生哲学。

(二)卡特尔的特质因素理论

英国心理学家卡特尔继续了奥尔波特对特质的分类,认为特质决定个体在给定情境下将作出何种反应,使个体行为具有跨时间的稳定性和跨情境的一致性,能对行为起决定和预测作用。首先,与奥尔波特的思路一样,卡特尔也作了个别特质和共同特质的区分,他认为某个人独具的特质叫个别特质,通过兴趣、习惯、态度等形式体现,一个群体或团体所具有的特质叫共同特质,如内外向等。其次,他还从其他一些维度对不同特质作了区分,从来源上可以将特质分为体质特质(生理状态决定的)和环境特质(环境影响的),根据内容还可以把特质分为能力特质(对事)、气质特质(个人风格)和动力特质(动机)。此外,卡特尔还将特质区分为表面特质(看上去关联的特征或行为)和根源特质(行为之间的深层关联),表面特质可以通过对外显行为的观察得到,根源特质则由表面特质推断而来。

(三)艾森克的人格维度理论

英国心理学家艾森克(H.J. Eysenck)与卡特尔的关注焦点不同,他认为人格的维度有外倾—内倾、神经质和精神质。外倾性维度反映的是人的活动性指向和强度,这个维度的一端为典型的外倾特征群,另一端为典型的内倾特征群。典型的外倾者好交际,喜聚会,有朋友,善交谈;内倾者则是喜安静,不交往,倾内省,偏保守。现实生活中,大多数人处于中间位置。神经质是另一个重要维度,它反映了人情绪的稳定性。此维度的一端为情绪不稳定,另一端为情绪稳定。情绪不稳定为高神经质,情绪稳定为低神经质。高神经质的人的情感有易变性,是外显的、反应过敏的,更容易激动、动怒和沮丧,倾向于强烈的情绪反应,且较难平息。低神经质的人情感则容易摆脱困境,在情感方面很少动摇不定。精神质则代表一种倔强固执、粗暴强横和铁石心肠的特点,此维度的高分端为高神经质,低分端为超我机能。高精神质的人,往往被看成自我中心的、攻击性的、冷酷的、缺乏同情的、冲动的,对他人不关心的,且通常不关心别人的权利和福利;低精神质的人,则表现为温柔、善感等特点。

第二节　人格发展理论

前一节介绍了人格的一些基本概念。在人的一生历程中,人格是如何形成的?人格形成由婴幼儿时期的早期经验决定吗?其发展有什么规律?遗传和环境如何具体影响人格形成?本节将回答这些问题,介绍相关的理论和影响人格发展的因素。

一、弗洛伊德的人格发展理论

弗洛伊德的人格发展理论,是其所创立的精神分析学说的一部分。该学说强调潜意识、性本能等人格动力的重要性;其研究集中在焦虑、防卫机制、早期经验对日后人格发展的重要性，以及个人发展处理内部驱力、外部刺激的自我适应功能等方面。

（一）人格结构理论

早期，弗洛伊德认为意识（这里指人格）有三个水平：意识、前意识、潜意识（如图7-3所示）。意识是人格的最表层部分，是由随意想到、清楚觉察到的主观经验所构成。其特点是逻辑性、时空规定性和现实性。

前意识由那些虽不能立即回想、但经过努力可以进入意识的主观经验所构成。前意识的内容可以通过回忆进入意识，而意识的内容没被注意时，也可转入前意识中。前意识的主要作用是检查，即不许那些使人焦虑的创伤经验、不良情感，以及为社会道德所不容的原始欲望和本能冲动进入意识领域，而把它们压抑到潜意识中。前意识位于意识和潜意识之间。

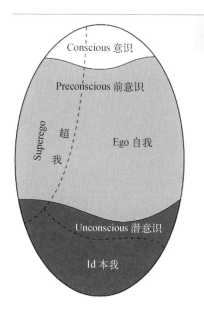

图7-3

弗洛伊德的
人格结构
理论[1]

潜意识是人格最深层的部分。潜意识的内容是不曾在意识中出现的心理活动，或者曾是意识的但已受压抑的心理活动。潜意识的主要成分是原始的冲动和本能，通过遗传得到的人类早期经验，个人遗忘了的童年经验和创伤经验，不合伦理的各种欲望和感情，等等。潜意识的主要特点是：无矛盾性、无时间性、非现实性、活跃、能量大、易变形和替换等。

后期，弗洛伊德对此理论做了较大修改，提出了本我、自我和超我的概念。本我由先天的本能、原始的欲望所组成，按照"快乐原则"行事。本我是人格中最难接近、但最有力的部分。与此相比，自我是人格中理智的、符合现实的部分。自我源于本我，但不能脱离本我而单独存在。自我在本我与现实之间、本我与超我之间起调节和整合作用。相较而言，超我就是人格中最文明、最有道德的部分，主要涉及自我理想和良心。超我是社会道德的化身，按照"道德原则"行事。超我与享乐主义的本我直接冲突和对立，力图限制本我的私欲，使它得不到满足。故自我在其中起调节作用。

形象地说，自我为三个"暴君"（本我、现实和超我）统治下的"臣民"。自我要尽力满足专横的本我的欲求，要应付严酷的现实环境，还要遵从神圣的超我的规范。自我在三个"暴君"之间周旋、调停，力图使三者的要求都得到满足。

（二）人格动力理论

弗洛伊德认为，本能来源于身体内部的刺激，是推动或启动心理活动的因素，是个体释放心理能量的生物力量，并且是一切行为的动机和基础。本能主要指性本能（Libido）又称力比多，以及其与性本能广泛联系的其他本能。性本能是一种性冲动的内在的潜力。性本能驱使人去追求实现，去寻求满足和获得快感。在弗洛伊德看来，"性"是广义的。性不仅仅是男女之间的性爱，更包括一切感觉器官或肌肉、皮肤等由于抚摸而产生的快感。两种主要的性本能是恋父情结和恋母情结。

① Ryckman R M. Theories of personality [M]. Cengage Learning, 2012.

后期,弗洛伊德提出了生的本能和死的本能。生的本能包括生存本能和性本能,代表爱和创造的力量。死的本能使人回到自然界无机物质状态的趋向。死的本能具有相当破坏力;当该破坏力指向个人内部,会表现为自责、自杀或受虐等行为;当破坏力指向外部,就会产生憎恨、攻击、侵犯和施虐等行为。

专栏7-2

自我防御机制

弗洛伊德认为,人的人格发展过程,需要整合意识、前意识、潜意识,本我、自我和超我,性本能等人格内容。这就需要形成一些自我防御机制。具体如下:

压抑:个体自我阻止的那些引起焦虑的念头、情感和冲动达到意识水平。如,喜欢一个人。

否认:个体潜意识里阻止有关自己痛苦的事实进入意识。如,否认亲人故去。

移置:个体自我将引起焦虑的冲动,指向另一个情境。如,在班级受气,向父母发泄。

认同:个体潜意识地模仿别人。如,自恋认同(认同与自己有相同特点的人)、目标定向认同(认同某个成功者)、强制性认同(认同权威甚至竞争方)。

升华:个体将本能冲动,转移到为社会许可的目标上。如,将性冲动指向学习活动上。

投射:个体把自己内心不被允许的态度、行为和欲望推给别人或他物。如,借题发挥。

合理化:个体用一种自己能接受的、超我能宽恕的理由来代替自己行为的真实动机或理由。如,将失败归因于运气。

反向:个体为掩藏某种欲念而采取与此欲念相反的行为。如,矫枉过正,此地无银三百两。

固着:个体行为方式发展的停滞和反应方式的刻板化。一是不随年龄的增长而成熟,二是遇到同样挫折仍沿用原有的反应方式。

退化:个体遇到挫折时以其年龄较幼稚的行为来应付此困境。退化与固着往往同时发生,总是退化到固着的发展阶段。

(三)性欲阶段理论

弗洛伊德提出,人的性本能对一生发展起相当重要的作用;该作用在不同发展阶段,表现方式是不一样的。

1. 口腔期(oral stage):初生到周岁

在这个阶段,婴儿力比多发泄的主要动欲区是口腔。婴儿通过口腔活动的吮吸、吞咽、咀嚼等,不仅满足了饥饿时的需要,而且获得了快感。在口腔期,婴儿通过与食物和食物提供者的协调活动,产生了亲密感,开始把自己与现实环境区别开来。这种现实感的获得,标志着婴儿自我的诞生。自我的形成是口腔期最重要的成就。值得注意的是,婴儿在欲望不能满足时,常常以咬来报复。这种伤害或毁害对象的欲望,被称为"口腔型施虐欲"(oral sadism)。

2. 肛门期(anal stage):从出生后第二年起到三岁末

此时,幼儿的主要动欲区,从口腔转移到肛门。肛门的排泄活动成为里比多发泄、获得快感的主要途径;成人对儿童排泄活动的过分注意也增加了儿童对排泄本身的兴趣。在此阶段,父母和儿童会产生较大冲突:父母力图对儿童进行训练,以便养成卫生习惯;而儿童则希望随意、不受限制地进行排泄。在此阶段晚期,儿童在排便习惯问题上学会了妥协,动欲区也就从肛门转移到身体别的部位,其人格发展进入了一个新的阶段。

3. 性器期(phallic stage):大约从三岁到五岁

此时,儿童的动欲区转移到了生殖器,儿童通过抚摸、显露性器官获得力比多的满足。此时儿童不仅对自己性器官发生兴趣(如有手淫行为),而且他们的行为开始有了性别之分。男孩有恋母情结,一方面喜欢妈妈,嫉妒爸爸;另一方面有担心被阉割的焦虑。这种焦虑的积极后果,使他放弃对母亲的性渴求,并通过对父亲的认同作用产生了超我,从而使恋母情结消失。在这一认同过程中,男孩获得了许多与父亲相同的价值观,如自强、自夸、攻击性等男性类的性格。这种焦虑还存在其他后果,如反向作用(不担心被阉割了,反而做出裸露行为和攻击行为)和升华作用(变得像母亲一样柔情)。与此类似,女孩有恋父情结,喜欢爸爸,嫉妒妈妈。由于阴茎妒慕,她可能模仿父亲,变成"假小子"性格;如果女性冲动占优势,则更倾向于模仿母亲,形成女性性格。

口腔期、肛门期和性器期合称为前生殖期。这一时期,性欲作用于自己的身体,如吸吮拇指、排便、手淫,等等。因此,零到五岁期又称为自恋期,包含了对同性和异性成人的性欲。

4. 潜伏期(latency stage):从六岁到十二岁左右

此时,儿童的力比多冲动处于暂时的潜伏状态,性兴趣被其他兴趣,如探索自然环境、知识学习、文艺体育活动和同伴交往等所取代。这段时间里,儿童生活范围扩大,在学校吸取了系统知识,其人格中的自我和超我部分获得了较大发展。在异性交往方面,男女儿童之间关系较疏远,团体活动时多是男女分组,甚至壁垒分明、互不来往。这种状况一直维持到青春期才又发生变化。

5. 生殖期(genital stage):十二岁以后

这是性本能发展的最后阶段。经过一段潜伏期后,青年男女进入青春期;随着性成熟,两性之间在身体上的差异日益明显;此时,生殖器成为主要的性感区,已摆脱儿童时期的性对象,并以异性为性对象。这一时期持续时间最长,从青春期直至衰老为止。到人老时,人的性欲退化,出现类似幼儿甚至婴儿的肛门快乐、口腔快乐等特征。弗洛伊德认为,潜伏期和生殖期对人格基本结构的发展是无关紧要的。

依据上述理论,弗洛伊德认为,人格的健康取决于人格各个部分关系的和谐一致,以及个人与其生存现实世界的协调。人的适应不良乃至心理疾病,产生于心理性欲发展阶段的过程中遭遇过多或过少的挫折,导致力比多能量投入不均。成人人格出现的问题,乃是童年时期性本能受到压抑、升华、反向、固着、退化等的结果。如果自我长时间地、经常地运用防御机制,就会过多消耗能量,导致内在人格结构的不平衡。上述这些看法,受到较多心理学家的批评,被称为"泛性论"。

专栏7-3

释　梦

弗洛伊德认为，释梦这一方法是"通往了解精神分析生活中无意识状态的成功之路"。梦是欲望的满足，尽管此欲望是被压抑的，此满足是虚假的满足。梦有三个来源：一是感觉刺激，二是发梦者在清醒时的所思所想，三是本我的冲动。

人在觉醒的时候，由于前意识（看守人）严格检查，潜意识的欲望无法出现在意识活动中。但是，人在睡眠的时候，由于"看守人"松懈检查，潜意识的欲望乘机出现，看似活跃；它们以伪装的方式，闯入意识而成梦。所以，梦的内容并不是被压抑欲望的本来面目，需通过分析和解释，才能寻找到真正的根源。

弗洛伊德把梦分为显梦和隐梦两种。所以梦既有明显的内容，也有隐藏的内容；显梦像假面具，隐梦才是真面目。释梦就像猜谜，显梦是谜面，隐梦是谜底。

怎样分析梦呢？让被试醒来后讲述梦境，这是显梦。弗洛伊德认为，显梦的形成（梦的工作）有四个基本过程：凝缩（condensation），即把隐梦中几种共同成分结合成一样东西，例如，显梦中的"植物"可能代表了隐梦中园丁、老师、名叫Flora的患者，等等。移置（displacement），即被压抑的愿望变成梦境后，不以本来面目出现，而以相反的面貌出现。本是隐梦中极重要的内容，在显梦中以不重要的成分出现。象征（symbolization），即把隐梦中被压抑的成分，化作视觉形象表现出来。润饰（secondary elaboration），即梦总是零碎、不连贯的，但醒来以后，人把梦连起来，颠倒次序，这就掩盖了真相。

01. 埃里克森

埃里克森(Erik. H. Erikson, 1902—1994)美国精神病学家、发展心理学家和精神分析学家。他创造了"同一性危机"的术语，提出人格的社会心理发展理论，把人的生命周期分为八个阶段。每一阶段都伴有心理社会的同一性危机和期望的发展结果，危机的顺利解决是人格健康发展的前提。埃里克森的主要著作有《少年路德：精神分析和历史的研究》(1993)、《同一性：青少年与危机》(1968)、《生命历史与历史时刻》(1977)、《新的同一性维度》(1979)、《同一性与生命周期：一种新观点》(1980)等。

二、埃里克森的心理—社会发展阶段理论

（一）理论含义

美国心理学家埃里克森(Erik. H. Erikson)建立了代表新精神分析学派的人格发展理论。与弗洛伊德的精神分析相比，新精神分析反对以泛性论为动力的生物主义和对人的悲观主义，强调自我的重要性以及社会文化因素对人类行为的影响。埃里克森认为，个性的发展受生物、心理和社会等三方面因素的影响；据此，他从情绪、道德和人际关系的整体发展角度来研究个性。因此，埃里克森的这一理论又被称为心理—社会发展理论。

埃里克森认为，在人的心理发展过程中，自我与社会环境相互作用，所形成的人格是生物、心理和社会三方面因素组成的统一体。他把人的一生从出生到死亡划分为八个互相联系的阶段（具体见表7-2所示）。

（二）各阶段的内容

1. 信任感对不信任感

该阶段的基本任务，主要是形成信任感，发展对周围世界，尤其是对社会环境的基本态度。这个阶段的儿童对成人的依赖性最大。如果父母等抚养者能爱抚儿童，及时满足他们各方面的基本需求，就能使婴儿对周围的人产生信

危　机	年龄范围	特　　征
信任感对 不信任感	婴儿期 （出生—1岁）	通过持续不断的爱与关怀，形成对环境的信任。
自主感对 羞耻感与怀疑感	幼儿期 （1—3岁）	在父母支持下，不断体验成功，形成自主。
主动感对 内疚感	儿童早期 （3—6岁）	由交流和挑战所导致的探究和探索态度。
勤奋感对 自卑感	儿童晚期 （6—12岁）	通过成功和取得各类成就，体验对任务熟练掌握的胜任感。
自我同一感对 同一感混乱	青少年期 （12—18岁）	在学校和社会实践中，通过扮演不同角色，形成人格、社会、性别和职业等方面的自我同一感。
亲密感对 孤独感	青年期	通过与他人交往，对他人开放并形成亲密联系。
繁殖感对 停滞感	成人期	通过职业的成功和社会责任感的增强，对社会做出大量富有创造意义的贡献，关心下一代的发展。
自我整合感对 绝望感	老年期	通过理解个人在整个生命周期中的位置，接受并理解自己的生活。

表7-2

埃里克森
心理社会
发展的八
阶段

任感，使他们感到世界和人是可靠的。相反，如果需要没得到满足，儿童就会产生不信任感和不安全感。对人和环境的信任感，是形成健康个性品质的基础，也是以后各阶段发展的基础，更是青少年期形成同一性的基础。这一阶段危机的积极解决，会在儿童的个性中形成一种良好的品质，即希望它是指对自己愿望的可实现性具有持久的信念。

2. 自主感对羞耻感与怀疑感

该阶段的基本任务，主要是形成自主性。一方面，父母要给儿童一定的自由，允许他们去做力所能及的事情。如果父母对子女的行为限制、惩罚与批评过多，就会使儿童产生羞耻感，怀疑自我或否定自身的能力。另一方面，父母根据社会的要求，对儿童的行为进行一定程度的限制或控制；只有这样，才能使儿童既学会独立生活，又能服从一定的规定和要求，以便将来能遵守社会的秩序和法规。积极地解决了这一阶段的危机，所形成的良好品质为意志，它是指个体成功驾驭自己情感。

3. 主动感对内疚感

该阶段的基本任务，主要是发展主动性。在这一阶段，儿童的肌肉运动与言语能力发展很快，活动范围也进一步向外界扩展，对周围环境充满了好奇心。此时，如果成人对儿童的好奇心和探索行为不横加阻挠，让他们有更多机会自由参加各种活动，并耐心地解答他们提出的各种问题，那么儿童的主动性就会得到进一步发展。相反，如果父母经常采取否定与压制的态度,这会使儿童认为自己所玩游戏不好,提出的问题笨拙,从而产生内疚感和失败感。对这一阶段危机的积极解决,所形成的良好品质为目的,它是指面对和追求有价值的目标的勇气。

4. 勤奋感对自卑感

该阶段的基本任务,主要是发展学习中的勤奋感。儿童不仅接受父母的影响,而且还接受教师和同学的影响。为了不落后于众多同伴,他们必须勤奋学习,但不可避免地会体验到失败情绪。如果儿童在学习上不断取得成就,在其他活动中也经常受到成人的奖励,就会产生勤奋感;如果在学业上屡遭失败,在日常生活中又常遭到批评,就容易形成自卑感。这一阶段危机的积极解决,所形成的良好品质为能力,它是指在完成任务中运用自如的聪明才智。

5. 自我同一感对同一感混乱

该阶段的基本任务,主要是发展或建立自我同一感。所谓自我同一感,是一种关于自己是谁,在社会上占什么样的地位,将来准备成为什么样的人,以及怎样努力成为理想中的人等一系列感觉。顺利实现同一感,关键是教师或父母鼓励并支持青少年亲自去做一些尝试。通过亲身体验,他们发现适合自己的生活方式,并逐渐形成自己独特的世界观、人生观和价值观。然而,有些青少年由于长期遭到同一性挫折,出现了持久的、病态的同一性危机。这些青少年不能正确选择适应社会环境的生活角色,形成的自我同一感是消极的,且背离了社会要求。此外,他们的道德推理不够成熟,行为冲动,责任感不强。这一阶段危机的积极解决,可以使青少年获得积极的同一性,形成一种良好的品质为忠诚,它是指忠于自己内心誓言的能力。

6. 亲密感对孤独感

该阶段的基本任务,主要是形成亲密感。亲密感是人与人之间的亲密关系,包括友谊与爱情。亲密感在危急情况下,往往会发展为一种互相承担义务的感情,它是在共同完成任务的过程中建立起来的。埃里克森指出,只有建立了牢固自我同一性的人,才敢热烈追求与他人建立亲密关系。亲密关系的建立,要求个体把自己的同一性和他人的同一性融合在一起,此过程包含着让步和牺牲。而一个没有建立自我同一性的人,担心同他人建立亲密关系而丧失自我。这种人离群索居,害怕与他人过于亲密,不愿与他人交流思想和情感,从而产生孤独寂寞感。这一阶段危机的积极解决,所形成的良好品质为爱,它是指一种永久的相互献身的精神。

7. 繁殖感对停滞感

这一阶段有两种发展的可能性:一种是积极的发展,即繁殖感,个人除了关心家庭成员外,还会扩展到关心社会上其他人,他们在工作上勇于创造,追求事业的成功,而不仅仅为了满足个人的需要;另一种是消极的发展,即停滞感,就是只顾及自己和自己家庭的幸福,而不顾他人的困难和痛苦。这一阶段危机的积极解决,所形成的良好品质为关心,它是指自觉地关心他人、爱护他人。

8. 自我整合感对绝望感

有些人积极地解决了前面七个阶段中的发展危机,此时他们具有充实感和完善感,回顾这一生会觉得一辈子过得很有价值,生活很有意义。而屡遭挫折的人在回忆自己一生时,经常体验到失败甚至绝望,这是因为他们生活中的主要目标尚未达成。他们感到已经处于人生的终结,想要重新开始已经太晚了。这一阶段危机的积极解决,所形成的良好品质为明智,它是指以超然的态度来对待生活和死亡。

上述八个阶段以不变的序列逐渐展开,每一个发展阶段都需要解决某一种具有普遍性的心理与社会矛盾,即"危机"。这并不是一种灾难性的威胁,而是指发展中的重要转折点。在每个转折点上,个体不可避免地要对发展的方向作出选择。前一阶段危机的积极解决,增加了下一阶段危机解决的可能性,而消极地解决危机,则减少了这种可能性,给下一阶段的发展造成障碍。因此,各阶段发展任务解决得顺利与否,将直接影响到个体未来人格和生活的具体方面。从本质上讲,社会环境决定了各阶段的任务能否获得积极解决,也正是出于这个原因,埃里克森才把人生的八个阶段称为心理社会发展阶段。

(三)心理—社会发展理论的教育含义

埃里克森不仅指出了每个发展阶段的任务,个体将面临的危机,还提出了解决矛盾、完成任务的具体教育方法。其教育措施既强调父母的作用,也十分重视同伴、教师和社会的作用。

在第一阶段(婴儿期),形成基本的信任感,应使儿童的生活有一定的规律并适时地满足他们的各种需要。父母不仅要重视育儿技巧,更要重视育儿时亲子关系的双向性。父母对生活、对他人、对社会的不信任感会潜移默化地传递给儿童。

在第二阶段(幼儿期),发展自主感,应允许并鼓励儿童去做一些力所能及的事情。在这一阶段,儿童开始学习走路,玩玩具,对周围世界充满了好奇,并自发地进行探索。此时过多的限制、批评和惩罚则会阻碍儿童的发展。例如,对幼儿尿床过度批评,或对儿童打碎杯子碗碟严加指责,就会使儿童产生羞耻感。当然过分爱护,替儿童包办一切,也不利于其自主感的发展。

在第三阶段(学前期),发展主动感,应提倡儿童开展各类游戏或自己从事某些活动。利用游戏,其目的在于补偿儿童对失败和受挫的体验,有助于缓释和解决前面两个阶段中未能很好处理的危机。如果父母对儿童的游戏行为给予鼓励和支持,则会增加儿童探索外界事物的信心,从而更有可能形成主动性。相反,如果父母对儿童的游戏不闻不问甚至讥讽嘲笑或横加阻止,都会给儿童的心灵带来伤害,使其产生退缩和焦虑反应。同时,这一阶段也是儿童最喜欢问"为什么"的时期。对于儿童提出的各种问题,父母应该耐心地给予解答,这不仅能丰富儿童的知识,而且也促进了他们的求知欲。

在第四阶段(小学期),发展勤奋感,要善于利用各种心理效应和强化手段。教师是这一阶段儿童心目中的权威,其影响力逐渐超过了父母。教师的期待可以使儿童向期望的方向发展,这也就是通常所说的"皮格马利翁效应"。儿童如果在学习中屡遭失败,在同伴中不被认可和尊重,自卑感就会随之产生。如果教师严厉批评他们的学习表现,或采取听之任之的忽视态度,都将加深儿童的自卑感。如果教师能抓住时机恰当地给予表扬和赞许,久而久之儿童会建立自信心,并使其对学习产生兴趣,从而自觉地投入到学习中去。

在第五阶段(青少年期),形成自我同一感,要帮助或引导学生的人格、心理、性别和社会等方面的发展。在这一阶段,学生面临着众多选择,如升学的选择、理想的选择、职业的选择、异性朋友的选择等,青少年往往会感到茫然,焦虑与不安。父母和教师应给他们自由选择的权利,同时要提供正确的参考意见,并以自身的言行为他们树立榜样。过分干涉或漠不关心都不利于青少年的身心发展。

在人的一生中,尤其是从婴幼儿期到成年早期,家庭和学校教育对个体的心理社会发展起了十分重要的作用。了解个体社会化的整个过程以及各个阶段心理活动的特点和规律,有助于父母和教师采取相应的教育方式和行之有效的措施。

三、影响人格发展的因素

前述内容表明,个体的人格(如气质与性格)和社会性(如信任、自卑等)不仅受先天因素影响,也受后天环境因素的影响。在教育情境中,儿童最初几年在家里度过,与其相互作用的主要对象是父母。家庭作为儿童社会化最基本的动因,对儿童早期的行为塑造起关键作用。随着年龄的增长,个体的认知能力不断提高,活动范围也进一步扩大。个体逐渐地从生理上的断乳期过渡到心理上的断乳期,自然地疏远了与父母的交往,而更多地走到同龄伙伴中去。

(一)父母教养方式

1. 父母教养方式的类型

可以从两个维度来看父母教养方式:一是父母对待儿童的情感态度,即接受—拒绝维度;二是父母对儿童的要求和控制程度,即控制—容许维度。在情感维度的接受端,家长以积极、肯定、耐心的态度对待儿童,尽可能满足儿童的各项要求;在情感维度的拒绝端,家长常以排斥的态度对待儿童,对他们不闻不问。在要求与控制维度的控制端,家长为儿童制订了较高的标准,并要求他们努力达到这些要求;在要求与控制维度的容许端,家长宽容放任,对儿童缺乏管教。根据这两个维度的不同组合,可以形成四种教养方式:权威型、专断型、放纵型和忽视型。不同的教养方式无疑会对儿童的社会性发展和个性形成产生重大影响(具体如表7-3所示)。

表7-3 教养方式的两维分类	教养方式	维度类型	可能后果
	权威型	接受+控制	儿童期:心情愉悦,幸福感;高自尊和高自我控制 青少年期:高自尊、高社会和道德成熟性;高学术和学业成就
	专断型	拒绝+控制	儿童期:焦虑、退缩、不幸福感;遇到挫折易产生敌对感 青少年期:与权威型相比,自我调整和适应较差;但与放纵型和忽视型相比,常有更好的在校表现
	放纵型	接受+容许	儿童期:冲动、不服从、叛逆;苛求且依赖成人;缺乏毅力 青少年期:自我控制差,在校表现不良;与权威型或放纵型相比,更易产生不良行为
	忽视型	拒绝+容许	儿童期:在依恋、认知、游戏、情绪和社会技巧方面存在缺陷;攻击性行为 青少年期:自我控制差;学校表现不良

2. 各教养方式的含义

（1）权威型教养方式。这是一种理性且民主的教养方式。权威型的父母认为自己在孩子心目中应该有权威。但这种权威来自父母对孩子的理解与尊重，来自他们与孩子的经常交流及对子女的帮助。父母以积极肯定的态度对待儿童，及时热情地对儿童的需要、行为做出反应，尊重并鼓励儿童表达自己的意见和观点。同时他们对儿童有较高的要求，对儿童不同的行为表现奖惩分明。

这种高控制且在情感上偏于接纳和温暖的教养方式，对儿童的心理发展有许多积极的影响。这种教养方式下的儿童独立性较强，善于自我控制和解决问题，自尊和自信心较强，喜欢与人交往，对人友好。

（2）专断型教养方式。专断型父母要求孩子绝对地服从自己，希望子女按照他们为其设计的发展蓝图去成长，希望对孩子的所有行为都加以保护监督。这一类也属于高控制型教养方式，但在情感方面与权威型父母有显著的差异。这类父母常以冷漠、忽视的态度对待儿童，他们很少考虑儿童自身的要求与意愿。对儿童违反规则的行为表示愤怒，甚至采用严厉的惩罚措施。

这种教养方式下的学前期儿童常常表现出焦虑、退缩和不快乐。他们在与同伴交往中遇到挫折时，易产生敌对反应。在青少年时期，在专断型教养方式下成长的儿童与权威型相比，自我调节能力和适应性都比较差。但有时他们在校的学习表现比放纵型和忽视型下的学生好，而且在校期间的反社会行为也较少。

（3）放纵型教养方式。这类父母和权威型父母一样对儿童抱以积极肯定的情感，但缺乏控制。父母放任儿童自己做决定，即使他们还不具有这种能力。例如，任由儿童自己安排饮食起居，纵容儿童贪玩、看电视。父母很少向孩子提出要求，如不要求他们做家务，也不要求他们学习良好的行为举止；对儿童违反规则的行为采取忽视或接受的态度，很少发怒或训斥儿童。

这种教养方式下的儿童大多很不成熟，他们随意发挥自己，往往具有较强的冲动性和攻击性，而且缺乏责任感，合作性差，很少为别人考虑，自信心不足。

（4）忽视型教养方式。这类父母对孩子既缺乏爱的情感和积极反应，又缺少行为方面的要求和控制，因此亲子间的互动很少。他们对儿童缺乏最基本的关注，对儿童的行为缺乏反馈，且容易流露厌烦、不愿搭理的态度。如果儿童提出诸如物质等方面很容易就能满足的要求，父母可能会对此做出应答；然而对于那些耗费时间和精力的长期目标，如培养儿童良好的学习习惯、恰当的社会性行为等，这些父母很少这样去做。

这种教养方式下的儿童与放纵型教养方式下的儿童一样，具有较强攻击性，很少替别人考虑，对人缺乏热情与关心，这类孩子在青少年时期更有可能出现不良行为问题。

帮助父母采取正确的教养方式　　专栏7-4

　　教师可以建议学生家长采用如下措施来促进儿童的学业成绩、自我价值感和心理健康：

☞ **及时沟通**

当子女遇到不顺心的事情时,父母应多从子女角度考虑,给予理解,使其感受到父母的支持与鼓励。

☞ **体贴入微**

父母作为家庭生活的主导,子女健康成长的监护者,应该细心关注孩子成长过程中的情绪、行为的微妙变化,给孩子以理智的爱和适度的控制。

☞ **适当要求**

对子女提出知识和社会能力方面的要求,提供各种便利条件。

☞ **监督学习**

先了解子女的学习状况,制订学习计划,随时检查每一内容的理解和掌握程度,并以此作为调节进度的依据。

但更为重要的是,家长应慎用各种惩罚措施。有研究者曾专门研究了惩罚这一普遍性的教养方式对儿童社会化的影响。他们把惩罚分为强制和"爱的收回"两种。强制是指父母对儿童的体罚、冷漠地拒绝、剥夺以及威胁等。研究表明,强制方式会阻碍儿童道德规范的内化,同时也会降低儿童良知的发展。之所以会产生这样的结果,是因为强制会引发孩子的敌意,同时又向儿童提供了一个社会模仿的榜样。"爱的收回"是一种心理上的惩罚方式,它表现为父母不理睬、孤立儿童、对儿童表示失望等。这种惩罚方式会导致父母与儿童感情的破裂,使儿童体验到对自身安全的威胁和焦虑感。

而另一些研究则表明,那些有着强烈的亲社会行为和道德责任感的儿童,他们的父母对其惩罚常赋有情感,并伴随着合理的解释,而且父母一般采用权威型的教养方式。有研究提出,对孩子的适当要求不仅可以促进儿童认知的发展,而且还能促进其社会能力的发展,特别是当要求与对儿童的支持和反应相结合时更有效。

(二) 同伴关系

1. 制约同伴关系形成的条件

影响同伴关系形成的因素,主要涉及学业成绩、个人的行为特征、教师的评价和个人的身体特征这四个方面。

首先,学业成绩影响着同伴关系的形成。儿童在校的学习成绩不仅是教师、家长关注的焦点,而且也是学生评价自己和同学的重要标准。在赋予学习成绩极高价值的社会文化中,学业成绩好,就易于被某一同伴群体接纳;而学习成绩差,则往往被同伴群体拒斥。所以,学习优秀的儿童,其同伴接纳水平最高,而且容易为同伴所尊重和羡慕。相反,学习困难儿童不仅自己为学业上的失败感到自卑,而且也为同学们所轻视,成为不受欢迎、不被接纳的对象。

其次,个人的行为特征是被同伴接纳的重要条件。在同伴关系中,受欢迎的儿童大多具有亲社会性、擅长体育、风趣等特点;被拒斥的儿童最容易产生攻击和破坏性行为;被忽视的儿童的亲社会性和攻击性都很低,他们害羞、不敢自我表现。与此类似,被同伴喜欢的重要原因,则有宽厚大度、容易相处,对人友好、合群、易接近,有同情心、善解人意等特征；而不被同伴喜欢的重要原因，则是自私自利、不考虑他人、攻击与破坏等行为。

再次，教师的评价对同伴关系的形成也产生影响。儿童常常会说："我们老师就是这样说的""老师是这样教我们的……""不行，老师知道了，会批评我的"，而随着年龄的增长，虽然学生已不再把教师的话机械地奉为评判标准、行为准则，但教师的言行、评价、期望仍会对学生产生较大影响。所以，教师对一个学生的评价和认可程度会间接地影响其他学生对这个学生的接纳程度。

最后，个人的身体特征也会影响被同伴接纳的程度。儿童倾向于给外貌有吸引力（如英俊、漂亮）的同伴赋予积极的认知与评价。对外貌有吸引力的儿童的评价，往往是肯定、积极的，而对无吸引力的儿童的评价则相反。因此，有吸引力的儿童常被同伴更多地提名为"最好的朋友"，当然，并不是所有儿童都把身体吸引力作为择友的标准。

2. 同伴关系对儿童的影响

（1）满足儿童的多种心理需要。

首先，同伴关系能够满足儿童的安全需要。他们能从同伴那里获得情感支持和帮助，这无疑减少了他们的孤独感和恐惧感。特别当儿童面临挫折时，同伴的帮助可以使他们减少无助感。如果这种需要得不到满足而且经常被同伴拒斥，就会焦虑进而影响其身心健康。

其次，同伴关系能够满足儿童归属感与爱的需求。同伴群体是与儿童息息相关的非正式群体，是儿童学习和生活的一个重要环境。在与同伴的交往过程中，儿童逐渐发展复杂的人际关系和友谊。儿童可以从同伴处得到宣泄、宽慰、同情和理解。

再次，儿童成就感的需要同样可以通过发展同伴关系得到满足。学习行为对小学儿童择友的影响很大。小学儿童用学习的好坏来衡量一个人能力的大小和在班集体中地位高低。学习好的儿童容易得到教师的赞扬和集体的承认，因而也容易成为同学们敬慕的对象。

（2）为社会能力发展提供背景。

皮亚杰曾指出，年幼儿童是以自我为中心的，他们不能意识到同伴的观点和感情。然而在同伴交往中，儿童逐渐建立起平等互惠的关系，同时他们也体验到彼此观点和意见的冲突。与同伴的交往使儿童意识到积极的社会交往是通过合作而获得并维系的。皮亚杰也特别强调，同伴间的讨论和争论是道德判断能力发展所必需的。因此，没有与同伴平等交往的机会，儿童将不能学习有效的交往技能，不能获得控制攻击行为所需要的能力，也不利于性别社会化和道德价值的形成。

（3）促进自我意识的发展。

在同伴交往中，经常可以听到这样的评价，"你真聪明"、"你很内向"、"他学习很差"、"大家都不愿和他交朋友"，等等。来自同伴的评价，在儿童自我意识的发展中起了重要作用。儿童或者听到或者从同伴的言行、表情中了解到他人对自己的评价，通过整合多方面的反馈就形成了自我评价。良好的同伴关系也是形成健康的自我意识所必需的。当他人的评价不一致时，儿童经常运用社会比较，即把自己与同伴做比较。随着社会比较能力的发展，儿童的自我意识也越来越准确，越来越接近真实的自我。

从上述三方面可以看出,同伴关系对儿童社会化发展产生重要影响。但是,也不要忽视它所带来的不利影响。由于同伴群体鼓励服从,因而有可能压抑个体的独特性。群体成员对所属群体表现出的忠诚有可能使他们为自己划定交往的圈子,从而失去与其他人交往的机会,这对个体的适应社会以及获得社会认可行为反而不利。同时,还应该看到,并不是每个人都能加入到某个同伴群体中去,有些学生可能会遭到拒绝,从而这部分学生的归属感难以得到满足,自我意识受到损害。另外,同伴群体的规范和价值观可能不完全正确,甚至是错误的,如果个体盲目遵从,就会产生过错行为,甚至品行不良。

专栏7-5

校园欺凌现象及应对[①]

上小学时,我们班有一个男生王某,身材瘦瘦小小的,经常在班里被欺负。男生会在语言上侮辱他,打他,甚至有一次几个男生从他旁边经过,一个男生故意找茬,指着他对另外几个人说:×××真臭,我们把他鞋子脱下来吧!然后他们把他按在桌子上,强行脱掉他的鞋子,举着鞋在班里跑,还扔来扔去。全班都在笑,王某光着两只脚站在座位上,红着眼睛一句话都说不出,也哭不出来。大部分女孩一般也都是不理他,有时候放学他会追过去问作业什么的,大家都很有默契不说话,装没听见。偶尔有些嘴碎的女生会编一些所谓的八卦嘲笑他,比如他家特别穷,他父母每天晚上打他,等等,一开始他还辩解,后来发现根本没有人理会他。

最让人觉得心里发冷的还有一些老师的反应,王某刚开始被欺负的时候会去老师那里打小报告,但是老师都说:"为什么别人就光欺负你不欺负别人呢?"还有一次他考试得了倒数,他妈妈在教室打他,吓得他站到窗台上想往下跳,当时有一些女生特别害怕地去找班主任,班主任特别冷漠地说了一句,告诉他妈妈死别死在学校里。小学六年的时光里,王某的作为我记得最清楚,因为成绩差,他永远都坐在教室最后靠窗的那个角落,永远只有他一个人,没有同桌。

这种绝望压抑的处境甚至家长都无力解决,他妈妈到学校来接他的时候,有些女生告诉她他经常被欺负,一开始她表示惊讶和难以置信,后来她也去找了任课老师反映过这种情况,但是每次这些反映都并没有被老师所重视。有一段时间她每天放学接孩子的时候都会问我们她儿子今天在班里有没有被欺负,他就在后面远远地站着,害怕有人说出来他会被报复。

长期的孤独和压抑让王某形成了一种轻微的讨好型人格,只要别人给他一点温暖他就开始长期持续地想要回报别人,美术课上有人借他一块橡皮,他第二天会拿来很多他自己收藏的小玩意送人,有一次放学顺路我和他聊了会儿天,我妈妈骑着车子接我回家,他甚至在后面一路小跑要和我说话,最后我妈妈都看不下去说你别跑啦,快回家吧。他都笑得特别开心说没事。那种情景现在想起来只会让人觉得心酸。

[①] 沉默的马大爷.怎样算校园欺凌?如何才能防治? https://www.guokr.com/article/441900.

　　对于近年来屡次出现让人震惊的校园欺凌事件，许多西方国家已经推出了大规模的反欺凌项目，可以采取的处理办法包括：在个人层面上提供社交——情绪管理技能训练、提供避免和应对欺凌的技能训练、与欺凌者家长座谈，针对家长进行培训、对于受害者和欺凌者的个人心理进行干预；在班级层面上，可以在班级张贴并实施学校的反欺凌规章，定期举行关于校园欺凌的课堂讨论和定期召开关于欺凌的家长会；在学校层面上，学校可以成立欺凌预防调查委员会，并对委员会成员和职工进行欺凌预防培训、在学校范围内设立关于暴力行为的零容忍政策、多检查和修正学校对欺凌的监管、学校可以邀请家长参与反欺凌项目。元分析显示，这类项目确实能够有效地降低校园欺凌发生的概率，降低校园欺凌带来的危害。

第三节　学生社会心理

　　学生在与父母、同伴等人交往过程中，涉及众多社会化内容，如自我意识、态度、道德和性心理等。在这些内容上的教育与培养，是促进学生发展健全人格的必不可少一环。

一、自我心理
（一）自我意识
　　自我意识（self-consciousness）是指人对自己的认识以及对自己和周围人的关系的认识（如图7-4所示）。自我意识由自我认识、自我体验与自我控制三种心理成分构成。这三种成分相互联系、相互制约。自我意识不是与生俱来的，而是个体在与周围环境相互作用的过程中，随着身心成长逐渐产生和发展起来的。自我意识是个体社会化的一个结果，同时它的形成和发展又进一步推动了个体社会化的进程。

图 7-4

自我意识

1. 自我认识

自我认识是主观的我对客观的我的认知与评价。自我认知是自己对自己身心特征的认识，而自我评价是在此基础上形成的判断。正确认知并评价自己是一个复杂的过程，除了认知因素外，动机、需要、期望等心理因素也参与其中。如果一个人只看到自己的缺点，长期徘徊在失败的阴影中，很容易失去自信心，从而导致自卑心理的产生。相反，如果一个人一直以自我为中心、盲目乐观、刚愎自用，则会阻碍良好人际关系的形成，容易在社会交往中受挫。

2. 自我体验

自我体验是个体对自己所具有的情绪体验和态度。自尊、自信、自负、自我满足、自我欣赏、自我贬低都是各种自我体验。自尊是自我体验中最主要的一个方面，是指尊重自己的人格和荣誉，维护自我尊严的情感体验。对于一个缺乏自尊心的人，任何表扬和批评都无法起作用。羞耻心与自尊紧密相连，是指发现自己的缺点、不足和错误时产生的羞愧感，是自尊心产生的基础，也关系到个体的进步和成长。

3. 自我控制

自我控制是个体对自身行为和心理活动自觉而有目的地调整和控制。自我控制包括两个方面：一是激发作用，即自己命令或激励自己从事某些活动；二是抑制作用，即审时度势地控制自己的言行。自我控制有利于个体学习和工作的顺利进行，同时它促进了良好人际关系的形成和维系。

在上述三种心理成分中，自我意识有积极和消极之分。积极的自我意识对"现实我"有比较清晰客观的认识，而且"理想我"的确立比较现实，既不好高骛远，又具有一定挑战性。对自我的情感体验是健康、向上的，在实际生活中能自觉地自我控制，不断地完善自己。而消极的自我意识则恰恰相反，它对自我的认识是不准确的，是否定的或歪曲的，情感体验是消极或虚妄的，面对所发生的事情往往无所适从。

（二）自我概念

值得注意的是，在自我意识中，自我概念（self-concept）相当重要。自我概念通常是指"由个体对自身的观念、情感和态度组成的混合物"。在很多场合，自我概念和自我意识可以互换使用。自我概念不是永恒、统一或不变的，它随着情境和年龄阶段的不同而不断变化。有研究者总结出英语国家学生自我概念的层级结构，具体如图7-5所示。

图 7-5

自我概念的
层级结构

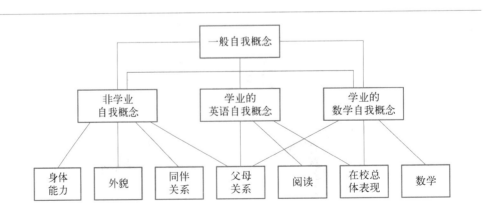

可以看出，对自我的总体知觉可以分为非学业方面的和学业方面的。其中学业自我概念至少包括两部分——英语的和数学的。这种分法比较适合小学阶段的学生，随着年龄的增长、学业课程的增加，学生可能形成其他的学业自我概念，如对社会科学、自然科学等的自我概念。这些位于第二层的自我概念本身又是由更为具体而独立的自我概念组成的，如对身体能力、外貌、与同伴的关系、与家庭（尤其是父母）的关系等方面的认知。这些概念在日常经历及体验（例如体育运动表现，对身体、皮肤或头发的评价，友谊，对群体作出的贡献等）的基础上逐渐形成。

（三）不同年龄阶段的自我意识

1. 婴幼儿的自我意识

婴儿刚出生时不具有自我意识。一岁左右（9—12个月），儿童在跟其他人的交往中，逐渐认识了自己身体的各个部分并产生了对自己行动的意识，这个阶段产生了初步的主体我；大约到第一年末（12—15个月）儿童开始能把自己的动作和动作对象区分开来，随后又能把自己和自己的动作区分开来，主体我得到明确的发展。三岁左右产生了对自己心理活动的意识；四岁以后，开始出现对自己的认识活动和语言的意识。

自我评价是自我意识的一种表现。儿童自我评价从两三岁左右开始出现。幼儿的自我评价尚处于学习阶段。它具有以下五个特点：（1）依从性，由于幼儿自身认知水平的限制，加上对权威的服从，他们常把成人对自己的评价作为自己对自己的评价；（2）被动性，幼儿的自我评价通常不是自发的，而是出于成人的要求，而且评价的内容多数仅仅是重复成人的评价；（3）表面性，自我评价集中于自我外部表现的具体行为，尚不会评价自己的心理活动及个性；（4）主观情绪性，幼儿对权威（如父母、教师）和自己的评价总是偏高；（5）不稳定性，幼儿的自我评价忽高忽低，很不稳定，这一特点与儿童自我评价的依从性和被动性有关。

2. 学龄初期儿童的自我意识

儿童进入学校以后，自我意识得到加速发展。这是由于一方面儿童已能利用语言符号调节自己的行为；另一方面客观环境向儿童提出了一系列的要求，迫使儿童按照这些要求来检查、约束自己的行为，同时成人和同伴也经常以这些要求来评定儿童的行为。因此，儿童对自我有了更多的了解。

一般来说，小学生自我评价的水平还很低，处在从具体的、个别的评价向抽象的、概括的评价过渡的阶段，有以下五方面的变化：（1）从受外部条件的制约过渡到受内部道德认识的制约；（2）从注重行为的效果过渡到注重行为的动机；（3）从注重行为的直接后果过渡到注重行为或后果的性质；（4）自我评价的独立性日渐发展，并且有了一定的批判性；（5）从对具体行为的评价到有了一定概括程度的、涉及某些个性品质的评价。

3. 青少年的自我意识

随着个体的成长，同伴作用日益增强，尤其在青少年时期，同伴的影响甚至超过了父母和教师。在与周围同龄人相处的过程中，青少年把自己和同龄人相比较，寻找自己的优缺点，不断调整自己与周围人的关系。通过这一过程，自我体验水平高的青少年，不仅能正确认识自己的价值，且对自我的一切包括缺陷能泰然处之，不怨天尤人。而自我体验水平较低的学生则过于自责，他们可能因有某方面的缺陷而贬低自己，丧失自信。

　　应当注意的是，从中学开始，青少年的独立意识迅速发展。他们会自觉地、更加深刻地认识自己并产生实现自我的愿望。自我控制力较强的学生在学习和生活各方面能自我监督、自我约束、自我检查，为达到预定目标而对自己的认知、情感和行为进行积极主动的调节。而自我控制力较差的学生，往往注意力难以集中，不能对自己的行为做到果断、自觉的监控，常产生程度不同的敌对行为或攻击行为，如意志薄弱、行为无目的、盲从、遇事优柔寡断、轻率鲁莽等。因此，对这个时期的青少年，如果父母或教师仍把他们当作孩子对待，就会导致他们的不满情绪，甚至会演化为敌对情绪，进而产生反社会行为。

专栏7-6

在教育中如何引导学生自我意识中的三种心理成分

☞　引导学生正确评价自我

　　向儿童展示规范行为的榜样，提供评价行为的参考信息，并创造有利的环境，使他们通过活动反馈形成正确的自我评价。例如，教师首先应以身作则，通过自己良好的言行为学生树立自我评价的榜样。教师的模范行为，对学生起着潜移默化的作用。同时，在集体中有意识地树立"小模范"作为儿童的学习榜样，或者用学生熟悉的模范人物的思想和事迹去启发他们，为他们找到自我评价的生动具体的标准。此外，由于教师和家长的评价对儿童的成长具有指导性，因此教师和家长的评价一定要正确、适当且及时。孩子做了好事，有了成绩应给予表扬；做了错事，出现问题要给予批评。通过评价引起儿童自我教育、自我完善的一种需要，从而促进其自我意识的发展。

☞　引导学生产生积极的自我体验

　　激发学生的成就动机，不断创造条件增加学生的成功体验。具体来说，教师应注意发现学生身上的闪光点，从多方面挖掘学生的潜能，使其在某些领域取得成功和进步，这些措施都有利于唤起学生的自尊、自重、自强的良好体验。当然，帮助学生确立符合实际的理想，对于培养学生的自信心也是十分必要的。例如，有些学生争强好胜，常常在给自己确立目标时好高骛远，当努力失败、境况不如愿时，极易产生自暴自弃、悲观消沉等不良情绪。遇到这些学生，教师应首先引导学生明确所努力的目标。

☞　引导学生学会自我控制

　　应注意培养学生良好的意志品质，提高学生调节、控制情绪的能力。引导学生从多个角度全面地看待、理解问题，避免因片面看问题而导致消极情绪的产生，同时指导他们恰当、适度地表达情绪，这有助于达到心理的相对平衡状态。此外，为充分发挥学生的自我调节和控制能力，真正实现自我教育，教师应协助学生制订计划，并在实现目标的活动中，不断给予鼓励、指导和反馈，直至其目标实现。学生的自觉性和能动性一旦被激发，他们就能坚持不懈地努力实现既定目标，在此过程中逐渐培养和发展自觉、果断、自制等良好的个人品质。

二、态度心理

（一）态度及其构成

态度是习得的、影响个人对特定对象做出行为选择的有组织的内部状态或反应倾向性。如图7-6所示，学生假期结束返回学校，有的同学很期待开学，抱着积极的态度迎接；有的同学却逃避返校、厌恶开学。这个概念可以从三个方面来理解：首先，态度是一种内部准备状态，而不是实际反应本身。态度经常表现为趋近与逃避、喜好与厌恶、接受与排斥等倾向，这些倾向使某些行为的出现成为可能，但又不是一一对应的。第二，态度这种内部状态有可能对个体的行为反应产生直接或间接的影响。但态度的影响与能力不同，能力决定个体是否能够顺利地完成某些任务，而态度则决定个体是否愿意完成某些任务。第三，态度是通过学习而形成的，不是先天的。无论是对人、对事还是对物的各种态度都是通过个体与环境的相互作用而形成和改变的。

图 7-6

态度的准备作用

态度由情感、行为和认知三种成分构成：（1）情感成分，是指个体对于态度对象的情感取向，也即态度对象是否满足人的情感需要而引起的个体的内心体验。具体表现为人对态度对象的喜爱或憎恶、热情或冷漠。它是伴随着态度的认知成分而产生的情感体验，是态度的核心成分。（2）行为成分，是指个体对态度可能产生某种行为反应的倾向或行为的趋势。它构成态度的准备状态，表现为接近或回避、赞成或反对。（3）认知成分，是指个体对态度对象的认识和评价。它是态度得以形成的基础，往往通过赞成或反对的方式表现出来。对于同一对象，不同个体态度中的认知成分是不同的。有些态度是基于正确的信息和信念，而有些态度却可能基于错误的信息和信念。

通常情况下，态度的三个成分是协调一致的，但有时三个成分也会出现不一致的情况。有关研究表明，态度的情感因素与行为倾向之间的相关比较高，而认知因素与情感因素、认知因素与行为倾向之间的相关度则比较低，因而容易出现人们口头表示的态度却不能付诸行动的"言行不一"的现象。因此，在了解学生的态度时，有必要同时考察态度的三个成分。

内隐态度的研究

专栏7-7

近年来，由于内隐记忆研究的异军突起，无意识认知已通过各种方式整合到社会心理学理论中，许多研究者也开始关注对无意识状态下的内隐态度的研究。威尔逊和林赛等人在对不同领域的态度研究进行整合的基础上，提出了一种新的双重态度模型理论，对内隐与外显态度的关系进行了明确的分析。他们认为，人们对于同一态度客体能同时存在两种不同的评价，一种是能被人们所意识到、所承认的外显的态度，另一种则是无意识的、自动激活的内隐的态度。当态度发生改变时，人们由旧的态度 A1 改变到新的态度 A2，但是旧的态度 A1 仍然留存于人们的记忆中潜在地影响着人们的认识和行为，这就导致了"双重态度"。内隐态度是习惯化和自动化的，它会影响人们那些无法有意识控制的行为反应和那些人们不试图去努力控制的行为反应，其改变较为困难。外显态度则相对易于改变，那些态度改变技术通常改变的只是人的外显态度。以往的态度研究中多使用态度的外显测量，因而可能过分夸大了态度改变的容易程度。人们虽然会在自我报告中提到新的外显态度，但他们仍然保持着习惯化的内隐态度，而这些内隐态度在认知压力条件下和其他的间接测量中才能被表达出来。很显然，态度改变的过程也许比先前态度的形成需要更多的时间和练习。

（二）态度的形成与改变

1. 态度的形成

20世纪70年代，班杜拉提出了社会学习理论，后又将该理论发展为一个全面的人格理论，称为社会认知论。该理论可以较全面地解释人的社会行为的学习，并较好地回答了个体态度的形成机制。这主要通过观察学习与亲历学习两种途径得以实现。

（1）观察学习。观察学习有时也被称为社会学习或替代学习，指通过观察环境中他人的行为及其后果而发生的学习（如图7-7所示）。班杜拉认为，观察学习是儿童学习的主要形式，从动作的模仿到语言的掌握，从态度、品德的学习到人格的形成，都可以通过观察学习加以完成，儿童的大部分道德行为都是通过观察学习获得和改变的。观察学习经历了注意、保持、生成和动机四个学习子过程。

图 7-7

儿童在看到成人对玩具进行攻击之后，也很快学会了攻击行为[1]（见本书彩页）

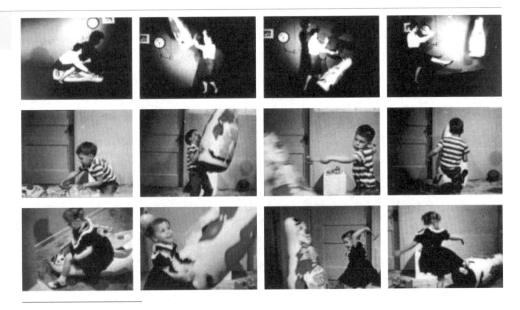

---

[1] Bandura A, Ross D, Ross S A. Imitation of film-mediated aggressive models.[J]. Journal of Abnormal & Social Psychology, 1963, 66(1): 3-11.

注意是观察者将其认知活动等心理资源贯注于示范事件的过程,它决定观察者从大量的示范影响中,选择观察的对象以及提取有关的信息。注意要学习的事件是形成态度的首要条件。示范对象的特征和观察者的特征直接影响注意的效果。

保持是记住示范者的行为特征,观察者将注意到的示范信息转换成表象的、语义概念的符号表征并贮存于记忆之中,还能在头脑里进行认知演练。所以保持有赖于符号转换、表象和言语的表征和复述,表现和言语符号是未来态度的认知基础。

生成是将符号化的内容转化为相应的行为,它实际上是观察者在外显行为水平上实现示范行为的符号表征,因而又称动作复现。学习者需要理解行为的表征性指导,理解被抽象地表征为行为的概念和规则,并分析行为的概念和规则,然后从时间和空间上组织类似于示范者的行为反应。

动机是由于生成的行为有可能受到强化,增加以后重复出现的可能性,促进以后行为发生。该理论还认为,人们并不把自己习得的东西全部表现出来,当被习得的行为没有什么功能性价值或带有受到惩罚的危险时,学习与行为表现不一致是常有的情形。当提高诱因时,先前习得但未表现出来的行为可以迅速转化为行动。

(2)亲历学习。班杜拉将个体通过自己的行为反应结果而获得的学习称为亲历学习。与行为主义不同的是,社会认知理论强调个体因素在亲历学习中的作用,认为行为结果对行为的塑造是一个自动作用的过程。行为结果之所以能够引起学习,取决于个体对行为结果功能价值的认识。

首先是认识到行为结果对反应者的信息价值,个体从反应结果中得出关于结果与反应之间关系的认识,由这一认识所指导的反应及其结果又有选择地加强或否定着这一认识,从而不断地改善和提高个体的态度与行为。所以,亲历学习也是一个信息加工过程。不过,这时的观察对象从外部示范者转变为自己的行为及其结果,而习得的往往是有关行为的抽象规则,而不是具体的反应方式。其次,还有认识到反应结果对主体的动机价值。个体在行动之前,往往会预期行为的未来结果,这种预期通过符号形成于个体当前的认知表象中,就有可能转化为当前行为的动机。所以在亲历学习中,行为结果主要是作为居先的而不是后继的决定因素而发挥作用的。

总之,班杜拉的社会认知理论将由结果引起的试误学习和由示范作用引起的观察学习有机地统一在一起,较好地说明了态度的形成过程。

2. 态度的改变

(1)顺从阶段。顺从是指个人为逃避谴责、期望奖励,而表面接受他人的观点,虽然外显行为与他人一致,但其情感及认知均不一致,可以说是"口服心不服"。如有些学生对老师表现得唯唯诺诺。在这种情况下,个人的态度受外部奖赏与惩罚的影响,因为顺从可以获得奖励,不顺从就要受到惩罚。这时的态度改变是由外在压力造成的,如果外在情境发生变化,态度也会随之变化,个体的行为具有盲目性、被动性、不稳定性。因此,顺从阶段是态度内化的低层次水平,是态度建立的开端环节。

(2)认同阶段。认同是指个体在思想、情感和态度上认为他人的意见是正确的而主动接受他人的影响来改变态度,在认知、情感与行为上与他人保持一致。认同实质上是对榜样的模仿,其出发点是试图与榜样一致。认同的愿望越强烈,对榜样的模仿就越主动,在困难面前就越能表现出坚强的意志和毅力。认同不受外在压力的影响,而是主动受他人或集体的影响,其行为具有一定的自觉主动性和稳定性,因此,它比顺从的内化程度深入一层。

（3）内化阶段。内化是指个体将自己认同的意见或观点融入自己认知框架,并形成内在的价值体系与态度体系。由于内化过程中解决了各种价值的矛盾和冲突,当个人按自己内化了的价值行动时,会感到愉快和满意;而当出现了与自己的价值标准相反的行动时,会感到内疚和不愉快。这时,新的态度成了自己个性的一部分,稳定的态度便形成了。

（三）促进态度变化的心理条件

1. 认知失调理论

费斯汀格(L. Festinger)认为,态度的认知因素可以分成若干个基本元素,它们之间有的是协调的,有的则可能是不协调的。例如,关于数学学科,"我学习数学的潜力很大"与"我的数学成绩总是名列前茅"是协调的,但"我学习数学的潜力很大"与"我的数学成绩连续几次不及格"则是不协调的。当个体发现自己所持有的两个或两个以上认知元素不协调时,就会出现认知失调,内心会有不愉快或紧张的感受。

一般来讲,认知失调主要来源于四种情况。第一,个体观念上的逻辑不一致,如学生一方面认为写作文很重要,但另一方面又认为写作太难以至无法掌握。第二,个体行为与社会风气不一致,如周围的人由于势利而升迁,而自己却不会攀附权贵以至平庸。第三,个人一贯行为与特殊行为的不一致,如一向待人和气的学生偶然对人发脾气。第四,新出现的事物与个人的已有经验不一致,如对现在流行歌曲及各类明星的看不惯。

在认知失调的情况下,个体总是力求通过改变自己的观点或行为,以达到新的认知协调。因此,认知失调便成为态度改变的先决条件,但它并不一定导致态度发生改变,而教师可以抓住时机,采取有效措施促使态度转变。第一,设法改变其中的一个认知元素,使它与其他元素协调一致;第二,设法增加新的认知元素,以加强认知系统的协调;第三,强调某一认知因素的重要性,或者减弱不协调认知元素的重要性。

2. 认知不平衡理论

海德认为,认知者对某一对象的态度取决于第三者的态度。他用P代表认知主体,O代表第三者,X代表态度对象,+表示肯定的态度,−表示否定的态度。这样,P、O、X之间便形成了相互关联的八种模式(如图7-8所示)。

图 7-8

认知不平衡与
平衡的八种
状态

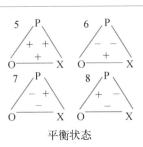

个体一旦在认知上有了不平衡,就会从心理上产生紧张和忧虑,从而促使其按照"费力最小原则"将其认知结构向着平衡与和谐的方向转变。学生的态度便伴随着这种认知不平衡的改变而改变。费斯汀格强调的是个体内部各认知元素间的失调,海德强调的是个体对人际关系平衡与否的认知。

如何说服学生

在教育过程中，教师经常通过言语说服的方法来改变学生的态度。在对学生进行说服时，教师往往向学生提供对其原有态度的支持性和非支持性的论据，使学生获得与教师要求的态度有关的事实和信息，以改变他们原有的态度或形成新的态度。有效的说服技巧主要有：

根据不同情况，提供单面或双面证据。霍夫兰德等人的研究发现，只提供单方面的证据对受教育程度较低的人以及原来持赞同态度的人更为有效，而提供正反两个方面的证据，对受教育程度较高的人以及原来持反对态度的人更为有效。因此，在态度教学中，对于低年级学生，教师说服时应主要提供正面证据；而说服高年级的学生，则可以考虑提供正反两方面的证据。此外，如果教师提出自己的观点后，学生未产生相反观点，这时，教师只提出正面观点和材料有助于学生形成肯定态度。对于学生本来就反对的观点，教师则应提供正反两个方面的证据，这会使学生感到教师是公正的，从而容易改变态度。最后，提供怎样的论据，还又取决于说服的任务。如果说服任务是解决当务之急的问题，只提供正面证据比较有效；如果说服的任务是培养学生长期稳定的态度，提出正反两方面的观点和材料比较有利。

以理服人与以情动人。社会心理学的研究表明，说服内容的情感因素对态度的改变容易立杆见效，但其影响不能保持长久；说服内容的理智因素对态度的改变容易产生长期的效果。而说服的情感因素与理智因素对态度改变的影响则要受到学生成熟度的制约。教师若期望低年级的学生改变态度，富于情感色彩和引人入胜的说法内容较容易起效；若期望高年级学生改变态度，充分说理、逻辑性强的说服内容有更大的影响力。在具体的说服过程中，教师还要注意学生的成熟水平。对于一般学生，说服开始时，加强情感渲染可以引起学生的兴趣，然后再用充分的材料进行说理论证，会产生长期的说服效果。

逐步提高要求。说服者态度与个体原有态度之间的差异是影响态度改变的一个重要因素。研究表明，中等差异引起的态度变化最大，随着差异度的增大，如超过中等差异之后，态度改变会越来越困难，因之也会减少。在教学过程中，为了有效地改变学生的态度，教师必须先了解其原有的态度，估计与说服者态度之间的距离。若两者过于悬殊，就要将态度改变的总目标分解为不同层次的子目标，先向学生提出要求较低的目标，达到此目标后再提出更高的一些目标，使说服者与被说服者的态度差距不断缩小，从而促进学生态度的改变。

三、道德发展

(一) 品德与道德

品德即个人的道德面貌，是一个与道德有关的概念。道德是一种社会现象，是协调人与人之间，个人与社会、集体之间关系的行为规范和准则的总和。道德的作用在于和平地解决人际间的冲突，发展人际间的良好关系（如图7-9所示）。品德是社会道德在个人身上的反映，是个人依据一定的社会道德行为规范行动时表现出来的较为稳定的特征或倾向。比如，勤奋学习、助人为乐、文明礼貌、遵纪守法等都是我们要求青少年具备的品德。品德由个人

图 7-9

道德现象
——让座

的道德行为来显示，但偶尔的道德行为并不能说明一个人已经具备了某种品德。只有当个体具有某种稳定的道德观念，并在它的支配下一贯地表现出某些道德行为时，我们才能说他具有某一品德。

品德并不是生来就有的，而是在一定的社会与教育环境中习得的，经历着一个外在准则规范不断内化和内在观念外显的复杂过程，而这一过程正是个体性格形成的社会定向过程，也是教育心理学所要研究的品德形成与改变的心理过程。研究表明，品德的心理结构主要包括道德认知、道德情感、道德行为三个既有区别又相互联系的成分。

其中，道德认知是指对道德行为准则及其执行意义的认识；道德情感是人的道德需要是否得到满足而引起的一种内在体验；道德行为是个体在一定的道德认识指引和道德情感激励下所表现出来的对他人或社会具有道德意义的行为。品德的三种心理成分相互联系、相互影响、相互促进又相互制约，组成个体品德的有机统一整体。其中，道德认知理性的发展可以增强道德判断，确定道德行为的方向与准则；道德情感的培养，可以增加道德行为的动力，且有利于道德行为的保持。道德行为是道德形成的最终环节，任何一种品德都要转换为相应的道德行为才能被确认。

与态度一样，品德也是一种习得的影响个人行为选择的内部状态或倾向，如某人具有尊敬老人的品德，也意指该学生在遇到老人时将作出何种行为选择的内部状态或倾向。两个概念还有一个共同点，即都由认知、情感和行为等三个方面因素构成的。但是，态度和品德这两个概念也有区别。

首先，两者所涉及的范围不同。态度所涉及的范围大，包括对集体、对他人的态度，对劳动、对学习的态度，对物品的态度，以及对本人的态度，等等。这些态度有的涉及社会道德规范，有的不涉及道德规范，而只有涉及道德规范的那部分稳定的态度才能被称为品德。例如，作业马虎、字迹潦草、粗心大意的学生学习态度不认真，但不能说他的品德不良。

其次，两者的价值（或行为规范）的内化程度不同。态度可以从轻微持有和不稳定，到受到高度评价且稳定之间发生多种程度的变化，分别是接受、反应、评价、组织和个性化（具体如表 7-4 所示）。

表 7-4

价值内化各级
水平的含义及
举例

级别	含 义	举 例
接受	感知到外界刺激，包括意识到某一事物的存在，并愿意接受。	观察到某人在公共汽车上给老人让位子。
反应	主动注意或参与某一活动。	自己也做出某些帮助他人的行为。
评价	将特殊的对象、现象或行为与一定的价值标准相联系。	认可"在公共汽车上给老、弱、病、残等人让位"是助人为乐的行为。
组织	将许多不同的价值标准组合在一起，建立内在一致的价值体系。	意识到助人为乐行为不仅可以与人方便，而且也能提高自身素养。
个性化	长期控制自己的行为以致发展了性格化"生活方式"的价值体系。	自觉做出某些助人为乐的行为。

上述价值内化的各级水平也就是态度变化的水平。但是只有价值内化达到高级水平的态度，也就是价值标准经过组织且成为个人性格一部分的稳定态度才能被称为品德。由此可见，儿童的许多行为表现，如讲假话或经常损坏别人的物品等，可以视为态度的表现，但由于其价值标准没有内化或完全缺乏价值标准，不能视为品德的表现。

（二）道德发展理论

在社会化过程中，个体需要了解或学习社会的道德准则，并努力使自己的行为符合社会要求。了解道德发展的阶段和规律，有助于教育工作者更好地开展道德教育。

1. 皮亚杰的道德认知发展理论

皮亚杰认为，道德由种种规则体系构成，道德的实质包括两方面的内容：一是对社会规则的理解和认识；二是对人类关系中平等、互惠的关心，是公道的基础。皮亚杰及其同事主要从三个方面研究了道德认知的发展规律：（1）儿童对游戏规则的理解和使用；（2）有关过失和说谎的道德判断的发展；（3）儿童的公正观念。基于以上三方面的研究和考察，皮亚杰概括了儿童道德认识发展的三个阶段，即前道德判断阶段、他律道德或道德实在论阶段、自律道德或道德主观主义阶段。

皮亚杰认为儿童道德认知的发展，是从他律道德向自律道德转化的过程。所谓他律道德，是根据外在的道德法则进行判断。儿童在这一阶段只注意行为的外部结果，不考虑行为的动机，他们的是非判断标准取决于是否服从成人的命令或规定。儿童在自律道德阶段，其道德判断开始从主观动机出发，他们已经具有主观的价值所支配的道德判断。皮亚杰认为，只有达到了这个水平，儿童才算有了真正的道德。儿童在各道德阶段的表现各异，具体如下。

（1）前道德判断阶段。

这个阶段（1岁半—7岁）有两个子阶段：一是集中于自我的时期（1岁半—2岁），它与感知运动阶段相对应，表现为所有的感情都集中于身体和动作本身；二是集中于客体永久性的时期（2—7岁），它与前运算思维相对应，表现为从集中儿童自身转向集中权威（父母或其他抚养者）。此阶段儿童的道德认知不守恒。例如，同样的行为规则，父母提出就愿意遵守，而若是同伴提出则不遵守；认为对父母要说真话，对同伴可以说假话；等等。在这一时期的儿童行为，不能说是道德还是不道德。

（2）他律道德或道德实在论阶段。

这个阶段（5—10岁）是比较低级的道德思维阶段，儿童往往：① 认为规则是固定不变的；② 看待行为有绝对化倾向，非好即坏，还认为别人也这样看；③ 根据后果的严重程度判断行为的好坏；④ 把惩罚看作是天意，赞成严厉的惩罚；⑤ 单方面尊重权威，有一种遵守成人标准和服从成人规则的义务感。

（3）自律道德或道德主观主义阶段。

在这个阶段（9—11岁），儿童往往：① 认为规则或法规是人为协商制订的，可以改变；② 判断行为时，不只考虑行为的后果，还考虑行为动机；③ 与权威和同伴处于相互尊重的关系，能较客观、现实地判断自己和他人的观点；④ 不再绝对化判断，能从他人的角度看问题；⑤ 在适当惩罚下能认识并改正错误。

02. 柯尔伯格

柯尔伯格(L. Kohlberg, 1927—1987)美国心理学家,道德认知发展理论的核心代表,他提出了"三水平六阶段"的儿童道德发展阶段模式,这揭示了道德观念从认知的低级形式到高级形式的发展过程,在道德教育中产生了一定的影响。柯尔伯格的主要著作有《儿童面向道德秩序的发展:道德思维发展的第一个序列》(1963)、《道德性格和道德意识形态的发展》(1964)等。

2. 柯尔伯格的道德发展理论

柯尔伯格(L. Kohlberg)是皮亚杰道德认知发展理论的追随者,但又对皮亚杰的道德发展理论作了进一步的修改和扩充。他致力于儿童道德判断能力发展的研究,提出了"道德发展阶段"理论。该理论以不同年龄儿童道德判断的思维结构来划分道德观念发展阶段,强调道德发展与年龄及认知结构的变化之间的关联。

在研究方法上,柯尔伯格主要采用道德两难故事,让儿童在两难推理中作出选择并说明理由。对这类问题的回答,柯尔伯格并不关心儿童的回答是否正确,而是关注他们的推理过程,通过不断向儿童提问,进而了解他们的思维过程。根据不同年龄儿童对这些问题的反应,柯尔伯格把儿童道德发展划分为三个水平,每个水平有两个阶段,共六个阶段(具体如表7-5所示)。

表 7-5

柯尔伯格的道德推理三水平六阶段

第一水平: 前习俗水平	
具有关于是非善恶的社会准则和道德要求,但主要从行动结果及与自身的利害关系来判断是非。	
第一阶段 惩罚与服从的道德定向阶段	为了避免惩罚,就应服从规则。
第二阶段 天真的利己主义的道德定向阶段	应满足自己需要,并为满足自己的需要和利益而活动;只在与自己的利益直接有关时,才遵守规则。
第二水平: 习俗水平	
关注社会需要和价值观中个人的地位或作用。	
第三阶段 好孩子的道德定向阶段	做一个"自己和他人眼中的好人",强调遵从大多数人的看法,重视行为背后的动机,通过"做好人"而寻求认可。
第四阶段 维护权利和社会秩序的道德定向阶段	履行个人责任,尊重权威和为了自己而维持已有社会秩序;不仅遵守现有社会秩序,而且对此进行维护、支持和论证。
第三水平: 后习俗或原则性水平	
逐渐形成不拘泥于某一特定社会团体的抽象道德原则。	
第五阶段 社会契约或功用和个人权利的道德定向阶段	认识到有各种与所属团体有关的价值观和意见;但为了公正,同时也因为这些规则是社会契约,所以认为应该拥护这些规则。
第六阶段 普遍的伦理原则的道德定向阶段	遵守自我选择的伦理原则、特定法令或社会协议;超越某些规章制度,更多考虑道德的本质,而非具体的原则。

运用柯尔伯格的道德发展理论于教育

柯尔伯格强调,研究所得的发展规律,可用于学校道德教育的实践。他按照道德认知发展阶段的理论,对如何进行道德教育提出了以下建议:(1)了解儿童道德认识发展的水平;(2)提供稍高于儿童已达到的发展水平的思维模式,使之与现有的水平加以比较,引起冲突;(3)帮助个体体会冲突,使他们认识到采用下一阶段的判断方式更为合理;(4)把下一个道德阶段作为当前道德教育的目标。

具体可以采用如下方法来促进儿童的道德认知发展:

1. 认知冲突法

认知冲突法分两步进行。第一步,使用道德两难问题引发认知上的冲突;第二步,让处于两个相邻发展阶段的学生进行讨论。由于学生的道德推理方式存在差异,所以在此时,教师要支持和澄清这些学生中最低水平之上的那个阶段的观点。当这个观点被学生理解时,教师又提出一个新的情境以引发认知冲突,并澄清超过先前发展阶段的论点,就这样逐步引导学生发现思维方式中的不当之处,并找到解决问题的方法。

2. 角色扮演

通过角色扮演,儿童从自我中心向考虑他人的感情、观点和动机变化,这种转变是道德认识发展的关键。教师应提供各种社会场景,如游戏、讨论或辩论、操作等,促进儿童与他人相互交流,接受他人的观点,从他人角度来考虑问题,等等,从而引发儿童的道德发展。

下面是一则通过同伴互动来促进道德发展的实例:

教师:刚才我们阅读了一个非常有趣的故事,现在我们来讨论这一故事中的一个细节。在故事中,小英捡到钱包,里面有很多钱,那么她留下这个钱包是否可以?哦,我看到大多数同学摇头,为什么?

学生1:因为钱包不是她的。

学生2:因为里面有很多钱,她父母可能要她把钱包归还失主。

学生3:为什么不留下呢?是失主的错,而不是捡钱包人的错。

学生4:但是,如果失主非常需要这些钱或钱包里有其他非常贵重的东西,小英就应该归还。

教师:归还还是不归还,我们每个人都有理由。我们可以继续讨论一下。首先,站在小英的角度,你是否会归还钱包呢?除了把钱留下,小英还可以做什么?如果把钱包归还失主,小英是否值得物质奖励?你怎么想呢?

在类似这样的道德两难问题中,教师可遵循一些教学原则,如:(1)关注具体的道德冲突,以及解决这些冲突的不同方法;(2)促使学生从他人角度来思考问题;(3)要求学生作出反应或回答,并给出理由;(4)分析不同行动方案,讨论每一方案的优势与不足。

四、性心理发展

(一)青春期性心理发展

青春期是"心理断乳期";此时,青少年的内心充满着矛盾,生理变化达到最大,情绪极不稳定,性意识产生觉醒(如图7-10所示)。一方面,希望开始探索和亲近异性,此

图 7-10

青春期心理

需求日益增长,另一方面,存在各种性困惑、性困扰,渴望有人倾诉,有人指导。美国学者赫洛克(E.B. Hunlock)将青少年性心理发展分为了四个阶段,依次为:疏远期(12—14岁)、恋母(恋父)期(14—16岁)、狂热期(17—19岁)、恋爱期(20岁以后)。

在疏远期,青少年意识到自己正发生生理上的变化,但是,因为发现了人类性生理的一些现象,如月经、阴茎勃起等,他们会产生不安、害羞和反感等情绪;有时,甚至觉得与他人发展并维持恋爱关系,是一种不纯洁的表现;于是,在这个时期大多对异性采取回避、冷淡和粗暴的态度。

进入青春期后,男女生之间的关系发展出了新的特点,双方都开始意识到了性别的问题,并对对方逐渐产生了兴趣。然而,在最初阶段他们对异性的兴趣是以一种相反的形式表达出来的,或者在异性面前流露出一种漠不关心的态度,或者在言行中表现出对异性的轻视,或者以一种不友好的方式攻击对方。从表面上看,他们不是相互接近,而是相互排斥。

在恋母或恋父期,青少年会像小牛恋母似的倾慕所向往的年长异性(如母亲或父亲)的行为;他们对异性爱慕的产生,很多时候是从比自己年长得多的异性开始的。也有男孩和女孩开始感受到异性的吸引力,开始打扮自己,以博得异性的关注和欢心。这一时期对异性关注,一般只是在心里默默地向往,而不会爆发出来成为真正的追求和恋爱。

在狂热期,青少年一般把年龄相当的异性作为向往的对象。在各种集体活动中,男女青年都努力设法吸引异性的注意,尽量创造出更多的机会与自己喜欢的异性接触。但由于双方理想主义成分都太高,以自我为中心的意识太强,所以冲突较多,想要接近的对象也会经常更换。

此时,男女生之间慢慢开始能够融洽相处。而在一些男生和女生心中,会有自己所喜爱的异性朋友。调查表明,女生一般对那些举止自然、友好、不粗鲁、有活力的男生更容易产生好感,男生一般对那些仪表好、文雅、活泼的女生易产生好感。但男女生一般都不将这种情感公开,在多数情况下这可能会成为一个永久的秘密。因为,随着时间的推移,随着他们各方面的发展与成熟,随着他们人生观、价值观的不断演变和调整,产生于青春期的这种情感很可能渐渐地淡化下去,甚至完全消失。

在恋爱期,青少年开始将爱情集中于一个异性,对其他异性的注意和关心程度明显地降低了。这段时期，男女都喜欢与自己所选择的对象独处，如想方设法和对方单独约会，参加集体性社会活动的意愿降低，经常陷入结婚的幻想中，得到独立感的满足。

（二）与异性交往的意义

异性间健康的心理交往，对中学生今后的成长与发展有重要的意义和影响。首先，男女交往，在性格上能够取长补短。男性在性格和气质方面表现为刚强、坚毅、豁达；女性在性格和气质方面表现为端庄、文静、温柔。男性粗心、果断；女性细心、敏捷。因此，异性交往可以彼此取长补短，互相提高。其次，男女交往，可以让青春期的男生和女生感到心情愉悦，同时互相激励。与异性交往的心理得到满足，会使人体验到愉快、轻松、美好、和谐的感受，从而激发青春期个体内在的积极性和创造力。最后，男女交往，增进性心理健康。男女生交往，可满足青少年的心理需求，达到性心理平衡，为其今后进入婚恋期打下基础。

但是应注意，青春期的男女之间的爱慕之情是相对稚嫩的，它的建立和发展缺乏牢固的基础，因此很少有保持下来并最终发展为爱情和婚姻的。但是，只要处理得当，控制在一定的程度内，这种情感也具有一定的意义。比如，当一个青春期的少年喜欢上一个异性时，他（她）自然希望对方能够接受自己，那么他（她）就会更加自觉地按照一个好少年的标准去要求自己，从而促进各方面的发展。然而，如果这种关系无限度地发展，就会阻碍青少年的正常发展和进步。

对教师来说，则需要采用一些适当的教育策略来引导异性之间更好地交往。如鼓励学生积极参与学校的集体活动，在活动中与异性相互合作、了解，建立正常的朋友关系。又如，需加强与青少年的交流与沟通，要及时控制学生身上可能出现的心理问题，并对个别学生已经出现的心理方面的问题给予必要的帮助或干预。此外，还要培养他们正确的人际交往能力，使学生在与异性交往的过程中做好互补、互学、互保，这样才能更利于学生身心的健康发展。

早恋及其引导[①]

案例 7-1

小丽念初二，是班里的班长，学校的学生会干部，她和学校初三的一个男生小刚谈恋爱了。小丽说，小刚对她很好，从不要自己为他做什么，总是想着去照顾小丽。小刚常常送些小东西给小丽，有什么好吃的都想着带给小丽。

但是小丽的学习成绩却因此下降了不少，而且上课也没什么心思，班主任最近对她非常不满意，班长换人了，学习成绩也上不去，小丽心里知道不能再这样下去。可是，小刚对小丽说，如果要分手，他就不参加中考了，因为小刚家里不是本地的，而且他是体育特长生，最近参加了很多学校的招考，他拼命想留在这里，就是想和小丽在一起。如果小丽要和他分手，这一切就都没有意义了。小丽想，如果因为自己的原因小刚放弃了中考，自己实在不敢想这个后果。现在小丽天

① 胡梦婷,刘兴胜.初中学生早恋案例分析［J］.科学咨询：教育科研,2013(1): 32.

天想这个事情,压力很大,不知道怎么办才好。

小嫡是一位成绩优异、热情活泼的女生,长着一双大眼睛。小汕是一个个性开朗,喜欢出风头的男生。他被小嫡的优秀品质所吸引,认为他喜欢上小嫡了。经过多次的心理斗争,他向小嫡表白了,但是落花有意流水无情,小嫡对小汕根本没有任何想法。小汕没有气馁,采取了进一步的行动,比如在自己的身上写"我爱小嫡";下晚自习时也经常在教室里大声宣告"我爱小嫡"。这让小嫡非常苦恼,她越来越讨厌小汕,小汕也觉得自己的追求方式有问题,但是他不知道该怎么办。有一天,小嫡来向老师求助:小汕向别人打听她家住址,周末放学后追到她家去。她该怎么办? 老师把小汕叫到办公室询问此事,小汕低下了头,低声说:"我就是喜欢小嫡啊! 上课时老集中不了注意力,喜欢去看小嫡在干什么;看书的时候,脑海里也经常出现小嫡的影子。"

上面这两个故事都是发生在真实生活中的早恋案例。从心理上说,早恋是不恰当教育方式的附生物,学校家庭的管制过分,或方法不当,学生感到压抑,易激起他们的叛逆心理。作为教师面对学生的早恋,首先一定保持冷静,学生的这种情况在很大程度上只是一种单纯的异性间的互相吸引,它带有相当大的冲动性和盲目性,不要视之为洪水猛兽,轻易认定为恋爱的范畴。恋爱是性意识发展的必然结果。正确处理好恋爱,是有利于学生良好个性心理品质形成的。对已经早恋的学生不可歧视,也不可压抑,更不要公开批评,教师可以用事实进行分析、说明早恋的影响。对于感情脆弱、顾虑重重的学生,可以迂回教育,通过耐心地说服帮助他们解除心理上的顾虑。

参考文献

[1] 郑和钧,邓京华.高中生心理学[M].杭州:浙江教育出版社,1993.

[2] 吴庆麟.教育心理学:献给教师的书[M].上海:华东师范大学出版社,2003.

[3] 胡谊,郝宁.教育心理学:理论与实践的整合观[M].上海:华东师范大学出版社,2009.

[4] 林崇德.发展心理学[M].北京:人民教育出版社,2009.

[5] 郭永玉,贺金波.人格心理学[M].北京:高等教育出版社,2011.

[6] E·阿伦森.社会心理学(第五版)[M].侯玉波,等译.北京:中国轻工业出版社,2007.

[7] J·M·伯格.人格心理学[M].陈会昌,等译.北京:中国轻工业出版社,2010.

[8] 理查德・格里格, 菲利普・津巴多. 心理学与生活 (第16版) [M]. 王垒, 等译. 北京: 人民邮电出版社, 2003.

思考题

1. 成老师教的是初二年级的英语课。一天, 刚上课时她就很兴奋地宣布: "我想告诉你们, 咱们班出了一位诗人, 叶楠写了一首很美的诗, 我想读给大家听听。"成老师朗读了那首诗, 它的确很美。然而, 成老师注意到叶楠的脸红了, 看上去非常不安。班上有些同学在窃窃私语。后来, 成老师问叶楠是否愿意再写一首诗去参加全市的诗歌比赛, 叶楠说他再也不想写了, 因为他真的觉得自己在这方面并不擅长, 并且也没有时间写。

叶楠为什么有如此表现? 如果你是成老师, 该如何鼓励他?

2. 胡峰和潘莹都是初一的学生, 班主任朱老师发现胡峰外向好动, 反应很快, 易激动, 常常与班上同学打成一片, 但也常常会和同学发生小矛盾; 潘莹则较为内向, 性格胆小, 老师叫她回答问题时她声音小得跟蚊子叫一样, 在班级中不太合群, 参加班级活动也不太积极, 同学们都叫她"潘黛玉"。

试分析胡峰和潘莹各属于什么气质类型, 如果你是朱老师, 你会怎样引导他们?

扫一扫二维码

获取思考题
答案要点

3. 严月发现, 转学还不到一学期的10岁儿子袁彬跟过去比好像换了个人。以往由于儿子喜欢做小动作, 没少挨老师的骂, 结果看到老师就害怕, 不得不转学。到新学校后不久, 袁彬在上课时又忍不住做起了小动作, 被老师发现了。新老师什么也没说, 只是微笑着轻轻拍了一下他的背, 便继续上课了。以后, 每次新老师走过袁彬身边, 如果小雷没做小动作, 老师就会对他微笑并点头表示赞许。很快, 袁彬改掉了坏习惯, 还爱上了学习, 自信心大增。

请从小学生的生理及心理发展特点来分析这位新老师的教育方法。

扫一扫二维码
获取教师资格考试
同步练习题及参考答案

第四编

学生心理健康与咨询

学习目标

1. 阐述心理健康的基本概念及判断标准；
2. 阐述心理问题或心理障碍的判断标准；
3. 阐述评估学生心理健康的常用工具；
4. 阐述精神分裂症的临床表现和早期识别方法；
5. 掌握抑郁症等心境障碍的临床表现和早期识别方法；
6. 掌握焦虑方面的临床表现；
7. 了解生理需求方面的心理障碍；
8. 了解常见的人格障碍及其表现；
9. 了解网络成瘾等其他常见的心理问题。

关键词

　　心理健康：心理健康是指在身体、智能以及情感上，在与他人的心理健康不相矛盾的范围内，将个人心境发展成最佳状态。

　　心理障碍：通常心理障碍（Psychological disorder）被视为异常的、令人烦恼的、适应不良或不合理的思维、情感和行为的持续模式。

　　心理健康评估量表：心理健康评估量表是对学生心理健康的整体状况或某一类症状进行评估的量表，主要用于临床评估及心理健康筛查中。

　　精神分裂症：一种严重的心理病理形式，患有这种心理疾病的个体出现妄想、幻觉、思维紊乱、明显紊乱或异常的运动行为以及阴性症状。

　　抑郁症：一种以显著而持久的心境低落为主要临床特征的心理疾病，临床可见患者的心境低落与处境不相称，消沉的情绪从闷闷不乐到悲痛欲绝，甚至悲观厌世，出现自杀企图或行为。

　　广泛性焦虑症：当一个人在至少六个月以上的日子里感到焦虑或担心，却不是由于受到特定的危险所威胁而引发的，临床心理学家们将这种心理疾病称为广泛性焦虑症。

　　惊恐障碍：一种毫无预期的、严重的惊恐发作，可能只持续几分钟。这种发作在一开始时的感觉是强烈的焦虑、恐惧或是惊慌，伴随着躯体症状，且并非来自情境中的某些具体事情而无从预期。

　　饮食障碍：以进食或进食相关行为的持续紊乱为特征，导致食物消耗或吸收的改变，并显著损害躯体健康或心理社交功能的心理障碍。主要包括异食症、反刍障碍、回避性摄食障碍、神经性厌食、神经性贪食以及暴食障碍。

　　人格障碍：一种持久的（慢性的）、不可变的、不适应的感知、思维或行为模式。这些模式可以严重损害一个人在社交或职业场合的功能，造成显著的痛苦。通常一个人进入青年或成年早期即可识别。

本章结构

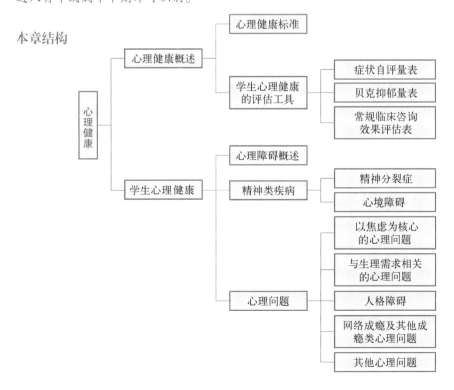

心理健康是健康的重要组成部分，也标示着人的心理调试能力和发展水平。人在内部环境和外部环境变化时，能持久地保持正常的心理状态，是诸多心理因素在良好运作的综合体现。本章将对心理健康的定义、标准和评估工具进行阐述，并介绍学生常见的心理健康问题，涉及精神分裂症、抑郁症、双相障碍、焦虑症、惊恐发作、创伤后应激障碍、饮食障碍、睡眠障碍、人格障碍等不同种类的心理问题。

在学校情境中，教师应注意培养学生的心理健康素质，掌握常见的学生心理健康的评估方法，了解常见的心理疾病，及时关注、识别学生可能的心理健康问题，为学生提供心理支持或是转介至专业的心理咨询机构。

第一节　心理健康概述

心理健康与身体健康一样，是近年来人们广泛关注的话题，那么，心理健康到底是指什么，是否有一些相对统一的标准？

一、心理健康的标准

1. 心理健康的界定

1946年，在第三届国际心理卫生大会上，世界卫生组织将心理健康的理念第一次引入了健康的概念中：健康是一种在身体上、心理上和社会功能处于完满的状况，不仅仅是没有疾病和虚弱的状态。而心理健康是指在身体、智能以及情感上，在与他人的心理健康不相矛盾的范围内，将个人心境发展成最佳状态。一般来说，心理健康标示着人们的心理调适能力和发展水平，即在内部环境和外部环境变化时，能够持久地保持正常的心理状态。在这次大会上，世界卫生组织也对心理健康的标准进行了较为明确的定义，主要包括以下四个方面：身体、智力和情绪十分协调；适应环境，人际关系中能彼此谦让；有幸福感；在职业工作中，能充分发挥自己的能力，过着有效率的生活。

2. 心理健康的标准探索

此后，心理学家又进一步拓展了心理健康的内涵。比如，美国著名的人本主义心理学家马斯洛认为只有心理健康的人才能充分开拓并运用自己的天赋、能力和潜力，而所有人都具备达到心理健康的先天素质，人本主义心理学的任务正是帮助人们实现这些潜能。马斯洛和米特尔曼（Mittelman）提出了心理健康的人具有以下十个标准：有充分的自我安全感；充分了解自己，并对自己的能力作适当的估价；生活的目标切合实际；与现实的环境保持接触；能保持人格的完整与和谐；具有从经验中学习的能力；能保持良好的人际关系；适度的情绪表达与控制；在不违背社会规范的条件下，对个人的基本需要作恰当的满足；在不违背社会规范的条件下，能做有限的个性发挥。

我国的心理学者许又新提出了心理健康的三标准：（1）体验标准，指的是以个人的主观体验和内心世界为标准，主要包括良好的心情和恰当的自我评价；（2）操作标准，指的是通过观察、实验、测验等方法考察个体心理活动的过程和效应，主要包括个人心理活动的效率和个人的社会效率或社会功能（如工作及学习效率高，人际关系和谐等）；（3）发展标准，指的是对人的心理状况进行时间纵向的考察分析，该标准着重考察个体向较高水平发展的可能性，以及如何将可能性变成切实可行的行动措施。

　　根据现代社会对人才素质的需求以及我国现阶段学生身心发展的实际情况,学生心理健康的标准应包括以下九个方面[①]:

　　(1)正确的自我观。个体能够比较客观地了解自己、评价自己,接纳自己,有积极的人生观和价值观,有适度的自尊、自信、自强、不自卑也不自负。

　　(2)智力正常。正常的智力是学生进行学习、工作和生活的最基本的心理保证之一。

　　(3)情绪健康。其主要标志是情绪稳定和心情愉快。人有丰富的情绪体验,但主导心境是愉悦、乐观、平静,而不是痛苦、抑郁或大起大落;此外,能够正确地表达、调节、控制自己的情绪,尤其是消极的情绪,使之不影响正常的学习与生活。

　　(4)行为正常。个体有良好的生活习惯与行为方式,能控制、把握自己的行为,对自己的行为负责,而且行为反应的强度与引起反应的内外刺激强度相一致。

　　(5)人际关系适应。个体乐于和人交往,对人信任、友善、同情、互助,既能悦纳别人的长处,也能宽容别人的短处,这是良好的人际关系的体现。个体还需要把握好与异性交往的分寸与技巧,发展健康的两性关系。

　　(6)与周围环境保持相对的平衡。个体能客观地知觉和正确地认识周围的环境,在环境不利时,既不逃避,也不怨天尤人,而是通过自己的努力,积极适应环境、主动改造环境。

　　(7)人格统一完善。个体意识和行为是一致的、统一的,而不是矛盾的、分裂的,人格发展是健全的,是知、情、意、行的协调与整合,且心理特点与年龄、性别相一致。

　　(8)一定的创造性。个体有创新、开拓、进取的精神,具有应对新事物、新挑战的能力,有时还能带来一定的新思想、新方法、新技术。

　　(9)发挥自身的潜能,有成就感。个体能意识到自身存在的价值,虽然每个人的潜能不同,但都能不同方面、不同程度地发挥自己的聪明才智,努力去获得成功。

　　3. 心理健康的综合性标准

　　这些心理健康的标准为我们提供了判断依据,在界定个体心理健康与否时,通常需要同时使用或综合考虑不同的标准,即统计学标准、个人主观经验标准和社会适应标准。

　　(1)统计学标准。

　　在定义异常时,一个很重要的判断标准是看个体行为是否符合社会群体的标准或规范。尽管不同文化背景和社会群体可能有不同的行为标准或期望,但所有的文化和社会群体都有规范行为的标准。利用统计学的方法可以找出某个特定社会群体的正常行为和数值分布。如果一个人的行为接近数值分布的平均状态,则被认为是健康的;如果一个人的行为偏离数值的平均状态,则被认为是不健康的。按照这个标准,那些异常的、较少发生的行为,或是大多数人不会表现出来的行为则被认为是心理不健康的行为表现,又称为异常心理。比如,看到一个人对着电线杆眉飞色舞地说话,我们可能会把他的行为解释为不正常的行为,因为大多数人不会和电线杆讲话。

　　尽管统计学方法帮助我们发现那些表现出来的心理问题,识别出需要从心理治疗

① 严海辉.正确认识和把握学生心理健康的标准[J].武汉教育学院学报,2000,5:92-96.

中获益的个体，这个标准在使用中仍然有些困难或局限。比如，在界定正常行为时，不同文化中存在一定的偏差。在一个文化下的正常行为表现换到另一种文化中可能被认为是异常的。更何况，还有许多正常的个体都有许多超出平均值以外的行为，但这些个体的心理并非不健康，也不需要得到改善。

（2）个人主观经验标准。

个人主观经验标准是根据个体的自我经验对自己或他人的心理健康状况进行评估，个体需要对自己的行为是否异常、是否心理失调、是否需要改善进行主观评定。这个标准不是根据某个特定社会群体或文化下的行为标准来判断，而是个体对自身行为的适应性或反常性进行评估，具有一定主观性。个体可能并不会将自己的某种行为解释为心理不健康的表现，而是某种烦恼或是痛苦。例如，个体处于某种心理状态时能意识到自己的情绪状态如何，以及自己的心理痛苦程度如何。

（3）社会适应标准。

社会适应标准是根据个体对社会环境的适应以及与社会环境保持和谐状态的程度进行评估。社会适应通常指个体对于社会环境的顺应以及应对能力，即人们在社会生活中的自理、沟通、交往的行为表现符合社会要求、社会准则、风俗习惯以及道德标准。如果个体不能按照社会认可的方式行事、应对和融入，其行为有悖于社会准则，难以被众人理解和接受，则被视为心理不健康。临床工作者通常根据个体行为是否干扰其正常的工作和人际交往来作出判断。例如，学生如果出现别人无法理解的情绪失控，出现撞墙、嚎哭、割手腕等行为，弄得周围人都对其避而远之，影响到正常的人际交往，就可以说其心理行为出现了异常，可能是心理不健康的表现。不过，社会适应标准需要考虑不同的时代、地域、习俗等社会背景特征的影响，不能简单地、孤立地看个体行为及其应对方式。

总之，综合考虑这些不同的标准才能对一个人的心理健康状况作出评估。心理健康也是一个动态的发展过程，一个人这段时间心理不健康，并不意味着永远无法改变，学习主动调节自己的心理健康水平也是一个成熟个体必备的心理素质。

二、学生心理健康的评估工具

常用的工具包括症状自评量表（Self-reporting Inventory，SCL-90）、贝克抑郁量表（Beck Depression Inventory，BDI），以及常规心理咨询效果评估表等（The Clinical Outcomes in Routine Evaluation Outcome Measure，CORE-OM）。

1. 症状自评量表（SCL-90）

该量表是目前广泛使用的心理健康测评量表之一，也是当前使用最广泛的精神障碍和心理疾病门诊检查量表。该量表最早编制于1975年，共包括90个项目。每个项目采用5级评分，既可用于心理健康状况的诊断，也可用于精神病学的研究。该量表应用于对学生心理健康状况评估时，可以了解学生在以下方面的心理健康状况：躯体化，主要反映主观的身体不适感。强迫症状，主要指那种明知没有必要但无法摆脱的无意义思想、冲动、行动等表现。人际关系敏感，主要指个人不自在感和自卑感。抑郁，反映苦闷的情感、对生活兴趣减退、缺乏活动愿望以及和死亡、自杀有关的想法。焦虑，反映无法静息、神经过敏、紧张以及其他躯体表现。敌对，包括厌烦、争论、摔物直至争斗和不可抑制的冲动爆发等。恐怖，包括在出门旅游、空旷场地、人群或公共场所和进行社交等时出现的恐惧症状或反应。偏执,包括投射性思维、敌对、猜疑、关系妄想和夸大等。精神病性,包括幻听、思维播散、被控制感、思维被插入等。其他,包括睡眠及饮食情况。

SCL-90通过计算总分、总平均分、阳性症状分以及因子分来进行评估。值得一提的是,该量表在国内已做了较为完备的修订与常模研究,其施测分数可以较好地进行解释,但因其表面效度高,容易引发被评估者猜测或掩饰评估结果。所以,其使用往往需要学校心理工作者配合临床问诊进行仔细评估。

表8-1

大学生SCL-90常见的8个常模得分($M \pm SD$)[1]

因子	1986年	1986年	1990年	1998年	1999年	1999年	2009年	2009年
躯体化	1.37±0.48	1.34±0.45	1.40±0.46	1.45±0.49	1.57±0.55	1.44±0.51	1.39±0.47	1.45±0.49
强迫	1.62±0.58	1.69±0.61	1.99±0.68	1.98±0.64	2.03±0.66	1.92±0.64	1.87±0.62	1.98±0.63
人际关系	1.65±0.61	1.76±0.67	2.02±0.71	1.98±0.74	1.92±0.65	1.85±0.64	1.79±0.59	1.88±0.63
抑郁	1.50±0.59	1.57±0.61	1.83±0.68	1.83±0.65	1.91±0.64	1.76±0.64	1.67±0.62	1.74±0.62
焦虑	1.39±0.43	1.42±0.43	1.64±0.57	1.64±0.59	1.68±0.58	1.59±0.57	1.55±0.54	1.61±0.55
敌对	1.46±0.55	1.50±0.57	1.75±0.68	1.77±0.68	1.73±0.69	1.68±0.65	1.58±0.59	1.61±0.62
恐怖	1.23±0.41	1.33±0.47	1.44±0.50	1.46±0.53	1.54±0.56	1.42±0.51	1.40±0.51	1.38±0.49
偏执	1.43±0.57	1.52±0.60	1.89±0.68	1.85±0.69	1.84±0.63	1.78±0.65	1.63±0.57	1.72±0.65
精神病	1.29±0.42	1.36±0.47	1.63±0.53	1.63±0.54	1.61±0.58	1.58±0.54	1.50±0.51	1.59±0.54
作者	金华等	金华等	季建林等	张智勇等	胡启先等	唐秋萍等	黄艳苹等	仲稳山等
人数	1 388	781	547	4 141	2 685	23 891	263 775	9 941
数据获得方法	调查	调查	调查	元分析	调查	元分析	元分析	元分析

注:1990年的常模由不同专业学生合成。

2. 贝克抑郁量表(BDI)

该量表是应用最为广泛的抑郁症状自评量表之一,在各种疾病人群和普通人群的抑郁症状评估中均得到应用。该量表的第一版由贝克等在1961年编制,其中文版在中国广泛使用。1996年,贝克根据美国《精神障碍诊断与统计手册(第四版)》(DSM-Ⅳ)对抑郁症状自评量表的第一版进行了修订,其中18个条目的文字进行了修改,推出了该量表的第二版,并迅速地在临床与研究中进行了推广应用。目前贝克抑郁量表第二版包含21个条目,每个条目0—3级评分,量表总分为21个条目的评分总和。

[1] 辛自强,张梅,何琳.大学生心理健康变迁的横断历史研究[J].心理学报.2012,44:664-679.

贝克抑郁自评量表(第二版)

指导语:本问卷有21组陈述句,请仔细阅读每个句子,然后根据您近两周(包括今天)的感觉,从每一组中选择一条最适合您情况的项目。如果一组句子中有两条以上适合您,请选择最严重的一个。请注意,每组句子只能选择一个条目。

1.	☐ 0. 我不觉得悲伤 ☐ 1. 很多时候我都感到悲伤 ☐ 2. 所有时间我都感到悲伤 ☐ 3. 我太悲伤或太难过,不堪忍受	7.	☐ 0. 我对自己的感觉同过去一样 ☐ 1. 我对自己丧失了信心 ☐ 2. 我对自己感到失望 ☐ 3. 我讨厌我自己
2.	☐ 0. 我没有对未来失去信心 ☐ 1. 我比以往更加对未来没有信心 ☐ 2. 我感到前景黯淡 ☐ 3. 我觉得将来毫无希望,且只会变得更糟	8.	☐ 0. 与过去相比,我没有更多的责备或批评自己 ☐ 1. 我比过去责备自己更多 ☐ 2. 只要我有过失,我就责备自己 ☐ 3. 只要发生不好的事情,我就责备自己
3.	☐ 0. 我不觉得自己是个失败者 ☐ 1. 我的失败比较多 ☐ 2. 回首往事,我看到一大堆的失败 ☐ 3. 我觉得自己是一个彻底的失败者	9.	☐ 0. 我没有任何自杀的想法 ☐ 1. 我有自杀的想法,但我不会去做 ☐ 2. 我想自杀 ☐ 3. 如果有机会我就会自杀
4.	☐ 0. 我和过去一样能从喜欢的事情中得到乐趣 ☐ 1. 我不能像过去一样从喜欢的事情中得到乐趣 ☐ 2. 我从过去喜欢的事情中获得的快乐很少 ☐ 3. 我完全不能从过去喜欢的事情中获得快乐	10.	☐ 0. 和过去比较,我哭的次数并没有增加 ☐ 1. 我比过去哭的多 ☐ 2. 现在任何小事都会让我哭 ☐ 3. 我想哭,但哭不出来
5.	☐ 0. 我没有特别的内疚感 ☐ 1. 我对自己做过或该做但没做的许多事感到内疚 ☐ 2. 在大部分时间里我都感到内疚 ☐ 3. 我任何时候都感到内疚	11.	☐ 0. 我现在没有比过去更加烦躁 ☐ 1. 我现在比过去更容易烦躁 ☐ 2. 我非常烦躁或不安,很难保持安静 ☐ 3. 我非常烦躁不安,必须不停走动或做事情
6.	☐ 0. 我没觉得自己在受惩罚 ☐ 1. 我觉得自己可能会受到惩罚 ☐ 2. 我觉得自己会受到惩罚 ☐ 3. 我觉得正在受到惩罚	12.	☐ 0. 我对其他人或活动没有失去兴趣 ☐ 1. 和过去相比,我对其他人或事的兴趣减少了 ☐ 2. 我失去了对其他人或事的大部分兴趣 ☐ 3. 任何事情都很难引起我的兴趣

（续表）

13.	☐ 0. 我现在能和过去一样作决定 ☐ 1. 我现在作决定比以前困难 ☐ 2. 我作决定比以前困难了很多 ☐ 3. 我作任何决定都很困难	18.	☐ 0. 我没觉得食欲有什么变化 ☐ 1. 我的食欲比过去略差，或略好 ☐ 2. 我的食欲比去过去差了很多，或好很多 ☐ 3. 我完全没有食欲，或总是非常渴望吃东西
14.	☐ 0. 我不觉得自己没有价值 ☐ 1. 我认为自己不如过去有价值或有用了 ☐ 2. 我觉得自己不如别人有价值 ☐ 3. 我觉得自己毫无价值	19.	☐ 0. 我和过去一样可以集中精神 ☐ 1. 我无法像过去一样集中精神 ☐ 2. 任何事情都很难让我长时间集中精神 ☐ 3. 任何事情都无法让我集中精神
15.	☐ 0. 我和过去一样有精力 ☐ 1. 我不如从前有精力 ☐ 2. 我没有精力做很多事情 ☐ 3. 我做任何事情都没有足够的精力	20.	☐ 0. 我没觉得比过去累或乏力 ☐ 1. 我比过去更容易累或乏力 ☐ 2. 因为太累或者太乏力，许多过去常做的事情不能做了 ☐ 3. 因为太累或者太乏力，大多数过去常做的事情都不能做了
16.	☐ 0. 我没觉得睡眠有什么变化 ☐ 1. 我的睡眠比过去略少，或略多 ☐ 2. 我的睡眠比以前少了很多，或多了很多 ☐ 3. 我根本无法睡觉，或我一直想睡觉	21.	☐ 0. 我没觉得最近对性的兴趣有什么变化 ☐ 1. 我对性的兴趣比过去少了 ☐ 2. 现在我对性的兴趣少多了 ☐ 3. 我对性的兴趣已经完全丧失
17.	☐ 0. 我并不比过去容易发火 ☐ 1. 与过去相比，我比较容易发火 ☐ 2. 与过去相比，我非常容易发火 ☐ 3. 我现在随时都很容易发火		

注：该贝克抑郁量表较广泛应用于研究中，引用自王振等. 贝克抑郁量表第2版（中文版）在抑郁症患者中的信效度. 临床精神病学［J］.2011,25：476-480.

评分标准：

请注意，本结果仅用于初步测评你的抑郁状态，不能单独作为诊断参考，无法替代全面的临床评估。抑郁症的确诊需要专业的精神科医生进行详细的问诊、面谈、测试以及综合评估，请勿轻易给自己或周围的人进行诊断。本测试旨在引起你对自己的心理健康状况关注，结果仅供参考。

无抑郁（0—13分）

你在该问卷上的初测结果表明，你的情绪状态并未达到抑郁的程度。但是如果你仍然有所担心并觉得自己需要帮助，可以寻求专业的精神科医生对你的问题进行全面评估。

轻度抑郁（14—19分）

你在该问卷上的初测结果表明，你可能处于轻度抑郁情绪中或是情绪时而低落、时而高涨。一般来说，轻度抑郁可以通过自我调节进行部分改善，也会随着目前压力事件的解除得到缓解，但是，只有专业的精神科医生才能对你的问题进行全面确诊，本量表的测试结果只能帮助你进行初步的自我筛查，结果仅供参考。

中重度抑郁（20分以上）

你在该问卷上的初测结果表明，你可能处于较为明显的抑郁情绪或有较为明显的情绪起伏。但是，只有专业的精神科医生才能对你的问题进行全面确诊，本量表的测试结果只能帮助你进行初步的自我筛查，结果仅供参考。

根据初步自评的结果，建议你立即至专业的精神卫生机构进行全面的心理健康筛查，排除可能的风险，以获得专业的诊断建议和心理治疗。

处于明显抑郁情绪中的人有时会有伤害自己的风险，如果你曾经有这样的想法或计划，我们强烈建议你尽快到专业的心理咨询机构或精神卫生机构进行全面评估，并在生活中寻求支持和帮助。

3. 常规临床咨询效果评估表（CORE-OM）

除了以上对心理健康状况进行评估的量表，在心理咨询过程中也常使用量表对来访者在咨询前后的心理健康状况进行评估。常规临床咨询效果评估表是一个广泛使用的自评工具。该量表最早用于评估心理治疗的效果，其发展旨在符合心理测量研究的标准，并满足临床常规评估的需要。目前英文版CORE-OM已被翻译成二十多种语言，相关研究也证实了该量表在瑞士、意大利等西方国家具有良好的心理测量学特征，也有研究者进一步修订了该量表的简化版（仅10个问题），用于常规心理评估。

CORE-OM量表包括34个项目，四个维度：主观幸福感（4个题目），问题/症状（12个问题），整体功能（12个问题）以及风险（6个问题）（如图8-1所示）。在研究和临床实务中，除了最后一个维度外，其他维度建议使用该维度内所有项目的平均分数。CORE-OM量表主要用于对特殊病人的治疗、对个体的心理治疗以及在不同治疗中心的治疗及比较；还可以用于评估服务质量、有效性和效率，用于心理健康机构、心理咨询机构、工作场所的咨询机构、药物和酒精成瘾的机构以及个人执业的咨询机构。此外，该量表适合于评估不同理论流派及不同心理治疗模式。

图 8-1

CORE-OM量表的子维度

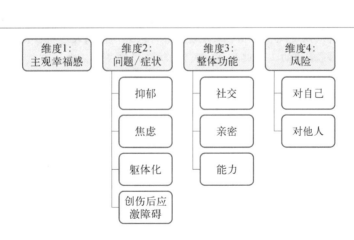

该量表的主要特点包括：具有主观幸福感的维度和整体功能维度，能够反映心理咨询中当事人的整体状况，这是现有许多传统单一的评估工具所不具备的；该量表的问题症状维度包括抑郁、焦虑、躯体化、创伤四个子维度，能够对不同心理问题进行评估，适合学校、医院、私人诊断等一般性心理咨询问题多样化的环境；问卷相对简短，通常当事人可以在五分钟之内完成，在心理咨询机构中使用时花费的时间成本小，其施测、计分、解释都容易操作；该量表还包括一个风险维度（其中又包括对自己和对他人两个子维度），可以对一般性心理咨询中的危机风险进行有效评估，对学校心理咨询环境有较好的亲和力。最后，该量表可以在咨询开始前作为预检使用，在咨询过程中通过重复地施测对来访者的治疗进程进行追踪。

此外，常规临床咨询效果评估表还包括了针对12—16岁之间的青少年版，青少年版共有十个问题，问卷较为简短，基于常规临床心理咨询效果评估量表（成人版）的三十四个问题进行了缩减，具有良好的信效度基础。该量表虽然问题较少，但涵盖的维度及评估功能较为全面，同样包括主观幸福感、问题/症状、功能和风险四个维度。

专栏 8-2

常规心理咨询效果评估表（中文版）

指导语：以下问卷包括34个题目。请阅读每一道题，根据你在过去一周内的整体状况，勾选最接近你的选项。每个题目有五个选项，0表示完全没有，1表示偶尔有，2表示有时有，3表示经常有，4表示总是有。

<u>请根据过去一周内你的整体状况进行评估。</u>

		完全没有	偶尔有	有时有	经常有	总是有
1.	我感到非常孤独。	0	1	2	3	4
2.	我感到紧张、焦虑或不安。	0	1	2	3	4
3.	在需要的时候，我觉得可以找到人帮我。	0	1	2	3	4
4.	整体来说，我觉得自己还行。	0	1	2	3	4
5.	我觉得自己精疲力尽、毫无热情。	0	1	2	3	4
6.	我动手打伤过人。	0	1	2	3	4
7.	我觉得自己能够应付出现的问题。	0	1	2	3	4
8.	我被疼痛或其他身体不适困扰。	0	1	2	3	4
9.	我想过伤害自己。	0	1	2	3	4
10.	和别人讲话对我来说是一种负担。	0	1	2	3	4
11.	因为紧张和焦虑我无法做重要的事。	0	1	2	3	4
12.	我为我做过的一些事感到高兴。	0	1	2	3	4

（续表）

		完全没有	偶尔有	有时有	经常有	总是有
13.	一些不想要的念头和感受一直困扰着我。	0	1	2	3	4
14.	我有一种想哭的感觉。	0	1	2	3	4
15.	我感到惊慌或恐惧。	0	1	2	3	4
16.	我有过自杀计划。	0	1	2	3	4
17.	我的问题快把我压垮了。	0	1	2	3	4
18.	我很难入睡或睡得不安稳。	0	1	2	3	4
19.	有人让我产生了温暖和喜欢的感觉。	0	1	2	3	4
20.	我被我的问题困住了。	0	1	2	3	4
21.	需要做的事，我大部分都能做。	0	1	2	3	4
22.	我威胁或恐吓过别人。	0	1	2	3	4
23.	我感到没有希望。	0	1	2	3	4
24.	我想如果我死了会更好。	0	1	2	3	4
25.	我觉得自己被人指责。	0	1	2	3	4
26.	我觉得我没有朋友。	0	1	2	3	4
27.	我感到不开心。	0	1	2	3	4
28.	一些不想要的画面或回忆让我感到痛苦。	0	1	2	3	4
29.	和别人在一起时我容易烦躁生气。	0	1	2	3	4
30.	我觉得我的问题和困难都怨我自己。	0	1	2	3	4
31.	我对我的未来感到乐观。	0	1	2	3	4
32.	我做成了想要做的事。	0	1	2	3	4
33.	我觉得自己被别人羞辱。	0	1	2	3	4
34.	我伤害过自己的身体或拿自己的生命冒过险。	0	1	2	3	4

注：该量表已获得中国地区的使用版权，问卷评分方法和研究进展情况见 https://www.coresystemtrust.org.uk

第二节　学生心理健康

近年来，学生心理健康问题受到越来越多的关注。与健康的心理相对，是一些异常的心理或称心理障碍。如何识别心理障碍已经成为教师及教育工作者的重要技能之一。值得一提的是，并非所有的学生心理障碍都可以通过与学生谈话聊天解决，如果教师在工作过程中发现学生可能出现心理健康问题,应能够及时识别,推荐学生尽快至心理咨询师或精神科医生处寻求专业帮助。

一、心理障碍概述

世界卫生组织在2015年的报告中提出,全球每10人中就有一人存在心理障碍(psychological disorder)。一般来说,心理障碍是指异常的、令人烦恼的、适应不良或不合理的思维、情感和行为的持续模式,往往还会引起以下三个方面的失调:

(1)心理活动与社会环境的失调。个体的心理活动是对客观现实世界的反应,在心理健康的状况下内在世界与外在环境通常保持着一致性和协调性,如果这种一致性和协调性遭到破坏,引发了个体对外在客观世界的歪曲或是虚构,则提示心理障碍可能发生了。

(2)心理活动的内部失调。个体的心理过程中的认知过程、情感活动、意志活动等在心理健康的状况下是协调一致的,心理活动与外在的行为表现也能够保持协调一致,这种统一的心理活动保证了个体具有良好的社会功能,并能有效地进行工作、生活、学习。如果个体的心理活动出现内部的不协调,内心冲突激烈甚至出现失衡,则提示心理障碍的发生。

(3)心理活动稳定性的失调。个体的心理活动是遗传和环境交互作用的结果。在个体的发展过程中,心理发展有其内在规律和稳定性。每个个体的过去、现在和未来都有着内在和必然的联系,其心理活动的变化是稳定且有规律的。如果这种心理活动的稳定性被打破了,同样提示心理健康水平的下降或是心理障碍的发生。

常见的心理障碍可以简单划分为:精神类疾病、心理问题、心理困扰三大类(如图8-2所示)。其中,精神类疾病是指严重的心理障碍,通常伴随着大脑功能失调,患者的认识、情感、意志、动作行为等心理活动均可出现持久的、明显的异常,导致不能正常的学习、工作、生活,精神类疾病首选的治疗方法为药物治疗;而心理问题一般指引发患者内心冲突与痛苦的一系列心理疾病,如焦虑症、恐惧症、强迫症等,一般患者的日常工作、生活、学习虽然受到影响,但不至于完全没法进行,这类心理问题需要专业的心理咨询与治疗;心理困扰常常指一般的发展类问题,一般随着时间的流逝会自行缓解,但也有可能发展成较为严重的心理问题。在学校情境中较为常见的问题包括新生适应、人际关系、学业情感等方面的困扰,这些困扰伴随着学生的成长需要教师、同学、家长、社

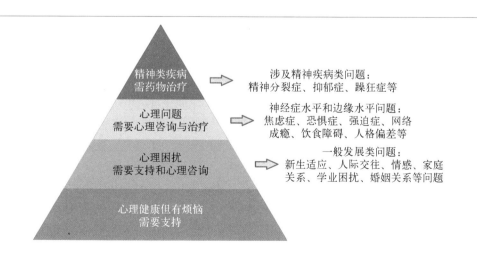

图 8-2

常见的心理
障碍分类

会环境提供积极的心理支持,也同样需要心理辅导与咨询。在本部分,主要讲精神类疾病和心理问题。

二、精神类疾病

1. 精神分裂症

精神分裂症(Schizophrenic disorder)是一种与个体正常功能有着质的区别的障碍,是一种严重的心理病理形式。患有这种疾病的病人人格似乎解体,思维和知觉出现歪曲,情感变得迟钝。按照美国《精神障碍诊断与统计手册(第五版)》(DSM-V),诊断精神分裂症需要根据以下五个功能异常中的一个或多个而确定,包括妄想、幻觉、思维(言语)紊乱、明显紊乱或异常的运动行为以及阴性症状(如图8-3所示)。

图 8-3

精神分裂症
的诊断要点

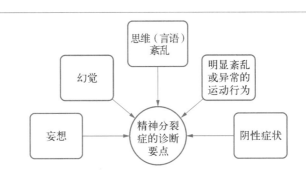

（1）妄想。

妄想是指患者相信某些不真实的事情是真实的,而且无法被他人说服。妄想的内容可能包括各种主题,比如相信自己将要被他人、组织或其他群体伤害或羞辱(被害妄想),相信一定的姿势、评论、环境因素是直接针对他的(关系妄想),相信自己有超乎寻常的能力、财富或是名声(夸大妄想),相信另一个人就是钟情于自己(钟情妄想)的,确信一个重大灾难将要发生(虚无妄想),以及聚焦有关于健康和器官功能的先占观念(躯体妄想)。妄想通常都是古怪的、明显是不真实的或是不能被相同文化中的个体所理解的,也并非来源于日常生活的经验。妄想和信念有时难以区分,部分取决于当其真实性存在明确合理的相反证据时,个体多大程度上能够进行理性的反思。

（2）幻觉。

在缺乏外界刺激的情况下,个体知觉到有信息输入,比如没有人说话时,患者坚信听到了说话的声音,或是看到有人、物体,甚至能生动地描述真实情况下没有的事物。这种感觉清晰又生动,具备正常感觉所有的一切因素,并不受自主控制。在精神分裂症及其相关障碍中,幻听是最常见的。幻听通常被体验为不同于自己想法的声音,不管这种声音是否熟悉。幻觉必须出现在清醒的知觉状态下,那些在即将入睡或即将醒来时出现的幻觉被认为是正常的。此外,在一定的文化背景下,幻觉也可能是宗教体验的正常部分。

（3）思维(言语)紊乱。

思维紊乱通常从个体的言语中推断出来,个体可能从一个话题跳转到另一个话题(思维脱轨或联想松弛)。对问题的回答可能是不大相关或是完全不相关的。个体的言语可能严重紊乱,以至于完全无法理解,其言语组织毫无逻辑,类似感觉性失语(语无伦次或词的杂拌）。因为轻度的言语紊乱是常见的，所以这一症状必须严重到一定程度才会影响有效沟通。如果测评人员与被试来自不同的文化背景，那么对症状损害严重性的评估可能变得非常困难。此外，精神分裂症在起病前或是残留期也可能出现轻微的思维或言语障碍。

（4）明显紊乱或异常的运动行为。

明显紊乱或异常的运动行为可能表现为各种方式，从儿童式的荒唐到无法预测的激动。个体在任何目标导向的行为中都可能出现问题，导致日常生活的困难。常见的表现比如对抗指令、保持一个僵硬、古怪的姿势、完全缺乏言语和运动反应（缄默和木僵），无明显诱因时无目的的、过多的运动行为（紧张性兴奋）、刻板运动、凝视、扮鬼脸、木僵和学舌等。

（5）阴性症状。

阴性症状占精神分裂症发病率的相当大一部分，但在其他精神病性障碍中并不显著。精神分裂症存在两个显著的阴性症状：情感表达减少和意志减退。情感表达减少是指面部表情、目光接触、讲话语调的减少，以及通常在言语时用作加强语气的手部、头部和面部动作的减少。意志减退是积极的、自发的、有目的的活动减少。个体可能坐很长时间，对参与工作失去兴趣。

一位精神分裂症患者的来信[①]

案例 8-1

联想散漫会导致精神分裂症患者言语所能传递的信息很少，虽然他们会使用很多词，语法也都正确，但交流却很糟糕。从下文一位精神分裂症患者所写的一封信的摘录中就能看出其内容的贫乏。

亲爱的妈妈，

我正在写信，我用的笔是一个名叫"派瑞公司"的厂生产的，我猜这个厂在英格兰。在派瑞公司名字的后面，笔上还刻有伦敦的字样，但这不是一个城市。伦敦在英格兰，这是我上学时知道的。那时，我一直喜欢地理。教我的最后一位地理老师是奥尔斯特·A教授。他有一双黑色的眼睛。我也喜欢黑色的眼睛。还有蓝色、灰色、其他颜色的眼睛。我听说蛇的眼睛是绿色的。所有人都有眼睛，也有一些人他们的眼睛瞎了。这些盲人可以由男孩做他们的向导。看不见一定很糟。有人既看不见也听不见。我认识一些人，他们的听力就不错。一个人是有良好的听力的。

---

2. 心境障碍

人的一生中往往会有这样一段时期，在这段时期里你会感到情绪低落或是非常不高兴。但对于有些人来说，极端的情绪会打乱正常的生活体验。心境障碍是一种情绪障碍，诸如严重抑郁或抑郁与躁狂相互交替。研究者们估计约有19%的成年人患有心境障碍，以下将描述两种最主要的心境障碍：抑郁症（Major Depression Disorder）和双向障碍（Bipolar disorders）。

---

① 劳伦·B·阿洛伊，约翰·H·雷斯金德，玛格丽特·J·玛诺.变态心理学(第九版)[M].汤震宇，邱鹤飞，杨茜，译.上海：上海社会科学院出版社，2005：593.

（1）抑郁症。

抑郁被形容为"心理病理中的普通感冒"，因为它发作频繁，几乎人人在一生的某些时间中都或多或少地体验过，比如失去亲人朋友的悲哀，或是没有达到目标的沮丧。这种悲哀或沮丧的情绪只是抑郁症患者体验到的症状中的一种。除此之外，重性抑郁发作（Major Depression episode）的诊断标准还包括：在两周内出现以下五个或以上的症状，表现出与先前功能相比不同的变化，其中至少一项是心情抑郁，或丧失兴趣或愉悦感（如图8-4所示）。

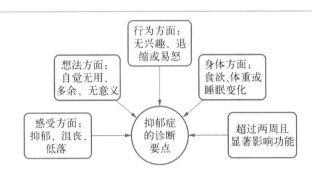

图 8-4

抑郁症的诊断要点

进一步，抑郁症可以考虑如下症状：

几乎每天大部分时间都心境抑郁，既可以是主观报告（如感到悲伤、空虚、无望），也可以是他人的观察（如流泪），此外，儿童和青少年可能表现为心境易激惹；几乎每天或每天的大部分时间，对于所有或几乎所有的活动兴趣或乐趣都明显减少；在未节食的情况下体重明显增加或明显减轻（例如一个月内体重变化超过原来体重的5%），或几乎每天食欲都减退或增加；几乎每天都失眠或睡眠过多；几乎每天都精神运动性激越或迟滞（由他人观察所见，而不仅仅是主观体验到的坐立不安或迟钝）；几乎每天都感到疲劳或精力不足；几乎每天都感到自己毫无价值或过分地、不适当地感到内疚；几乎每天都存在思考或注意力集中的能力减退或犹豫不决；反复出现死亡的想法，反复出现没有特定计划的自杀观念，或有自杀企图，或有某种实施自杀的特定计划。

这些症状引起了具有临床意义的痛苦，或导致社交、职业或其他重要功能造成损害。被诊断为抑郁的患者，其症状的严重性和病程不同，其中一些人在一生中的某个时间只与抑郁斗争了几个星期，而另一些人则断断续续或慢性地要经历数年的抑郁。抑郁会给患者、家属和社会带来巨大的损失。

以上重性抑郁发作代表了抑郁障碍中的典型疾病，表现为至少两周的发作，涉及情感、认知和植物神经功能的明显变化以及发作间的缓解。尽管该障碍在大多数案例中是反复发作的，但基于单次发作的诊断同样可以。需要仔细区分正常的悲伤哀痛与重性抑郁发作的区别。通常来说，丧痛经历会导致巨大的痛苦，但一般不导致重性抑郁发作。与不伴随重性抑郁障碍的丧痛相比，当重性抑郁发作与丧痛同时出现时，抑郁症状和功能损害通常更为严重，预后更差。与丧痛有关的抑郁倾向发生于容易患有抑郁障碍的人群中，抗抑郁药物治疗可促使其康复。

值得一提的是，三分之二的抑郁症患者有自杀念头，自杀人群中的确有相当一部分个体是因为抑郁症没有得到及时、系统的治疗所致。抑郁症已经成为当代医学与教育乃至全社会面临的棘手问题。需要重视的是，大约80%的患者经历着抑郁症的复发问题，一个人以前出现过的发作期越多，第一次发作时的年龄越小，近期经历的痛苦事

图 8-5

患有双向障碍的小说家伍尔夫与患有抑郁症的柴可夫斯基

件越多，家庭支持越少，抑郁复发的可能性越高。对于学生群体来说，抑郁症的早期症状表现可能是学业成绩的突然下滑、衣冠不整、精力不济、兴趣爱好的突然改变等。此外，教师还需要注意到学生群体中隐匿性抑郁症的风险，即因为躯体症状突出，掩盖了以情绪低落为特征的精神症状。大多数隐匿性抑郁症的患者不认为自己有精神问题，而认为自己患有某种器质性疾病，如胸闷心悸、食欲减退、头昏目眩、心慌、上腹部不适或是肢体麻木等。有些患者在人前表现得积极乐观、热情健谈，但人后常常莫名地感到情绪低落，默默流泪，甚至出现自杀想法和自杀行为，这需要引起教育工作者的足够重视。

在DSM-V中，抑郁障碍除了包括以上介绍的重性抑郁发作，还包括持续性抑郁障碍、经前期烦躁障碍等。其中持续性抑郁障碍，又叫作恶劣心境，至少在两年内的多数日子里，一天中的大多数时间中出现抑郁心境，可以是主观的体验，也可以是他人的观察；处于抑郁状态时，出现以下两项或更多症状：食欲不振或过度进食；失眠或睡眠过多；缺乏精力或疲劳；自尊心低；注意力不集中或犹豫不决；感到无望等。此外，个体在两年的病程中从未有过两个月以上没有以上症状等。

经前期烦躁障碍是2013年被新列入美国《精神障碍诊断与分类手册》的疾病，主要是指个体在大多数月经周期里，下列症状至少有五个在月经开始前一周出现，在月经开始后几天内症状逐渐改善，在月经一周后症状变得轻微或是不存在：明显的情绪不稳定（如情绪波动、突然感到悲伤或是流泪，对拒绝的敏感性增强等）；明显的容易激惹或愤怒或人际冲突变多；明显的抑郁心境、无望感或自我贬低的想法；明显的焦虑、紧张、感到烦躁或有站在悬崖边上的感觉。此外，还会出现对日常活动的兴趣下降、注意力难以集中、昏睡、容易疲劳、明显的食欲改变、感到被压垮或失去控制以及躯体症状（如乳房疼痛和肿胀、关节或肌肉疼痛等）。

案例 8-2

一例抑郁症的中学生案例

小飞是被班主任带到咨询室里的，他低着头，坐在角落里，穿着一件有些脏的T恤，看上去并不情愿。原来，这个高三的男生这两天告诉自己的

同桌："我撑不下去了，对什么都没有兴趣，我不想给大家添麻烦，还是死了好。"班主任说，小飞一直是班级里挺省心的学生，进入高三以来，大家的学业压力都大，小飞的成绩的确有些下滑，再加上最近班级的篮球赛、秋游等活动小飞都以自己不舒服为理由推脱了，这让班主任和同学们都非常担心。

心理老师和小飞进行了单独的面谈，了解到小飞在最近一个月里对很多事情都失去了兴趣，早上起床特别困难，总觉得自己是多余的，做什么都会给别人添麻烦，于是联系了小飞的父母，让他们带小飞去精神卫生机构确诊是否有抑郁症。

一开始小飞的父母非常抵触，觉得自己的孩子怎么会有这么奇怪的"病"，心理老师向小飞的父母介绍了抑郁症的风险和危害，建议先去精神卫生机构进行诊断，及时服药能够有效地缓解症状。此外，心理老师也和小飞约定了接下来两个月的咨询，希望能每周见小飞一面，听他说出自己的烦恼。由于小飞明确说到了还是死了好，心理老师还和小飞聊到了他的自杀想法，小飞说自己的确最近总是在脑海里出现这样的念头，但他想到自己如果真的结束生命，父母可能就完全没有依靠了，所以这样的念头也让他觉得非常痛苦。

第二天，小飞在父母的陪伴下去了当地的精神卫生中心，经过两次与精神科医生的面谈后，医生确诊小飞是中度抑郁，小飞开始一边服用药物，一边在心理老师这里保持每周一次的聊天。

在和小飞聊天的过程中，小飞提到自己上了高三以来，一方面学业压力越来越大，自己好像连喘息的机会也没有，另一方面家里的父母还在闹离婚，让他没心思学习，小飞觉得自己像是家里多余的，就是因为自己父母才会一直争吵到现在。好不容易熬到高三，如果自己上了大学，父母可能就真的会离婚了。心理老师于是邀请小飞的父母一起走进咨询室，请小飞当面说出这样的担心，也表达他一直以来压抑的委屈与愤怒，帮助小飞梳理自己混乱的情感。此外，心理老师还和小飞一起讨论了高三复习阶段的学习方法，帮助小飞学习适应高三的题海生活。

经过一学期的药物治疗和心理老师辅助的谈话，小飞的自杀念头开始明显减少了，他的学习能力也在恢复中，小飞说自己要参加下学期的高考，无论如何，这是一次证明自己的机会！

☞ 在线案例

《选择》

（2）双向障碍。

双向障碍是以严重抑郁和躁狂阶段交替出现为特征的。一个经历躁狂阶段的人的行为和情感常常是高涨的和夸张的，但是，有时个人的主导情绪就是容易激惹而不是高涨，特别是当这个人感到挫折的时候。在躁狂阶段，一个人常常感到自尊的膨胀感以及自己拥有特别能力或权力的非现实信念。个体可能感觉到需要睡眠的时间戏剧化地减少，可以做额外的工作或是参加社交或娱乐场合。被这种躁狂情绪所影响的个体可能表现出不需要的乐观，冒不必要的风险，到处许愿，而且可能放弃任何东西。不过，当躁狂开始减退时，个体不得不应付躁狂阶段所造成的损害和窘境。这样的躁狂极端几乎总是跟随着严重的抑郁。躁狂发作的诊断要点如图8-6所示。

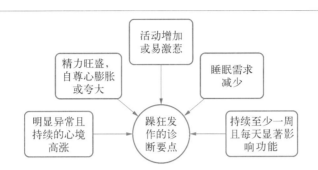

图 8-6

躁狂发作的
诊断要点

双向障碍的个体处于情绪问题中的持续时间和次数因人而异。一些人经历长时间的正常功能期，中间被偶尔短暂的躁狂或抑郁发作打断。小部分不幸的患者从躁狂期到临床抑郁，然后又回来，如此往复，周而复始，对自己和家庭、朋友的破坏力极大。处于躁狂期的个体可能会赌掉毕生的积蓄或是送给陌生人慷慨的礼物，做出一些增加他们在抑郁阶段内疚的行为。图8-7为双向障碍的大脑变化。

PET扫描显示，个体大脑能量的消耗随着个体情绪的变化而升高或降低。红色区域是大脑能量快速消耗的区域。

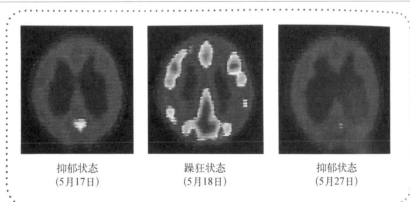

图 8-7

双向障碍的大
脑变化[①]

抑郁状态	躁狂状态	抑郁状态
（5月17日）	（5月18日）	（5月27日）

三、心理问题

1. 以焦虑为核心的心理问题

每个人都会在一定的生活情形下体会到焦虑或是恐惧。适当的焦虑可以帮助我们克服困难，但是过度的焦虑则会干扰人们有效处理日常生活的能力，使人们失去享受生活的乐趣。以焦虑为核心的心理问题主要包括：广泛性焦虑障碍、惊恐障碍、恐惧症、强迫症和创伤后应激障碍（PTSD）。尽管在这五种类型的心理问题中，焦虑都起到一个关键性的作用，但这些障碍在焦虑被体验到的程度、焦虑的严重程度以及诱发焦虑的情境上有所不同。

① 戴维·迈尔斯.心理学（第九版）[M].黄希庭，等译.北京：人民邮电出版社，2014：562.

（1）广泛性焦虑障碍（generalized anxiety disorder）。

当一个人在至少六个月以上的日子里感到焦虑或担心，却不是由于受到特定的危险所威胁而引发的，临床心理学家们将这种心理疾病称为广泛性焦虑症。当事人的焦虑往往集中于特定的生活环境，其表达途径因人而异，并且至少还包括三项其他症状（比如肌肉紧张、容易疲倦、坐立不安、思想难以集中、易激惹或睡眠障碍）才可诊断为广泛性焦虑障碍。该心理疾病会造成功能的缺损，因为当事人的担心难以控制或是难以被放在一边不管。由于当事人的注意焦点在焦虑的来源上，他们往往不能充分地专注于自己的生活、学习和工作，这些困难伴随着躯体症状（如睡眠困难等），进一步形成了恶性循环，使得情况更加复杂。

案例 8-3

一例考试焦虑的案例咨询片段[①]

以下介绍了一位心理咨询师采用系统脱敏法和想象法帮助初二女生克服考试焦虑的过程。

这个初二的女孩是和妈妈一起走进心理咨询室的，她怯生生地看了我一眼，脸上绽放出非常清澈的笑容。母女两人长得很像，在沙发上坐定之后，女儿便很安静地偎依在妈妈怀里，一双好奇的大眼睛偷偷看着我。我笑着把咨询预约表递给她们母女，请她们填写第一次来咨询的基本信息。女孩自己伸手接过了预约登记表，趴在茶几上认真填写起来。我给她们母女倒上水，坐在一边静静地观察这一对话不多、却非常亲密的母女。

母亲很关切地看着女儿一笔一画地填写家庭信息、咨询目标、以前咨询情况等信息，她侧着头，眉头紧锁，眼镜后面的眼睛闪烁着，好像在评价着什么。而女儿则完全投入在自己的世界里，有时还停下笔来想一想。

过了一会儿，女孩填完了，抬起头把登记表递给我，羞涩地笑了一下。我仔细地看了看登记表：

姓名：婉儿。

咨询目标：改变考试焦虑、正常发挥出自己的水平。

来咨询的缘由：自己在网上查的，想解决我的问题。

原来婉儿的考试焦虑是从一次数学考试失误之后开始的……

"婉儿，我们试试看用想象的方法看看现在如果去考试会怎样？你愿意吗？"

"好啊，只是我觉得自己恐怕想象不出来……"

"没关系，我们试试看，任何时候你觉得很困难或者不想继续都可以举起右手手指告诉我，好吗？"

"嗯。"

"好，婉儿，你可以调整一个舒服的姿势，慢慢地闭上眼睛，眼睛一闭起来，整个人就回到内心世界里，你知道妈妈就在你身边，我也在你身边，你会很安心地享受进入放松想象的整个过程……"

[①] 张亚.催眠治疗实录［M］.上海：上海教育出版社，2010：8.

"好,婉儿做得非常好,来,做一个深呼吸,让自己慢慢地安静下来……"

"随着每次呼吸,婉儿慢慢地进入很深很舒服的内心世界,对,每一次呼吸都带领你进入更深更舒服的状态里……"

"好,婉儿,继续保持在你现在的感觉里,同时感受呼吸从你的鼻孔流入鼻腔,经过气管流到肺部,再渗透到你的全身……感受气流流出你的鼻孔……感受这个我们平时不太注意的美妙过程……对,吸气……吐气……吸气……吐气……随着每次呼吸,整个人进入更深、更深、更深的安宁之中……"

婉儿很专注也很努力,对我也充满了信任,所以很快进入放松状态,从她放松的手指、下巴,跳动的眼皮都可以看出来她一定深深地进入自己的内心世界了……

"好,婉儿,你做得真的很棒,告诉我,现在你的感觉怎样?"

"……很舒服……"婉儿的声音变得很轻、很低。

"非常好,继续享受这样的感觉……现在我想请婉儿想象自己要去学校参加一场数学考试。你正走在去学校的路上,告诉我周围的景色是怎样的。"

"梧桐树,两边,我在骑车,路上很多人……"看上去婉儿似乎在喃喃地自语。

"非常好,注意你现在的感觉,当你骑车去学校参加考试的时候,你觉得紧张吗? 如果从1到10评分,最紧张为10分,最不紧张为1分,你大概给自己目前的状态打几分?"

"大概2分吧,一点……"

"非常好。现在继续想象你到了学校,对,停下车子,向教室走去……"为了更好地配合婉儿的想象,我也放慢速度,继续引导她想象。

"注意你现在的感觉……现在大概会有几分?"

我看见婉儿的眼睛在眼皮下转动着,知道她正在进行想象,或是看见了一些图像。等了一会,婉儿喃喃地说:"大概有4分了……"

"好……现在走进教室,在你的座位上坐下来,告诉我你坐在哪里?"

询问这些细节能帮助婉儿更深地进入当时的场景中,我详细地询问婉儿教室里的布置、老师的表情、发卷子的声音,让婉儿越来越真实地进入当时的场景中。

"……觉得紧张加重了,好像有7,老师发卷子的声音尤其让我紧张……"婉儿的嘴角不知道什么时候开始往下了,看得出在她的想象世界里一定正经历着那种紧张的感觉。

"好,体会这种紧张,以前婉儿很不喜欢这样紧张的感觉,总是想立刻把这种感觉清除,这次我们试试看多了解这种感觉,多和它待一会……"

"婉儿做得非常好……"我注意到婉儿的眉头越来越紧,知道她依然在勇敢地面对紧张,于是继续引导她想象:"现在,我要请婉儿继续想象自己拿到试卷,那是怎样的试卷,纸质如何……可以听见发卷子的声音吗……继续体会你现在的紧张……"

"10,紧张极了……"婉儿的身体都在往后缩了。

"非常好,体会紧张的感觉在身体的哪个部位特别明显?"

"背部,还有心里……"婉儿几乎无意识地抬起手,放在胸口。

"好……现在请勇敢的婉儿做一个深呼吸,慢慢地、慢慢地放松下来……注意你的背部,尽可能地放松……注意你的胸口……尽可能地放松……你知道你可以做好这些题目,就像以前一样,就像平时一样……对……注意你的胸口和背部,尽可能地,慢慢地、慢慢地放松下来……"

在我的引导下,婉儿的身体渐渐地松弛下来,可以感觉到那些紧张慢慢地流淌出去了。

"对,你心里知道自己其实能做好,你做了充分的准备,你像以前一样相信自己……深呼吸……更加轻松、更加自信……深呼吸……更加自信,更加坚定……"

"嗯,现在好像好多了,大概回到3左右……"

"非常好,继续停留在这样的感觉里,轻松、自信同时保持一定关注,试着开始做题……"

"感觉如何?"我轻轻地问。

"很好。"婉儿的脸部是放松的,我知道她所说的"很好"是真的"很好"。

万一遇到不会做的题目呢? 我决定考验婉儿一下。

"现在请婉儿想象自己遇到了不会做的题目,这是一道很复杂的数学题,你发现自己卡住了……注意体会自己的感觉……"

"嗯……紧张增加了,大概到……6……"婉儿慢慢地说。

"好,非常好,婉儿对自己的状态非常敏锐,现在体会这种紧张的感觉在身体的哪些部位特别明显……"

"心里像有一面小鼓……敲得很快……"

"好,婉儿,我要请你慢慢地、慢慢地,放慢敲鼓的速度,你知道自己不会班级里百分之九十到九十五的同学也不会,你心里非常清楚,我要请你放慢敲鼓的速度……做一个深呼吸,对……尽可能地放慢敲鼓的速度……甚至你还可以先把这道题目搁在一边,等其他题目都检查完毕之后再来集中对付它……你知道自己可以……放慢速度……"

婉儿再一次放松了,这次她的脸上呈现出柔和的光芒,我知道她一定可以享受考试的过程了,她心里那些本来就有的勇气、信心会在考试中充分发挥出来。

（2）惊恐障碍（Panic disorder）。

与广泛性焦虑症中持续出现的焦虑相比,惊恐障碍的当事人体验到的是一种毫无预期的、严重的惊恐发作,可能只持续几分钟（如图8-8所示）。这种发作在一开始时的感觉是强烈的焦虑、恐惧或是惊慌,伴随着躯体症状,比如自主神经系统的高兴奋性（如心率加快）、眩晕、头昏或窒息感。这种发作由于并非来自情境中的某些具体事情而无从预期。当一个人反复出现无预期的惊恐发作并且开始持续担心再次发作的可能性时,惊恐障碍的诊断就成立了。按照美国《精神障碍诊断与分类手册（第五版）》（DSM-Ⅴ）,惊恐障碍的诊断标准包括:反复出现不可预测的惊恐发作,并在几分钟内达到高峰。如:心悸心慌或心率加速;出汗;震颤或发抖;气短或窒息感;哽噎

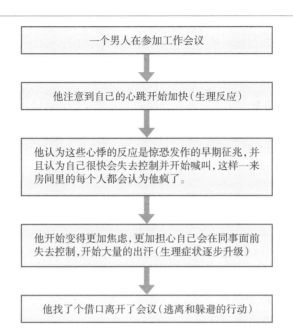

图 8-8

典型的惊恐发作的过程

☞ 在线案例

《医生！！！救救我？》

感；胸痛或胸部不适；恶心或腹部不适；感到头昏、脚步不稳、头重脚轻或昏厥；发冷或发热感；感觉异常，如麻木或针刺感；现实解体或人格解体；害怕失去控制或发疯；濒死感。以上症状出现四项及以上可考虑。至少在一次发作之后，出现以下症状中的1—2种，且持续时间1个月或更长，如持续地担忧或担心再次惊恐发作或其结果，在与惊恐发作相关的行为方面出现显著的不良变化。这种障碍不能归因于某种物质（如毒品滥用等）或其他躯体疾病（如甲状腺功能亢进等），也不能用其他精神障碍来更好地解释。

（3）恐惧症。

恐惧是一种对于客观确认的外部危险的理性反应（如家里着火了或是遭遇行凶抢劫），这种情绪能促使逃跑或是发起以自我防御为目的的攻击。但是，患有恐惧症的人会持续地、非理性地害怕某一特定物体、活动或是情境，这种恐惧对于实际的威胁来说是夸大的和非理性的。比如，很多人都会对蜘蛛或是蛇感到不安，这种轻微的恐惧并不妨碍人们的日常生活，但是身患恐惧症的当事人因此导致了显著的痛苦，一些必要的活动受到了限制。常见的恐惧症包括以下几种：广场恐惧症（Agoraphobia），如害怕拥挤的房间、商场、公共汽车、高速公路、处于密闭的空间或是开放的空间等。社交恐惧症（Social Phobia），害怕自己做出令人难堪的举动，虽然能意识到这种恐惧是多余的、没有理由的，但还是被恐惧所控制，努力回避可能有公众眼光的场合。特定恐惧症（Specific Phobia），对特定的事物或情况（如飞行、高处、动物、接受注射、看见血液等）产生了显著的害怕或是焦虑。以上这些恐惧症中个体焦虑、害怕或是回避通常要持续6个月以上才能考虑确诊。

（4）强迫症（Obsessive-compulsive disorder，OCD）。

强迫症是以强迫思维或强迫行为为特征的心理疾病，主要表现为有意识的强迫和反强迫并存。强迫思维表现为一些毫无意义的、甚至违背自己意愿的想法或冲动反复出现,个体试图忽略或压抑这些想法或是用另一些想法或行为来抵抗,但始终无法控制。这种冲突让个体体验到强烈的焦虑和痛苦,影响个体的工作、学习、人际交往甚至生活起居。强迫行为是一系列重复的行为(如洗手、排序、核对)或精神活动(如祈祷、计数、反复默诵等),个体感到重复行为或精神活动是作为应对强迫思维或根据必须严格执行的规则而被迫执行的;重复行为或精神活动的目的是为了防止或减少焦虑、痛苦或防止某些可怕的事件、情况,然而这些重复行为或精神活动与所设计的用于中和或预防的事件或情况缺乏现实的联结或是明显过度。表8-2显示的是患有强迫障碍的儿童和青少年常见的强迫思维和行动。

表 8-2	思维或行为	报告症状的百分比
患有强迫障碍的儿童和青少年常见的强迫思维和行为[①]	强迫(重复思维) 　对灰尘、细菌或病毒的关注 　可怕事情的发生(火灾、死亡、疾病) 　对称、顺序、精确	40% 24% 17%
	强迫(重复行为) 　过度地洗手、洗澡、刷牙或修饰 　重复习惯行为(进/出门,从一把椅子上起来/坐下) 　检查门、锁、用具或汽车刹车、家庭作业	85% 51% 46%

（5）创伤后应激障碍（PTSD）。

创伤后应激障碍的基本特征是在接触一个或多个创伤性事件后发展出来的特征性症状。在创伤性事件发生后,存在以下一个或多个与创伤性事件有关的侵入性症状:创伤性事件反复的、非自愿的和侵入性的痛苦记忆;反复做内容或情感与创伤性事件有关的痛苦的梦;分离性反应,如闪回,个体的感觉或举动好像创伤性事件重复出现;接触象征或类似创伤性事件某方面的内在或外在线索时,产生强烈或持久的心理痛苦;对象征或类似创伤性事件的某方面的内在或外在线索,产生显著的生理反应。此外,个体在创伤性事件之后,开始持续回避与之有关的刺激,产生与之有关的认知和心境方面的负性改变,比如对自己、他人或世界产生持续性放大的负性信念和预期等。实际上,无论是创伤的受害者还是看到创伤情景的人都有可能罹患创伤后应激障碍。图8-9显示的是出现创伤后应激障碍的信号。

2. 与生理需求相关的心理问题

一般来说,在心理健康的评估过程中都会关注个体的睡眠、饮食有无发生较大的改变,身体有无出现一些不舒服的反应。吃饭、睡觉、排泄、性需求、生理反应这些都是人的基本需求,如果在这些方面出现了一些紊乱,并显著影响了躯体健康或心理社交功能,通常提示心理障碍的出现。以下将详细介绍睡眠障碍、饮食障碍、性心理障碍以及躯体症状及相关障碍。

---

① 戴维·迈尔斯.心理学(第九版)[M].黄希庭,等译.北京:人民邮电出版社,2014:554.

有哪些症状需要考虑是出现了创伤后应激障碍(PTSD)?

重复体验症状

闪回—不断回想灾难发生时的场面,并有躯体不适的感觉,如出汗、心跳加速等

噩梦

恐怖的念头

这种重复体验的症状,导致受难者不能正常生活。有时能自己无故回想起受伤时的片段,有时别人的一些言语、同受难时相似的场景,甚至某个物件都能激发回想。

逃避

逃离、躲避发生事件的地点或与灾难发生时有关的事物

情感麻木

强烈的内疚感、抑郁、焦虑担忧

对以往感兴趣的事物丧失兴趣

不能回忆灾难发生时的情况

如有的人会因为亲身经历过车祸而不能呆在汽车内,有些人开车出事故后再也不敢开车等。

过度反应

容易受惊吓

过度紧张

易怒

常常会因为回想起受伤时的场景而感到压力巨大并且无原因的愤怒,影响进食、睡觉,不能集中注意力。

图 8-9

出现创伤后
应激障碍
(PTSD)的
信号

专栏 8-3

创伤,我们该如何应对?

实际上,面对创伤时我们都会有各种情绪反应,这些反应是正常的。

1.面对创伤的正常反应

悲痛的:很累,没有力量;不能集中精力;难以入睡;麻木;易怒;阈限变低;肌肉紧张或兴奋;噩梦和闪回;对事物没有兴趣;头疼。

害怕的:即使一个小事件再次发生也会失去控制,感觉孤单,伤害自己或自己所爱的人。

内疚感:觉得自己比他人过得更好,后悔自己没有做的事情。

害羞:对于自己想要的不会采取行动,暴露于无助感中,情绪化贫困中。

愤怒:当事情发生时或者由他人引起时,不能理解别人。

失望:所有的计划都完不成。

紧张的人际关系：良好的关系被冲突矛盾所取代，他人不能理解你，不能给你所需，你也不能满足他人所需。

2.面对创伤应该做的

面对现实，参加葬礼或哀悼仪式，而不是逃避。

大胆表达你的情绪情感，很多时候能够哭出来反而更好。

维护好私人空间，偶尔独处或仅仅与家人及亲密的朋友分享是有必要的。

花时间在睡觉、休息、思考等对你非常重要的事情上。

让自己的生活过得正常，尽可能保持规律的作息和饮食。

3.面对创伤不应该做的

努力克制情绪。

对发生的事件避而不谈。

立即投入其他事情转移注意力。

（1）睡眠障碍（sleep disorder）。

我们把睡眠量的不正常和睡眠中出现的一些异常行为表现称为睡眠障碍。睡眠障碍常常伴随着抑郁、焦虑和认知改变，并且持续的睡眠紊乱（包括失眠和过度困倦）也是后续发生精神疾病和物质使用障碍的风险因素，代表了精神疾病发作的前驱性表现，早期干预可能预防或减弱后来精神疾病的发作。

在不同种类的睡眠障碍中，失眠是最常见的问题，其主要表现为主诉对睡眠数量或质量的不满，伴有下列一个或多个相关症状：入睡困难；维持睡眠困难，表现为频繁地觉醒或醒后再入睡困难；早醒，且不能再入睡。此外，以上睡眠紊乱引起了具有临床意义的痛苦，或导致社交、职业、教育、学业行为或其他重要功能的损害。每周至少三个晚上出现睡眠困难，至少三个月，且尽管有充足的睡眠机会依然出现睡眠困难。

与之相反的嗜睡障碍表现为睡眠过量（如延长的夜间睡眠或不自主的日间睡眠）、恶化的觉醒质量（即觉醒时有睡眠倾向，表现为觉醒困难或当需要时无法保持清醒）以及睡眠惯性（即从规律性睡眠或打盹觉醒后，有一段时间表现为受损或警觉性降低）。

（2）饮食障碍（eating disorder）。

随着媒体网络的宣传以及近年来愈演愈烈的"以瘦为美"的审美普及，青少年的饮食障碍问题几乎逐年攀升。饮食障碍是以进食或进食相关行为的持续紊乱为特征，导致食物消耗或吸收的改变，并显著损害躯体健康或心理社交功能的心理障碍，其中最常见的是神经性厌食、神经性贪食以及暴食障碍。

神经性厌食（anorexia nervosa, AN）是指以少女和年轻女性患者为主要人群的由于害怕体重增加而出现的严重地抵制进食的心理障碍。85%—95%的厌食症患者都是女性，大多数情况下发病时间在12岁到18岁，但也有可能在青春期之前或晚至30岁发病。神经性厌食有三个基本特征：持续的能量摄取限制；强烈地害怕体重增加或变胖或持续地进行妨碍体重增加的行为；对自我的体重或体型产生感知紊乱。个体保持体重低于相对年龄、性别、发育轨迹和躯体健康而言的正常水平的最低值。神经性厌食通常起病于青春期或成年早期,通常和压力性生活事件有关,如离家上大学。神经性厌食的病程和后果变异很大,更年轻的个体可能表现出不显著的特征,包括否认"害怕变胖",年龄更大的个体更可能有较长病程,临床表现可能包括更多慢性障碍的体征和症状。

神经性贪食(bulimia nervosa, BN)同样具有三个基本特征:反复发作的暴食;反复的不恰当的代偿行为以预防体重增加;自我评价受到体型和体重的过度影响。此外,暴食和不恰当的代偿行为(如自我引吐,滥用泻药、利尿剂或其他药物,禁食或过度锻炼)必须出现,且三个月内平均每周至少一次。一次"暴食发作"被定义为在一段固定的时间里进食,食物量超过大多数人在相似时间段内和相似场合下的进食量,不过也需要注意进食发生的背景(如在庆典和节日用餐摄取过多的食物可能是正常的),这种过度的食物消耗必须伴有一种缺乏控制感才可认为是暴食发作。

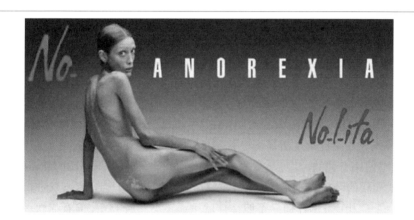

图 8-10

拒绝厌食症的宣传海报,图中的模特为一名厌食症患者,自愿进行海报拍摄

案例 8-10

一位厌食症女孩的故事

小艾15岁的时候,很健康,发育得也很好,身高168厘米,体重109斤,她是在12岁开始发育的。那时,她的母亲极力主张要她转入一所教学水平更好的学校去,但她坚持不肯转。小艾的父亲建议她注意自己的体重,这个想法占据了她全部的念头,她开始严格控制体重。很快她就瘦了下去,月经也暂停了。变瘦给了小艾一种自豪感、一种力量感和成就感。她开始疯狂地运动,坚持不停地游泳、打网球或是跳健美操直到自己精疲力竭。无论体重减到哪一个低点,艾玛都害怕自己如果再胖一斤就会太胖了。当她来做咨询的时候刚20岁,看上去就像一具行走的骨架,她穿得很少,两条裸露在外面的腿就像扫帚柄,穿的一件三角背心显现出她的每一根肋骨,肩膀像被削过一样立着,就像很小的翅膀。小艾坚持认为自己看上去很好,对她自己的皮包骨头也觉得没有什么问题。

(3)性心理障碍。

性心理障碍包括性欲倒错障碍(paraphilic disorder)及性别烦躁(gender dysphoria)等。其中性欲倒错障碍特指除了与正常、生理成熟、事先征得同意的人类性伴侣进行生殖器刺激或前戏爱抚之外的其他强烈的、持续的性兴趣,并且由于性欲倒错导致了个体的痛苦或损害,或一种涉及对他人的伤害或风险的性欲倒错的性满足。具体包括窥阴障碍(偷窥他人的私密活动)、露阴障碍(暴露生殖器)、摩擦障碍(未经他人允许的情况下触摸或摩擦对方)、性受虐障碍(承受羞辱、捆绑或磨难)、性施虐障碍(使他人承受羞辱、捆绑或折磨)、恋童障碍(性聚焦于儿童)、恋物障碍(使用无生命体或高度聚焦于非生殖器的身体部位)以及易装障碍(穿着具有性唤起效果的异性装束)。值得一提的是,以上性欲倒错的表现是性欲倒错障碍诊断的必要而非充分条件,性欲倒错本身并不必要接受临床干预,除非同时导致了性欲倒错的负性后果(即痛苦、损害或对他人的伤害)。

性别烦躁是指个体体验或表现出的性别与被分配的性别之间不一致的痛苦。尽管并非所有个体都会因为这样的不一致而痛苦,但许多人如果得不到渴望的躯体干预,如通过激素或手术进行干预,他们会非常痛苦。此外,虽然同性恋早以不再被认为是心理疾病,但在中国文化环境下,同性恋学生还需要面对一定的社会压力,从确认自己的性别身份到向家人、同学、老师公开自己的性别身份都需要面临不小的心理挑战。

(4)躯体症状及相关障碍(somatic symptom disorder)。

躯体症状障碍及其他有突出躯体症状的障碍组成了DSM-V中的一个新分类,被称为躯体症状及相关障碍,这类障碍有个普遍特征,即与显著痛苦和损害有关的突出的躯体症状。其中,躯体症状障碍的诊断标准为:个体产生一个或多个躯体症状,使得个体感到痛苦或导致其日常生活受到显著破坏;与躯体症状相关的过度的想法、感觉或是行为,或与健康有关的过度担心,表现为与个体症状严重性不相称的和持续的想法、有关健康或症状的持续高水平焦虑、投入过多的时间和经历到这些症状或健康的担心上等至少一个症状;虽然任何一个躯体症状可能不会持续存在,但有症状的状态是持续存在的(通常超过6个月)。

疾病焦虑障碍(疑病症)(illness anxiety disorder)的诊断标准为:个体存在患有或获得某种严重疾病的先占观念;但个体并不存在躯体症状,如果存在,其强度是轻微的;对健康状况有明显的焦虑,个体容易对个人健康状况感到警觉;有过度的与健康相关的行为(如反复检查躯体疾病的体征)或表现出适应不良的回避(比如回避与医生的预约和医院),并且这些先占观念持续至少6个月,但所害怕的疾病在这段时间里可以有所变化,此外,这些与疾病有关的先占观念不能用其他精神障碍来更好地解释。

案例 8-5

一位疑病症男孩的故事

小武是某中学的学生,他成绩优异,为人谦逊,待人接物十分注重礼节。可能来咨询中心还略有紧张,感到他说话时的神情也有些不自然。小武之前已经来中心进行过咨询。这次前来,仍然是同样的困扰——担心自己会生病。说起这件事情,小武感到很无奈。原来小武去年生了一场大病,住院一个月。这件事情之后他开始担心自己的身体,害怕接下去又有什么重大的问题在等待着自己。加上当时医生对其病情的夸大,加重了小武的担忧。而失眠,也是从这件事情之后发生的。他总是担心自己会生病,有时候出现一些症状,便觉得自己生病了,于是去医院进行检查,做各项化验。医院检查结果显示一切指标正常,可是小武还是会认为医院有可能会误诊,对检查结果持怀疑态度。之后又会上网查询相关症状,发现自己的情况都与网上描述的相似,于是更加验证了自己的推测。如此反复,几个月来,小武每天都在担心自己的身体,并反复去医院检查,想要查出自己是否得病。但他同时又感到自责——本来自己身体指标都是正常的,可是自己却每天花很多时间在无谓的担忧上。这种矛盾的感觉一直困扰这小武,他感到十分痛苦,甚至因此而失眠。与此同时,小武的个人状态也受到这不存在的"疾病"的影响。他感到自己十分焦虑,情绪十分低落,整个人不再积极,也自觉有些自卑。脾气也变得有些暴躁,面对不顺心的事情会有控制不住的烦躁感。

3. 人格障碍

人格障碍(personality disorder)是一种持久的(慢性的)、不可变的、不适应的感知、思维或行为模式。这些模式可以严重损害一个人在社交或职业场合的功能,造成显著的痛苦。通常一个人进入青年或成年早期即可识别。人格障碍有很多类型,根据DSM-V,常见的人格障碍类型包括以下几种。

(1)偏执型人格障碍(paranord personality disorder)。

这是一种对他人普遍不信任和猜疑以至于把其他人的动机解释为恶意的心理行为模式。偏执型人格会不断地在环境中搜索支持他们猜疑的证据,比如别人在咖啡机旁交谈或是电子邮件回复晚了,都会成为个人敌对性的证据。此外,他们通常朋友很少,可能会有一个同盟者,即处于从属地位的人,不过他们最终也会开始怀疑那个人,再去寻找其他同盟者。偏执型人格患者很少出现在心理咨询室中,因为他们认为自己的问题是外在的而不是内在原因引起的。

(2)分裂样人格障碍(schizoid personality disorder)。

这是一种脱离社交关系,以及情感表达受限的心理行为模式。分裂样人格似乎对与人建立关系很少或是根本没什么兴趣,他们常常远离家庭,很少会结婚,没有亲密的朋友。在与他人的接触中,似乎体验不到一般社会生活中的温暖、愉快,也很少从独自一人的活动中找到快乐。最严重的情况下,他们完全没有体验正性情绪的能力。分裂样人格会显得有些心不在焉,并没有分裂型人格那种不寻常的想法或讲话形式,如果工作要求很少的社会接触,他们会表现得相当成功。

(3)分裂型人格障碍(schizotypal personality disorder)。

这是一种对亲密关系感到强烈的不舒服,且出现认知或感知扭曲以及行为古怪的心理行为模式。分裂型人格会表现出古怪的言谈、行为、思维和感知,但根据这些古怪性却又不足以诊断为精神分裂症。比如他们的讲话可能天马行空,或是不断报告一些错觉,比如感觉去世的父母在房间里,或是能够预测未来、读懂他人的思想等。有些分裂型人格会加入一些边缘团体,比如宣称自己是外星人绑架的幸存者等,这些人往往在儿童期就因为他们特殊的行为而遭到嘲弄和排斥。

(4)反社会型人格障碍(antisocial personality disorder)。

这是一种漠视或侵犯他人权利的心理行为模式。反社会型人格对他人采取掠夺性态度,往往在15岁之前开始且在成年期持续有违法或社会不支持行为的历史;在工作、性关系、亲子关系或财务职责中没有表现出忠贞和责任感;容易激怒,且有攻击性,有些会对配偶和孩子进行虐待;常常采取一些没有目标的、寻求刺激的方式,且常常很容易撒谎。

(5)边缘型人格障碍(borderline personality disorder)。

这是一种人际关系、自我形象和情感不稳定以及表现出显著冲动行为的心理行为模式。边缘型人格障碍涉及四个要素,其中包括:难以建立稳固的自我同一性,非常依赖他们与他人的关系来获得对自己的认同感。不信任,依赖于其他人的同时也充满了猜疑,而且预期自己会被他们抛弃或是受到他们的伤害。冲动的、自我毁灭的行为,会采用自我毁灭性的行为,如吸毒、不计后果的开车、打架和性乱交行为。难以控制的愤怒和其他情绪,持续存在情绪危机,主要是悲伤和愤怒这两种主导情绪。

(6)表演型人格障碍(histrionic personality disorder)。

这是一种过分情绪化和追求他人注意的心理行为模式。其本质特征是自我戏剧化,情绪表现常常明显是操纵性的,以吸引注意和同情为目的。他们的人际关系通常是脆弱的,在新认识一个人时显得热情且会表现自己的爱,但是一旦友谊建立起来,他们的要求会变得让人难以忍受,并且一般只是索取而不给予。在性方面他们会主动进行挑逗,但他们的自我专注又使得自己无法建立持久的性关系。

(7)自恋型人格障碍(narcissistic personality disorder)。

这是一种自我夸大、需要他人赞扬且缺乏共情的心理行为模式。其本质是自我的过度重要感,常常还结合着阵发性的自卑。自恋型人格会吹嘘他们的天资和成就,预言自己会取得巨大成功,期望从他人那里得到关注和奉承,因为他们是如此具有才能。但这种明显的自恋常常伴随着脆弱的自尊,他们会不断检查别人对自己的印象如何,且对批评做出愤怒和失望的反应或是对自己的缺点不予理睬。

(8)回避型人格障碍(avoidant personality disorder)。

这是一种社交抑制、自我感觉能力不足和对负性评价极为敏感的心理行为模式。回避型人格和分裂样人格一样具有明显的社交退缩,但不是由于不能体验到人与人之间的温暖和亲近,而是由于害怕遭到拒绝。他们总是回避人际关系,除非他们一遍又一遍地确信别人不会对他们产生批评性的情绪。回避型人格的自尊较低,通常感到抑郁,且对自己在社交中的失败感到生气。

(9)依赖型人格障碍(dependent personality disorder)。

这是一种与过度需要他人照顾相关的顺从和依附行为的心理行为模式。由于害怕不能做出他们自己的决定,依赖型人格会转向一个或两个其他人(如父母、配偶)来替自己决定做什么工作、与什么人交往甚至穿什么。由于害怕被抛弃,依赖型人格(通常为女性)会忍受配偶的不忠、酗酒甚至身体上的虐待,这种被动性导致了恶性循环,益发无助,反过来使得他们不采取什么有自尊的行动。不过,与同样害怕抛弃的边缘型人格相比,依赖型人格一般不会做出什么不计后果的、毁灭性的行为。

(10)强迫型人格障碍(obessive-Compulsive personality disorder)。

这是一种专注于有秩序、完美以及控制的心理行为模式。他们会把很多时间花费在能让自己变得有效的过程中,比如组织、列清单和进度表等,在与他人的交往中一般是呆板的和正式的,且没有什么事情能让他们体会到真正的愉快。强迫型人格总是工作第一,但当他们的完美主义妨碍自己做出决策和符合最后期限时,他们在工作中会遇到麻烦,许多强迫型人格在职业上相当成功,且为了成功而牺牲了自己的个人生活。

　　根据以上描述的相似性,人格障碍被分成三组(如图8-11所示)。古怪性/怪癖性组包括偏执型、分裂样和分裂型人格障碍,患有这些障碍的个体通常表现得奇特或是古怪。戏剧性/情绪性组包括反社会型、边缘型、表演型和自恋型人格障碍,患有这些障碍的个体通常显得戏剧化、情绪化或不稳定。焦虑性/恐惧性组包括回避型、依赖型和强迫型人格障碍,患有这些障碍的个体通常表现得焦虑或是恐惧。值得注意的是,尽管这个群组分类系统有助于一些研究和教学工作,但具有严重的局限性,且尚无一致性的结论。

图8-11

人格障碍丛

此外,由于人格障碍患者常常不会因为自己的行为感到悲伤,通常不会主动去寻求治疗,他们出现在咨询室里往往是因为周边人的抱怨或是家长的要求,不得不去进行咨询或家庭治疗。在这种情况下,他们一般对治疗都是抵制的,即使在治疗的过程中开始察觉到问题,通常也只会把问题视作外在原因造成的,而不是自己引起的。

案例8-6

　　菲菲今年16岁,是个高二的学生。在一次和男友吵架后,情绪失控的菲菲拿着水果刀冲进了男友的宿舍。男友宿舍里几个同学都出去上课了,宿舍门紧闭,于是菲菲愤怒地把一把水果刀插在了宿舍门上。菲菲的班主任知道这件事后推荐菲菲来心理咨询中心咨询。在和心理老师的第一次咨询中,菲菲对心理老师崇拜有加,她表现得懂事、听话,还反思了自己这次与男友争吵后的冲动行为,但在第三次咨询中,由于心理老师迟到了两分钟,菲菲在咨询室里大发雷霆,说这位心理老师是整个学校里最配不上做老师的人。

　　实际上,菲菲在咨询室之外的关系也非常不稳定。她从初中开始到现在谈过三四个男朋友,每一段关系开始得非常迅速,结果都是以菲菲原因不明的大发雷霆而结束。有两任男友几乎完全是被菲菲的疯狂举动吓跑的。有时候,菲菲还会以死相逼,在和现任男友的上一次吵架结束后,现任男友已经提出了分手,菲菲于是跑到了宿舍楼顶上,在深夜电话男友说再不来自己会跳下去……

尽管如此,菲菲却是个很有魅力的女孩子,她是学校里一名很有感染力的小主持人,也喜欢写小说。菲菲在很小的时候父母就离婚了,她被寄养在年事已高的爷爷奶奶家,菲菲很明确地告诉心理老师:"我知道他们从来没有喜欢过我。"

4. 网络成瘾及其他成瘾类心理问题

随着互联网时代的来临,人们一方面享受互联网带来的生活、学习、工作方面的巨大便利,另一方面,无节制地使用网络也会给我们的身心带来负面影响,甚至会发展成网络成瘾(Internet addiction)。网络成瘾已经成为一种困扰个体身心的异常行为,也成为大中小学生的重要心理困扰之一。

网络成瘾最早是在1994年由纽约市的精神科医生哥登伯格(Goldberg)首先提出来的,1996年杨(Young)根据美国《精神疾病诊断与统计手册(第三版)》(DSM-Ⅲ)中病理性赌博的十项标准确定了网络成瘾的八项标准,即:网络成为生活的中心,需要增加网络的使用,不能成功减少控制停止网络使用,停止或减少网络使用会导致无聊、抑郁、气愤,在线时间超出预期计划,重要的人际关系、工作、职业机遇遭到破坏,向别人隐瞒网络的卷入程度,使用网络逃避现实问题等。

在2013年出版的美国《精神障碍诊断与统计手册(第五版)》(DSM-Ⅴ)的"需要进一步研究的状况"中首次列出了网络游戏障碍(Internet gaming disorder, IGD),建议的诊断标准包括:持续、反复地使用网络来参与游戏,经常与其他人一起游戏,导致临床显著的损害或痛苦,在12个月内表现为沉湎于网络游戏;当游戏停止时出现戒断症状;耐受、需要花费逐渐增加的时间来参与网络游戏;不成功地试图控制自己参与网络游戏;作为结果,除了网络游戏外,对先前的爱好和娱乐失去兴趣;尽管有心理社会问题仍然继续过度参与网络游戏;关于网络游戏的量,欺骗家庭成员、治疗师和他人;使用网络游戏来逃避或缓解负性心境;由于参与网络游戏而损害或失去重要的关系、工作或教育机会等。以上症状中至少出现五项,则被认为患有网络游戏障碍。

案例 8-7	玩杀人游戏的小男孩

强强今年刚上预备班,自从放了暑假以来,每天玩6—7个小时的掌上游戏和电脑游戏,都是有关杀人、打架、格斗的游戏。更糟糕的是,强强自小父母离异,现在和外婆、母亲一起住,因为玩游戏总是被她们没收游戏机,在家经常

暴怒，还会踢门、用头撞门、发脾气，不吃饭，甚至对着外婆、母亲破口大骂，母亲非常生气，觉得他完全不懂得尊重妈妈和外婆。

其实，强强从小学三年级就开始爱上各种电子游戏了，只是上了预备班以后，玩的时间越来越长，学习成绩也始终上不去，等到放了暑假，几乎彻底成了个小网迷了，母亲多次没收强强的游戏机、手提电脑，但总是经不住强强又哭又闹甚至以头撞墙，迫不得已又还给强强，这样反反复复已经不下十几次了。强强还趁着妈妈不注意在她的笔记本上下载一些新的杀人、打架游戏，弄得电脑不时染上病毒，有几次还影响了妈妈在公司的工作。

有时候，母亲也会以吃肯德基为交换来控制强强的打游戏时间，可是几次之后，强强又不买账了。他还总是在母亲在家工作的时候把被子、衣服扔在妈妈身上，让母亲又急又气，却也无可奈何。

心理老师认为：强强的网瘾非常具有代表性，他只玩一种类型的游戏，即关于杀人、打架、格斗类的游戏。细心的父母会发现强强其实在不自觉地借此发泄自己在现实生活中的不满和愤怒；另一些家长可能要问了，强强小小年纪哪里来的愤怒？他的生活衣食无忧，家里条件也非常好，他能有什么不满？

问题便出在这里，大多数父母没有时间也想不到去关注孩子的内心世界，他们认为只要照顾好孩子的饮食起居就可以了，实际上，孩子的心灵比我们想象的要敏感。这并不意味着父母得小心谨慎地"伺候"孩子易碎的心灵，而是提醒各位父母更多地聆听孩子的内心世界，坚决而慈爱地引导孩子走出自己的人生道路。

以强强的案例来说，这个10岁的男孩子从小父母离异，他平时都是和外婆一起生活，妈妈只有周末才有时间陪伴他，父亲一个月才会见他一次。最常与强强相处的外婆由于听力不好，除了照顾强强的吃穿之外，与他讲话就很困难，强强几乎生活在情感的沙漠里，没有人能够走进他的内心世界。再加上妈妈好容易周末有时间在家，也常常忙着工作，强强自然内心更加不满，他以向母亲"掀被子、发脾气"的方式来表达自己的愿望——和我说说话！看着我！从母亲的角度来说，自然不能接受10岁的儿子以这种方式对待自己，忍不住严厉斥责他，这样一来反而让强强陷入更大的孤独与不被理解之中。（见图8-12，网络成瘾行为的恶性循环）

可以想见，强强心里埋藏的那些委屈和愤怒完全没有地方可以说，他只能在游戏世界里寻求自己内心的平静，甚至，也只有强强故意弄出点事情来，比如"撞门"、"偷着打游戏"等，妈妈才会关注他。而这一切心理运作的过程常常是孩子自己也没有意识到的，孩子会不自觉地选择某种方式引起家庭的重视，证明他自己的存在。

我们也的确看到，当妈妈开始做一些小小的改变时，比如说话时看着儿子、注意和儿子沟通讲道理、多拥抱抚摸儿子等行为时，强强的问题奇迹般地发生了变化，他开始变得彬彬有礼，也不再需要那些暴力游戏。

可以确定地说，孩子的年纪越小，其网瘾问题与家庭教养方式关系越为密切，甚至很多时候，对于这些年龄较小的孩子来说，他们的"网瘾"会因为父母教养方式的改变而得到彻底的解决。

此外，被列入DSM-V中的物质成瘾相关障碍（Substance-related and addictive disorders）包括：酒精、咖啡因、大麻、致幻剂、吸入剂、阿片类物质、镇静剂、催眠药和抗焦虑药、兴奋剂、烟草和其他（或未知）物质。如果过度摄取，这些物质都能直接激活大脑中的奖赏系统，该系统进一步强化这些行为、产生记忆。他们能够如此强烈地激活奖赏系统以至于正常活动可以被忽略。此外，对于自我控制水平较低的个体，这也反映了大脑抑制机制的损伤，个体可能特别倾向于产生物质使用障碍。总体来说，物质使用障碍的基本特征是一组认知、行为和生理症状，提示尽管存在显著的物质相关问题，个体仍然继续使用物质。其中，在青少年中最容易产生的成瘾类问题包括酒精成瘾、烟草成瘾等。

图 8-12

网络成瘾行为
的恶性循环

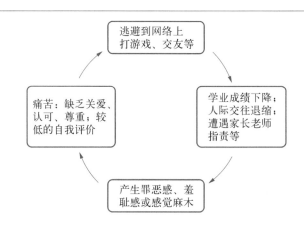

☞知识延伸

学生为什么
不喜欢学校

5. 其他心理问题

除了上述心理问题，还有一种是破坏性、冲动控制及品行障碍（disruptive, impulse-control and conduct disorder）。它涉及情绪和行为自我控制的疾病，这些障碍涉及侵犯他人的权利（如攻击、损害财物）或是使得个体与社会规范和权威人物产生剧烈冲突。这组障碍包括对立违抗障碍、间歇性暴怒障碍、品行障碍、纵火狂、偷窃狂等。虽然这些障碍都涉及个体的情绪和行为调节问题，但区别在于自我控制问题的侧重点不同。例如，品行障碍的诊断标准主要聚焦在那些侵犯他人权利或违背主要社会规范的行为；间歇性暴怒障碍的诊断标准聚焦于不良的情绪控制，对于人际的或其他的挑衅，或与其他社会心理应激源不成比例的愤怒爆发。介于这两者之间的是对立违抗障碍，诊断标准平均分布在情绪（愤怒和易激惹）与行为（好辩论和挑战）之间。纵火狂和偷窃狂的诊断虽然比较少见，但一旦学生群体中出现这样的问题会造成较大的公共安全问题，其特征是对缓解内在紧张的特定行为（纵火或是偷窃）不良的冲动控制。

值得一提的是，家庭因素是这一类障碍的重要影响因素。许多孩子搞破坏就是为了迫使父母给他们想要的东西。他们似乎无视他人的权利，和别人争吵、威胁、欺骗、偷窃别人的物品，而不是听从别人。他们可能做出不计后果的行为，比如放火、从屋顶跳下去或是做毫无理由的残忍行为。长大之后，有可能逐渐地去违反主要的社会规范，这需要引起足够的重视。

参考文献

［1］沃尔夫冈·林登,保罗·L·休伊特.临床心理学［M］.王建平,尉玮,主译.北京:中国人民大学出版社,2013.

［2］理查德·格里格,菲利普·津巴多.心理学与生活(第16版)［M］.王垒,等译.北京:人民邮电出版社,2003.

［3］美国精神医学学会.精神障碍诊断与统计手册(第五版)［M］.张道龙,等译.北京:北京大学出版社,2015.

［4］叶斌.大学生心理健康教育［M］.上海:浦东电子出版社,2010.

［5］中华医学会精神科分会.中国精神障碍分类与诊断标准第三版(CCMD-3)［M］.山东:山东科学技术出版社,2001.

思考题

1. 高一女生李怡,在上高中前成绩一直名列前茅,进入高中后,她对物理学习不太适应,第一次期中考试物理科竟然不及格,李怡既沮丧又害怕。从此一上物理课就焦虑,一到物理测验就紧张,越想学好就越学不好,以致后来她几乎无法再上物理课了。

请分析李怡出现该问题的原因,并设计解决方案。

2. 周兵是初二年级学生,在班上的学习成绩属中等偏下。周兵从小父母离异,与外婆一起生活。父亲由于自身经济情况较差,对他很少给予照顾。母亲再婚后,曾接周兵和继父一起生活,但继父对他要求较为严格,曾因为周兵犯错而对他进行了责罚,以后周兵对继父一直耿耿于怀,再不愿与母亲生活在一起,之后一直与外婆生活。

周兵从小学开始,各科成绩都很优秀。进入初中学习以后,学习开始有点吃力,在一次期中考没考好之后,周兵就觉得心里特别烦躁,经常说头痛、难受,不想上学。初二上学期开学后,班级一个同学告诉他打游戏很好玩,他从此迷恋上了打游戏,以至于上课总是无精打采,提不起精神,上课老师讲到什么地方都不知道。老师针对他的表现,多次批评教育他。但是由于没有父母关心和管教,他不愿听课,不愿记笔记,拿起课本就烦,学习成绩下降很快,而成绩越下降周兵就越不想学习。

请用心理学相关知识分析周兵的问题。

3. 自从进入高中后,李娇觉得学习比以前更紧张了,可是她回到家的第一件事却是要将家里所有的东西进行整理、归类。做完了这些事后,才能集中注意力做作业。有时放好的东西又会再拿出来重新放。这样的事总要重复几次,最终必须做到全部让自己认可,李娇才终止这一行为。这花费了李娇许多宝贵的时间,为此她感到很烦恼,但她表示,自己也控制不住自己。

请分析李娇的心理问题。

扫一扫二维码

获取思考题
答案要点

扫一扫二维码
获取教师资格考试
同步练习题及参考答案

学习目标

1. 阐述心理咨询的基本理论；

2. 简述心理咨询的基本策略，了解技术、关系因素所发挥的作用；

3. 简述心理辅导室的布置安排等；

4. 分析心理咨询中精神动力流派的理念和工作技术；

5. 分析心理咨询中行为主义流派的理念和工作技术；

6. 分析心理咨询中存在—人本主义流派的理念和工作技术；

7. 分析心理咨询中认知行为流派的理念和工作技术；

8. 阐述目前心理咨询的新进展。

关键词

　　心理咨询：专业人员运用心理学原理与技术帮助来访者自助的过程。

　　精神动力治疗：精神动力治疗源于弗洛伊德的精神分析理论，强调无意识冲突在心理病理学中的作用，在治疗中寻求调和这些无意识冲突。常用的技术包括自由联想、阻抗分析、释梦、移情与反移情等。新弗洛伊德治疗则更强调病人当前的社会环境、人际关系以及自我概念。

　　行为主义治疗：行为主义治疗应用强化和学习的原理来修正或消除问题行为，常用的技术包括反条件作用、暴露疗法、社会学习疗法等。

　　存在—人本主义治疗：存在—人本主义治疗旨在帮助个体达到更为完全的自我实现，咨询师在帮助来访者建立正性的自我意象以应对外部批评的过程中尽量保持非指导性。

　　认知行为治疗：认知行为治疗集中于改变个体关于自身及社会关系的负性的、非理性的思维模式，鼓励来访者使用更具有建设性的思维模式看待问题，并在其他情境中也采用这种新思维模式。

　　循证实践的心理治疗：慎重、准确和明智地应用当前所能获得的最佳研究依据，同时结合临床医生的个人专业技能和多年临床经验，考虑患者的价值观和意愿，将三者完美地结合，制订出治疗措施。

本章结构

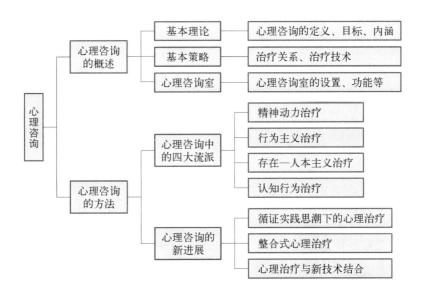

　　心理咨询是专业人员运用心理学原理和技术帮助来访者自助的过程。心理咨询的流派众多，目前美国心理协会认可的心理治疗方法已达四百余种，无论采用什么样的心理咨询技术，与来访者建立起安全可信赖的咨访关系是工作开展的重要基础。在这些不同的流派中，应用最为广泛的四大流派包括精神动力治疗、行为主义治疗、存在—人本主义治疗和认知行为治疗。实际上，近年来的心理咨询更多将不同流派的工作方法整合起来,创造性地应用于临床心理实践,帮助来访者走出心理困境。

本章将介绍心理咨询的基本理论、策略以及心理咨询开展的硬件设施。为了帮助读者了解各个咨询流派的来龙去脉,在理论层面深入了解相关的心理咨询技术和方法,本章既分节介绍了四大流派的理论和技术,又进一步梳理了近年来整合式心理咨询、循证实践的心理咨询以及新技术促发下的心理咨询的新进展。

第一节 心理咨询的概述

一提到心理咨询,人们往往想到的是在一间静谧、舒适的咨询室里,一位善解人意的心理咨询师聆听一位处于困扰中的人的心理烦恼,给予支持和理解,帮助后者走出阴影、重拾快乐的过程。在这个过程中有哪些要素?心理咨询师需要使用哪些技术?需要注意哪些环境因素?本节将向读者介绍心理咨询与治疗的基本知识。

一、基本理论

☞知识延伸

获得帮助

心理咨询(psychological counseling)、心理治疗(psychotherapy)常常在不同的场合中使用。这两者都是助人的过程,也是专业人员运用心理学原理和技术帮助来访者自助的过程,但在服务对象、专业人员、干预策略以及组织建构上有所不同。心理咨询主要针对正常人的心理适应与成长、发展性问题,求助对象往往被称为来访者或当事人,而心理治疗主要针对有心理障碍的人,如情绪障碍、行为障碍、身心疾病等,帮助的对象可以称为病人或是患者;在专业人员上,提供心理咨询的帮助者通常被称为心理咨询师,接受心理学的专业训练,而心理治疗的提供者往往被称为治疗师或是医生,接受医学训练或临床心理学训练;在干预策略上,心理咨询重视支持性、指导性和发展性,强调来访者潜能和资源的挖掘以及来访者的自助,相对耗时较短,而心理治疗则重视治病,重视人格的重建与行为的校正,耗时相对较长;最后,在组织建构上,心理咨询多在学校、社区等非医疗机构开展,而心理治疗多在医院、诊所等医疗机构中进行。图9-1为正在进行中的心理咨询。

图 9-1

心理咨询

必须指出的是,在我国,自2013年5月《中华人民共和国精神卫生法》(以下简称新精卫法)颁布后,心理咨询和心理治疗在法律上进行了明确的权责界定。其中,第二十三条明确规定:

心理咨询人员应当提高业务素质,遵守执业规范,为社会公众提供专业化的心理咨询服务;

心理咨询人员不得从事心理治疗或者精神障碍的诊断、治疗;

心理咨询人员发现接受咨询的人员可能患有精神障碍的,应当建议其到符合本法规定的医疗机构就诊;

心理咨询人员应当尊重接受咨询人员的隐私,并为其保守秘密。

此外,随后颁布的《上海市精神卫生条例》中也作出了进一步阐述,具体如下:

第二十六条 心理咨询机构及其从业人员应当按照法律、法规、规章和执业规范提供心理咨询服务,并遵守下列规定:

(一)向接受咨询者告知心理咨询服务的性质以及相关的权利和义务;

(二)未经接受咨询者同意,不得对咨询过程进行录音、录像,确实需要进行案例讨论或者采用案例进行教学、科研的,应当隐去可能据以辨认接受咨询者身份的有关信息;

(三)发现接受咨询者有伤害自身或者危害他人安全倾向的,应当采取必要的安全措施,防止意外事件发生,并及时通知其近亲属;

(四)发现接受咨询者可能患有精神障碍的,应当建议其到精神卫生医疗机构就诊。心理咨询人员不得从事心理治疗或者精神障碍的诊断、治疗。

因此,心理咨询师在涉及精神类疾病时,需要具有识别的能力,但并不具备诊断的权利,必须及时将来访者转介到相关精神卫生机构进行确诊。尽管如此,本章中介绍的理论技术往往出自于对较为严重的精神疾病、人格障碍的治疗,因此部分延续了心理治疗的相关表述方式。

一般来说,心理问题有不同类型的咨询方法,人们寻求咨询的动机各不相同,还有一些需要接受心理咨询或治疗的人却不愿意参与心理咨询。心理咨询的目的、场所以及心理咨询师的特点各不相同,但对个人生活的干预都必须选取某些特定的方式来进行,主要涉及以下四个方面。

(1)诊断,即说明个体的问题类型,对现有问题作出符合精神病学的诊断并对心理问题进行归类(通常依据美国《精神障碍诊断与统计手册》或《中国精神障碍分类与诊断标准》)。

(2)提出一个可能的病因学(问题的原因)的看法,即确定心理问题发生并持续的可能原因。

(3)提出对干预后的看法,即对进行心理咨询或不进行心理咨询可能出现的情况进行估计。

(4)确诊并进行心理咨询,即减轻或消除问题症状,有可能的话铲除症状产生的根源。

如果把大脑看成一台计算机的话,心理问题就是由维持计算机程序运行的硬件或软件的故障所导致的,对于心理问题的硬件或软件的治疗主要分为两类。一类叫作生物医学治疗,关注的是改变硬件,即改变中枢神经系统的运转机制。这种治疗被精神病学家和医生大量采用,主要是通过化学或物理学的干预,试图改变大脑机能,如外科手术、电击、药物等直接作用于脑与身体的多种手段。另一类叫作心理咨询或治疗,关注的是改变软件的功能,即人们习得的不良行为,如话语、想法、解释等,这些行为直接影响着人们的日常生活。这类治疗被临床心理学家和精神病学家所采用,主要包括四大流派,即精神动力、行为主义、存在—人本主义和认知行为(见本章第二节)。

二、基本策略

(一)治疗关系

每一位来访者都希望能够在一个安全、保密的环境中表达自己内心的想法和感受,大多数人在此之前并没有类似的和陌生人互动的经历。因此,我们也很容易理解来访者会担心自我暴露是否合适。信任咨询师并不是一件理所应当的事情,咨询师有责任向来访者传递出自己是可以被信任的、安全的信号。假如想要获得心理咨询的效果,咨询师还需要让来访者确定他们是受到关怀的,逐步建立起一种建设性的氛围,即治疗同盟(如图9-2所示),它由三个互相联系的部分组成[1],具体包括:(1)联结,指的是人和人之间的依赖、信任和喜欢;(2)任务,指的是咨询师和来访者就咨询中需要做的事情达成一致;(3)目标,指的是咨询师和来访者对治疗结果的共同期望。大量的研究支持治疗同盟是咨询进展及最终治疗效果的良好预测指标。心理咨询与治疗的成功很大程度上取决于咨询师(治疗师)与来访者(患者)建立起的一种公开、信任、合作的互动关系。

图9-2

咨询中的工作同盟模型(Bordin's alliance model)

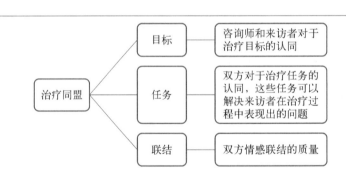

治疗同盟作为心理治疗中的人际关系过程变量,其形成、发展、维持、修复都受到咨询师、来访者以及双方相互作用等因素的影响。比如咨询师的灵活、真诚、可靠、自信、友好、开放等个人特征以及对反省、支持、理解、精确解释、促进情感表达等治疗技术的应用都能够对治疗同盟的发展、维持及修复起到积极作用;而不安全依恋型的咨询师在处理来访者敌意以及情感的维系上存在困难。此外,来访者的期望、动机、态度、行为模式、依恋模式以及人格特征等因素都会影响治疗同盟的建立,那些具有强烈的治疗动机和积极态度,行为模式良好且人格特质上开放、宜人、外向且有责任心的来访者更有可能建立起牢固的治疗同盟。最后,来访者和咨询师之间的共同目标、任务的完成、建

---

[1] 参见Bordin(1976)提出的工作同盟理论。

立信任感、无批评、共情以及相互之间积极的情感都能促进联盟的形成。

总之,建立起良好的治疗同盟是开展心理咨询工作的基础,没有这个基础,种类繁多的心理治疗技术便失去了用武之地。

治疗同盟的评估

为了研究工作同盟在真实治疗情境中的作用,研究者发明了许多测量"工作同盟"的量表,而在治疗过程中最广为使用的量表是工作同盟量表(Working Alliance Inventory, WAI; Horvath & Greenberg, 1989)。以下列出了该量表的简版内容。

	项　　目	1	2	3	4	5
1	经过这段时间的咨询,我更加清楚自己该如何改变。	很少	有时	一般	经常	总是
2	咨询让我有新的视角去看待我的问题。	很少	有时	一般	经常	总是
3	我相信我的咨询师是喜欢我的。	很少	有时	一般	经常	总是
4	我和我的咨询师一起制订了咨询的目标。	很少	有时	一般	经常	总是
5	我和我的咨询师相互尊重。	很少	有时	一般	经常	总是
6	我和我的咨询师正在为我们共同商定的目标而工作。	很少	有时	一般	经常	总是
7	我觉得我的咨询师欣赏我。	很少	有时	一般	经常	总是
8	我和我的咨询师就什么对我来说值得工作达成了共识。	很少	有时	一般	经常	总是
9	即便我做了咨询师并不赞同的事,我觉得他/她依然会关心我。	很少	有时	一般	经常	总是
10	我觉得我在咨询中所做的事能帮助我达成自己想要的改变。	很少	有时	一般	经常	总是
11	我和我的咨询师很好地理解了到底什么是对我有益的改变。	很少	有时	一般	经常	总是
12	我相信我和咨询师对我的问题进行工作的方法是正确的。	很少	有时	一般	经常	总是

(二) 治疗技术

心理治疗是咨询师和来访者之间建立亲密关系的一系列互动事件,是一个在互动中尝试新行为以及从这些适应中学习的过程。心理治疗过程中技术的选择、关系的互动发展都影响着咨询的进程。尽管个体表现出来的问题在不同的社会文化、经济背景下都是独一无二的,但也的确存在着很多共同点。无论他们使用什么流派的理论或方法,大部分心理咨询师所提供的帮助都非常相似。实际上,不同治疗流派之间相似性要大于差异性,所有的咨询师至少可以提供以下四个共同点让来访者受益:(1)情感支持;(2)给予希望;(3)对为何出现问题提供理由;(4)把问题放在一个更为广泛的环境中和其他人比较,即正常化。

除此之外,还有一些特殊的技能,需要咨询师经过专业训练后随时随地地响应来访者,比如情感反应,给予鼓励,问精简的、时间恰到好处的、没有威胁的问题,恰当地使用自我暴露,为来访者提供所需要的真实信息等。这些技能也是卡尔·罗杰斯提出的来访者中心疗法的重要元素。

还有一些更高水平、更费时间的咨询师技能训练也能让来访者受益,这部分技能往往需要咨询师掌握具体的理论疗法,是一般技能的融合,包括:(1)个案概念化;(2)技术的具体理论知识以及这些技术的操作技能;(3)阻抗的模式识别以及对部分来访者意图的控制;(4)对于来访者的行为改变知道什么时候推动、什么时候拉回来;(5)识别来访者的改变;(6)识别咨询师对于特殊来访者的不适当反应。这些技能的掌握往往需要多年的正式训练,即便心理咨询师获得了执业资格,这个过程也被认为是无止境的,需要咨询师不断地学习提高。

三、心理咨询室

心理咨询室的硬件、软件设置是在大中小学开展心理健康工作的基础,也在一定程度上影响着心理咨询的效果。一般来说,学校的心理咨询室应设置在便于学生访问且安静的地方,最好远离办公中心、嘈杂区,比如学生能够经常进入的图书馆、阅览室附近,环境以鸟语花香且有窗的地方为佳,不可过于偏僻。在功能性区域的设置上尽量做到专业化、功能化、人性化。一般来说,心理咨询室的安排需要涵盖以下几个方面的功能:

接待区。接待区的设置主要是为了给来访者提供方便,接待人员主要负责接待并让来访者尽可能地放松,减轻来访者直接进入心理咨询室的戒备心理,并为来访者安排好登记信息或咨询房间。专业化的接待设置会增加来访者的新鲜感和信任感。此外,也可以在接待区域准备一些有关心理健康与心理咨询的宣传材料等,帮助来访者在等待的间隙了解相关知识,为心理咨询作准备。

个别咨询室。一般视学校安排需要准备多个独立的心理咨询室,除了桌椅家具,还需要配备空调,墙壁的颜色以让人安静的蓝色、绿色为主,咨询室内需要有较为舒适的沙发、小茶几以及心理测验工具(纸笔或是测试电脑)等。如果使用催眠、沙盘疗法、音乐治疗等,还需要相应地配备舒适的躺椅、沙盘及相关工具以及音响设备等(图9-3为一间沙盘治疗室和沙盘作品)。

行政办公室。该区域主要用于心理咨询师及相关行政人员的日常办公,配备桌椅家具、计算机管理系统,网络设备、打印机等办公设备。

团体咨询室。该区域的面积要比个别咨询室要大,类似于普通教室,面积大约50—60平方米,需要配备多媒体影像设备、可挪动的桌椅、空调、地板等,可实现团体辅导、集体活动、开展心理健康课程等多个功能。

档案室。有条件的心理咨询中心还可配备档案室,对学生咨询档案进行严格保密管理。

图9-3

*沙盘治疗室和
沙盘作品（见
本书彩页）*

其他。有条件的学校还可为学生配备情绪宣泄室、阅读治疗室、放松冥想室等（图9-4为放松室）。

值得一提的是，心理咨询室不同于一般的房间，有其独特性。首先，在颜色的选择上，大多数人喜欢淡雅、朴素的色彩，如蓝色、米黄色、浅绿色、白色等。其次，桌椅、沙发的摆放以简单、舒适为主要格调，窗帘可选百叶窗等便于调节房间亮度的类型，墙壁

图9-4

*放松室（见
本书彩页）*

可装饰有意境、简约的心理图画或是只涂上淡雅的颜色即可。此外，也需要配备必要的电话、纸巾、茶具、鲜花、绿色植物等，有条件的话还可设置可放轻音乐的音响设备。

此外，心理咨询室还需要配备相应的心理测量工具，帮助咨询师准确诊断学生的心理和行为问题。目前学校开展心理咨询工作至少应该准备智力测量量表、个性与性格测验量表、心理健康测验量表等。

第二节　心理咨询的方法

心理咨询的方法种类繁多，以下我们将学习最有影响力的四大流派以及心理咨询领域的新发展。实际上，每一种心理咨询的方法都以一种或多种心理学的主要理论为基础。以这些理论为基础发展出来的咨询技术，如何结合来访者的特点、症状以及咨询师的所长，进行有效临床应用，则是心理咨询工作的重点和难点。

一、心理咨询中的四大流派

（一）精神动力治疗

在精神分析领域使用的术语存在一些混淆，最常见的是精神动力学和精神分析这两个词总是交替使用。简单来说，精神动力学（psychodynamic）是指人格的成分存在动力性的相互影响的趋势，想要了解一个人及其所面临的问题就需要了解其内部动力性的相互影响关系。精神动力治疗聚焦于内部动机或行为的内驱力，正是这种不受意识控制的内驱力导致了人类明显的和隐藏的行为或是功能失调的迹象和症状。而精神分

析(psychoaralysis)是指一个广泛的、全面的心理动力学理论视角,最早由弗洛伊德提出,是精神动力疗法的一种。精神分析聚焦于先天的、内部的、生物学的内驱力,且以性为实质。在弗洛伊德的后半生,他提出了潜意识的、攻击性的内驱力也可能对行为起到了重要的作用。精神分析心理疗法(psychoaralytic psychotherapy)(也被称为心理动力学或动力学的心理疗法)是由精神分析的理论学家发展出来的,他们反复修改斟酌了弗洛伊德及其追随者的思想,其核心的部分在于假定心理问题是由于潜意识的冲突以及生活环境的限制所造成的,这类心理治疗关注的核心是个体的内心世界。以下将详细介绍弗洛伊德的传统精神分析及其后期发展。

1. 弗洛伊德的传统精神分析

精神分析由弗洛伊德所创立,是探索神经症和焦虑个体内心潜意识动机和冲突的深层且长期的心理治疗方法。该理论将焦虑障碍看成个体无力解决内部冲突所造成的,即本我的无意识的、非理性的冲动被超我所抑制而产生的冲突,心理分析的目标即重建个体心灵内部的和谐,增加本我的表现机会,降低超我的过分要求,使得自我的力量强大起来。

对于该流派的咨询师而言,核心目的是要了解来访者是如何采用压抑的过程去应对自己的内心冲突的,来访者的症状是潜意识传递出来的信息,说明某些方面出了问题。精神分析的任务就是帮助来访者将被压抑的想法带到意识中来,并对症状和被压抑的冲突之间的关系产生领悟,因此心理动力学治疗常常又被称为顿悟疗法(insight therapy)。

传统的精神分析工作是尝试使来访者长期压抑的记忆得到恢复、对痛苦的情感进行修复以达到解决问题的目的。通常这个过程耗时长久,至少需要若干年的时间,而且需要每周五次的会谈。此外,这一治疗还需要来访者有内省力和流利的表达能力、较高的求治动机以及坚持性,且他们愿意并有能力支付高额的治疗费用(虽然后来的心理动力学治疗在持续时间方面已经有所缩短)。在传统精神分析中,咨询师采用很多不同的技术帮助来访者将被压抑的冲突带入意识之中,进而解决这些冲突。具体来说这些技术包括以下几种

(1)自由联想和宣泄。在精神分析中应用得最多的、用来探测潜意识内容、释放被压抑的内心冲突的方法是自由联想(free association),该方法让来访者舒服地坐在椅子里或以一种放松的姿势躺在长沙发上,让来访者的头脑处于自由的状态,并把在头脑中出现的想法、愿望、躯体的感觉和想象都说出来,咨询师会鼓励来访者说出自己的每种想法和感受,不管这些想法和感受是否重要。图9-5为弗洛伊德用于做自由联想的躺椅。

图9-5

弗洛伊德用于做自由联想的躺椅

弗洛伊德坚持认为自由联想的内容不是随机出现的,而是事先存在于个体的内心,咨询师的任务就是探索这些联想的源头,确认外显的词语背后重要的反应模式,鼓励来访者表达自己强烈的情感,这种情感往往是针对某些权威人士的,这类情感的释放在动力学及其他流派的治疗中被称为"宣泄"(catharsis)。

(2)阻抗分析。咨询师在治疗过程中发

现，当接近重要的主题时，来访者往往不愿意对此进行讨论，即不能或不愿意讨论某些观念、意愿或是经历的这个反应被称为阻抗（resistance）。阻抗被认为是潜意识和意识之间的障碍。与阻抗有关的内容常常涉及个体的性生活、针对父母的憎恨、敌意等。当这些被压抑的内容被最终说出来时，来访者有时会声明这些是不重要的、荒谬的、无关的或令人不快的，咨询师此时恰恰应该相信这些是有用的信息，对这些阻抗进行分析，使得来访者勇于面对那些使得他们感到痛苦的观念、意愿和经历。

（3）梦的解析。精神分析师相信梦是来访者潜意识中重要的信息来源，即"梦是通往潜意识的皇家大道"（弗洛伊德语）。当人们入睡时，超我对来自本我的那些不能被接受的冲动的戒备有所下降，因此在清醒时不能表达的动机就可能在睡梦中出现。梦包含两类：一类是显梦，即人们在清醒时可以回忆起来的那部分梦的内容；另一类是隐梦，即潜意识中寻求表达出来的实际动机，因为其内容是痛苦的或是无法接受的，所以在表达时需要进行伪装或是以象征性的形式表现出来。精神分析师使用梦的解析的方法对隐含的动机进行揭示，以发现潜在的动机或象征性背后重要的生活经历或愿望。

（4）移情和反移情。在深入进行精神分析治疗的过程中，来访者常常会对咨询师产生一种情绪反应，咨询师通常可以确认，这种反应表明个体处于过去某种情绪冲突的中心，最常见的是对其父母一方或是所爱的人的情绪冲突，这种情绪反应被称为移情（transference），比如来访者把对母亲的情感转移到咨询师身上。一般来说，移情包括正移情（即来访者针对咨询师的情感是爱或是崇敬）和负移情（即来访者的情感是敌意或是嫉妒）。实际上，来访者的情感往往是矛盾的，咨询师需要把握处理好移情并不容易，需要向来访者解释移情，使他们了解现在的移情源自他们早期的经历和态度。

相似的情感也会出现在咨询师对来访者的反应中，即反移情（counter-transference），当咨询师感到喜欢或不喜欢一个来访者时，就是把来访者感知为类似于自己过去生活经历中某个重要的人。如果咨询师无法发现自己的反移情，则治疗可能无法产生成效。由于这一类治疗关系能够引发强烈的情绪反应以及来访者的脆弱和敏感性，咨询师必须十分清醒地把守住对来访者的职业性关心和个人情感卷入的界限。

2. 后期精神分析及其治疗技术

弗洛伊德的追随者保留了许多他的基本观点，但也修正了某些治疗的原理和实践内容，具体包括：更强调来访者现在的社会环境，较少关注过去的情况；更强调对个体生活经历具有持续影响的方面，而不是儿童期的冲突；更强调社会动机和人际关系的角色，而不是生物本能和对自我的关注；更强调自我的功能和自我概念的重要性，较少强调本我和超我之间的冲突。常见的流派包括自我心理学、客体关系理论、自体心理学理论以及短期动力学疗法。

（1）自我心理学。精神分析最初的理论将注意力集中在性驱力上，而自我心理学则强调在适应良好和适应不良两种生活方式中自我是如何发挥功能的。自我心理学强调当前的互动以及与他人的互动模式对个体的重要影响，看重童年和成人期的发展阶段，并且关注那些影响行为的意识和潜意识过程。因此，自我心理学背景下的心理治疗并非聚焦于过去的人际关系，而是聚焦于当前的人际关系和治疗本身，目的是观察和理解个体的心理防御，以及防御背后的焦虑。

在人格结构方面,自我心理学的治疗聚焦于那些形成一个人的人格特征或发展性问题的冲突和妥协作用,通过对防御的分析而完成。当代学者认为自我防御的提出是自我心理学为心理治疗领域作出的重大贡献。从安娜·弗洛伊德提出的九种主要的防御机制开始,后来的学者们不断添加,最终将防御机制分成了三大类,从病理性最高的原始防御机制,到病理性略低的神经症性防御机制,再到最健康成熟的防御机制。自我心理学将治疗的焦点放在了自我当前的功能发展以及个体用来应对焦虑的防御机制分析上。

专栏9-2

常见的防御机制等级

以下列出了常见的心理防御机制。[1]

原始的防御机制	
分裂	不能将自己与外界加以区分,也不能将自我统合起来。当个体面临行为、思维或是情感上的矛盾时,个体反而对矛盾表现出冷漠的否认或是漠不关心
退行	个体退回到功能发展的早期,避免个体在当前发展水平上所面临的冲突和紧张
否认	通过忽视感觉信息,从而避免面对个体难以接受的外界现实
神经症性的防御机制	
理智化	用一种过分的、抽象的挂念来避免难以处理的情感
反向形成	将不可接受的愿望或是冲动转变为它的对立面
压抑	将不可接受的想法或是冲动驱逐或是阻断,防止它们进入意识。这种防御机制与否认不同,否认是对外界感觉信息的忽视,而压抑是内部状态的阻断
成熟的防御机制	
幽默	个体在难以处理的情境中寻找一些滑稽或讽刺的元素,减少自身的不愉快情绪或不适感
利他	个体致力于将他人的需求置于自身的需求之上。利他行为既可以帮助解决个体自恋的问题,又可以成为个体作出巨大成就或为社会作出建设性贡献的资源
升华	将在社会中有争议的或是内心无法实现的目标,转化为社会可以接受的目标

---

[1] Gabbard, G.O. (2005). Psychodynamic Psychiatry in Clinical Practice: Fourth edition. New York: American Psychiatric Publishing.

（2）客体关系理论。梅兰妮·克莱因（Melanie Klein），温妮科特（D.W. Winnicott）和奥托·科恩博格（Otto F. Kernberg）等对客体关系理论的发展作出了巨大的贡献。客体关系（object relations）这个术语指的是人际关系的内部世界和外部世界，客体是与个体相关的那个人。该理论假设自体和自体的发展在本质上最初源于人际关系，咨询师需要了解这些人际关系模式如何影响当前个体的行为，其中的焦点之一便是个体如何看待自己重要的人际关系（无论是意识层面还是无意识层面）以及这些过去内化了的人际关系模式如何影响人格的发展。

客体关系理论强调个体第一个也是最主导的人际关系，即婴儿与其主要照顾者（通常是母亲）之间的关系。这一关系的延伸，本质上对自我接纳、自主性和独立性、人际温暖以及其他人格因素的发展和建立起到了关键性的作用，特别是当这一关系涉及儿童发展性的分离和自主性的形成时。此外，这一早期关系被内化成一种关系图式，影响着自体、人格和相关联的心理阶段的发展，也在当前的人际关系中被激活，继续歪曲、影响着当前的人际关系。

就治疗而言，客体关系理论强调咨询师应该证明并使得来访者意识到自身特有的人际关系模式或关系图式是有问题的。该理论还假设这些图式会在治疗关系中呈现出来，因而，咨询师需要帮助来访者明白这些图式的本质，只有理解了这些图式的本质和目的，来访者才能开始转变、转换或是改变其原有的人际关系模式。

（3）自体心理学理论。自体心理学（self psychology）是由海因兹·科胡特（Heinz Kohut）创立的。该理论聚焦于自体的发展，关注自尊和自恋（在自体心理学里，自恋不仅是指病理性的自恋，也指自我关注的发展）是如何先于关心他人而产生的，以及自恋的发展如何反映着正常的发展途径。尽管科胡特的理论大多聚焦于某些特定类型的、严重的人格障碍，但该理论的治疗倾向于看重自尊和自我关注是如何发展与维持的，并认为个体的心理病理与其自体连贯感的发展不足有很大的关系，因而个体的自尊会变得高度脆弱，个体还会发展出自体客体功能或人际策略，以诱发他人的反应来纠正自己的低自尊。

特别值得一提的是，与早期强调无意识冲突的精神分析理论不同，自体心理学强调发展性的不足对心理问题的产生有着巨大的影响。比如，由于缺乏共情能力，并且孩子从未被看做是有价值的、值得珍爱的个体，因而孩子的一生都缺乏自体的感觉。换句话说，个体将自己理解为一个没有价值的、不值得珍爱的、不可爱的人，因而逐渐发展出了所谓的自体障碍。这些自体障碍或是创伤来自儿童早年没有从照顾者那里得到作为一个客体应有的重视、肯定和关怀，甚至是遭受了虐待。因而，个体就会在无意识层面努力地去纠正这些自体相关的不足，主要是通过得到他人对自身的反应来弥补这些不足。比如，个体希望从他人那里得到对自身的肯定，或是希望他人为自己的成就感到骄傲；个体会通过与理想化的、强有力的存在互动来维护自尊（理想化移情）；或是模仿一个理想化的他人，以此来变得像他或是与理想化的人融为一体。因此，自体心理学的咨询师们不仅要识别出个体在自尊和自我概念上的不足，而且要尝试着建立起一种治疗情境，让个体在此情境中能够得到咨询师强有力的共情反应，得到自身行为的镜映，发展和培养出一种自体凝聚性的感受。

3. 短期动力学心理疗法

已经有众多精神分析学者认为精神分析的治疗目标都可以在短期的精神分析心理疗法中完成，而不必像经典精神分析那样花上好几年时间。短期动力学心理疗法聚焦于问题，治疗次数密集，且有时限。这些治疗的理论原则与其他形式的精神分析治疗一致，都关注无意识内容，强调人际关系和移情反应的重要性以及关注情感冲突。区别在于它们大多有一个共同的目标，在整个治疗中强调该目标，咨询师通过挑战和激发冲突引发焦虑来直接面对冲突或是问题，重建个体的防御机制，或是在治疗中使用一种支持性或鼓励性的治疗立场。

最后值得一提的是，有些研究者或临床工作者将精神分析心理疗法视为过时的或是停滞的，其实这是非常不确切的。多项研究表明，精神动力学视角是临床心理学家使用的第二普遍的理论视角（折中主义名列第一）。精神分析心理疗法已经成为数年来在研究调查、理论发展和治疗领域中一个活跃的主导疗法，越来越多的疗效研究、元分析文献支持了该疗法的效用。

专栏9-3

精神分析中的传统术语及其
在现代心理学中的对应的概念

起源于精神分析理论的思想、假设和模型已经注入现代心理学中，许多精神分析的概念被重新命名，并且有了新的名字后就被看做新的概念了（Bornstein, 2005）。以下列出了这些传统概念以及对应在现代心理学中的概念。[①]

精神分析的概念	修订或再创造
无意识记忆（1990/1953）	内隐记忆（Schacter, 1987）
原始过程思维（1990/1953）	激活扩散（Colins & Loftus, 1975）
客体表征（1905/1953）	个人图式（Neisser, 1976）
压抑（1910/1957）	认知回避（Beck, 1976）
前意识加工（1915/1957）	前注意加工（Treisman, 1969）
精神宣泄（1916/1963）	机体重组（Bower & Glass, 1976）
强迫性重复（1920/1955）	核心脚本（Tomkins, 1979）
自我（1923/1961）	中央执行（Baddley, 1992）
自我防御（1926/1959）	防御性归因（Lerner & Miller, 1978）

---

① Bornstein, R.F. (2005). Reconnecting Psychoaralysis to Mainstream Psychology: Challerges and opportunities. Psychoaralytic Psychology, 22, 323–340.

（二）行为主义治疗

精神动力学治疗关注人的内部原因，行为主义治疗则关注可以观测到的人的外部行为。行为主义治疗不是某个人有系统地创立出来的体系，而是多位咨询师根据行为主义心理学的原理开发出来的若干心理治疗方法的合集。行为主义咨询师主张异常行为和正常行为一样是习得的，可应用条件作用原理和强化原理去校正那些与心理障碍相联系的行为，其背后的行为主义原理正是行为主义的代表人物华生、斯金纳、班杜拉等提出的（见第四章）。虽然精神动力学的咨询师预言，如果不与问题产生的真正原因对峙，个体内部的问题将引发替代性的症状，即通过新的躯体的或心理的症状表现出来。但是，一些研究却表明当某些病理性的行为被行为治疗消除后，个体并未出现所谓的替代性症状，且报告这些症状的改善常常有助于其他症状的改进，对于一些不那么重要的症状的改善也是如此。以下是常见的行为治疗技术。

1. 反条件作用

行为治疗认为焦虑的起源来自于简单的条件作用原理，当强烈的情绪影响了个人的生活时，不需要什么特别的理由，人们就形成了条件化的反应，但自己却不能意识到这是以前习得的反应。在反条件作用中，个体要学习一个新的条件化反应去替代或对抗适应不良的反应。比如一个学生对学校建立了负性的条件反射（将学校情境与不愉快的情绪反应联系起来，产生对学校的负性条件化反应，如逃课），个体需要将学校情境和愉快的情绪联系在一起，建立新的条件化反应，逐步克服厌学行为。

2. 系统脱敏法

在放松状态下想象害怕的刺激，实际上是在心理上面对刺激，以一系列逐步接近的程序完成从害怕程度最轻的情境想象逐步向最害怕的情境过渡，这种治疗技术叫作系统脱敏法。脱敏治疗主要包括三个步骤。(1)来访者需要确认引发焦虑的刺激，将这些刺激按照引发焦虑的程度由弱至强进行等级排列。比如一个学生患有严重的考试焦虑，首先需要让他对引起焦虑的刺激情境进行等级排列。(2)来访者必须系统地接受渐进式深度肌肉放松训练，学会区别紧张和放松的肌肉感觉，以便在躯体上和心理上能达到放松的状态。(3)再实施脱敏程序：处于放松状态的来访者从恐惧程度最弱的刺激开始进行生动的想象，如果来访者能够在生动视觉想象中不再对该刺激感到不安，就可以对下一个恐惧的刺激进行想象了。表9-1列出了系统脱敏法的一个害怕等级列表。满灌疗法是在得到来访者许可的情况下，使其真正置身于令人恐怖的情境之中。对于场所恐惧症的治疗，满灌疗法比系统脱敏法更为有效，而且对大多数来访者而言，疗效保持的时间也更长。

一个害怕考试的学生害怕的等级层次

表9-1

序号	事　　件	程度 SUD
1		0
2	学期结束了，没有考试了	10
3	上学第一天，老师告诉我们教学计划和考试计划	30
4	大约在考试前一周，我感觉到它即将来临	50

使用系统脱敏法治疗害怕考试的学生，列出学生害怕的等级层次

（续表）

序号	事　　　件	程度 SUD
5	考试前两天,我变得特别紧张,开始感到难以集中思想	70
6	考试前一天,我的手心变得潮湿,并感觉把一切都忘记了	85
7	考试前一夜,我失眠,并在半夜中惊醒	90
8	前往考场的路上,我几乎站不稳,像要生病一样 当我走进教室时,双手潮湿,我真怕把所有东西全忘了,想马上走开	95
9	当试卷传过来时,我紧张到无法行动	99
10	当我看考卷时,发现其中有两道题不会,我更加紧张,大脑一片空白	100

3. 厌恶疗法

厌恶疗法是将诱发性刺激与一种强烈的、令人厌恶的刺激,如电击或让人呕吐的药物同时呈现给来访者,使得负性的反应与诱发性刺激反复结合、同时出现,来访者逐步发展出了一种对原先喜欢的刺激的厌恶反应,即厌恶逐步替代了对某种刺激的喜爱。例如,用厌恶疗法治疗那些有自伤行为的个体,有些人会猛打自己的头或将头部猛烈地撞向其他物体,治疗时如果来访者出现这种行为时就给予他一个轻微的电极,这种治疗方法对于消除某些自伤行为很有效,当然也不是对所有来访者都能发挥作用。在极端情况下,厌恶疗法类似于对人的折磨,咨询师需要帮助来访者认识到坚持原有的行为模式会带来长期的不良后果。另外,接受这一治疗的人可能面临被强制管制的压力,比如在监狱中实施的治疗。

4. 意外事件管理

意外事件管理是通过矫正行为的结果来改变行为的一般性治疗策略,其中最主要的技术是基于斯金纳操作性条件反射的正强化策略和消退策略。正强化策略是当某种反应出现后立即给予奖赏,这个反应就会倾向于重复出现,反应的频率也会增加。这一操作性学习的核心原理已成为行为治疗的策略,被用于提高所希望的行为出现的频率,以替代某些不希望出现的行为。正强化策略中较为常用的是代币制,即当来访者表现出积极的行为时由相关人员给予代币进行奖励,积攒到一定量的代币后,来访者可以换取某种特权。代币制在矫正来访者行为方面特别有效,有助于提高他们的自我关心程度、保持周围环境的整洁、促进良好的社交行为。很多时候,不良反应如何形成、如何被强化的原因并不清楚,需要仔细分析情境以确定强化物,然后在不良行为呈现时通过设定的程序撤销这些强化物。比如,小学四年级的学生,同伴的关注会强化他们的捣乱行为,因此让孩子的同学们只对他们适当的行为给予关注,而忽略那些捣蛋的行为,最终会消除这些孩子的不良行为模式。

5. 社会学习疗法

社会学习理论的出现扩大了行为治疗的范围,该理论指出人类通过观察其他人的行为就可以学习相似的行为,例如观看他人的生活经验或从电影、电视中汲取经验。社会学习疗法正是通过让来访者观察榜样的好行为被奖励的情况来矫正其问题行为。这种替代性的学习对于帮助来访者克服恐惧症和学习社会交往技能等很有价值。

6. 泛化技术

行为主义咨询师一直关心来访者在治疗情境中习得的新行为模式是否能够用于日常生活中,这个问题对于任何学派来说都非常重要,因为对于疗效的评估必须包括来访者离开治疗后的情况以及他们是否能在长时间里保持治疗效果。该技术旨在增加治疗中的强化物、榜样、刺激等与实际生活情境中事物的相似性。例如在治疗中对教授的有礼貌的行为或关心他人的行为在个人练习中很可能会得到强化,但是在实际生活中来访者并非每次都能得到奖励,所以咨询师就在干预中制定了部分强化的计划,以保证来访者能够在真实世界中即便不会每次得到强化也能有效地坚持下去(表9-2列出并梳理了行为主义治疗的常见技术)。

总之,行为主义咨询师致力于问题行为的量化和各种信息的收集,以充分了解来访者的问题,为形成治疗方案打下基础。在来访者智力正常的情况下,行为主义咨询师会向来访者详细地介绍治疗方案,在治疗开始前要确保来访者理解并同意实施该方案,即获得知情同意。由于行为疗法的量化特征显而易见,研究者从一开始就进行了量化的个案研究和群组比较,凸显了该疗法的有效性。行为疗法所使用的技术非常容易标准化,可以整理成手册作为培训新手咨询师的工具。此外,由于强化和惩罚可以用于言语发展水平有限的个体,比如儿童或先天发展障碍者,相比其他心理治疗和干预方法而言,行为疗法的适宜人群更多,应用更为广泛。

行为主义治疗的常见技术

表9-2

术语名称	目　标	定义或描述
满灌疗法	引起某种反应的消退并鼓励接近良好行为	用来减少焦虑的一种方法。当事人被暴露在高恐惧情境中,此时咨询师不断给予鼓励,确保来访者在明显习惯这一情境之前始终暴露在刺激情境中
系统脱敏	引起某种反应的消退并鼓励接近良好行为	治疗恐惧症的一种方法。首先,明确来访者感到焦虑的刺激,并按照焦虑强度排列;其次,教会来访者放松,以此对抗焦虑;最后,实施脱敏程序,让来访者在放松状态的情况下逐一想象放松的情境,整个过程重复推进,使放松的感觉与引发焦虑的情境互相抵消
渐进式暴露疗法	引起某种反应的消退并鼓励接近良好行为	原则是制止对恐惧刺激的回避行为。与系统脱敏类似,也需要建立一个引起恐惧的刺激等级,使来访者按照等级逐渐暴露在刺激中
行为契约	帮助减少不良行为	一项由来访者与治疗之外的人签订的协议,规定了不完成协议所要承担的后果
代币制	为理想行为提供系统强化	是一个强化系统,使用象征性物品作为强化物,如额外甜点或周末自由通行

（续表）

术语名称	目　　标	定义或描述
餍足	帮助减少不良行为	相对轻微的厌恶性惩罚程序。个体参与到一项最初感觉愉悦的活动中（如抽烟、手里转转笔），但要求坚持到产生不适感为止
反应代价	减少不良行为	一种惩罚手段，偶然的不良行为发生后伴随着一定量的强化物的去除（如超速后罚款）
隔离	制止不良行为	个体表现出不良行为时，要求离开当前环境，到一个不太舒适的环境中（如扰乱课堂的孩子被罚在走廊里站五分钟）
塑造	学习复杂行为	个体通过一系列强化程序获得完成一个复杂任务所需要的所有技能（如公共演讲）
连锁	学习复杂行为	同样是连续学习的过程，但最终目标行为可以被分解，个体可以在强化程序下一步一步地学习
演习	训练新行为	像角色扮演一样，在安全的环境中练习新习得的行为
示范—掌握模型	提供良好行为的范例	通过呈现如何出色地完成某个行为帮助个体获得新行为的方法
示范—应对模型	提供良好行为的范例	通过呈现多数人的做法，帮助个体获得新行为
厌恶疗法	帮助减少不良行为	在不良行为出现后呈现不愉快的刺激（如来访者意识到自己出现强迫思维后，自己弹一下手腕上的橡皮筋）

（三）存在—人本主义治疗

01.卡尔·罗杰斯

卡尔·罗杰斯（Carl Ransom Rogers, 1902—1987）美国心理学家，人本主义心理学的主要代表人物之一，主要从事心理咨询和治疗的实践与研究。他的心理治疗方法，诸如非指导性咨询、患者中心疗法、个人中心疗法等，已为心理治疗学家广为采用。1947年，罗杰斯当选为美国心理学会主席，1956年获美国心理学会颁发的杰出科学贡献奖。罗杰斯的主要著作有《咨询与心理治疗：实践中的新概念》（1942）、《患者中心治疗：它目前的实施、含义和理论》（1951）、《成为一个人：一个治疗者的心理治疗观点》（1961）等。

存在—人本主义理论的核心认为个体处于连续变和成长的过程中，尽管环境和遗传对此有一定的制约，们依然可以创造自身的价值、对自己的未来进行自由选择，坚持自己的选择，并对选择负责（详见第四章）。存在—人本主义治疗（existential humanistic therapy）整合了以往的主题和方法，应用这些普遍适用于人性的理论来进行心理治疗，试图帮助来访者清晰地界定自己的自由度，重视体验到的自我以及此时此刻体验的丰富性，陶冶个性，寻找实现个体全部潜能的方式。

由卡尔·罗杰斯（Carl Ransom Rogers）创立发展的来访者中心疗法对许多不同取向的咨询师在确立与来访者的关系方面具有重要的影响，其基本目标就是促进个体的心理健康成长。该疗法假设所有人都有基本的自我实现的倾向，即实现自我潜能。来访者中心疗法认为人的健康发展可能会被错误的学习模式所阻碍,在这种模式中,人们接受了他人的价值来替代自身形成的价值,造成了自然形成的正性自我意象和负性外部批判之间的冲突,进而引发了焦虑和不幸福感。人们可能无法意识到这种冲突,只是体验到了不幸福感和低自我价值感,而不知道其中的原因。

因此,该疗法的主要任务是要创造一个良好的治疗环境,使得来访者能够学习如何提高自己并达到自我实现。咨询师的主要工作就是清除那些限制自然的正性倾向表达的障碍,基本的治疗策略就是承认、接受并澄清来访者的感受。这个过程是在无条件积极关注的氛围下进行的,即接受和尊重来访者而不对其作任何的价值判断。咨询师也将自己的感受和想法毫无保留地向来访者开放,为了使得这种真诚得以保持,咨询师应该尽可能地理解来访者的感受,把来访者看作有价值、有能力的人,一个在发现自身的过程中需要帮助的人,而不是被判断和评估的对象。与其他治疗取向中咨询师进行解释、回答或是指导的从业者不同,来访者中心疗法的咨询师是一个具有支持作用的倾听者,会不时地复述来访者自身的评价和感受,促进来访者的自我觉知和自我接受,因此这种疗法又被称为"非指导性的疗法"。罗杰斯认为共情、无条件的积极关注以及真诚一致足以使得来访者产生有意义的变化,这也被称为跨越不同流派并对咨询效果产生贡献的共通因素。

1. 共情

共情是指咨询师应该尝试去理解来访者的经历、感受或思维,进入个体的内心世界,试着用对方所表达的态度去思考,而不仅仅是观察、抓住每一个细节,换句话说,是把自己融入另一个人的态度中。因此,咨询师应该努力不被自己的看法、价值观或评判标准所左右,不仅要理解来访者的经验,还要把自己的理解与来访者进行交流。共情反应并不是简单地将来访者的感受、想法或是经历进行重复,而是超越来访者所表达的内容,反映其背后的含义。这种交流不仅让咨询师倾听来访者的表述、跟上他们的步伐,还让咨询师真正地理解他们的经历与其所表达的深层含义,更重要的是,让来访者感受到咨询师的理解与共情。

2. 无条件的积极关注

无条件的积极关注是指咨询师应该接纳来访者本来的样子,不作评判,无条件的接纳与支持。来访者无论怎样,都应该被看成一个有价值的个体,而且其价值要通过咨询师本身的行为表达给来访者,将这种接纳表达给来访者。但是,这并不意味着咨询师要认同来访者所表达的观点或想法,而是将来访者看作一个人,表达对其的关心与接纳。

3. 真诚一致

真诚一致是指能够培养治疗关系的最基本的态度,也就是说,咨询师不能躲藏在一副专业面具背后,而是要在交流中用诚实的、不虚伪的感受、关注和开放的态度来回应来访者。这并不意味着咨询师可以不经思考地将所有进入头脑中的想法都说出来,而是以开放的态度去接受患者的情感表达。如果咨询师能够以开放的、诚实的态度面对来访者,治疗关系也会随之巩固,来访者产生临床改变的几率也会提高。

一般来说,其他治疗方法都比较强调咨询师要使用特定的任务或咨询技巧,但存

案例9-1

一个无条件积极关注的例子

以下是罗杰斯等人在1967年提供的一个关于无条件积极关注的例子，咨询师正在与一名叫作吉姆的精神分裂症来访者进行交谈。

咨询师：我想和你预约个时间，我相信你会愿意在那个时间来见我（停下来写预约单），还有另外一件事情我想告诉你：如果你的情况依然很糟糕，请不要犹豫，直接让预约员打电话给我。如果你想要停止咨询，提前告诉我，我会很高兴，这样我至少可以在第一时间见到你，放心我不会阻止你停止咨询，我只是想见你一面。

吉姆：我可能今天就走，我也不知道自己会去哪里，我不关心。

咨询师：只是心意已决，想要离开，你没有想去任何地方，只是……只是想要离开，是吗？

吉姆：（用泄气的语调嘀咕了一会儿）这就是我为什么想走，因为我不关心会发生什么。

咨询师：嗯？

吉姆：这就是我为什么想走，因为我不关心发生什么。

咨询师：嗯……嗯……这就是为什么你想走，因为你根本不关心你自己，你也不关心会发生什么。但是我想告诉你的是，我关心你，而且我也关心会发生什么。

（沉默了30秒）

（吉姆突然放声大哭并不停地抽泣）

咨询师：是什么让你把所有的情感都释放出来……而且你不停地流眼泪，你感觉非常不好……我不知道你内心的体验有多糟糕，你不停地抽泣……我想你把这几天一直压抑在心里的感觉都释放出来了吧。

在一人本治疗将重点放在了治疗关系和咨询师的人际表现上，较为排斥使用新技术。罗杰斯等人详细介绍了以人为中心疗法的基本特征，即咨询师的态度是治疗有效的充分必要条件；咨询师要关注当下，聚焦此时此地，而非过去或未来；聚焦于来访者体验到的世界；关心来访者人格改变的过程，而不是人格结构的状态，而且这种改变关系到来访者是否有能力生活得更加充实；注重临床研究。此外，心理治疗的这些原则适用于所有人、所有问题。

（四）认知行为治疗

对行为主义治疗的批判在于它缺乏人文关怀，像对待黑箱一样对待人。认知疗法（cognitive therapy）的立场在某种意义上与行为主义是相对的。认知疗法基于大量的实证研究，对人的健康适应以及多种精神病理症状相关的情绪问题进行了探索，逐步发展出了旨在通过改变来访者对其重要经验的思维方式来改变他们存在问题的情感和行为的治疗技术，即认知疗法。这类治疗的潜在假设是，人们所想的内容和他们如何去想的过程是造成异常行为模式和情绪困扰的原因。认知治疗将治疗的重点放在认知改变的过程上，提出了重建认知的不同方法。主要包括贝克的认知疗法以及埃利斯的理性情绪疗法等。

1. 贝克的认知疗法

一些认知行为咨询师将改变信念、态度和习惯的思维模式看作使得来访者产生改变的关键，即许多心理问题是由于人们在考虑自己与他人的关系或他们所面对的事件时采用了不良的思维方式所导致的。错误的思维方式可能来源于非理性的态度（"作为一个学生最重要的就是尽善尽美"）、错误的推理（"如果我做到别人要求我做的所有事情，我就会成为最受欢迎的人"）、僵化的规则（"我必须服从权威"）等。

认知疗法的先驱人物艾伦·贝克（Aron Temkin Beck）采用有效的问题解决技术帮助了许多抑郁症的患者，他认为抑郁症之所以能够持续，是因为患者存在着自己没有意识到且已经习惯化了的消极的自动思维。

贝克早年也接受了精神分析疗法的训练，由于对其有限性的不满而形成了治疗抑郁的认知疗法。他对抑郁症及其患者典型的思维方式进行了大量的研究，发现了抑郁症患者典型的认知扭曲、认知缺陷以及负性的自我观、世界观、未来观。为了设计这些悲观思维的改变方法，贝克按照个体对自己思维模式的觉察程度不同，开发了一个具有层级结构的模型（如图9-6所示）。最接近表层的是伴随个体日常活动的思维，这一层是一种内在脚本，决定个体如何观察、如何感受、计划做什么或是做出某种行为的原因。如果把类似的思维完全写出来，你会发现它们充斥于生活中的每个角落，这就是"自动化思维"。接下来一层是个体思维中看似偶然的模式，与潜在

02. 贝克

艾伦·特姆金·贝克（Aron Temkin Beck，1921—）美国心理学家，认知疗法的创始人。贝克强调认知在感情挫折与行为失常方面的作用，把抑郁看作是消极性认知的结果，并运用认知模式对抑郁症加以治疗，这被证明是一种治疗抑郁症的可靠方法。1961年，贝克出版了《贝克抑郁量表》（Beck Depression Inventory，BDI）。贝克的主要著作有《认知治疗与情绪困扰》（1976）、《精神分裂症：认知理论、研究与治疗》（2009）等。

假设相联系，在这一层，咨询师开始帮助抑郁症患者发现其特质的、由规则驱动且通常是歪曲的思维模式。最深且影响最为持久的一层往往从童年时代就开始形成，被称为"图式"或是"核心信念"。

咨询师可通过以下四种策略来改变抑郁症患者的认知功能。（1）向来访者关于自己的基本假设提出挑战；（2）评估来访者自我思维的证据，并指出这些自动思维是不准确的；（3）对事件进行再次归因，找出当时的情境原因而不是指责来访者的无能；（4）与来访者一起讨论在面对可能导致失败的复杂任务时，如何找到其他解决问题的办法。

自动化思维	**图 9-6**
⇕	
规则、潜在假设	认知行为疗法的核心假设
⇕	
图式（核心信念）	

贝克提出了抑郁的主要功能是能量保护。根据图9-7中的模型，压力和抑郁的信念相互作用产生了负性的认知评价。如果个体感知到自己正丧失某种重要的资源则会调动各种过程来进行能量保护，以补偿这种丧失。这个过程包括引发认知和情绪症状的负性自动思维以及自动的免疫反应，后者引发了病态行为。此外，抑郁的信念也会因此得到强化。一旦这个过程启动，许多因素可以决定这个过程何时可以终止，其中包括

图 9-7

抑郁的主要
功能图①

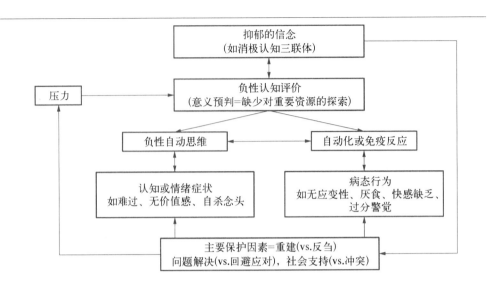

个体所获得的有效的支持以及个体在多大程度上投入认知重建或问题解决。但是，这些过程会被抑郁的信念所破坏，为保持抑郁状态的相反因素（如反复思考、社会冲突）可能会为个体带来额外的压力。

在治疗过程中，抑郁症患者首先觉察到自己的思维习惯是十分关键的，咨询师常常使用日记或思维记录来提高他们对自己思想和情绪的觉察，然后找出他们内在脚本中的系统模式。在治疗初期，通常采用简单三列的形式进行思维记录。左边第一列描述特定某一天发生的重要事件，这些事件可能对患者当前的问题产生影响。比如患者报告某一天他无法控制自己的愤怒，这种愤怒最常出现在他开车的时候，这种激起愤怒的驾驶情境就可以记录在左边第一列。中间一列，要求患者记录他们当时的感受以及感受的强烈程度，同时出现多种感受的情况并不少见，比如，在他非常愤怒的时候反而会觉得有一点悲伤。咨询师鼓励患者写下他对另一位司机非常生气时以及自己在按车喇叭大声吼叫时的想法。通过阅读大量类似的记录，咨询师试图找出患者频繁出现的思维模式，这也是治疗中最应该关注的思维模式。此外，贝克将核心信念描述成最深层且影响最持久的信念，从中可以看出他最初所受的精神分析训练的影响以及从分析和解释的传统转向了更加关注认知的过程。

使用思维记录发现不良思维习惯，这是认知疗法的第一步，但是，仅仅发现特定的思维模式存在对患者的帮助并不大，不足以带来快速的疗效。抑郁和焦虑患者典型的消极预期是治疗过程中的主要障碍。如果个体预期结果不满意或是无效，是很难做出改变的。一个具有高度社交焦虑的患者很难主动和一个陌生人随意交谈，因为他/她会预期对方不愿意和自己讲话，甚至更糟糕的是，会预期对方说一些轻视或伤害自己的话。然而，当这种消极预期占优势时，患者根本意识不到它是错误的。因此认知疗法的一个至关重要的部分是通过实施行为实验，检验这种消极预期的真实性。患者先以假

---

① Beck, A. T., Bredemeier, K. (2016). A unified model of Depression: Integrating clinical, Cognitive, Biological and Evolutionary Perspectives. *Clinical Psychological Science*, 4, 596–619.

设的方式形成预期,然后通过真实的行为和观察来验证假设,通过不断挑战不合理的思维模式以及行为实验,患者最终学会如何获得自己的成功体验以及如何建立起更合适的思维方式。

专栏9-4

自动思维记录表和行为实验记录表

　　在认知疗法中咨询师常常使用各种记录表帮助患者了解自己的自动思维,以下列出了常见的自动思维记录表和行为实验记录表。

自动思维记录表

事　件	情　绪	自　动　思　维
女儿送给我外孙女一岁时的照片	70% 开心	她看起来有点像我,难道不令人激动吗?
	30% 焦虑	下个月我要到女儿家,期待抱抱我的外孙女,真希望看着她完成学业,结婚成家!
发现自己胸部有一块异物	60% 焦虑	如果这意味着旧病复发,那我该怎么办?
	30% 生气	这不可能,肿瘤专家让我做什么,我就做什么,我能够停止担忧吗?

行为实验记录表

实　验	来自核心信念的预期	真　实　结　果
告诉商场的十位收银员,"站一整天一定很辛苦"	他们都会忽略我或是漫不经心地回答一句	没有回应的有两人,简单交谈的有四人,还有四人回答"你说得对",然后微笑
邀请同学形成一个三人学习小组,最多邀请六个	他们都会拒绝我	有2人说"谢谢你的邀请,不过我已经加入一个小组了";有两人回答"不了,我不感兴趣呢"或"我住得太远了";还有两人同意并成立了三人学习小组

2. 理性情绪疗法

　　认知疗法的另一早期形式称为理性情绪疗法(rational-emotive therapy),这一疗法由阿尔伯特·埃利斯(Albert Ellis)创立。他认为可以通过改变非理性的信念来改变人

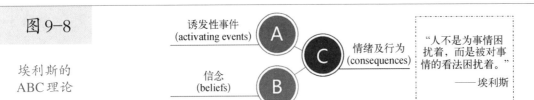

图 9-8

埃利斯的
ABC 理论

格，非理性的信念会导致不适宜的、高情绪负荷的反应，如导致严重焦虑。来访者存在的核心价值观可能是对成功和获得赞赏的过高的要求，且不能够公平地对待自己，不能按照使人快乐的原则行事。因此，理性情绪疗法的咨询师帮助来访者去辨认他们自己的那些"应该"和"必须"，使他们明白这些过高的要求一直在控制着他们的行动，阻碍了他们选择自己所希望的生活。理性情绪疗法的治疗目标是提高个体的自我价值感，推动个体通过摆脱阻碍个体成长的不良信念系统的影响而达到自我实现。埃利斯把该疗法简化为"ABC"理论，A代表诱发性事件，B代表信念，C代表结果（如图9-8所示）。比如，对于一个失恋的小伙子而言，使他伤心的不是女朋友离开这件事本身，而是他认为自己再也找不到合适的女朋友的信念。这一信念从事情发生的初期开始逐渐形成，也就是认为诱发性事件（女朋友离开自己）无法改变，促使他产生了认为自己无法再找到合适的女朋友的想法，然后形成了相应的情绪反应。为了使人们更好地理解不合理的信念，埃利斯列出了一些标志性的话语，显示了人为设置自己心理陷阱的典型方式。

专栏9-5

理性情绪疗法中典型的不合理信念

1. 每个人都必须喜欢我，认可我。
2. 只有当我非常能干，而且能够做到任何一件我想做的事情时，我才是有价值的。
3. 我需要提防周围人的不法行为，找到惩罚他们的方法。
4. 如果世界没有按照我设想的方式运转，那就太糟糕了。
5. 天有不测风云，我无法控制不幸的发生。
6. 当我受到惊吓时，我需要全神贯注地盯着周围的环境，防止再次发生同样的事情。
7. 对困难，逃避比面对容易得多。
8. 我必须依靠其他人活着，因为我是个软弱无能的人。
9. 我的个人生活史决定了我现在的命运，因此不是想做什么改变就能做到的。
10. 我应该紧盯着其他人是否犯错误。
11. 任何问题都能找到一个完美的答案，如果我没有找到就太糟糕了。

资料来源：Adapted from Ellis（1962）《心理治疗中的理性与情绪》

怎样帮助学生改变不合理信念？[①]

曾经，班上有一个学生在一次考试中没有发挥好，结果成绩不太理想，从而使他感到心烦，并且开始怀疑自己的能力，极度的失望和抑郁；之后上课也不愿意认真听讲，觉得自己肯定学不好，整天都郁郁寡欢，不想学习，成绩每况愈下。

班主任老师在了解了他的情况之后主动找到了他，询问他为什么要这样。他苦着脸说，自己平时学习一直都还可以，但是那一次考试他却考得如此糟糕，令他感觉很失败，也在同学和老师面前觉得很丢脸，毁了他一直在老师同学面前的形象，之前所有的努力都白费了。他感到绝望，认为自己从此就不行了，因而产生了极度失望和抑郁的情绪，并且自暴自弃，也就不想学习了。

老师在完全了解情况之后，开始认真地询问他："那一次考试的结果对你来说就那么重要吗？虽然你可能发挥不良，导致考试失败，但是一次考试的失败真的那么糟糕吗？"他低下头说："那只是一次平时的测验，老师来检验我们阶段性学习的效果的测验，我只是很看重每一次的考试而已。"老师又说："你看重每一次考试，能够认真为考试做准备是好事，但是就算你做了充足的准备，你真的能保证自己每次都能成功吗？以后你怎么样呢？你能证明以后的努力也一定会获得成功吗？"他脸红地说："老师说的好像也有道理，并不是每次努力都一定会获得自己预期的结果的……但是那一次考试失败我真的觉得很丢脸，我从来没有发生过这样的事情。"老师笑了："其他同学每次考试都很好吗？没有一次失利或者是意外吗？"他仔细想了想说："好像也有吧……拿第一的同学也不是每次都拿第一……"老师点点头："所以，一次考试的失败也没有那么糟糕对吗？不能说明能力高低，更不能代表将来。在遭遇失败之后你可以允许自己有点小失落的心情，但过后你更应该针对那次考试中自己存在的问题查漏补缺，分析失败的原因，继续努力学习，而不应该完全否定自己，整天都郁郁寡欢的。"他不好意思地笑了，说："老师对不起，我意识到自己的错误了，我会调整自己的心态继续努力学习，谢谢老师！"

实际上，大部分临床文献中会出现的是认知行为疗法（cognitive-behavioral therapy，CBT），因为认知和行为疗法在很大程度上是重合的，经常被放在一起讨论。一般来说，纯粹的认知疗法是无法实施的，认知疗法不仅单纯地关注认知，而是将认知与情绪、行为联系起来。比如，一个年轻的小伙子认为没有女性会对自己感兴趣，那么他永远不会接近任何可能成为伴侣的人，也永远不会接近任何可能成为伴侣的人，甚至永远不会发现自己其实是有几个爱慕者的。单纯地改变认知是不够的，如前所述，认知疗法的核心成分就是让当事人通过尝试新行为、检验假设的正确性来考察自己的认知模式及预期，这对认知疗法来说是至关重要的。如果新行为得到了强化，比如一个抑郁、孤独的当事人发现参加派对很开心，也交到了很多新朋友，就可以将行为疗法整合到认知疗法中作为补充。最初被认为是认知疗法的治疗方式实际上是认知行为疗法，将思维模式的转变以及通过实验改变

① 李向东. 运用ABC理论解决中学生的情绪问题［J］. 班主任，2009（8）：34-35.

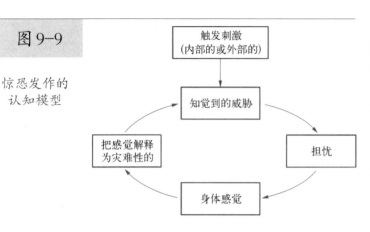

图 9-9

惊恐发作的
认知模型

相应的行为整合在一起。尽管两种治疗方法有不同的理论依据,基本术语和治疗方式也有所不同,但是,要想最大限度地发挥认知疗法的作用,还需要将这些技术融合在一起。

认知疗法的最终阶段会使用行为疗法的技术,但行为疗法不一定非得借助认知疗法,可以只遵守自己的黑箱原则,无须直接针对患者的认知也能达到积极的效果。在使用强化和惩罚原则帮助自残者、认知障碍患者或无法进行推理的自闭症儿童的实例中,行为疗法往往单独使用,没有直接针对患者的认知。值得一提的是,认知行为疗法的治疗效果总体来说很理想,也获得了广泛的研究支持,纳入了多个国家的医疗保险中,其特点和效用概括来说包括:(1)布置家庭作业和治疗过程之外的活动;(2)咨询师要对治疗过程中的活动做详细指导;(3)教会患者应对问题症状的技术;(4)重点关注患者未来的体验;(5)向患者提供有关治疗过程、心理问题或症状的信息;(6)聚焦于患者的内省或是认知。图 9-9 是一个关于惊恐发作的认知模型,根据这个模型,可看出,个体对生理感觉的错误理解加剧了这种感觉并且导致了惊恐发作。

二、心理咨询的新进展

(一)循证实践思潮下的心理治疗

20 世纪 70 年代末至 80 年代初,医学领域率先兴起了一场循证实践运动,不仅提出了整合实践与研究的清晰思路,还提供了具体可行的技术方案,最终形成了循证医学,主张"慎重、准确和明智地应用当前所能获得的最佳研究依据,同时结合临床医生的个人专业技能和多年临床经验,考虑患者的价值观和意愿,将三者完美地结合,制订出治疗措施"。

目前对于治疗性因素的相关研究正是基于循证实践的思潮发展起来的。一方面,心理治疗的效果一直备受争议,以焦虑症的治疗为例,相关研究结果表明,对广泛性焦虑的标准治疗仅仅对约 50%的个案产生了显著性改变。同样,相当大一部分被诊断为创伤后应激障碍(PTSD)的患者无论是否接受治疗都很难恢复。另一方面,基于实证研究的结果的确与临床咨询师常见的观点有所出入,如在对抑郁症的治疗方面,经过认知行为治疗(CBT),50%—70%的患者得到治愈,而短期精神动力取向疗法尚在考察中,属于可能有效的治疗方法。又如在对人格障碍患者的治疗方面,研究结果发现,咨询师的自我暴露与人格障碍的治疗效果之间并无显著相关。

虽然循证实践的思路本身由于证据不足、哲学基础狭隘、未能充分考虑主观因素而备受争议,但毫无疑问的是,对于治疗性因素的循证实践研究不但非常有必要,而且的确对临床实践起到了指导性作用,让咨询师避免绕弯路,甚至走死路。

基于大量临床实证研究,循证实践思潮下的心理咨询将对治疗发生影响的因素分为参与者因素、关系因素和技术因素,其中参与者因素是指患者或咨询师独一无二的性格特点,即在治疗之外的生活中所显露出来的特质,如依恋风格、宗教信仰、期望等;关系因素,是指治疗关系的一般性特质,以及咨询师促进或阻碍改变的过程的人际交往技巧,如正性尊重、真诚一致、自我暴露等等;技术因素是指组成治疗模式的特殊过程。

1. 参与者因素

参与者因素包括咨询师和来访者两方面的作用。其中,可预测治疗效果的变量包括依恋风格、性别、种族、宗教信仰、喜好、人格障碍,而对治疗效果已证明或可能产生作用的一般变量包括阻抗、功能损害、应对风格、改变的阶段、社交和内省风格、期望、问题经历的同化程度等。

年龄越大的来访者越少从一般心理治疗中获益,有宗教信仰的来访者更多从团体中获益,如果咨询师和来访者有同样或类似的宗教信仰,从治疗中脱落的比率较小,效果也更好,咨询师对不同的宗教观点持开放、宽容的态度,治疗效果有所增加。对于那些容易冲动、外在抱怨的人格障碍患者,直接的行为改变和减轻症状的尝试(如学习新的技能、管理冲动)比引发洞察和自我觉知更加有效。

来访者的功能受到较为严重的损害以及自身正遭遇财政危机或职业危机对治疗效果有负面影响,对于那些高功能损害的来访者,不论采用什么治疗模式或方法,长期、密集型的治疗都对他们更加有效;最有效的治疗是那些并未引发来访者阻抗的治疗,在对那些有阻抗的来访者进行工作时,咨询师进行直接性的治疗干预应与来访者所显现出来的阻抗特质或状态特点恰好不相符合。

2. 关系因素

一些人认为有效的咨询最好界定为咨询师和来访者之间如何互动,也就是说,改变源于咨询师和来访者带入治疗的质量以及他们之间发展出来的关系。但是,治疗关系变量(治疗同盟)并不比不同的治疗方法变量对效果的影响更多(不超过10%)。尽管如此,临床实践表明,治疗中积极的关系可以增加咨询师对来访者的影响,在良好的治疗关系中,咨询师的建议、解释、家庭作业和其他活动更有可能被接受和遵守,从社会学习理论取向来看,来访者为了取悦咨询师更愿意尝试改变。

关系因素大致区分为治疗同盟、团体治疗中的凝聚力、同感力、目标一致性和协作、正性尊重、真诚一致、反馈、同盟破裂关系的修复、自我暴露、反移情的管理、关系解释的质量等因素。

临床实证研究结果表明,在个别治疗过程中与来访者建立并保持工作同盟,在团体治疗中提高团体凝聚力都有助于增强治疗效果。咨询师须以一种充满同情心的方式与来访者发生关系,以充满关爱的、温暖的、接纳的态度进行工作,并且真诚一致、充满权威。此外,咨询师不可过分解释彼此之间的关系,只有当这种解释精确合理的时候才会对治疗产生效果,当咨询师充满同情心、充满弹性时比较能够修复破裂的治疗同盟。与来访者进行工作时,咨询师的自我暴露对疗效有所促进,并且,肯定性和支持性的自我暴露比挑战性的自我暴露更加明显。最后,给予来访者反馈也对治疗有所帮助。

3. 技术因素

除一小部分心理疾病,如强迫症、焦虑症,很难找到某种治疗方法优于其他方法,也就是说,做点什么总比不做好。美国心理协会不同的心理治疗小组区分了大约一百五十种不同的治疗方法或理论模型,每一种都有不同的指南和针对不同类型患者的治疗方法。研究表明,这些不同的方法或理论模型对治疗效果的影响微乎其微,由于这些方法都自认为建立在实验研究的基础上,许多人开始怀疑发展更多的指南是否有用或值得。

技术因素分为包括咨询师定向的程度、洞察的程度、治疗的密集度(如长度、频率、多种形式等)、干预的人际焦点、增强或支持情感的干预等。对来访者提供各种不同的解释或者治疗原理似乎都有积极的效果,只要咨询师以自信、专业的态度呈现解释,并且来访者能够理解接受这个解释,那么这种说明、解释或原理到底是什么似乎并不重要。产生疗效的是来访者对咨询师解释的接受,而不必是这种解释的科学性、有效性。

提供可供来访者选择的生活态度被许多理论家公认为是促进治疗性改变的一个共同因素。所有不同形式的治疗都有共同的临床策略,即为来访者提供另一种看待他们自己、他们的行为以及周围世界的方式。临床研究结果表明,咨询师提供结构化的治疗,并对干预结果的应用持续关注将促进疗效。此外,咨询师提供非直接的干预或提供限时、密集的治疗都有助于疗效的产生。如果咨询师能够帮助来访者改变认知,或是改变适应不良的行为、情感、心理反应,或是引导来访者进行自我暴露,或是帮助来访者接纳、容忍、充分体验及控制他们的情绪都将产生治疗性改变。

(二) 整合式的心理治疗

目前,美国心理协会认可的心理治疗方法已达四百多种,几乎每一种当代心理治疗流派都在考虑如何与其他流派在理论方法或技术层面进行整合,心理治疗的整合试图超越某单一心理治疗的局限,吸收和借鉴其他流派的优势,对各种不同的治疗理论和方法持包容和开放的态度。整合式心理治疗本身并非一种治疗流派或理论实体,而是基于当代社会多元文化价值观而形成的心理治疗的态度和理念(如图9-10所示)。

在过去的二十多年里,涌现出多种不同的心理治疗整合模式,其中最主要的有四种,分别为:(1)理论整合模式,强调不同理论概念和术语的综合,以期最大限度地扩大治疗效能,是难度最大的一种整合模式;(2)共同因素模式,强调一些共同产生疗效的关键性、跨流派因素,如治疗同盟和来访者期望就是使得治疗有效的两种共同因素;(3)技术折中模式,指向具体治疗技术的整合而不是其理论基础,咨询师可根据来访者的具体情况灵活选取不同流派中的适用方法;(4)同化整合模式,要求咨询师以某一治疗流派作为根流派,然后借鉴、忽视、同化其他流派中的观点和技术,以弥补根流派在理论和实践上的不足。

例如,以技术折中模式为基础的整合式心理咨询提供了一幅咨询过程而不是内容的脉络地图,将治疗和咨询概念化为一系列渐进阶段或是明确要点,是一种常见的方式,也是一种较为结构性的方式,避免了咨询过程的随机和混乱。一般来说,在初始阶段,咨询师最主要关注的是咨访关系的建立和评定。主要包括建立一种咨访关系、阐明和界定遇到的问题、进行评定以及协定一个合约。可以使用的策略包括探索、优先和聚焦、交流核心价值等,在技术上注意使用参与和倾听、反映技术以及探索技术;在中间阶段主要关注来访者再次评定或重塑他们的问题,可以使用的策略包括挑战、交流核心价值等,初始阶段使用的基础技术,为中间阶段开展更为复杂的挑战性任务奠定了基础;在结束阶段一般涉及计划行动并采取有效的行动。目标包括决定一个适当的改变,实行改变以及迁移所学,结束咨询关系等。在策略上注意设定目标、制订行动计划、评估行动和坚持改变、结束咨询等。

总之,心理治疗的整合运动在一定程度上打破了流派之间的壁垒,推动了不同流派之间的沟通和对话。如今,几乎所有的咨询师使用的治疗模式都具有一定程度的整合特点,整合也是目前心理治疗发展的大势所趋。

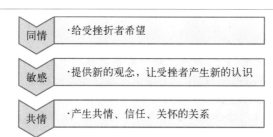

同情	·给受挫折者希望
敏感	·提供新的观念，让受挫者产生新的认识
共情	·产生共情、信任、关怀的关系

图 9-10

跨越不同流派的心理治疗的共同因素

案例 9-3

小学生的死亡恐惧——一例学校心理咨询的案例

人物出场

我看到晓宇时，他正和妈妈安静地坐在接待室里，晓宇的眉宇之间似乎有些淡淡的忧郁。这个十二岁的小男孩在咨询前需要填写的预约登记表上赫然写下了四个字"死亡恐惧"，而晓宇的妈妈则在一旁赶忙说："张老师，我想先和你谈谈。"

"直接带我去吃药好了……"

在咨询室里，晓宇的妈妈没等晓宇自己开口，就迫不及待地和我讲了最近发生在晓宇身上的事。原来三个月前，晓宇的外婆去世了，自此之后，晓宇就会断断续续地提到自己有关于死亡的想法，可是这个想法又让他自己觉得害怕，觉得不应该这样想，却又忍不住。

晓宇的妈妈有些难过地说："其实，晓宇的外婆去世，我也特别难过，但是，看到晓宇现在这样，我心里更不好受，也不知道能做些什么。"

我看了看晓宇，他在一旁皱着眉头，抱着手臂，似乎有些生气的样子。

"晓宇，看到妈妈这样讲，你好像不太高兴？"

"她总是动不动就哭，我早说了，直接带我去医院开药好了，人家说吃了药就不会胡思乱想了，她也用不着难过了。"晓宇低着头，口气有点冲。

"晓宇妈妈，晓宇看你难过似乎有些生气，你知道发生了什么吗？"

"他可能有些嫌我烦，张老师，我能不能直接问你，晓宇是不是得了强迫症了？我在网上查了一些强迫症的资料，晓宇的症状还挺符合的，他这个想法控制不住，自己也觉得很痛苦……"晓宇妈妈说到这里的时候，晓宇在一旁不耐烦地转了个身，好像要离他妈妈远一点一样。

"晓宇，妈妈说的不对？"我转过身问他。

"没什么不对的，她说什么就是什么，不如直接去吃药好了。"

"晓宇，我猜想妈妈讲得不完全对，你在登记表上写想要咨询的问题是关于'死亡恐惧'的，你能多讲讲这到底是什么意思么？"

"这个词是我从网上看到的，我其实挺怕死的，但老是忍不住去想，一想又害怕，我和妈妈提到过几次，一提她就神经紧张，说我得了强迫症啦，说我是不是真的不想活啦，还老是哭……"

"呵，晓宇，你不希望妈妈这样看待这件事，那你自己是怎么看这些奇怪的想法的呢？"

"我不知道，也许，是外婆病倒后开始的。"说到这里，晓宇的眼眶红了。

☞ 在线案例

《考试焦虑》

"外婆到底到哪里去了?"

征得这对母子的同意,我有机会和晓宇单独聊了大概半小时的时间。出乎意料的是,母亲刚走开,晓宇就凑过来问我:"你是心理老师对吧,你能告诉我外婆到底到哪里去了么?"

"晓宇,我注意到你讲到外婆的时候特别难过,你其实真的不想她离开你,是么?"

"嗯,外婆一直带我长大的,那天,我其实看到她躺在那里,脸色很白,我就忍不住一直在想,外婆是死了么?死了之后会到哪里去?"说到这里,晓宇的眼泪已经掉了下来,他咬着嘴唇,好像要努力把这些眼泪咽下去一样。

我似乎体会到晓宇的悲伤,默默陪伴着他。

"外婆病重的时候,一直和我说,她不想离开我,我也……不想离开她,妈妈说,外婆会在那边等着我们,可她又不告诉我,那边到底是哪里,我想现在就去……"晓宇抽泣着说:"外婆像是睡着了,我同学说,那是人死了就会那样,是那样么?外婆还会回来么?我问爸妈,他们总让我不要问了,别想了,可是他们越这样说,我越忍不住去想……"

在这半个小时里,晓宇和我讲了很多他的疑问,其实,从外婆突然病倒开始他就开始想死亡的问题,在我听来,这些头脑中所谓奇怪的想法其实是他在表达对外婆的不舍和依恋。而晓宇的父母因为怕他没法接受外婆去世的打击,尽量避免和他谈论这件事,也没有带他一起去参加外婆的葬礼,其实反而让晓宇从内心深处没法接受外婆已经离开的现实。

第一次咨询结束的时候,我也邀请晓宇的妈妈一起坐进咨询室,引导她看到晓宇对外婆的不舍,那些死亡恐惧在很大程度上是对外婆的一种悼念。我邀请了晓宇一家下周一起来咨询,一起去祭奠已经离开的外婆。

告别外婆

第二周,晓宇一家如约来到咨询室里。晓宇的妈妈告诉我,在过去的一星期里,晓宇那些关于死亡的想法居然不知不觉地变少了,我问晓宇:"你是如何做到的呢?"

晓宇挠挠脑袋,支吾地说:"我也不知道哎,没太多想,但有时晚上还是会想起来,尤其是自己躺在床上,一想到死就挺害怕的。"

我又问晓宇妈妈:"你做了什么让晓宇有了好的变化呢?"

晓宇妈妈说:"也许是因为我不再觉得晓宇得了强迫症,也不再胡思乱想他会不会……反正,我好像放松一些了。"

晓宇爸爸在一旁补充说:"晓宇妈妈有时候是太紧张了,我早说没事的,不过,晓宇外婆突然病重走了,对她影响其实也挺大的。"

爸爸这样说的时候,妈妈低下了头,眼泪一滴一滴地落下来,看起来,整个家庭其实都还在失去亲人的痛苦中。

接下来,我邀请这一家人一起谈谈已经离开的外婆,还请晓宇用画笔画出他心目中外婆的样子,对外婆说出他的疑问以及没有来得及说出口的话。

最后,我还建议晓宇给外婆写一封信,爸爸妈妈可以带着晓宇一起去外婆的坟前,把这封信捎给外婆,这其实是完成晓宇内心深处对外婆的悼念仪式。

现在的班级像个冰窖

第三次咨询的时候,晓宇关于死亡的念头明显减少了,却仍然觉得生活没意思,他告诉我:"有时想想,人总是要死的,不知道活着到底有什么意义。"我隐约觉得,需要和晓宇单独谈一谈,看看这无意义感背后到底是什么。

"我也不知道,只是觉得很没有意思,不知道现在努力啊,上好的初中啊,考高分啊,到底有什么意思。"晓宇低着头,有些迷惘地说。

"晓宇,这种感觉是从什么时候开始的呢?"

"挺早就有了,老觉得没意思,现在转学到了这个学校,更觉得没意思。"

"你是说,转学来了新学校后这种感觉好像变得更强烈了?"

"对啊,现在的班级跟个冰窖一样,我都不认识,以前大家觉得没意思了,还能互相抱怨抱怨,说出来就会感觉好些了,反正大家的感觉都差不多。现在,我只觉得连个说话的人都没有,成绩也不如以前了,我真不知道有什么意思。"晓宇说着,用双手抱着头,看上去非常困扰。

"晓宇,当你说没意思的时候,我能体会到你其实觉得很孤独,也非常希望改变这样没意思的现状,只是暂时还没有看到出路,是么?"

晓宇若有所思地点点头。

"晓宇,试着想象一下,怎样才能让你觉得没那么没意思呢?"

"我也不知道,也许,是有人可以和我一起面对这些没意思吧。"

接下来,我和晓宇一起谈到了他目前在班级中遇到的困难,也一起讨论了如何去认识一些新朋友,改变学习方法,适应现在的学校。

听起来,晓宇这种没意思的感觉,并不仅仅和死亡恐惧有关,更多地是在现实生活中遇到了学业、交友方面的困难,再加上一直非常依恋的外婆三个月前去世了。其实,晓宇真正需要的是支持和陪伴。

"一串拴在一起的风铃……"

第四次咨询的时候,晓宇告诉我一个好消息,这周他参加了学校里举办的辩论赛,忙着和几个同学一起讨论,居然没有时间想到和死亡有关的话题了。在这次咨询中,我有些时间和晓宇单独谈,和他一起讨论了未来的梦想,晓宇说,他想做个作家,学中文,希望未来可以写出让人有启发的书,他还想锻炼身体,把篮球练好,在新班级里交几个真正的好朋友。

在和整个家庭一起工作的过程中,晓宇妈妈有些感悟地说:"其实,我和他爸爸都特别怕晓宇受到伤害,好想要努力保护起他,没想到这样对他并不好,他也比我想象的坚强很多。"

"我们也没有注意到,晓宇现在转到这个新的学校,其实会有些不适应,他以前的好兄弟都离得远,新的朋友圈又没有形成,我们只看到他所谓的问题,却没有注意到问题的背后是什么。"晓宇爸爸补充说。

"但是,我的确注意到你们一家其实是紧密联系在一起的,也非常为对方考虑,晓宇自己也提到,外婆去世了,他其实觉得妈妈也很伤心,不知道该怎么帮到妈妈。"

"我们一家本来就是一串拴在一起的风铃嘛!"晓宇突然在一旁嘟哝了一句。

"也许,以后,当你们家这串风铃遇到困难、问题的时候,就会更加懂得如何真正地支持对方,一起去面对了,对么?"我笑着对这一家人说。

> **后记**
>
> 　　两个月之后，晓宇自己主动要求又来做了一次咨询。这一次，他和我单独谈了一个小时，讨论了他在和新同学交往中遇到的一些问题，有些同学比较自私，还有些成绩不好的学生邀请晓宇一起去抽烟喝酒，晓宇自己觉得不太好，却又不想失去一些朋友，他不知道该怎么更好地和这些朋友相处。我主要和晓宇讨论了他对朋友的定义，帮助他更好地确定自己的边界，学习在坚持自己原则的基础上有弹性地和朋友们交往。而在这次咨询中，晓宇也提到自己好像已经没有时间去想和死有关的事情了，他会把外婆放在心里，让外婆看到自己可以做得那么棒。

（三）心理咨询（治疗）与新技术结合

1. 网络心理咨询的发展

近年来，随着心理疾病知识的普及、心理健康服务机构和心理医生的需求大增以及电脑网络的普及，网络心理咨询开始突飞猛进地发展。其主要形式包括线上心理健康知识普及、心理健康状况网上测试、电子邮件咨询、线上即时文字心理咨询以及即时视听心理咨询、网上支持性团体等。其中最接近传统个别心理咨询的是即时视听心理咨询，即通过较为成熟的视频电话等形式提供心理咨询服务，这种跨越地区的心理咨询使得心理咨询师能够为远程来访者提供专业服务。一些对网上支持性团体与线下团体的比较研究还发现，在网络环境下，处于情绪障碍中的青少年更愿意以一种积极的方式来面对和解决自己的情感问题，网络互动激发了他们使用充满情感的、亲密的文字互动。

2. 虚拟现实技术与心理治疗的结合（visual reality，VR）

从20世纪90年代开始，虚拟现实技术逐渐应用于心理治疗领域，在治疗恐惧症、创伤后应激障碍、厌食症、男性功能障碍以及缓解疼痛等方面取得了良好的临床应用成果。虚拟现实技术是一种先进的人机界面，可以让使用者与计算机发生互动，并让使用者沉浸在计算机所创造的充满自然感受的人造环境中。在VR技术中，使用者不只是以视觉和思维介入虚拟环境，而是以更为完整的生物个体融入虚拟系统中。在这个过程中，个体的各种感知活动，如视觉、听觉、嗅觉等感官以及喜悦、紧张与恐惧等各种情绪反应都能够得到充分的激活与表达。传统的心理治疗技术，如精神动力心理治疗、行为疗法、认知疗法等，都需要在治疗过程中引导患者进行回忆和想象，这为VR技术辅助传统的心理治疗创造了联结点。

以VR辅助治疗恐惧症为例，传统的恐惧症治疗中一种非常有效的行为主义治疗

图9-11

使用虚拟成像技术模拟会议场景帮助社交恐惧症患者克服恐惧

方法是暴露疗法，即让来访者直面自己畏惧的事物，在反复多次的接触中，来访者会逐渐明白自己畏惧的事物并不会真的对自己造成伤害，甚至还能让人感到放松，这样一来恐惧感就消失了。为了还原来访者所惧怕的情境，传统的心理治疗一般会采用两种方式，一种是直接让来访者置身于真实情境中，另一种是让来访者自己在脑海中想象害怕的事物。但是这两种方法都有局限，想象法容易受到个体想象力的影响，真实情景法则需要耗费较多的时间、金钱和成本。比如治疗演讲恐惧，就需要使用演讲厅；治疗飞行恐惧，还需要咨询师陪同来访者坐飞机。况且，来访者由于根深蒂固的恐惧，对于参与这样的治疗本身就有抵触。使用VR技术能够同时克服以上两个缺点，VR能够取代想象，通过模拟真实的场景并加入互动机制来达到以假乱真的效果。更重要的是，来访者因为知道VR中呈现的内容是虚拟的，不会存在过多的抵触心理。只需要戴上VR头盔就可以进入治疗场景，咨询师可以随时监控、调整来访者的反应，VR以较小的成本能够实现各种场景和任务，针对不同类型的恐惧症进行治疗，让更多的来访者从中受益。此外，VR技术还可以与精神动力治疗结合，虚拟个体成长过程中的重要主题，重新再现、修复个体的成长经历等。

　　3. 在线认知行为治疗等自助干预

　　认知行为治疗以其结构性强、短程、关注思维方式、疗效研究明确等特点自20世纪五六十年代逐渐兴起后已经快速发展成目前应用最广泛的心理治疗方法之一。自20世纪90年代后期开始，认知行为治疗已经越来越多地向结构化的网络在线形式发展，即在线认知行为治疗（internet-delivered CBT, ICBT）。大量的研究证据表明，在线认知行为治疗同样能降低抑郁、焦虑、失眠等临床症状，提高来访者对相关心理疾病的认识，减少临床心理咨询师引导来访者学习认知行为治疗的时间、促进治疗效率。针对不同的心理问题，如社交焦虑、抑郁症、失眠、焦虑等症状，心理咨询师将相对标准化的治疗流程与练习作业以手机APP或自助网站的形成布置给来访者，有些轻中度来访者可以通过完全自助式的练习掌握认知行为治疗的核心技术；还有一些来访者可以在心理咨询师的指导下辅助使用自助系统，在日常生活中反复练习。目前在线自助式认知行为治疗的效果已经得到较为广泛的研究支持，在针对特定心理问题的治疗方面已经能够与传统线下的认知行为干预相媲美。

　　总之，这些新兴的技术与心理治疗的有效结合在很大程度上促进了心理治疗效果的发生，也为来访者提供了更为精准、便捷的治疗体验。

参考文献

［1］沃尔夫冈·林登，保罗·L·休伊特.临床心理学［M］.王建平，尉玮，主译.北京：中国人民大学出版社，2013.

［2］张麒.学校心理咨询技术与实务［M］.上海：华东师范大学出版社，2017.

［3］劳伦·B·阿洛伊，约翰·H·雷斯金德，玛格丽特·J·玛诺.变态心理学（第九版）［M］.汤震宇，邱鹤飞，杨茜，译.上海：上海社会科学院出版社，2005.

［4］戴维·迈尔斯.心理学（第9版）［M］.黄希庭，等译.北京：人民邮电出版社，2013.

［5］理查德·格里格，菲利普·津巴多.心理学与生活（第16版）［M］.王垒，等译.北京：人民邮电出版社，2003.

[6] 菲利普·津巴多,罗伯特·约翰逊,薇薇安·麦卡思.普通心理学(第5版)[M].钱静,黄珏苹,译.北京:中国人民大学出版社,2015.

[7] 琳达·布兰诺,杰斯·菲斯特,约翰·A·阿普邓格拉夫.健康心理学(第八版)[M].郑晓辰,张磊,蒋雯,译.北京:中国轻工业出版社,2016.

思考题

1.康亮今年正读初二,是班上的学习委员。他身材瘦长,长相普通。情窦初开的年纪,康亮喜欢上了班上的一位女孩子,没想到表白后,女孩转身就逃,一边逃还一边喊:"难看死了。""我是不是真的很难看?"康亮不停地问自己,当天回去康亮就对着镜子照了起来,镜子里的他小眼睛、塌鼻子,他越看自己越难看,于是产生了自卑心理。他想"改头换面",但没办法,于是常常失眠,开始在意别人对他的评价,也不敢再去人多的地方了,同时,他的成绩也一落千丈。

请分析康亮的心理问题,并提出恰当的辅导对策。

2."要我上台发言,还不如把我杀了。"张洋是名高中生,性格较内向。上初中时,因为总爱斜着眼看同一排的女生,引起了对方的反感,被老师调换了座位。调换座位后,张洋仍无法改变这种行为,后来连男生也不愿意坐在他旁边了。从此张洋便认为世上最难打交道的是人,十分害怕与人交往。老师说,每次遇到同学必须轮流上台发言,张洋宁愿装病逃学,也不敢面对平时朝夕相处的同班同学,与他们说话。

请分析张洋的心理问题,并提出恰当的辅导对策。

扫一扫二维码
获取思考题
答案要点

3.曹敏,男,15岁,某中学初二年级学生,成绩中等,中上智商,性格内向。曹敏是独生子,父母比较关心他的学习,但因其父母均在菜市里卖菜,早出晚归,对他无暇顾及。不论是平常上学,还是搞集体活动,曹敏都经常迟到。他话很少,常常闷声不响,集体活动很少参加。虽然曹敏会画画,但也不参加班上墙报小组做墙报。老师问其父母他是否假日帮父母的忙,得到的回答是曹敏经常闷在家里,哪儿也不去。初一上学期时曹敏的成绩还可以,但下学期开始下降,老师家访后得知:曹敏迷上了电子游戏。

请针对曹敏的问题,提出辅导方法。

扫一扫二维码
获取教师资格考试
同步练习题及参考答案